आर. एस. सलारिया

प्रोग्रामिंग द्वारा समस्या समाधान

लैब मैन्युअल सहित

KHANNA BOOK PUBLISHING CO. (P) LTD.
PUBLISHER OF ENGINEERING AND COMPUTER BOOKS
4C/4344, Ansari Road, Darya Ganj, New Delhi-110002
Phone: 011-23244447-48 **Mobile:** +91-99109 09320
E-mail: contact@khannabooks.com
Website: www.khannabooks.com

Dear Readers,

To prevent the piracy, this book is secured with HIGH SECURITY HOLOGRAM on the front title cover. In case you don't find the hologram on the front cover title, please write us to at contact@khannabooks.com or whatsapp us at +91-99109 09320 and avail special gift voucher for yourself.

Specimen of Hologram on front Cover title:

Moreover, there is a SPECIAL DISCOUNT COUPON for you with EVERY HOLOGRAM.

How to avail this SPECIAL DISCOUNT:

Step 1: Scratch the hologram
Step 2: Under the scratch area, your "coupon code" is available
Step 3: Logon to www.khannabooks.com
Step 4: Use your "coupon code" in the shopping cart and get your copy at a special discount
Step 5: Enjoy your reading!

ISBN: 978-93-5538-099-9
Book Code: UG068HI

Programming for Problem Solving
by R. S. Salaria
[Hindi Edition]

First Edition: 2021
Reprint: Jan 2023

Published by:
Khanna Book Publishing Co. (P) Ltd.
CIN: U22110DL1998PTC095547

Visit us at: **www.khannabooks.com**
Write us at: **contact@khannabooks.com**

To view complete list of books, Please scan the QR Code:

Printed in India.

प्रो. अनिल डी. सहस्रबुद्धे
अध्यक्ष
Prof. Anil D. Sahasrabudhe
Chairman

अखिल भारतीय तकनीकी शिक्षा परिषद्
(भारत सरकार का एक सांविधिक निकाय)
(शिक्षा मंत्रालय, भारत सरकार)
नेल्सन मंडेला मार्ग, वसंत कुज, नई दिल्ली–110070
दूरभाष : 011-26131498
ई–मेल : chairman@aicte-india.org

ALL INDIA COUNCIL FOR TECHNICAL EDUCATION
(A STATUTORY BODY OF THE GOVT. OF INDIA)
(Ministry of Education, Govt. of India)
Nelson Mandela Marg, Vasant Kunj, New Delhi-110070
Phone : 011-26131498
E-mail : chairman@aicte-india.org

प्राक्कथन

इंजीनियरिंग ने सदियों से समाज की प्रगति और विस्तार में बहुत महत्वपूर्ण भूमिका निभाई है। भारतीय उपमहाद्वीप में उपजे इंजीनियरिंग विचारों ने संपूर्ण विश्व के चिंतन को प्रभावित किया है।

अखिल भारतीय तकनीकी शिक्षा परिषद (अभातशिप) ने वर्ष 1987 में अपने स्थापना से ही तकनीकी विद्यार्थियों को सर्व संभव सहायता देने में अग्रणी भूमिका का निर्वहन किया है। अभातशिप का लक्ष्य गुणवत्तापूर्ण तकनीकी शिक्षा को प्रोत्साहन देते हुए इसके माध्यम से उद्योग जगत को नवीन उत्कर्ष पर पहुँचाना एवं अंततः मातृभूमि भारत को एक आधुनिक विकसित राष्ट्र के रूप में स्थापित करना है| यहां यह उल्लेख करना अनुचित नहीं होगा कि इंजीनियर आधुनिक समाज की रीढ़ हैं - बेहतर इंजीनियर अर्थात बेहतर उद्योग और उद्योग जितने बेहतर होंगे राष्ट्र उतना ही विकास करेगा।

राष्ट्रीय शिक्षा नीति 2020 की परिकल्पना है कि सभी के लिए क्षेत्रीय भाषा में शिक्षा उपलब्ध हो, जो सुनिश्चित करती है कि प्रत्येक विद्यार्थी समग्र रूप से सक्षम एवं दक्ष हो ताकि राष्ट्रीय विकास में सकल योगदान दे सके।

अभातशिप का विगत कुछ वर्षों से यह अथक प्रयास रहा है कि, इंजीनियरिंग के सभी विद्यार्थियों को उच्च गुणवत्ता वाली अंतरराष्ट्रीय स्तर की पुस्तकें क्षेत्रीय भाषाओं में तैयार कर, उचित मूल्य पर उपलब्ध कराई जाएँ। ये पुस्तकें न केवल सरल भाषा में व्यावहारिक जीवन के उदाहरणों तथा समृद्ध विषय सामग्री को ध्यान में रखकर तैयार की गई हैं, अपितु इनमें दिन प्रति दिन बदलते वैश्विक परिदृश्य तथा उद्योग जगत की आवश्यकताओं का भी ध्यान रखा गया है। क्षेत्रीय भाषाओं में तैयार की गई ये पुस्तकें, अभातशिप के इंजीनियरिंग एवं प्रौद्योगिकी के मॉडल पाठ्यक्रम - 2018 के अनुरूप हैं।

संपूर्ण भारत के अनुभवी एवं विषय के निष्णात प्रख्यात प्राध्यापकों द्वारा इन पुस्तकों को अकादमिक समुदाय के लाभ के लिए लिखा गया है। अभातशिप को पूर्ण विश्वास है कि, विषय सामग्री की दृष्टि से समृद्ध, ये पुस्तकें तकनीकी शिक्षा के विद्यार्थियों को अधिक सुगमता और गुणवत्ता के साथ विषयों में दक्षता प्राप्त करने में सहायक होंगी |

अभातशिप इन पुस्तकों और इंजीनियरिंग विषयों को अधिक सुस्पष्ट एवं प्रभावी बनाने के लिए सभी मूल लेखकों, समन्वयकों तथा अनुवादकों के अथक प्रयास और परिश्रम की प्रशंसा करता है।

(Anil D. Sahasrabudhe)

आभार

इंजीनियरिंग एवं प्रौद्योगिकी के विद्यार्थियों के लिए तकनीकी पुस्तकों के प्रकाशन हेतु कुशल नियोजन, संयोजन एवं क्रियान्वयन हेतु अखिल भारतीय तकनीकी शिक्षा परिषद् के प्रति लेखक हृदय से कृतज्ञ हैं।

लेखक के लिए अत्यंत गौरव का विषय है कि, यह पुस्तक एआईसीटीई के मॉडल पाठ्यक्रम एवं राष्ट्रीय शिक्षा नीति (NEP) - 2020 के दिशानिर्देशों के अनुरूप तैयार की गई है। साथ ही क्षेत्रीय भाषाओं में शिक्षा को बढ़ावा देने के लिए इस पुस्तक का अनुसूचित भारतीय क्षेत्रीय भाषाओं में भी अनुवाद किया जा रहा है।

हम इस पुस्तक के हिंदी भाषा में अनुवाद के लिए डॉ. रतीश अग्रवाल एवं समीक्षा के लिए डॉ. सुनील जोशी के प्रति आभार व्यक्त करते हैं।

हम श्री बुद्धा चंद्रशेखर, मुख्य समन्वय अधिकारी (CCO), NEAT, एआईसीटीई के प्रति हार्दिक सम्मान व्यक्त करते हैं जिनके द्वारा विकसित आर्टिफिशियल इंटेलिजेंस (AI) आधारित ट्रांसलेशन टूल का उपयोग अनुवाद के लिए किया गया।

अंत में, लेखक, खन्ना बुक पब्लिशिंग कंपनी प्राइवेट लिमिटेड, नई दिल्ली, के सभी सदस्यों जिन्होंने प्रकाशन के दौरान तत्परता से सहयोग प्रदान किया एवं इसे एक स्मरणीय अनुभव बनाया, के प्रति भी हार्दिक धन्यवाद ज्ञापित करते हैं।

आर. एस. सलारिया

प्रस्तावना

समस्या समाधान निस्संदेह सबसे महत्वपूर्ण कौशलों में से एक है; इसी तरह एक टीम में काम करना, कुशल कोड लेखन और प्रभावी संचार के रूप में अन्य कौशल भी बहुत महत्वपूर्ण हैं। यह कहना असंभव है कि कोई एक कौशल सबसे महत्वपूर्ण है।

प्रोग्रामिंग द्वारा समस्या समाधान विषय का उद्देश्य विद्यार्थियों में समस्या समाधान कौशल विकसित करना और उनके कार्यान्वयन के लिए C भाषा में प्रोग्राम बनाने का कौशल विकसित करना है।

यह पाठ्यपुस्तक इंजीनियरिंग और प्रौद्योगिकी (बीई / बीटेक) में स्नातक कार्यक्रम की सभी शाखाओं के प्रथम वर्ष के विद्यार्थियों के लिए अभातशिप (एआईसीटीई) के मॉडल पाठ्यक्रम के अनुसार तैयार की गई है।

प्रोग्रामिंग किताबें समस्या समाधान सिखाती हैं। लेकिन वास्तव में जो पढ़ाया जा सकता है उसकी सीमाएँ हैं। इसे ज्यादातर अभ्यास से सीखा जाता है।

मैं जो बात कहना चाहता हूं वह यह है कि विद्यार्थियों को समस्या समाधान की प्रक्रिया को क्रियात्मक रूप से देखने के लिए प्रेरित किया जाए। उदाहरण के लिए एक सॉर्टिंग एल्गोरिथ्म को डिजाइन करना एक समस्या का उदाहरण है जिसे हल करने की आवश्यकता है। विभिन्न सॉर्टिंग एल्गोरिथ्म को समझना और सबसे अच्छी रणनीति का चयन करने से आपको यह सीखने में मदद मिलती है कि समस्याओं को प्राथमिक तरीके से कैसे हल किया जाए। इस प्रकार के विश्लेषण की सावधानीपूर्वक जांच करने से आपकी समस्या समाधान प्रक्रिया में सुधार होगा। दुर्भाग्य से, अधिकांश विद्यार्थी केवल एल्गोरिथ्म सीखते हैं और अभ्यास पूरा करते हैं, और इससे अधिक गहराई तक नहीं जाते हैं।

यदि आप सिर्फ पुस्तक या कक्षा में लिए गए नोट्स को पढ़ते हैं और समाधान को लागू करते हैं, तो आप समस्या को हल करना नहीं सीख रहे हैं। एक अधिक प्रभावी तरीका है कि समस्या को पढ़ें फिर पुस्तक/नोट्स को बंद करें और समाधान करने का प्रयास करें। अपने आप समाधान तैयार करने के बाद, वापस जाएं और अपने परिणामों की तुलना पुस्तक/नोट्स में लिखी गई बातों से करें। तब आप सीखेंगे कि समस्याओं को कैसे हल किया जाए।

समस्या समाधान वास्तव में एक स्व-निर्देशित प्रक्रिया है। इसके लिए जिज्ञासा, लचीलापन, सावधानीपूर्वक अवलोकन और विश्लेषण और एक वैचारिक ढांचे की आवश्यकता होती है जो समय के साथ धीरे-धीरे बढ़ता है। उन चीजों में से, केवल एक ही पढ़ाया जा सकता है वह है वैचारिक ढांचा, यही वह है जो पुस्तकें और कक्षाएं प्रदान करती हैं। बाकी सब आपके ऊपर है।

आपके हाथ में जो पुस्तक है वह आपको एक अच्छा समस्या समाधानकर्ता और प्रोग्रामर बनने के लिए जो कुछ भी आवश्यक है वह प्रदान करेगी।

इस पुस्तक को पढ़ने का आनंद लें, और बेझिझक अपनी स्वतंत्र और स्पष्ट टिप्पणियाँ, सुझाव और सकारात्मक आलोचना भेजें। आपके मूल्यवान इनपुट मुझे आपकी अपेक्षाओं को पूरा करने के लिए पुस्तक को बेहतर और बेहतर बनाने में मदद करेंगे।

यद्यपि पुस्तक लिखते समय त्रुटियों (गलत प्रिंट या गलतियों) से बचने के लिए उचित सावधानी बरती गई है, परंतु पूर्णता का दावा करना कठिन है। यदि कोई त्रुटि इंगित की जाती है तो मैं पाठकों का आभारी रहूंगा।

आर. एस. सलारिया

परिणाम आधारित शिक्षा

परिणाम आधारित शिक्षा (Outcome Based Education) विद्यार्थी-केंद्रित शिक्षण एवं सीखने की पद्धति है जिसमें पाठ्यक्रम वितरण, मूल्यांकन की योजना उद्देश्यों और परिणामों को प्राप्त करने के लिए बनाई जाती है। यह विद्यार्थी के प्रदर्शन अर्थात परिणामों के विभिन्न स्तरों के आकलन पर केंद्रित है ।

परिणाम आधारित शिक्षा के कुछ महत्वपूर्ण पहलू:

1. पाठ्यक्रम को एक सेमेस्टर में अध्ययन किए गए सैद्धांतिक, व्यावहारिक या सैद्धांतिक सह व्यावहारिक विषय के रूप में परिभाषित किया गया है।
2. कोर्स आउटकम्स (COs) ऐसे कथन हैं जो शिक्षार्थियों द्वारा हासिल की गई महत्वपूर्ण और आवश्यक शिक्षा का वर्णन करते हैं, और जो कोर्स के अंत में विश्वस्त रूप से से निष्पादन कर सकते हैं। आम तौर पर प्रत्येक पाठ्यक्रम के लिए उसके वेटेज के आधार पर तीन या अधिक कोर्स आउटकम्स निर्दिष्ट किए जा सकते हैं ।
3. प्रोग्राम को डिग्री की विशेषज्ञता के रूप में परिभाषित किया गया है। यह पूर्व निर्धारित उद्देश्यों को पूरा करने के लिए पाठ्यक्रमों, सह-पाठ्यचर्या और पाठ्येतर गतिविधियों की परस्पर व्यवस्था है, जिससे डिग्री प्राप्त होती है। उदाहरण के लिए, बीई/ बीटेक - कंप्यूटर साइंस इंजीनियरिंग।
4. प्रोग्राम आउटकम्स (POs) एक संक्षिप्त विवरण है जो बताता है कि स्नातक के समय तक विद्यार्थियों से क्या करने की अपेक्षा की जाती है। POs को ग्रेजुएट एट्रीब्यूट्स के साथ लगभगसे संरेखित होने की अपेक्षा की जाती है।
5. प्रोग्राम एजुकेशन अब्जेक्टिव (PEOs) वे कथन हैं जो उनके करियर में स्नातकों की अपेक्षित उपलब्धियों का वर्णन करते हैं, और विशेष रूप से, स्नातकों से स्नातक होने के बाद पहले कुछ वर्षों की अवधि में निष्पादन और प्राप्त करने की उम्मीद की जाती है।
6. प्रोग्राम स्पेशल आउटकम्स (PSOs) वे हैं जो, विद्यार्थियों को स्नातक के समय विशिष्ट डिसिप्लिन के संदर्भ में करने में सक्षम होना चाहिए। आमतौर पर एक प्रोग्राम के लिए दो से चार PSOs होते हैं।

ब्लूम्स टैक्सोनोमी (Blooms Taxonomy) पर आधारित आउटकम्स के आकलन के लिए ज्ञान के स्तर:

स्तर	पैरामीटर	विवरण
K1	स्मरण (Remembering)	यह पहले सीखी गई सामग्री/सूचनाओं को याद रखने की क्षमता है
K2	समझ (Understanding)	यह सामग्री के अर्थ को समझने की क्षमता है।
K3	अनुप्रयोग (Applying)	यह नई और ठोस स्थितियों में सीखी गई सामग्री का उपयोग करने की क्षमता है
K4	विश्लेषण (Analyzing)	यह सामग्री/अवधारणा को इसके घटक भागों/उपखंडों में तोड़ने की क्षमता है ताकि इसकी संगठनात्मक संरचना को समझा जा सके ।
K5	मूल्यांकन (Evaluating)	यह किसी दिए गए उद्देश्य के लिए सामग्री/अवधारणा/कथन/रचनात्मक सामग्री/शोध रिपोर्ट के मूल्य का न्याय करने की क्षमता है।
K6	सृजन (Creating)	यह एक नई संपूर्ण सामग्री/विचार/अवधारणा/सूचना बनाने के लिए भागों/उपखंडों को एक साथ रखने की क्षमता है

प्रोग्राम आउटकम्स (POs)

परिणाम आधारित शिक्षा (आउटकम बेस्ड एजुकेशन) के क्रियान्वयन के लिए प्रथम आवश्यकता है, परिणाम आधारित पाठ्यक्रम विकसित करना एवं शिक्षा प्रणाली में परिणाम आधारित मूल्यांकन का समावेश करना। परिणाम आधारित आकलन के माध्यम से मूल्यांकनकर्ता यह मूल्यांकन करने में सक्षम हो सकेंगे कि क्या विद्यार्थियों ने उल्लेखित मानक, विशिष्ट और मापने योग्य लक्ष्यों (परिणामों) को प्राप्त कर लिया है। परिणाम-आधारित शिक्षा के उचित समावेश से सभी विद्यार्थियों में, प्रोग्राम बीच में छोड़े बिना, न्यूनतम मानक अर्जित करने के लिए एक निश्चित प्रतिबद्धता होगी। परिणाम आधारित शिक्षा युक्त प्रोग्राम के अंत में, विद्यार्थी निम्नलिखित लक्ष्यों (परिणामों) तक पहुंचने में सक्षम होगे:

PO-1. **इंजीनियरिंग ज्ञान:** गणित, विज्ञान, इंजीनियरिंग के आधारभूत ज्ञान और इंजीनियरिंग विशेषज्ञता कों इंजीनियरिंग के जटिल समस्याओं के समाधान के लिए अनुप्रयोग करना।

PO-2. **समस्या विश्लेषण:** गणित, प्राकृतिक विज्ञान और इंजीनियरिंग विज्ञान के प्रथम सिद्धांतों का उपयोग कर जटिल समस्याओं की पहचान, उनका प्रतिपादन, शोध साहित्य की समीक्षा तथा विश्लेषण कर प्रमाणित निष्कर्षों तक पहुंचना।

PO-3. **समाधानों की रूपरेखा / विस्तार:** जटिल इंजीनियरिंग समस्याओं के ऐसे समाधान तथा प्रणाली के घटकों या प्रक्रियाओं की रूपरेखा (डिजाईन) तैयार करना जो सार्वजनिक स्वास्थ्य एवं सुरक्षा, सांस्कृतिक, सामाजिक और पर्यावरणीय विचारों को ध्यान में रखते हुए निर्दिष्ट आवश्यकताओं को पूरा करे।

PO-4. **जटिल समस्याओं का परीक्षण:** वैध निष्कर्ष प्रदान करने के लिए प्रयोगों के डिजाईन (डिजाईन ऑफ़ एक्स्पेरिमेंट्स), आंकड़ों के विश्लेषण एवं विवेचना, और सूचना के संश्लेषण सहित शोध-आधारित ज्ञान और शोध विधियों का उपयोग।

PO-5. **आधुनिक साधनों का उपयोग:** जटिल इंजीनियरिंग कार्यों के लिए अनुमान एवं मॉडलिंग सहित उपयुक्त तकनीकों की सीमाओं की समझ के साथ संसाधनों, आधुनिक इंजीनियरिंग और आईटी साधनों का सृजन, चुनाव और अनुप्रयोग करना।

PO-6. **इंजीनियर और समाज:** व्यावसायिक इंजीनियरिंग कार्य के अनुरूप सामाजिक, स्वास्थ्य, सुरक्षा, विधिक एवं सांस्कृतिक मुद्दों और परिणामी उत्तरदायित्वो का आकलन करने के लिए प्रासंगिक ज्ञान आधारित तर्क का उपयोग करना।

PO-7. **पर्यावरणीय स्थायित्व:** सामाजिक और पर्यावरणीय संदर्भों में व्यावसायिक इंजीनियरिंग समाधानों के प्रभाव को समझना और सतत विकास के ज्ञान और आवश्यकता का निरूपण करना।

PO-8. **नैतिकता:** नैतिक सिद्धांतों का उपयोग, व्यावसायिक नैतिकता तथा उत्तरदायित्व और इंजीनियरिंग कार्य के मानदंडों के प्रति प्रतिबद्ध होना।

PO-9. **व्यक्तिगत और टीम वर्क:** बहु-विषयक स्थितियों में व्यक्तिगत रूप से और विभिन्न समूहों में सदस्य या टीम लीडर के रूप में प्रभावशाली ढंग से कार्य करना।

PO-10. **सम्प्रेषण:** जटिल इंजीनियरिंग गतिविधियों पर इंजीनियरिंग समुदाय और समाज के साथ प्रभावी रिपोर्ट और डिजाईन अभिलेखों को समझने और लिखने में सक्षम होने, प्रभावी प्रस्तुतियों (प्रेजेंटेशन) बनाने और स्पष्ट निर्देश देने और प्राप्त करने हेतु प्रभावी ढंग से सम्प्रेषण करना।

PO-11. **परियोजना प्रबंधन एवं वित्त:** इंजीनियरिंग और प्रबंधन सिद्धांतों के ज्ञान और समझ का निरूपण करना, व्यक्तिगत कार्यों और बहु-विषयक परिप्रेक्ष्य में समूह के सदस्य और परियोजना प्रमुख के रूप में परियोजनाओं के प्रबंधन करना।

PO-12. **जीवन-पर्यन्त सीखना:** जीवन-पर्यन्त सीखने की महत्ता को पहचानना, और तकनीकी परिवर्तन के व्यापक संदर्भ में स्वतंत्र और जीवन-पर्यन्त सीखने में संलग्न होने की तैयारी एवं योग्यता रखना।

कोर्स आउटकम्स (COs)

पाठ्यक्रम पूरा करने के बाद विद्यार्थी निम्न में सक्षम होंगे:

CO-1: अंकगणित और तार्किक समस्याओं के लिए सरल एल्गोरिथम तैयार करने में

CO-2: एल्गोरिथम को प्रोग्राम में ट्रांसलेट करने में (C भाषा में)

CO-3: प्रोग्राम का परीक्षण और निष्पादन और सिंटैक्स और तार्किक त्रुटियों को ठीक करने में

CO-4: सशर्त ब्रांचिंग, रिकर्सन और पुनरावृत्ति को लागू करने में

CO-5: किसी समस्या को फंक्शन में विघटित करना और विभाजित और जीत दृष्टिकोण का उपयोग करके एक संपूर्ण प्रोग्राम को संश्लेषित करने में

CO-6: एल्गोरिथम और प्रोग्राम तैयार करने के लिए सारणियों, पॉइंटर्स और संरचनाओं का उपयोग करने में

CO-7: मैट्रिक्स जोड़ और गुणा समस्याओं, सर्चिंग और सॉर्टिंग समस्याओं को हल करने के लिए प्रोग्रामिंग लागू करने में

CO-8: सरल संख्यात्मक समस्याओं जैसे फ़ंक्शन के मूल की खोज, फ़ंक्शन के अवकलन और समाकलन को हल करने के लिए प्रोग्रामिंग लागू करने में

कोर्स आउटकम्स (COs) के साथ प्रोग्राम आउटकम्स (POs) का परस्पर संबंध

कोर्स आउटकम्स (COs)	कोर्स आउटकम्स (COs) के साथ प्रोग्राम आउटकम्स (POs) का अपेक्षित संबंध (1- कमजोर सहसंबंध; 2- मध्यम सहसंबंध; 3- मजबूत सहसंबंध)											
	PO-1	PO-2	PO-3	PO-4	PO-5	PO-6	PO-7	PO-8	PO-9	PO-10	PO-11	PO-12
CO-1	3	3	3	-	-	-	-	-	-	-	-	-
CO-2	3	-	1	-	-	-	-	-	-	-	-	-
CO-3	3	-	1	-	3	-	-	-	-	-	-	-
CO- 4	3	-	-	-	-	-	-	-	-	-	-	-
CO-5	3	3	1	2	-	-	-	-	-	-	-	-
CO-6	3	-	1	-	-	-	-	-	-	-	-	-
CO- 7	3	2	1	1	-	-	-	-	-	-	-	-
CO-8	3	2	1	1	-	-	-	-	-	-	-	-

संक्षेपण

संक्षेपण	विस्तृत रूप
ALU	अरिथमेटिक एंड लॉजिक यूनिट (अंकगणितीय और तार्किक यूनिट)
ANSI	अमेरिकन नेशनल स्टैंडर्ड्स इंस्टिट्यूट
ASCII	अमेरिकन स्टैंडर्ड कोड फॉर इंफॉर्मेशन इंटरचेंज
BIOS	बेसिक इनपुट आउटपुट सिस्टम
BMI	बॉडी मास इंडेक्स
BODMAS	ब्रैकेट, ऑफ, डिवीजन, मल्टिप्लिकेशन, एडिशन एंड सब्ट्रैक्शन.
BOSS	भारत ऑपरेटिंग सिस्टम सॉल्यूशंस
CPU	सेंट्रल प्रोसेसिंग यूनिट
EOF	एन्ड-ऑफ़-फाइल
GCD	ग्रेटेस्ट कॉमन डिवीज़र (महत्तम सामान्य भाजक)
GUI	ग्राफिकल यूजर इंटरफेसेस
HCF	हाईएस्ट कॉमन फैक्टर (उच्चतम उभयनिष्ठ गुणनखंड)
HLL	हाई-लेवल लैंग्वेज (उच्च स्तरीय भाषा)
IDE	इंटीग्रेटेड डेवलपमेंट्स एनवायरनमेंट (एकीकृत विकास वातावरण)
IPO	इनपुट-प्रोसेस-आउटपुट
OS	ऑपरेटिंग सिस्टम
PDL	प्रोग्राम डिजाइन लैंग्वेज
POST	पॉवर ऑन सेल्फ टेस्ट
RAM	रैंडम एक्सेस मेमोरी
ROM	रीड ओनली मेमोरी
VDU	विजुअल डिस्प्ले यूनिट
VLSI	वेरी लार्ज स्केल इंटीग्रेशन

चित्र सूची

यूनिट-1: प्रोग्रामिंग परिचय

यूनिट-3: सशर्त ब्रांचिंग और लूप

यूनिट-4: सारणियाँ

यूनिट-5: मूल एल्गोरिथम

यूनिट-6: फ़ंक्शन

यूनिट-7: रिकर्सन

यूनिट-8: संरचनाएं

यूनिट-9: पॉइंटर्स

यूनिट-10: फ़ाइल रखरखाव

तालिका सूची

यूनिट-9: पॉइंटर्स

यूनिट-10: फ़ाइल रखरखाव

शिक्षकों के लिए दिशानिर्देश

परिणाम आधारित शिक्षा (OBE) की रुपरेखा के क्रियान्वयन और ब्लूम की टैक्सोनॉमी के उपयोग पर अधिक ध्यान देने के लिए आवश्यक है कि विद्यार्थियों के ज्ञान एवं व्यावसायिक कौशल को बढ़ाया जाना चाहिए। इसके उचित क्रियान्वयन के लिए शिक्षकों को एक बड़ी जिम्मेदारी लेनी चाहिए। परिणाम आधारित शिक्षा प्रणाली में शिक्षकों के असीमित उत्तरदायित्वों में से कुछ निम्न प्रकार के हो सकते है:

- यथोचित प्रतिबंधो के अंतर्गत, सभी विद्यार्थियों के सर्वोत्तम लाभ के लिए उन्हें युक्तिपूर्ण तरीके से समय का प्रबंधन करना चाहिए।
- उन्हें विद्यार्थियों का आकलन किसी भेदभाव या अन्य संभावित अपात्रता पर विचार किए बिना केवल कुछ निश्चित मानदंडों के आधार पर ही करना चाहिए।
- उन्हें विद्यार्थियों के संस्थान छोड़ने के पूर्व उनकी सीखने की क्षमता को एक निश्चित स्तर तक बढ़ाने का प्रयास करना चाहिए।
- उन्हें यह सुनिश्चित करने का प्रयास करना चाहिए कि शिक्षा पूर्ण करने तक सभी विद्यार्थी गुणवत्ता पूर्ण ज्ञान एवं योग्यता ग्रहण कर चुके हों।
- उन्हें विद्यार्थियों को उनकी श्रेष्ठ प्रदर्शन करने की क्षमताओं को विकसित करने के लिए हमेशा प्रोत्साहित करना चाहिए।
- उन्हें नए दृष्टिकोण को सुदृढ़ करने के लिए सामूहिक एवं दलगत रूप में कार्य करने के लिए सुविधा एवं प्रोत्साहन देना चाहिए।
- उन्हें आकलन के प्रत्येक चरण में ब्लूम्स टैक्सोनॉमी का पालन करना चाहिए।

ब्लूम्स टैक्सोनॉमी

स्तर	शिक्षक को जांचना चाहिए	विद्यार्थी को सक्षम होना चाहिए	आकलन का संभावित तरीका
सृजन Creating	विद्यार्थियों की सृजन क्षमता	डिजाइन या सृजन	लघु परियोजना
मूल्यांकन Evaluating	विद्यार्थियों की तर्क एवं मूल्यांकन की क्षमता	तर्क या प्रतिरक्षा	निर्दिष्ट कार्य
विश्लेषण Analyzing	विद्यार्थियों की विश्लेषण क्षमता	पृथक करना या भेद करना	परियोजना/प्रयोगशाला पद्धति
अनुप्रयोग Applying	विद्यार्थियों में जानकारी के उपयोग की क्षमता	प्रचालन या प्रदर्शन	तकनीकी प्रस्तुति / प्रदर्शन
समझ Understanding	विद्यार्थियों में विचारों की व्याख्या करने की क्षमता	व्याख्या/ या वर्गीकरण	प्रस्तुति/संगोष्ठी
स्मरण Remembering	विद्यार्थियों की याद करने की क्षमता (या याद रखना)	परिभाषित या याद करना	प्रश्नोत्तरी

विद्यार्थियों के लिए दिशानिर्देश

विद्यार्थियों को परिणाम आधारित शिक्षा (OBE) को लागू करने के लिए समान जिम्मेदारी लेनी चाहिए। परिणाम आधारित शिक्षा प्रणाली में विद्यार्थियों के लिए असीमित जिम्मेदारियों में से कुछ इस प्रकार हैं:

- प्रत्येक पाठ्यक्रम में यूनिट शुरू होने से पहले विद्यार्थियों को प्रत्येक UO के बारे में अच्छी तरह से अवगत होना चाहिए।
- पाठ्यक्रम शुरू होने से पहले विद्यार्थियों को प्रत्येक CO के बारे में अच्छी तरह से अवगत होना चाहिए।
- पाठ्यक्रम शुरू होने से पहले विद्यार्थियों को प्रत्येक PO के बारे में अच्छी तरह से अवगत होना चाहिए।
- विद्यार्थियों को उचित चिंतन और क्रिया के साथ आलोचनात्मक और तर्कसंगत रूप से सोचना चाहिए।
- विद्यार्थियों के सीखने को व्यावहारिक और दैनिक जीवन के परिणामों के साथ सम्बद्ध और एकीकृत किया जाना चाहिए।
- विद्यार्थियों को परिणाम आधारित शिक्षा के प्रत्येक स्तर पर अपनी योग्यता से अच्छी तरह अवगत होना चाहिए।

विषय सूची

1 प्रोग्रामिंग परिचय

यूनिट विशिष्ट

यह यूनिट कंप्यूटर और उसके घटकों के परिचय, सॉफ्टवेयर और उसके प्रकार, पाठ्यक्रम से संबंधित महत्वपूर्ण सॉफ्टवेयर उपकरण, एल्गोरिदम के विकास, एल्गोरिदम का प्रोग्राम में अनुवाद, सी प्रोग्राम बनाने, संपादित करने, संकलित करने और निष्पादित करने से संबंधित विषयों पर चर्चा करती है और सी भाषा के बुनियादी मौलिक तत्वों का परिचय देती है।

भूमिका

हम सभी *डिजिटल युग* में जी रहे हैं। इसलिए, कंप्यूटर और प्रौद्योगिकी का कुशलतापूर्वक उपयोग करने के लिए ज्ञान और क्षमता के साथ सभी को सशक्त बनाने की आवश्यकता है। इंजीनियर वास्तविक जीवन की समस्याओं के लिए हार्डवेयर और सॉफ्टवेयर समाधानों को सिद्धांतित, डिजाइन, विकसित और लागू करते हैं जिनका हम दिन-ब-दिन उपयोग करते हैं।

यह मौलिक इकाई, छात्रों को एक कंप्यूटर सिस्टम और संबंधित उपकरणों के घटकों को समझने में मदद करती है, और वे एक कार्य को पूरा करने के लिए एक दूसरे के साथ कैसे संवाद करते हैं; तार्किक और संख्यात्मक समस्याओं को हल करने के लिए एल्गोरिथम का विकास कैसे करते हैं; और सी भाषा का उपयोग करके एक एल्गोरिथम को निष्पादन योग्य प्रोग्राम में परिवर्तित करने में कैसे विभिन्न चरण में कार्य करते हैं, यह समझने में मदद करती है।

पूर्व-अपेक्षित ज्ञान

- कंप्यूटर के कार्य
- बुनियादी गणित
- तार्किक विचार
- संवाद कौशल

यूनिट आउटकम्स

इस इकाई के पूर्ण अध्ययन करने के बाद, विद्यार्थी निम्न में सक्षम होंगे:

U1-O1: सरल अंकगणित और तार्किक समस्याओं के लिए एल्गोरिथम तैयार करने में

U1-O2: एल्गोरिथम को C प्रोग्राम में ट्रांसलेट करने में

U1-O3: किसी दिए गए प्लेटफॉर्म/विकसित वातावरण पर प्रोग्राम बनाने, कंपाइल और निष्पादित करने में

U1-O4: किसी प्रोग्राम का परीक्षण और डिबगिंग प्रदर्शित करने में

यूनिट-1 आउटकम्स	कोर्स आउटकम्स (COs) के साथ अपेक्षित संबंध *(1-कमजोर सहसंबंध; 2-मध्यम सहसंबंध; 3-मजबूत सहसंबंध)*							
	CO-1	CO-2	CO-3	CO-4	CO-5	CO-6	CO-7	CO-8
U1-O1	3	–	–	–	–	–	–	–
U1-O2	–	3	–	–	–	–	–	–
U1-O3	–	–	3	–	–	–	–	–
U1-O4	–	–	3	–	–	–	–	–

1.1 कंप्यूटर का परिचय

कंप्यूटर एक इलेक्ट्रॉनिक मशीन है जो प्रोग्राम कहे जाने वाले निर्देशों के एक सेट के अनुसार कार्य या गणना करता है।

1940 के दशक में पेश किए गए पहले पूरी तरह से इलेक्ट्रॉनिक कंप्यूटर, बड़ी मशीनें थीं जिन्हें संचालित करने के लिए लोगों की टीमों की आवश्यकता होती थी। उन शुरुआती मशीनों की तुलना में, आज के कंप्यूटर अद्भुत हैं - वे हजार गुना तेज हैं और आपके डेस्क पर, आपकी गोद में या आपकी जेब में भी फिट हो सकते हैं।

एक कंप्यूटर, सामान्य रूप से सक्षम है

- विभिन्न रूपों में डेटा और निर्देश प्राप्त करने में
- डेटा और निर्देशों को इसकी मेमोरी में स्टोर करने में
- द्वितीयक भंडारण पर पहले से संग्रहीत डेटा को पुन: प्राप्त करने में
- निर्दिष्ट निर्देशों के अनुसार बहुत तेज गति और अधिक सटीकता के साथ अंकगणित और तार्किक संचालन करने में
- कई रूपों में परिणाम तैयार करने में, और
- अन्य कंप्यूटरों के साथ संचार करने में

1.1.1 कंप्यूटर सिस्टम के घटक

कंप्यूटर हार्डवेयर और सॉफ्टवेयर का एक संयोजन है। हार्डवेयर कंप्यूटर के भौतिक घटकों जैसे मदरबोर्ड, मेमोरी डिवाइस, मॉनिटर, कीबोर्ड आदि का प्रतिनिधित्व करता है, जबकि सॉफ्टवेयर प्रोग्राम या निर्देशों के एक सेट का प्रतिनिधित्व करता है। हार्डवेयर और सॉफ्टवेयर दोनों मिलकर कंप्यूटर सिस्टम को काम करते हैं।

कंप्यूटर को दिया जाने वाला प्रत्येक कार्य एक इनपुट-प्रोसेस-आउटपुट साइकिल (IPO चक्र) का अनुसरण करता है। इसे कुछ इनपुट की जरूरत होती है, कंप्यूटर इनपुट को प्रोसेस करता है और वांछित आउटपुट देता है। इनपुट यूनिट इनपुट लेती है, सेंट्रल प्रोसेसिंग यूनिट डेटा की प्रोसेसिंग करती है और आउटपुट यूनिट आउटपुट का उत्पादन करती है। मेमोरी यूनिट प्रोसेसिंग के दौरान डेटा और निर्देश रखती है।

आइए एक-एक करके कंप्यूटर के कार्यात्मक घटकों पर एक नजर डालें।

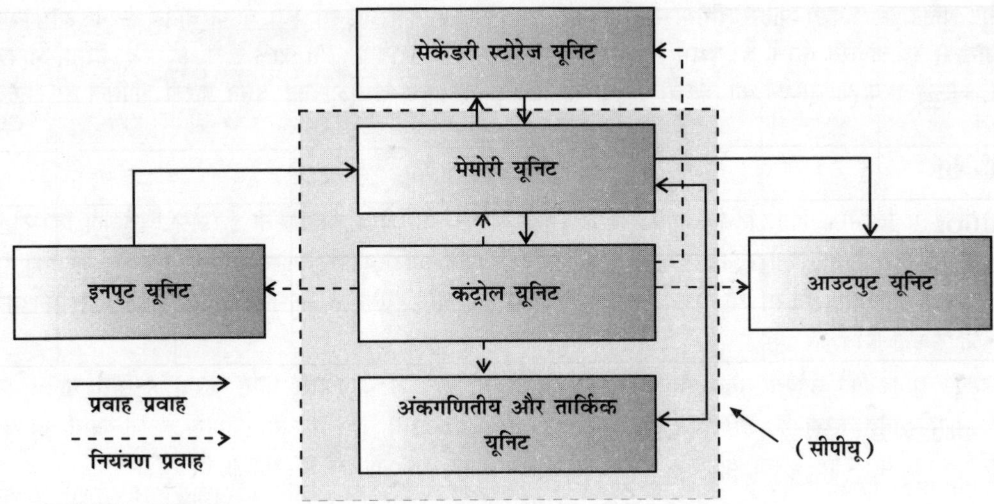

चित्र 1.1: कंप्यूटर सिस्टम के कार्यात्मक घटक

इनपुट यूनिट

इनपुट यूनिट में विभिन्न इनपुट डिवाइस होते हैं जिन्हें कंप्यूटर से जोड़ा जा सकता है, जैसे कि कीबोर्ड, माउस, लाइट पेन, माइक्रोफोन, आदि। मानक इनपुट डिवाइस कीबोर्ड है, जो हर नए कंप्यूटर के साथ आएगा। किसी भी समय एक से अधिक इनपुट डिवाइस को कंप्यूटर से जोड़ा जा सकता है।

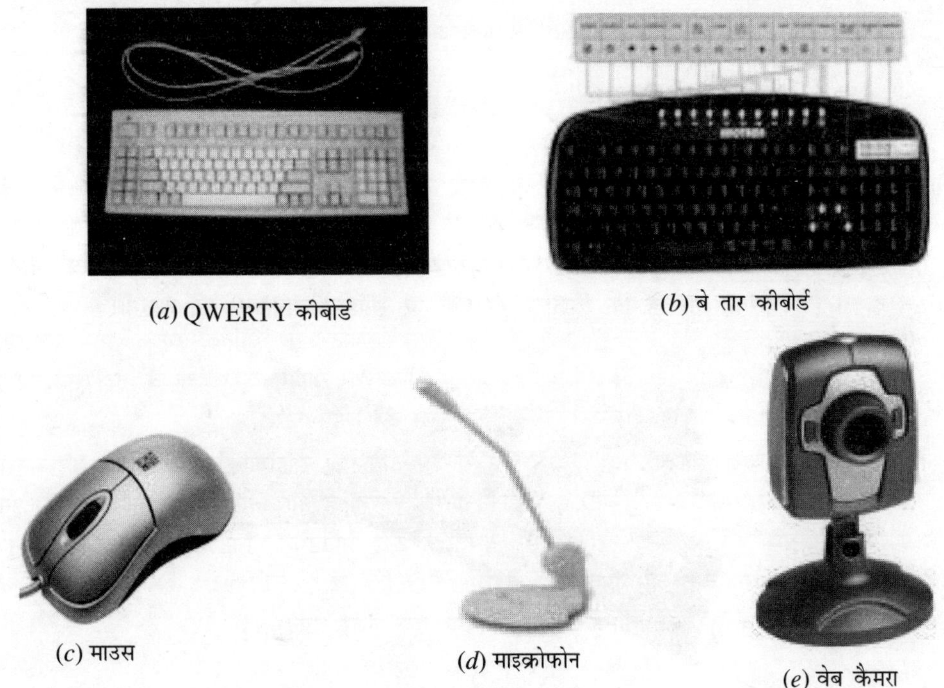

(*a*) QWERTY कीबोर्ड

(*b*) बे तार कीबोर्ड

(*c*) माउस

(*d*) माइक्रोफोन

(*e*) वेब कैमरा

चित्र 1.2: कुछ सामान्य इनपुट डिवाइस

इनपुट यूनिट का उद्देश्य बाहरी दुनिया से जानकारी प्राप्त करना, इसे बाइनरी रूप में परिवर्तित करना और फिर इसे मुख्य मेमोरी में स्थानांतरित करना है। इसमें किसी प्रोग्राम द्वारा संसाधित किए जाने वाले डेटा को दर्ज करना, भाषण की रिकॉर्डिंग, किसी दृश्य या तस्वीर को केप्चर करना या डिस्प्ले पर कुछ वस्तुओं का चयन करना शामिल हो सकता है।

आउटपुट यूनिट

आउटपुट यूनिट में विभिन्न आउटपुट डिवाइस होते हैं जिन्हें कंप्यूटर से जोड़ा जा सकता है, जैसे विजुअल डिस्प्ले यूनिट (VDU) या मॉनिटर, प्रिंटर, प्लॉटर, ऑडियो सिस्टम आदि। मानक आउटपुट डिवाइस एक मॉनिटर है, जो कि हर नए कंप्यूटर के साथ आएगा । किसी भी समय, इनपुट डिवाइस की तरह, एक से अधिक आउटपुट डिवाइस को कंप्यूटर से जोड़ा जा सकता है।

आउटपुट यूनिट का उद्देश्य मुख्य मेमोरी यूनिट से बाइनरी रूप में जानकारी प्राप्त करना है, इसे मानव समझने योग्य रूप में परिवर्तित करना है, और फिर इसे आउटपुट करना है। इसमें कुछ कंप्यूटर प्रोग्राम के परिणामों को प्रदर्शित करना, प्रिंट करना या प्लॉट करना या कुछ संगीत या मूवी चलाना भी शामिल हो सकता है।

(*a*) मॉनिटर (*b*) प्रिंटर (*c*) प्लॉटर (*d*) स्पीकर

चित्र 1.3: कुछ सामान्य आउटपुट डिवाइस

मेमोरी यूनिट

मेमोरी यूनिट कंप्यूटर के वेयरहाउस के रूप में कार्य करती है, जहां प्रोग्राम, इनपुट डेटा, इंटरमीडिएट डेटा और गणना के अंतिम परिणाम स्टोर किए जाते हैं। कंप्यूटर में दर्ज की गई जानकारी को सबसे पहले मेमोरी यूनिट में स्टोर किया जाता है। इसी तरह, आउटपुट होने वाले डेटा या परिणाम मेमोरी यूनिट से लिए जाते हैं। मेमोरी यूनिट एक अस्थिर मेमोरी का प्रतिनिधित्व करती है, जिसका अर्थ है कि बिजली बंद होने पर संग्रहीत जानकारी खो जाएगी।

चित्र 1.4: मेमारी कार्ड

अंकगणितीय और तार्किक यूनिट

अंकगणितीय और तार्किक यूनिट (ALU), जैसा कि इसके नाम का तात्पर्य है, अंकगणित और तार्किक संचालन करता है। अंकगणितीय संचालन में जोड़, घटाव, गुणा और भाग शामिल हैं। तार्किक (Logical) ऑपरेशंस का उपयोग दो डेटा आइटम्स की तुलना करने के लिए किया जाता है, और इसमें, से कम (<), से कम या बराबर (≤),से अधिक (>), से अधिक या बराबर (≥), के बराबर (=) और के बराबर नहीं (≠) ऑपरेशन शामिल होते हैं।

कंट्रोल यूनिट

कंट्रोल यूनिट कंप्यूटर सिस्टम के अन्य सभी भागों का समन्वय और नियंत्रण करती है। एक प्रोग्राम के निर्देशन में, कंट्रोल यूनिट इकाई चार बुनियादी कार्य करती है:

- *Fetch* – कंप्यूटर की मेमोरी से अगला प्रोग्राम निर्देश प्राप्त करना।
- *Decode* – यह पता लगाना कि प्रोग्राम कंप्यूटर को क्या करने के लिए कह रहा है?
- *Execute* – अनुरोधित क्रिया करना, जैसे कि दो संख्याएँ जोड़ना या यह तय करना कि उनमें से एक बड़ी है या नहीं।
- *Write-Back* – परिणामों को वापस मेमोरी में लिखना।

इस चार-चरणीय प्रक्रिया को मशीन चक्र, या प्रसंस्करण चक्र कहा जाता है, और इसमें दो चरण होते हैं: निर्देश चक्र (*fetch and decode*) और निष्पादन चक्र (*execute and write-back*)।

सेकेंडरी स्टोरेज यूनिट

सेकेंडरी स्टोरेज यूनिट भविष्य में उपयोग के लिए महत्वपूर्ण डेटा के लिए दीर्घकालिक भंडारण प्रदान करती है। डेटा को मेमोरी यूनिट से सेकेंडरी स्टोरेज यूनिट में स्थानांतरित किया जाता है। सेकेंडरी स्टोरेज में रहने वाले डेटा को प्रोसेस करने के लिए इसे मेन मेमोरी में ट्रांसफर किया जाता है। कृपया याद रखें कि सेकेंडरी स्टोरेज में स्टोर किए गए डेटा को सीधे सेकेंडरी स्टोरेज में ही प्रोसेस नहीं किया जा सकता है। डेटा को केवल तभी संसाधित किया जा सकता है जब वह मेमोरी में हो।

(*a*) हार्ड डिस्क (*b*) सीडी/डीवीडी (*c*) पेन ड्राइव

चित्र 1.5: सामान्य भण्डारण उपकरण

- कंट्रोल यूनिट, अंकगणित और तर्क यूनिट, और मुख्य मेमोरी यूनिट सामूहिक रूप से, केंद्रीय प्रसंस्करण यूनिट (सीपीयू) के रूप में जानी जाती है।
- कंप्यूटर से जुड़े सभी बाहरी उपकरण, जैसे इनपुट डिवाइस और आउटपुट डिवाइस, आमतौर पर पेरिफेरल्स के रूप में जाने जाते हैं।

मटेरिअल और माइक्रोइलेक्ट्रॉनिक के क्षेत्र में प्रगति ने नियंत्रण इकाई, अंकगणित और तार्किक इकाई और कुछ रजिस्टरों के रूप में सीमित उच्च गति मेमोरी को सिंगल वेरी लार्ज स्केल इंटीग्रेशन (VLSI) चिप के अंदर एम्बेड करना संभव बना दिया है, जिसे एक माइक्रोप्रोसेसर के रूप में जाना जाता है।

औपचारिक रूप से, एक माइक्रोप्रोसेसर, जिसे आमतौर पर प्रोसेसर के रूप में जाना जाता है, एक सामान्य-उद्देश्य वाला प्रोग्राम योग्य उपकरण है, जो बाइनरी रूप में जानकारी प्राप्त कर सकता है, इसे संसाधित कर सकता है और परिणाम प्रसारित कर सकता है। इसे समझने वाले निर्देशों का उपयोग करके विभिन्न प्रकार की समस्याओं को हल करने के लिए प्रोग्राम किया जा सकता है। सभी निर्देशों का सेट जिसे एक प्रोसेसर समझ सकता है, निर्देश सेट के रूप में जाना जाता है।

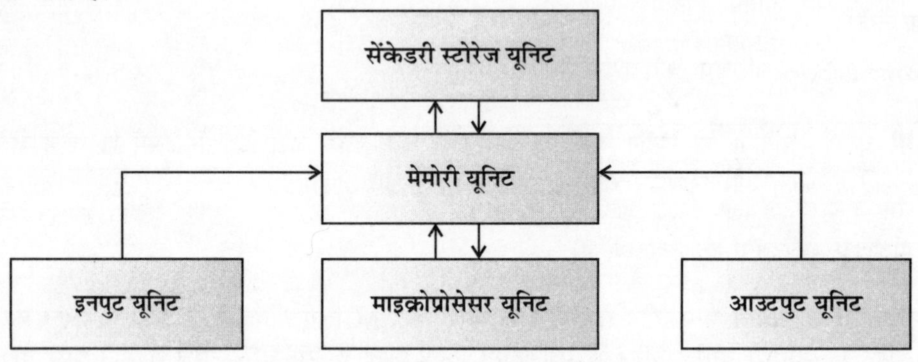

चित्र 1.6: पर्सनल कंप्यूटर का कार्यात्मक आरेख

अन्य इकाइयों की भूमिका सामान्य डिजिटल कंप्यूटर की तरह ही रहती है। लैपटॉप सहित अधिकांश वर्तमान पीसी इंटेल या एएमडी आधारित माइक्रोप्रोसेसरों के आसपास बनाए गए हैं।

1.1.2 हार्डवेयर

हार्डवेयर कंप्यूटर के उन हिस्सों को संदर्भित करता है जिन्हें आप देख और छू सकते हैं, जिसमें केस और उसके अंदर की सभी चीजें शामिल हैं। कंप्यूटर सिस्टम के विभिन्न घटक जो इसके हार्डवेयर का निर्माण करते हैं, उनमें सिस्टम यूनिट (जिसमें मदरबोर्ड, बिजली की आपूर्ति, हार्ड डिस्क, आदि जैसे प्रमुख हार्डवेयर घटक होते हैं), इनपुट / आउटपुट डिवाइस और साथ ही स्टोरेज डिवाइस शामिल हैं।

1.1.3 सॉफ्टवेयर

सॉफ्टवेयर, अपने सबसे सामान्य अर्थ में, निर्देशों या प्रोग्रामों का एक सेट है जो हार्डवेयर को बताता है कि क्या करना है।

सॉफ्टवेयर का वर्णन करना मुश्किल हो सकता है क्योंकि यह वर्चुअल है और कंप्यूटर हार्डवेयर की तरह भौतिक नहीं है। इसके बजाय, सॉफ्टवेयर में कंप्यूटर प्रोग्रामर्स द्वारा लिखित कोड (निर्देश) की पंक्तियाँ होती हैं जिन्हें कंप्यूटर प्रोग्राम में संकलित किया गया है। सॉफ्टवेयर प्रोग्राम को बाइनरी डेटा के रूप में संग्रहीत किया जाता है, जब इसे स्थापित किया जाता है, इसे कंप्यूटर की हार्ड ड्राइव पर कॉपी किया जाता है। चूंकि सॉफ्टवेयर वर्चुअल है और कोई भौतिक स्थान नहीं लेता है, इसलिए कंप्यूटर हार्डवेयर की तुलना में अपग्रेड करना बहुत आसान (और अक्सर सस्ता) होता है।

सॉफ्टवेयर का सबसे महत्वपूर्ण उदाहरण एक ऑपरेटिंग सिस्टम (Operating System) है जो कंप्यूटर सिस्टम के संसाधनों का प्रबंधन करता है, और एक इंटरफेस प्रदान करता है जिसके उपयोग से उपयोगकर्ता विभिन्न कार्यों को करने के लिए कंप्यूटर के साथ इंटरैक्ट कर सकता है।

यह याद रखना महत्वपूर्ण है कि हार्डवेयर और सॉफ्टवेयर कंप्यूटर सिस्टम के अभिन्न अंग हैं - सॉफ्टवेयर के बिना हार्डवेयर का कोई उपयोग नहीं है और हार्डवेयर के बिना सॉफ्टवेयर का उपयोग नहीं किया जा सकता है। यह सॉफ्टवेयर है जो हार्डवेयर को चलाता है, यानी यह सॉफ्टवेयर है जो हार्डवेयर को उसकी क्षमता देता है।

सॉफ्टवेयर को मोटे तौर पर इस प्रकार वर्गीकृत किया जा सकता है:

- **सिस्टम सॉफ्टवेयर:** यह एक प्रकार का सॉफ्टवेयर है जिसे कंप्यूटर के हार्डवेयर और एप्लिकेशन प्रोग्राम को चलाने के लिए डिजाइन किया गया है। यदि हम एक कंप्यूटर सिस्टम को एक स्तरित मॉडल के रूप में सोचते हैं, तो सिस्टम सॉफ्टवेयर हार्डवेयर और उपयोगकर्ता एप्लिकेशन के बीच का इंटरफेस है। ऑपरेटिंग सिस्टम और भाषा अनुवादक (असेंबलर, कंपाइलर और दुभाषिया), लिंकर और लोडर सिस्टम सॉफ्टवेयर के उदाहरण हैं।
- **एप्लीकेशन सॉफ्टवेयर:** यह एक प्रकार का सॉफ्टवेयर है जिसे एक विशिष्ट उद्देश्य के लिए डिजाइन किया गया है और अंतिम उपयोगकर्ताओं द्वारा उपयोग किया जाता है। वर्ड प्रोसेसर, डेटाबेस सॉफ्टवेयर, स्प्रेडशीट सॉफ्टवेयर, एंटरटेनमेंट सॉफ्टवेयर, रिजर्वेशन सॉफ्टवेयर, इन्वेंट्री मैनेजमेंट सॉफ्टवेयर आदि एप्लीकेशन सॉफ्टवेयर के उदाहरण हैं।
- **यूटिलिटी सॉफ्टवेयर:** यह एक प्रकार का सॉफ्टवेयर है जिसे कंप्यूटर के विश्लेषण, कॉन्फिगर, ऑप्टिमाइज या रखरखाव में मदद करने के लिए डिजाइन किया गया है। इसका उपयोग कंप्यूटर के बुनियादी ढांचे का समर्थन करने के लिए किया जाता है। एंटीवायरस सॉफ्टवेयर, संपीड़न उपकरण, डिस्क प्रबंधन उपकरण, आदि यूटिलिटी सॉफ्टवेयर के उदाहरण हैं।

1.1.3.1 ऑपरेटिंग सिस्टम

किसी भी कंप्यूटर पर सबसे महत्वपूर्ण प्रोग्राम ऑपरेटिंग सिस्टम (OS) होता है। यह कई छोटे प्रोग्रामों से बना एक बड़ा प्रोग्राम है। यह कंप्यूटर सिस्टम के संसाधन प्रबंधक के रूप में कार्य करता है और उपयोगकर्ताओं और हार्डवेयर के बीच एक इंटरफेस प्रदान करता है।

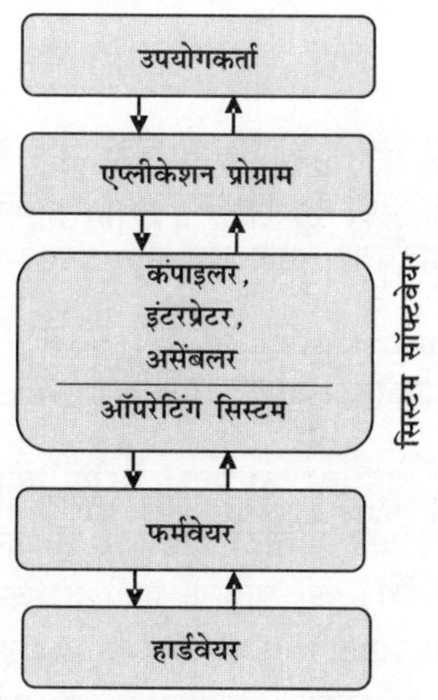

चित्र 1.7: कंप्यूटर की वास्तुकला

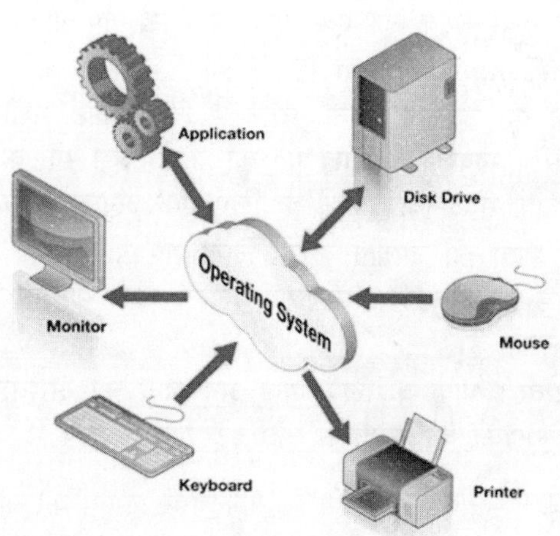

चित्र 1.8: ऑपरेटिंग सिस्टम द्वारा कंप्यूटर सिस्टम के संसाधन का प्रबंधन

कंप्यूटर सिस्टम के संसाधनों में प्रोसेसर, मेमोरी और I/O डिवाइस, उपयोगकर्ता आदि शामिल हैं। एक प्रबंधक के रूप में यह विभिन्न संसाधनों की गतिविधियों का समन्वय करता है ताकि उपयोगकर्ताओं को आवश्यक जानकारी प्रदान की जा सके।

पीसी/लैपटॉप के लिए आमतौर पर उपयोग किए जाने वाले ऑपरेटिंग सिस्टम में शामिल हैं:

- Unix
- Linux
- Windows
- Solaris
- BOSS (Bharat Operating System Solutions) 

मोबाइल/हैंड हेल्ड डिवाइसेस के लिए आमतौर पर उपयोग किए जाने वाले ऑपरेटिंग सिस्टम में शामिल हैं

- Android
- iOS
- Symbian

1.1.3.2 भाषा अनुवादक

एक सॉफ्टवेयर घटक जो एक भाषा में लिखे गए प्रोग्राम का दूसरी भाषा में अनुवाद करता है, उसे भाषा अनुवादक (*language translator*) के रूप में जाना जाता है।

यहां यह उल्लेख करना उचित है कि जबकि मशीनी भाषा में अनुवाद की आवश्यकता नहीं होती है, लेकिन उच्च-स्तरीय भाषाओं में लिखे गए कार्यक्रमों, जैसे सी, को निष्पादित करने से पहले सी भाषा में लिखे गए निर्देशों का मशीनी भाषा में अनुवाद करने के लिए एक अनुवादक की आवश्यकता होती है।

सी भाषा का उपयोग करके लिखे गए प्रोग्राम को "सोर्स कोड" (Source Code) के रूप में जाना जाता है। सोर्स कोड का अनुवादित संस्करण मशीनी भाषा में एक प्रोग्राम है, जिसे "ऑब्जेक्ट कोड" (Object Code) के रूप में जाना जाता है।

असेंबली भाषा के लिए भाषा अनुवादक को असेंबलर के रूप में जाना जाता है, और उच्च स्तरीय भाषाओं के भाषा अनुवादकों को कंपाइलर और इंटरप्रेटर के रूप में जाना जाता है।

असेंबलर

असेंबलर एक प्रोग्राम है जो एक प्रोग्राम को असेंबली लैंग्वेज (सोर्स कोड) से मशीन लैंग्वेज (ऑब्जेक्ट कोड) में ट्रांसलेट करता है।

चूंकि मशीनी भाषा और असेंबली भाषा में निर्देशों के बीच एक-से-एक पत्राचार होता है, इसलिए असेंबलर असेंबली भाषा में प्रत्येक निर्देश को मशीन भाषा में संबंधित निर्देश में अनुवाद करता है।

कंपाइलर

कंपाइलर एक ऐसा प्रोग्राम है जो उच्च-स्तरीय भाषा (सोर्स कोड) में लिखे गए प्रोग्राम को मशीनी लैंग्वेज (ऑब्जेक्ट कोड) में ट्रांसलेट करता है।

अनुवाद की इस प्रक्रिया को संकलन (*compilation*) के रूप में जाना जाता है। संकलन के दौरान, कंपाइलर स्रोत कोड, लाइन दर लाइन पढ़ता है, और सिंटैक्स त्रुटियों की भी जांच करता है। ध्यान दें कि प्रोग्रामिंग भाषा के नियमों (जिसे भाषा के व्याकरण के रूप में भी जाना जाता है) का कोई भी उल्लंघन सिंटैक्स त्रुटि के रूप में जाना जाता है।

यदि सिंटैक्स त्रुटियां हैं, तो यह त्रुटि संदेश प्रदर्शित करता है जो त्रुटि स्थानों की पहचान करता है और एक प्रोग्राम सूची प्रिंट करता है जो स्थानों और त्रुटियों के संभावित कारणों को हाइलाइट करता है, और कोई अनुवाद नहीं होता है। हालाँकि, यदि सोर्स कोड में कोई सिंटैक्स त्रुटियाँ नहीं हैं, तो कंपाइलर सोर्स कोड को फिर से पढ़ता है और इसे एक ऑब्जेक्ट कोड में अनुवादित करता है और आमतौर पर एक्सटेंशन *.obj* के साथ दूसरी फाइल पर लिखता है।

एक बार अनुवाद हो जाने के बाद, बाद के चरणों में कंपाइलर की कोई और भूमिका नहीं होती है। हालांकि, अगर सोर्स कोड संशोधित किया गया है, तो हमें ऑब्जेक्ट कोड में संशोधन को शामिल करने के लिए इसे पुनः कंपाइल करने की आवश्यकता है।

इंटरप्रेटर

इंटरप्रेटर एक अन्य प्रकार का अनुवादक है जिसका उपयोग उच्च-स्तरीय भाषाओं के अनुवाद के लिए किया जाता है। हालाँकि, इंटरप्रेटर ऑब्जेक्ट कोड उत्पन्न नहीं करता है। इसके बजाय, यह एक समय में स्रोत कोड की एक पंक्ति का अनुवाद करता है और अनुवादित निर्देश को निष्पादित करता है। यह तब तक जारी रहता है जब तक कि सभी निर्देशों का अनुवाद और निष्पादन नहीं हो जाता। ध्यान दें कि यदि किसी निर्देश को बार-बार निष्पादित किया जाना है, तो उसका हर बार अनुवाद किया जाएगा।

एक बार जब सोर्स कोड को कंपाइलर द्वारा ऑब्जेक्ट कोड में अनुवादित किया जाता है, जो कि एक बार का कार्य है, तो ऑब्जेक्ट कोड, आगे की प्रक्रिया (लिंकिंग) के बाद, सीधे निष्पादित किया जाता है। इससे प्रोग्राम का निष्पादन तेजी से होता है। हालाँकि, इंटरप्रेटर पहले कोड को समझता है और फिर निर्देश को निष्पादित करता है, जिससे प्रोग्राम का निष्पादन धीमा हो जाता है। इसके अलावा, हर बार इंटरप्रेटर का उपयोग करके प्रोग्राम को निष्पादित किया जाता है, इसलिए अनुवाद दोहराया जाएगा।

हालांकि इंटरप्रेटर प्रोग्राम के धीमे अनुवाद की ओर ले जाते हैं, वे भाषा सीखने के लिए और प्रोग्रामों को डीबग करने के लिए शुरुआती लोगों के लिए सहायक उपकरण हैं। इंटरप्रेटर प्रोग्राम को लाइन से लाइन निष्पादित करता है, इसलिए प्रोग्रामर ठीक से देख सकता है कि प्रत्येक पंक्ति क्या करती है।

यहां यह उल्लेख करना महत्वपूर्ण है कि इंटरप्रेटर का उपयोग करके किसी प्रोग्राम को निष्पादित करने के लिए, पहले हमें इंटरप्रेटर चलाने की आवश्यकता होती है, उसके बाद ही हम इंटरप्रेटर को उपयोगकर्ता प्रोग्राम को निष्पादित करने का निर्देश दे सकते हैं। इसलिए, हर बार जब आप कोई प्रोग्राम चलाते हैं तो आपको इंटरप्रेटर भी चलाने की आवश्यकता होती है।

1.1.3.3 प्रोग्रामिंग वातावरण

प्रोग्रामिंग वातावरण एक ऐसा वातावरण है जिसमें प्रोग्राम बनाए जाते हैं और उनका परीक्षण किया जाता है, और उस ऑपरेटिंग वातावरण (जिस पर प्रोग्राम चलाने की उम्मीद की जाती है) की तुलना में भाषा के डिजाइन पर इसका कम प्रभाव पड़ता है।

एक प्रोग्रामिंग वातावरण में समर्थन उपकरण और उन्हें लागू करने के लिए एक कमांड भाषा (कमांड का सेट) होता है। प्रत्येक समर्थन उपकरण एक अन्य प्रोग्राम है जिसका उपयोग प्रोग्रामर द्वारा प्रोग्राम के निर्माण के एक या अधिक चरणों के दौरान सहायता के रूप में किया जा सकता है।

प्रोग्रामिंग वातावरण में विशिष्ट उपकरणों में संपादक, भाषा अनुवादक, लिंकर, लोडर आदि शामिल हैं। भाषा अनुवादकों को पहले के खंड में समझाया गया है, शेष उपकरण यहां वर्णित हैं।

- **एडिटर** – एडिटर एक प्रोग्राम है जो फाइलों को बनाने और संपादित करने में मदद करता है। ऐसे एडिटर जो केवल टेक्स्ट फाइलों के साथ काम करने की अनुमति देते हैं, और उन्हें टेक्स्ट एडिटर कहा जाता है। लोकप्रिय टेक्स्ट एडिटर्स के उदाहरण हैं "नोटपैड" और विंडोज ऑपरेटिंग सिस्टम का "एडिट", यूनिक्स और लिनक्स ऑपरेटिंग सिस्टम का "vi/vim,। एमएस वर्ड जैसे लोकप्रिय वर्ड प्रोसेसिंग प्रोग्राम भी वर्ड डॉक्यूमेंट के अलावा टेक्स्ट फाइल बनाने की अनुमति देते हैं।
- **लिंकर** – ध्यान दें कि कंपाइलर द्वारा निर्मित ऑब्जेक्ट कोड एक ऐसे रूप में नहीं है जिसे कंप्यूटर द्वारा निष्पादित किया जा सके। ऑब्जेक्ट कोड में डालने के लिए कुछ और जानकारी की आवश्यकता होती है ताकि इसे एक ऐसे रूप में बनाया जा सके जिसे कंप्यूटर द्वारा निष्पादित किया जा सके।

  जब आप कोई प्रोग्राम लिखते हैं, तो आप इनपुट/आउटपुट ऑपरेशंस करने और गणितीय गणना के लिए विभिन्न लाइब्रेरी फंक्शन का उल्लेख कर सकते हैं (sqrt, sin, cos, abs, exp कुछ गणितीय लाइब्रेरी फंक्शन के नाम है)। इन लाइब्रेरी फंक्शन द्वारा किए जाने वाले कार्य को परिभाषित करने वाले निर्देश मशीनी भाषा (बाइनरी) रूप में हैं और कंपाइलर के साथ आपूर्ति किए गए सिस्टम लाइब्रेरी (एक्सटेंशन LIB वाली फाइलें) में निहित हैं। इसके अलावा, आप कुछ उपयोगकर्ता-परिभाषित कार्यो का उल्लेख कर सकते हैं जो एक अलग प्रोग्राम फाइल में लिखे गए हैं, और जिनके ऑब्जेक्ट कोड विचाराधीन ऑब्जेक्ट कोड से अलग हैं। इसलिए, लाइब्रेरी के ऑब्जेक्ट कोड के साथ-साथ उपयोगकर्ता-परिभाषित कार्यो को विचाराधीन ऑब्जेक्ट कोड के साथ संयोजित करने की आवश्यकता है, और यह कार्य लिंकर नामक प्रोग्राम द्वारा पूरा किया जाता है।

  लिंकर एक प्रोग्राम है जो प्रोग्राम के ऑब्जेक्ट कोड को वांछित तरीके से लाइब्रेरी और उपयोगकर्ता-परिभाषित फंक्शन के ऑब्जेक्ट कोड के साथ जोड़ता है, और इसे .EXE एक्सटेंशन के साथ विंडोज के तहत एक अलग प्रोग्राम फाइल में लिखता है। लिंकर द्वारा उत्पादित इस फाइल को निष्पादित फाइल के रूप में जाना जाता, और वह फाइल है जिसका उपयोग प्रोग्राम को निष्पादित करने के लिए किया जाता है।
- **लोडर** – लोडर एक प्रोग्राम है जो निष्पादित फाइल को सेकेंडरी स्टोरेज से मेमोरी यूनिट में स्थानांतरित करने के लिए जिम्मेदार है। निष्पादन पर, लोडर, ऑपरेटिंग सिस्टम की सहायता से, पहले अपेक्षित राशि की मुफ्त मेमोरी पाता है और फिर मेमोरी के उस हिस्से में निष्पादित फाइल को स्थानांतरित करता है, और फिर पता अनुवाद जैसे उपयुक्त कदम उठाता है और निष्पादन को शुरू करता है। उस बिंदु के बाद से, लोडर की भूमिका खत्म हो गई है, और प्रोग्राम द्वारा नियंत्रण लिया जाता है। प्रोग्राम के निर्देश वांछित कार्य करने के लिए ऑपरेटिंग सिस्टम की समग्र देखरेख में निष्पादित किए जाते हैं। जैसे ही प्रोग्राम अपना निष्पादन समाप्त करता है, इसे मेमोरी से हटा दिया जाता है।

लोकप्रिय एकीकृत विकास वातावरण (IDE), जैसे टर्बो सी/सी++ और बोर्लैंड सी++, विजुअल स्टूडियो, देव सी++, कोडब्लॉक्स, नेटबीन्स, एक्लिप्स, आदि, विभिन्न उपकरणों (एडिटर, कंपाइलर, लिंकर, डिबगर, आदि) को एक एकीकृत तरीके से, ताकि एक प्रोग्रामर इन उपकरणों के साथ बहुत आसानी और बढ़ी हुई उत्पादकता के साथ काम कर सके।

1.1.4 बूटिंग की अवधारणा

आसान शब्दों में बूटिंग एक ऐसी प्रक्रिया है जिसमें आपका कंप्यूटर इनिशियलाइज हो जाता है। इस प्रक्रिया में आपके कंप्यूटर में आपके सभी हार्डवेयर घटकों को इनिशियलाइज करना और उन्हें एक साथ काम करना और आपके डिफॉल्ट ऑपरेटिंग सिस्टम को लोड करना शामिल है, जो आपके कंप्यूटर को चालू कर देगा।

बूटिंग प्रक्रिया के तकनीकी विवरण को संक्षेप में निम्नानुसार किया जा सकता है:

1. जब कंप्यूटर को चालू किया जाता है, तो बूट प्रोग्राम की एक कॉपी ROM से मुख्य मेमोरी में लाई जाती है।
2. फिर सीपीयू एक जंप इंस्ट्रक्शन चलाता है जो BIOS (बेसिक इनपुट आउटपुट सिस्टम) में ट्रांसफर हो जाता है और यह एक्जीक्यूट करना शुरू कर देता है।
3. BIOS स्वयं निदान परीक्षणों की एक श्रृंखला आयोजित करता है जिसे POST (पॉवर ऑन सेल्फ टेस्ट) कहा जाता है। इन परीक्षणों में मेमोरी टेस्ट, वीडियो सर्किटरी को कॉन्फिगर करना और शुरू करना, सिस्टम के हार्डवेयर को कॉन्फिगर करना और अन्य उपकरणों की जांच करना शामिल है जो कंप्यूटर को ठीक से काम करने में मदद करते हैं।
4. इसके बाद, BIOS बूट सेक्टर को लोड करने के लिए बूट करने योग्य ड्राइव का पता लगाता है। बूट स्ट्रैप लोडर प्रोग्राम ऑपरेटिंग सिस्टम को लोड और निष्पादित करता है।

बूटिंग प्रक्रिया दो प्रकार की होती है:

- **कोल्ड बूटिंग:** जब सिस्टम प्रारंभिक अवस्था से शुरू होता है, यानी, इसे चालू किया जाता है। इसे हार्ड बूटिंग भी कहा जाता है। जैसा कि ऊपर बताया गया है, सिस्टम कई चरणों से गुजरता है
- **वार्म बूटिंग:** जब सिस्टम को पुनरारंभ करने के लिए रीसेट बटन या Ctrl+Alt+Del कुंजी संयोजन का उपयोग किया जाता है। इसे सॉफ्ट बूटिंग भी कहा जाता है। यहां प्रणाली प्रारंभिक अवस्था से शुरू नहीं होती है और इसलिए इस मामले में नैदानिक परीक्षण नहीं किए जाते हैं।

1.2 एल्गोरिथम का विचार

एक एल्गोरिथ्म किसी विशेष समस्या के समाधान को परिभाषित करने वाले निर्देशों का एक सीमित क्रम है।

एक अच्छे एल्गोरिथम के लक्षण:

एक एल्गोरिथम की पांच महत्वपूर्ण विशेषताएं हैं जिन्हें समस्या के लिए किसी भी एल्गोरिथम को डिजाइन करते समय विचार किया जाना चाहिए।

- **इनपुट:** एक एल्गोरिथ्म में शून्य या अधिक लेकिन इनपुट की सीमित संख्या होनी चाहिए, जो बाहरी रूप से आपूर्ति की जाती है। शून्य इनपुट एल्गोरिथम का उदाहरण पहले 100 प्राकृतिक संख्याओं का योग ज्ञात करना हो सकता है। यहां, उपयोगकर्ता को किसी बाहरी इनपुट की आपूर्ति करने की आवश्यकता नहीं है क्योंकि यह पहले से ही पहले 100 प्राकृतिक संख्याओं का योग खोजने के लिए निर्दिष्ट है।

  हालाँकि, यदि उपरोक्त समस्या को पहले n प्राकृतिक संख्याओं के योग के रूप में फिर से कहा जाता है, तो उपयोगकर्ता को n के मान को दर्शाने वाला एकल इनपुट प्रदान करना आवश्यक है।

- **आउटपुटः** एक एल्गोरिथम में कम से कम एक वांछनीय परिणाम अर्थात आउटपुट होना चाहिए।
- **निश्चितता (कोई अस्पष्टता नहीं):** प्रत्येक चरण स्पष्ट होना चाहिए, अर्थात, एक और केवल एक ही अर्थ होना चाहिए।
- **परिमितताः** यदि हम एक एल्गोरिथ्म के चरणों का पता लगाते हैं, तो सभी मामलों के लिए, एल्गोरिथ्म को चरणों की एक सीमित संख्या के बाद समाप्त होना चाहिए।
- **प्रभावशीलताः** प्रत्येक चरण पर्याप्त रूप से बुनियादी होना चाहिए कि इसे सिद्धांत रूप में केवल कागज और पेंसिल का उपयोग करके एक व्यक्ति द्वारा किया जा सकता है। इसके अलावा, न केवल प्रत्येक चरण निश्चित होना चाहिए, यह संभव भी होना चाहिए।

फ्लोचार्ट या स्यूडोकोड का उपयोग करके एक एल्गोरिथ्म को दिखाया जा सकता है।

1.2.1 फ्लोचार्ट

फ्लोचार्ट एक एल्गोरिथम का एक सचित्र प्रदर्शन है। यह विभिन्न प्रकार के निर्देशों को दर्शाने के लिए विभिन्न आकृ. तियों का उपयोग करता है। वास्तविक निर्देश स्पष्ट और संक्षिप्त बयानों का उपयोग करके आकृतियों के भीतर लिखे जाते हैं। इन आकृतियों को उस क्रम को इंगित करने के लिए निर्देशित रेखाओं से जोड़ा जाता है जिसमें निर्देशों को निष्पादित किया जाना है।

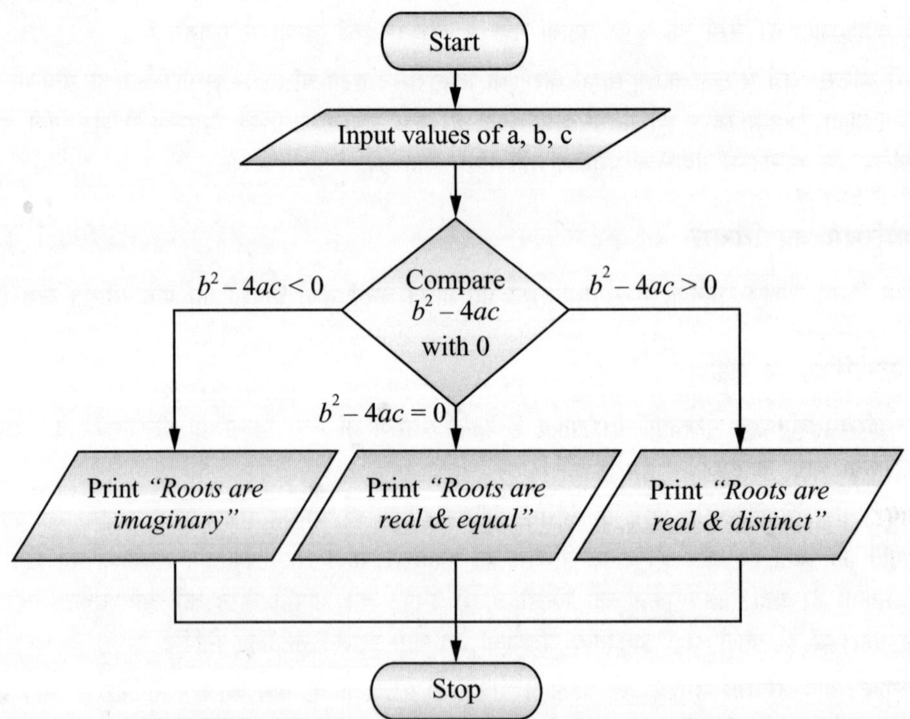

चित्र 1.9: द्विघात समीकरण के मूलों की प्रकृति ज्ञात करने के लिए फ्लोचार्ट

तालिका 1.1 फ्लोचार्ट में प्रयुक्त विभिन्न प्रतीकों को उनके नाम और संक्षिप्त विवरण के साथ दिखाती है।

तालिका 1.1: विभिन्न फ्लोचार्ट प्रतीक और उनका संक्षिप्त विवरण

प्रतीक	नाम	प्रयोजन
	अंडाकार	प्रोग्राम तर्क प्रवाह की शुरुआत और अंत को चिह्नित करने के लिए।
	समान्तर चतुर्भुज	प्रोग्राम में इनपुट या प्रोग्राम से आउटपुट को दर्शाने के लिए।
	आयत	अंकगणितीय संचालन और डेटा की गति को दर्शाने के लिए।
	हीरक	उस बिंदु को निरूपित करने के लिए जहां विकल्पों में से किसी एक को शाखा देने का निर्णय लिया जाना है।
	छोटा वृत्त	फ्लोचार्ट के खंडों के बीच तार्किक लिंक प्रदान करना।
	निर्देशित लाइनें	उस क्रम को इंगित करने के लिए जिसमें निर्देश निष्पादित किए जाने हैं।

1.2.2 स्यूडोकोड

शब्द "छद्म" का अर्थ है नकली या झूठा और शब्द "कोड" एक प्रोग्रामिंग भाषा में लिखे गए निर्देश को संदर्भित करता है। इसलिए, स्यूडोकोड (छद्मकोड) वास्तविक कंप्यूटर निर्देश की नकल है। छद्म निर्देश अंग्रेजी में बयानों की तरह लिखे गए वाक्यांश हैं। प्रोग्राम के तर्क का वर्णन करने के लिए प्रतीकों का उपयोग करने के बजाय, जैसा कि फ्लोचार्ट में होता है, स्यूडोकोड एक संरचना का उपयोग करता है जो कंप्यूटर निर्देशों के समान होता है। क्योंकि, यह प्रोग्राम के डिजाइन पर जोर देता है, इसलिए स्यूडोकोड को प्रोग्राम डिजाइन लैंग्वेज (PDL) भी कहा जाता है।

स्यूडोकोड निम्नलिखित बुनियादी तर्क संरचनाओं से बना है जो किसी भी कंप्यूटर प्रोग्राम को लिखने के लिए पर्याप्त साबित हुए हैं:

1. Sequence
2. Selection (*If . . . Endif, If . . . Else . . . Endif, If . . . Else If . . . Endif*)
3. Iteration (*While . . . Endwhile, Do . . . While*)

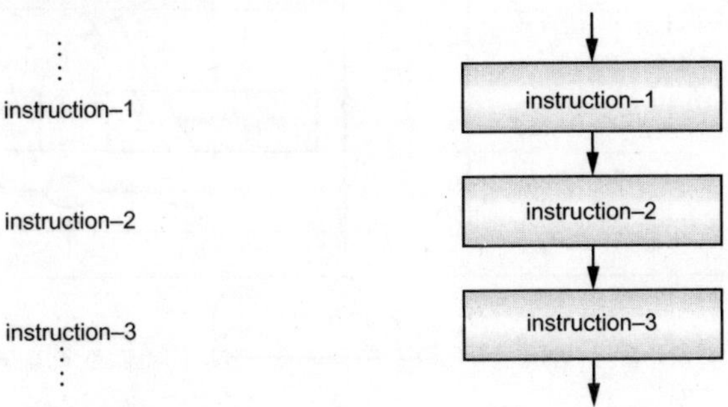

चित्र 1.10: अनुक्रम संरचना के लिए स्यूडोकोड और फ्लोचार्ट

अनुक्रम तर्क (Sequence logic) तर्क एक के बाद एक क्रम में निर्देशों को निष्पादित करने के लिए प्रयोग किया जाता है। इस प्रकार, अनुक्रम तर्क के लिए, छद्म कोड निर्देश उस क्रम में लिखे जाते हैं जिसमें उन्हें निष्पादित किया जाना है।

तर्क का प्रवाह ऊपर से नीचे की ओर होता है।

चयन तर्क (Selection logic), जिसे निर्णय तर्क के रूप में भी जाना जाता है, का उपयोग निर्णय लेने के लिए किया जाता है। इसका उपयोग प्रोग्राम लॉजिक में वैकल्पिक पथों में से एक उचित पथ का चयन करने के लिए किया जाता है।

निर्णय तर्क के रूप में दर्शाया गया है

If ... Endif or *If ... Else ... Endif* or *If ... Else If ... Endif* structure.

The *If ... Endif* निर्माण कहता है कि यदि अभिव्यक्ति सत्य है, तो कथन निष्पादित करें (यदि अभिव्यक्ति गलत है) कथन पर छोड़ दें।

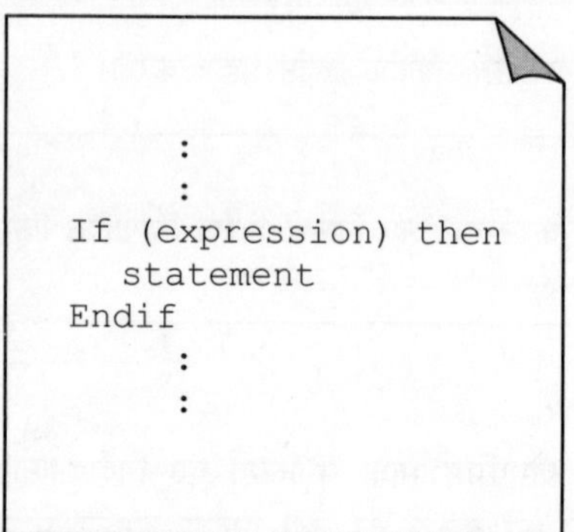
```
      :
      :
If (expression) then
   statement
Endif
      :
      :
```

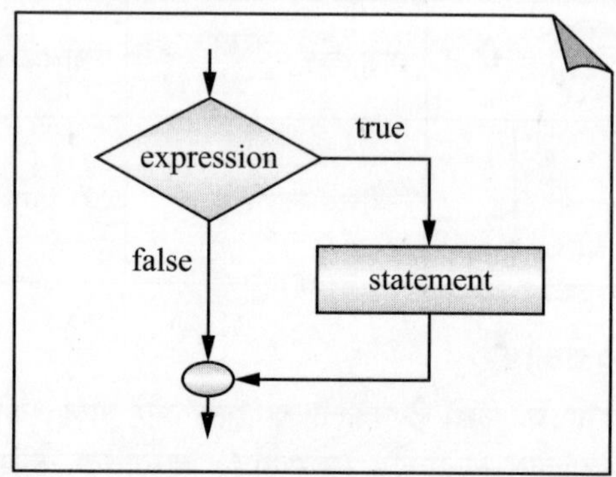

चित्र 1.11: *If . . . Endif* संरचना के लिए स्यूडोकोड और फ़्लोचार्ट

If ... Else ... Endif निर्माण कहता है कि यदि अभिव्यक्ति सत्य है तो कथन-1 निष्पादित करें, अन्यथा (यदि अभिव्यक्ति झूठी है) कथन -2 निष्पादित करें।

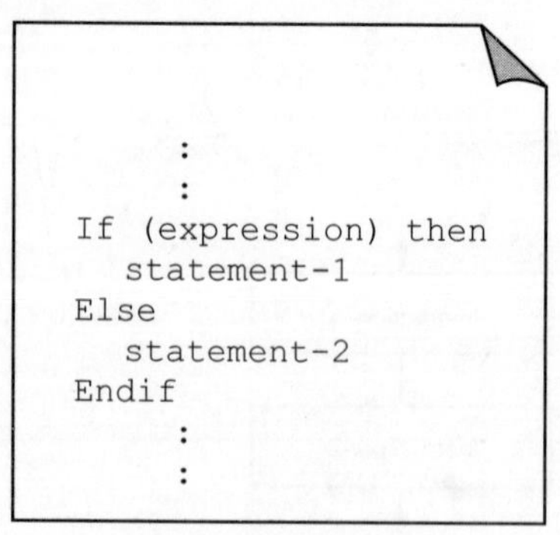
```
      :
      :
If (expression) then
   statement-1
Else
   statement-2
Endif
      :
      :
```

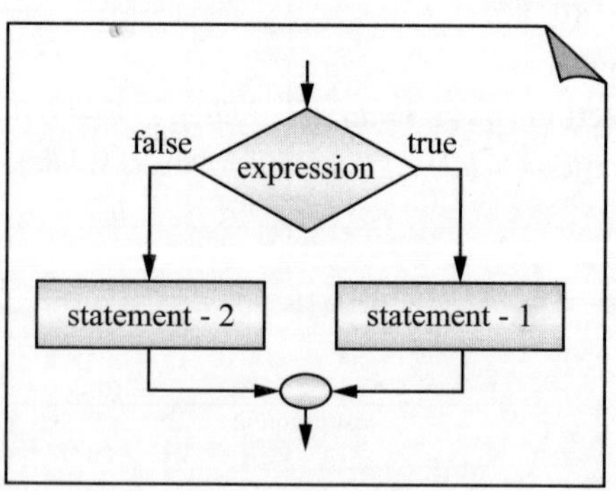

चित्र 1.12: *If . . . Else . . . Endif* संरचना के लिए स्यूडोकोड और फ़्लोचार्ट

अभिव्यक्ति के परिणाम के आधार पर, यदि कई विकल्प (निष्पादन पथ) हैं, तो *Else If* ladder एक बहुत ही आसान निर्माण है।

```
If (expression-1) then
  statement-1
Else If (expression-2) then
  statement-2
Else If (expression-3) then
  statement-3
    :
Else If (expression-n) then
    (expression-n)
Else
    statement-s
Endif
```

चित्र 1.13: *Else If ladder* का सिंटेक्स

कथनो का मूल्यांकन क्रम में किया जाता है, और यदि कोई अभिव्यक्ति सत्य है तो उससे जुड़े स्टेटमेंट ब्लॉक को निष्पादित किया जाता है, और यह पूरी श्रृंखला को समाप्त कर देता है। अंतिम *else* भाग उपरोक्त या डिफॉल्ट मामले में से कोई भी नहीं संभालता है जहां कोई भी निर्दिष्ट अभिव्यक्ति संतुष्ट नहीं होती है।

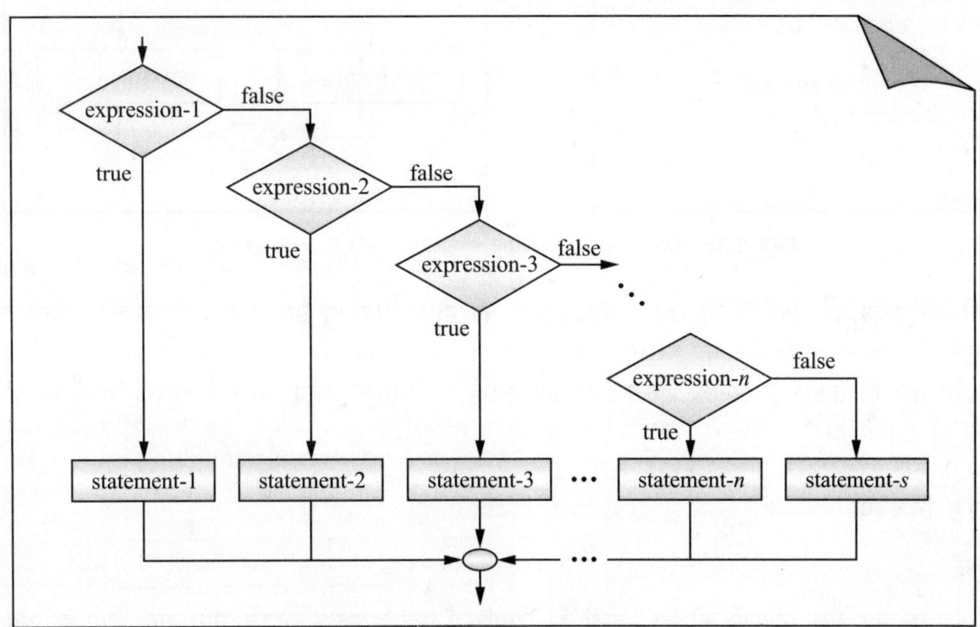

चित्र 1.14: *Else If ladder* का तर्क प्रवाह

इटरेटिव लॉजिक का उपयोग लूप बनाने के लिए किया जाता है जब कुछ अभिव्यक्तियों के आधार पर एक या अधिक निर्देशों को कई बार निष्पादित किया जाना होता है। यह दो संरचनाओं का उपयोग करता है *While ... Endwhile and Do ... While.*

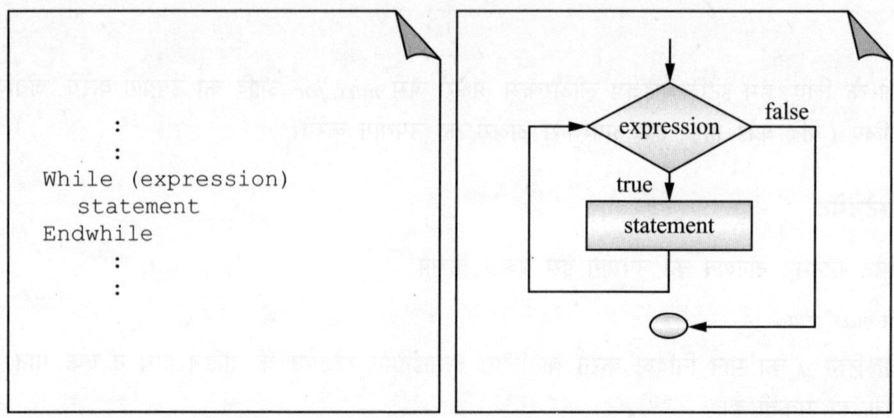

चित्र 1.15: *while....Endwhile* संरचना के लिए स्यूडोकोड और फ़्लोचार्ट

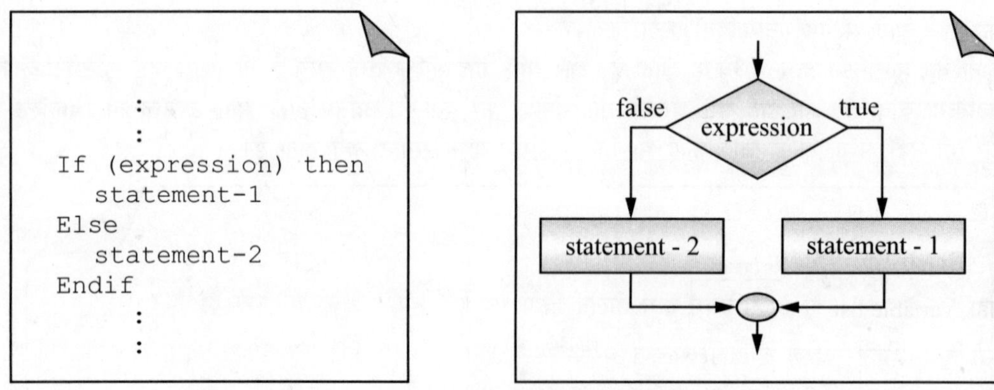

चित्र 1.16: *Do . . . While* संरचना के लिए स्यूडोकोड और फ़्लोचार्ट

उनमें बस इतना ही अंतर है कि *Do ... While* लूप को हमेशा कम से कम एक बार निष्पादित किया जाता है क्योंकि लूप के अंत में अभिव्यक्ति का परीक्षण किया जाता है जबकि *While ... Endwhile* लूप कभी कभी एक बार भी निष्पादित नहीं हो सकता है क्योंकि शुरुआत में अभिव्यक्ति का परीक्षण किया जाता है और अभिव्यक्ति पहली बार ही विफल हो सकती है।

स्यूडोकोड विवरण

टिप्पणियाँ

प्रत्येक निर्देश के बाद एक टिप्पणी की जा सकती है। टिप्पणियाँ एक डबल स्लैश के साथ शुरू होती हैं, और निर्देश के उद्देश्य की व्याख्या करती हैं, जैसे कि

Read: *n* // Enter the value of variable *n*

टिप्पणियों का उचित उपयोग स्यूडोकोड की पठनीयता को बढ़ाता है, जो बदले में स्यूडोकोड को बनाए रखने में मदद करता है।

चर नाम

चर नामों के लिए, हम इटैलिकाइज्ड लोअरकेस अक्षरों जैसे *max, loc* आदि का उपयोग करेंगे, जबकि परिभाषित स्थिरांक के लिए (यदि कोई हो), हम अपरकेस अक्षरों का उपयोग करेंगे।

असाइनमेंट स्टेटमेंट

असाइनमेंट स्टेटमेंट नोटेशन का उपयोग इस प्रकार करेगा

Set $max = a$

max के लिए *a* का मान निर्दिष्ट करने के लिए। असाइनमेंट स्टेटमेंट के दाहिने हाथ में एक मान, एक चर या एक अभिव्यक्ति हो सकती है।

हालाँकि, यदि कई असाइनमेंट स्टेटमेंट एक ही पंक्ति में दिखाई देते हैं, जैसे कि

Set $k = 1, loc = 1, max = a_i$

फिर उन्हें बाएं से दाएं निष्पादित किया जाता है।

इनपुट आउटपुट

डेटा इनपुट हो सकता है और निम्नलिखित प्रारूप के साथ एक *read* स्टेटमेंट के माध्यम से चर को सौंपा जा सकता है

Read: *Variable list*

जहां Variable list में अल्पविराम द्वारा अलग किए गए एक या अधिक चर होते हैं।

इसी तरह, दोहरे उद्धरण चिह्नों में संलग्न चर और संदेशों, यदि कोई हो, द्वारा रखे गए डेटा को निम्नलिखित प्रारूप के साथ एक प्रिंट स्टेटमेंट के माध्यम से आउटपुट किया जा सकता है

Print: *message* and/or *Variable list*

जहां message और *Variable list* में चर अल्पविराम द्वारा अलग किए जाते हैं।

निर्देशों का निष्पाद

निर्देश आमतौर पर एक के बाद एक निष्पादित होते हैं जैसे वे छद्म कोड में दिखाई देते हैं। हालाँकि, ऐसे उदाहरण हो सकते हैं जब कुछ निर्देश छोड़ दिए जाते हैं या कुछ निर्देशों को कुछ अभिव्यक्तियों के परिणामस्वरूप दोहराया जा सकता है।

एल्गोरिथम का समापन

अंतिम निर्देश के निष्पादन के साथ एक छद्म कोड पूरा हो जाता है।। हालाँकि, इसे किसी भी मध्यवर्ती अवस्था में निकास (*exit*) निर्देश का उपयोग करके समाप्त किया जा सकता है।

द्विघात समीकरण के मूलों की प्रकृति को प्रदर्शित करने के लिए स्यूडोकोड

$ax^2 + bx + c = 0$ provided $a \neq 0$.

Pseudocode 1.1

```
Begin
   Read: a, b, c
   Set disc = b² – 4ac
   If ( disc = 0 ) then
      Print: "Roots are real and equal"
   Else If ( disc > 0 ) then
      Print: "Roots are real and distinct"
   Else
      Print: "Roots are imaginary"
   Endif
End.
```

निदर्शी उदाहरण

उदाहरण 1.1: *एक फ्लोचार्ट बनाएं और दो चरों जैसे a और b को स्वैप (इंटरचेंज) करने के लिए एक छद्म कोड लिखें।*

समाधान: परिदृश्य के बारे में सोचें - हमारे पास एक गिलास में पानी और दूसरे गिलास में रस है। हम चाहते हैं कि जिस गिलास में रस हो उसमें पानी हो और जिस गिलास में पानी हो उसमें रस हो। यह कार्य केसे पूरा किया जा सकता है?

इसी तरह से, हमें एक तीसरे वेरिएबल का उपयोग करना होगा, जैसे कि t, दो वेरिएबल्स के मानों की अदला-बदली की सुविधा के लिए, जैसा कि निम्नलिखित फ्लोचार्ट और स्यूडोकोड में दिखाया गया है।

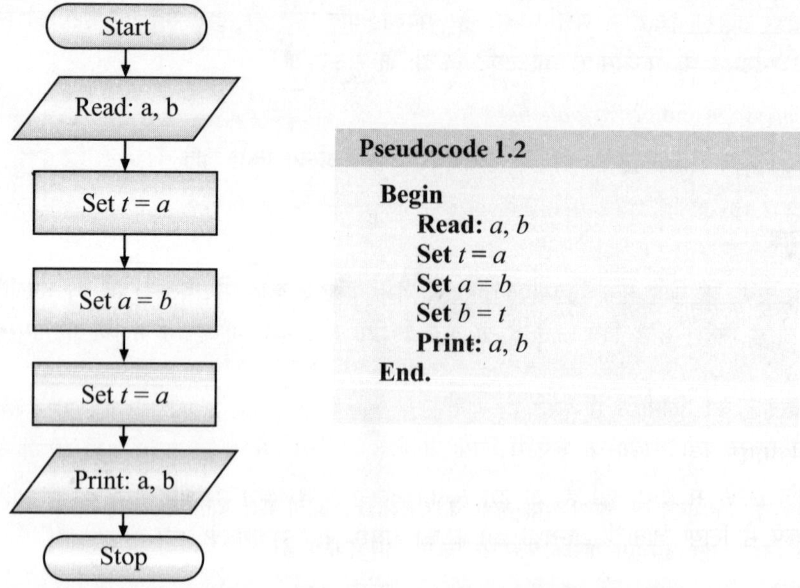

चित्र 1.17: दो चरों को स्वैप (इंटरचेंज) करने के लिए फ़्लोचार्ट और स्यूडोकोड

उदाहरण 1.2: *एक फ्लोचार्ट बनाइए और यह जांचने के लिए एक छद्म कोड लिखिए कि दी गई प्राकृत संख्या 'n' सम है या विषम।*

समाधान: आप सभी जानते होंगे कि कोई भी प्राकृत संख्या 2 से पूर्णतः विभाज्य होने पर सम होती है, अर्थात 2 से भाग देने पर शेषफल 0 प्राप्त होता है। शेषफल प्राप्त करने की क्रिया को मोडुलो (संक्षेप में मॉड) संक्रिया कहते हैं।

निम्नलिखित फ्लोचार्ट और स्यूडोकोड तर्क को प्रदर्शित करता है।

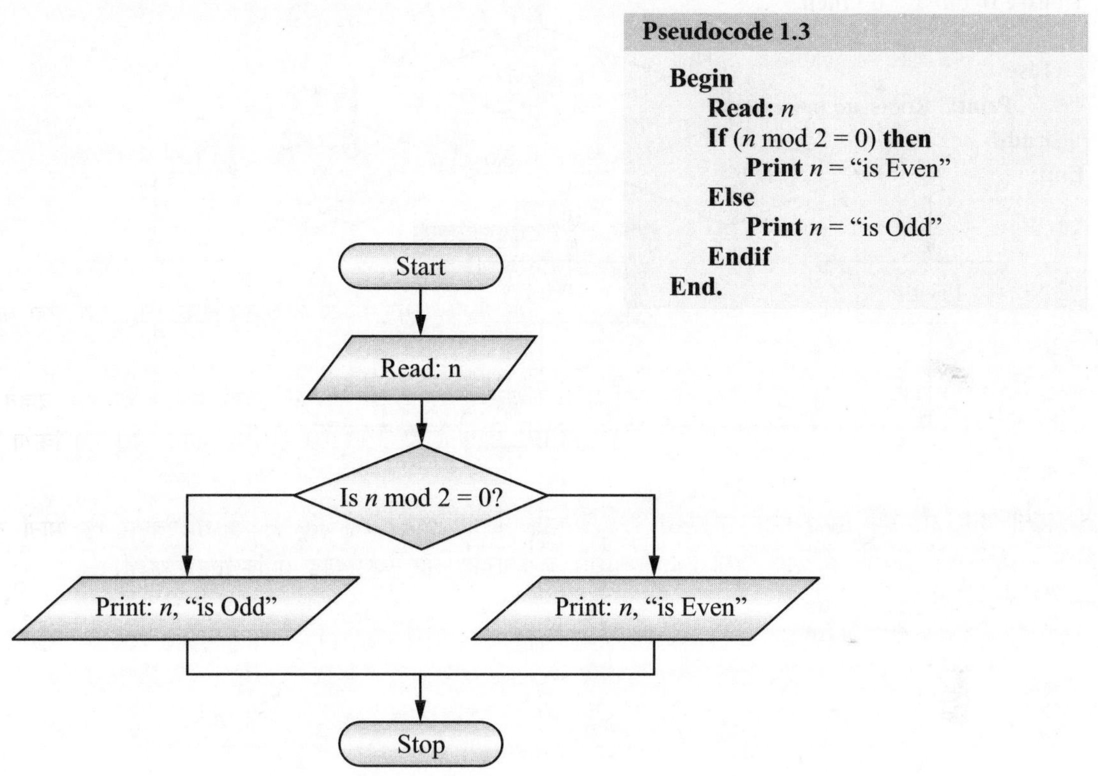

चित्र 1.18: दी गई प्राकृत संख्या *'n'* सम है या विषम, यह जांचने के लिए फ़्लोचार्ट और स्यूडोकोड

उदाहरण 1.3: *एक फ्लोचार्ट बनाएं और तीन संख्याओं में से सबसे बड़ी संख्या, जैसे a, b, c को खोजने के लिए एक छद्म कोड लिखें।*

समाधान: हम पहले a की तुलना b से करते हैं। यदि a, b से बड़ा है तो हम a की तुलना c से करते हैं। यदि a, c से बड़ा है, तो a को सबसे बड़ी संख्या के रूप में लिया जाता है अन्यथा हम c को सबसे बड़ी संख्या के रूप में लेते हैं।

हालाँकि, यदि a, b से बड़ा नहीं है, तो हम b की तुलना c से करते हैं। यदि b, c से बड़ा है तो b को सबसे बड़ी संख्या के रूप में लिया जाता है अन्यथा हम c को सबसे बड़ी संख्या के रूप में लेते हैं।

निम्नलिखित फ्लोचार्ट और स्यूडोकोड तर्क को प्रदर्शित करता है।

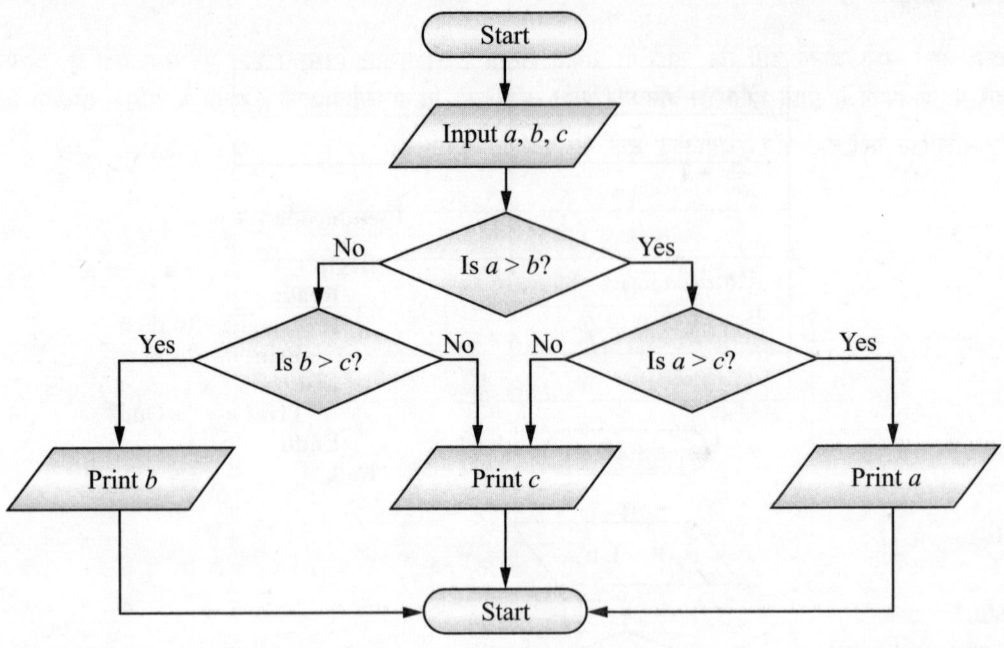

Pseudocode 1.4

```
Begin
   Read: a, b, c
   If ( a > b )
       If ( a > c ) then
           Print: a
       Else
           Print: c
       Endif
   Else
       If ( b > c ) then
           Print: b
       Else
           Print: c
       Endif
   Endif
End.
```

चित्र 1.19: तीन संख्याओं में से सबसे बड़ी संख्या खोजने के लिए फ़्लोचार्ट और स्यूडोकोड

उदाहरण 1.4: *किसी विषय में अंकों के प्रतिशत के आधार पर, एक छात्र को निम्नलिखित परीक्षा नीति के अनुसार अक्षर ग्रेड दिया जाता है:*

Percentage of Marks	Grade
percentage ≥ 90	A+
90 > percentage ≥ 80	A
80 > percentage ≥ 70	B
70 > percentage ≥ 60	C
60 > percentage ≥ 50	D
percentage < 50	F

जिस छात्र के किसी विषय में अंकों का प्रतिशत दिया गया है, उसे एक अक्षर ग्रेड आवंटित करने के लिए एक छद्म कोड लिखें।

Pseudocode 1.5

```
Begin
    Read: percentage
    If ( percentage >= 90 )
        Print: "Grade = A+"
    Else If ( percentage >= 80 )
        Print: "Grade = A"
    Else If ( percentage >= 70 )
        Print: "Grade = B"
    Else If ( percentage >= 60 )
        Print: "Grade = C"
    Else If ( percentage >= 50 )
        Print: "Grade = D"
    Else
        Print: "Grade = F"
    Endif
End.
```

उदाहरण 1.5: *एक सेल्समैन द्वारा बिक्री पर कमीशन की गणना निम्नलिखित नीति के अनुसार की ज.ाती है:*

बिक्री की राशि (रुपये में)	देय कमीशन
0 – 5000	शून्य
5001 – 10000	5 % EXCESS OF 5000
10001 – 15000	7.5 % EXCESS OF 10000
> 15000	10 % EXCESS OF 15000

एक फ्लोचार्ट बनाएं और एक छद्म कोड लिखें जो एक सेल्समैन द्वारा की गई बिक्री को स्वीकार करता है और देय कमीशन प्रदर्शित करता है।

समाधान:

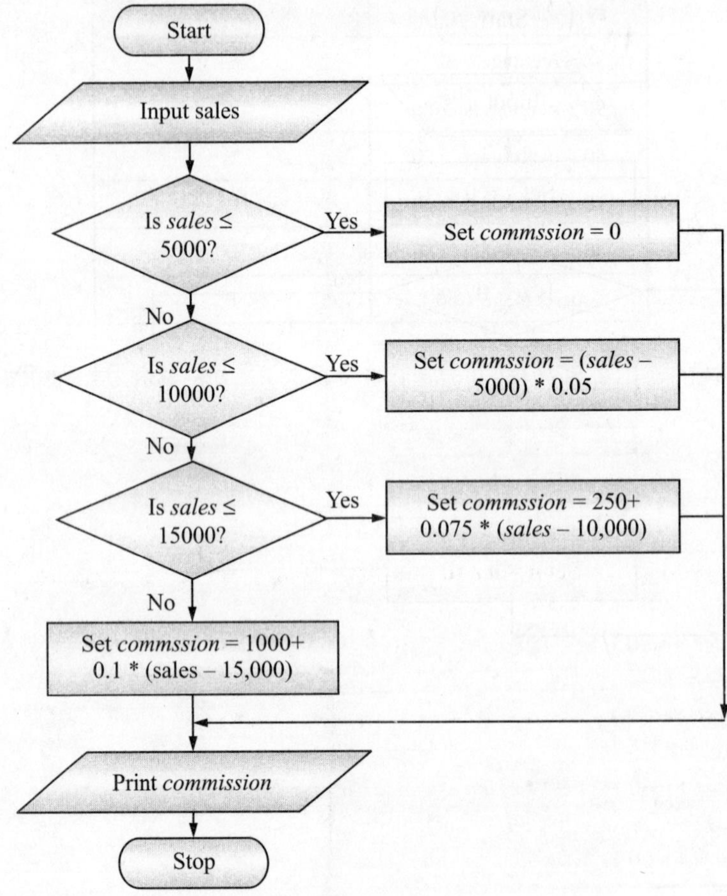

चित्र 1.20: कमीशन की गणना के लिए फ्लोचार्ट

Pseudocode 1.6

```
Begin
   Read: sales
   If ( sales <= 5000 )
      Set commission = 0
   Else If (sales <= 10000  )
      Set commission = ( sales – 5000 ) * 0.05;
   Else If ( sales <= 15000 )
      Set commission = 250 + ( sales – 10000 ) * 0.075;
   Else
      Set commission = 1000 + ( sales – 15000 ) * 0.1;
   Endif
   Print: "Computed commission = ", commission
End.
```

उदाहरण 1.6: एक संख्या *n* के अंकों का योग ज्ञात करने के लिए एक फ्लोचार्ट बनाइए और एक छद्म कोड लिखिए।

समाधानः

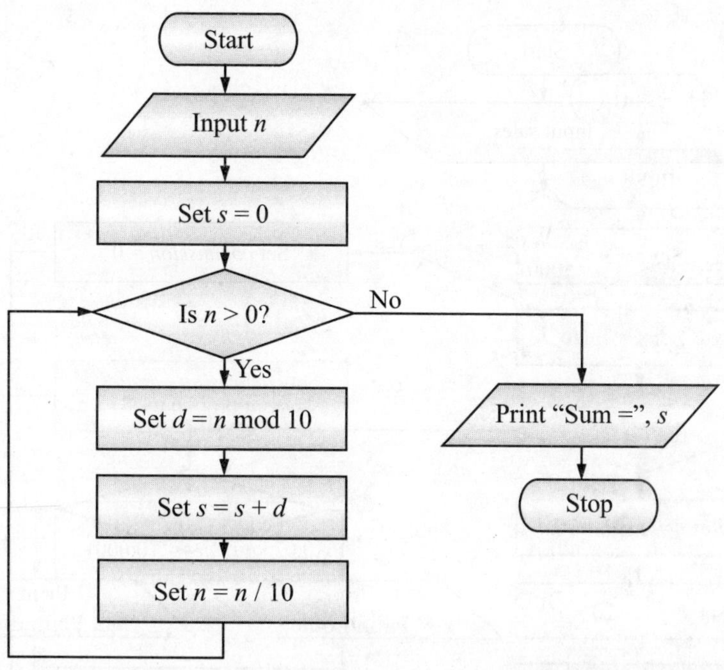

Pseudocode 1.7

```
Begin
    Read: n
    Set s = 0
    While ( n > 0 ) do
        Set d = n mod 10
        Set s = s + d
        Set n = n / 10
    Endwhile
    Print: "Sum = ", s
End.
```

चित्र 1.21: किसी संख्या के अंकों का योग ज्ञात करने के लिए फ्लोचार्ट और स्यूडोकोड

उदाहरण 1.7: एक फ्लोचार्ट लिखिए और यह जांचने के लिए छद्‌म कोड लिखिए कि दी गई संख्या n पैलिंड्रोम है या नहीं।

समाधान:

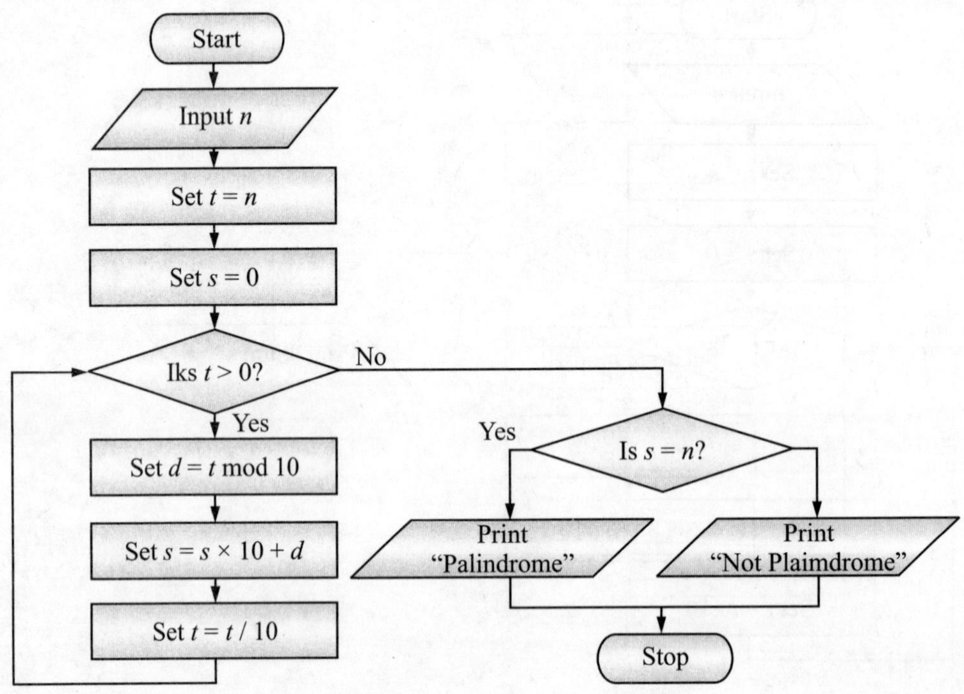

Pseudocode 1.8

Begin
  Read: n
  Set $t = n,\ s = 0$
  While $(t > 0)$ **do**
    Set $d = t \bmod 10$
    Set $s = s \times 10 + d$
    Set $t = t / 10$
  Endwhile
  If $(s = n)$ **then**
    Print: "Palindrome"
  Else
    Print: "Not a Palindrome"
  Endif
End.

चित्र 1.22: फ्लोचार्ट और स्यूडोकोड यह जाँचने के लिए कि दी गई संख्या n पैलिंड्रोम है या नहीं

उदाहरण 1.8: एक फ्लोचार्ट खींचिए और एक छद्म कोड लिखकर यह जाँचिए कि दी गई संख्या n एक आर्मस्ट्रांग संख्या है या नहीं।

समाधान:

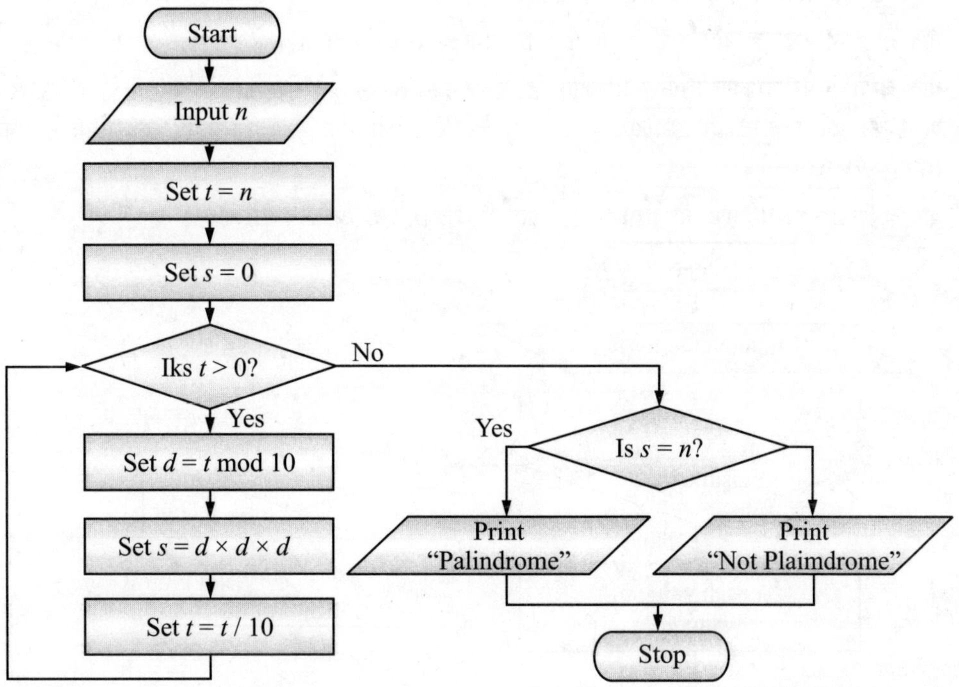

Pseudocode 1.9

```
Begin
  Read: n
  Set t = n, s = 0
  While ( t > 0 ) do
     Set d = t mod 10
     Set s = s + d × d × d
     Set t = t / 10
  Endwhile
  If ( s = n ) then
      Print: "Armstrong"
  Else
      Print: "Not Armstrong"
  Endif
End.
```

चित्र 1.23: फ्लोचार्ट और स्यूडोकोड यह जाँचने के लिए कि दी गई संख्या n एक आर्मस्ट्रांग संख्या है या नहीं

उदाहरण 1.9: दी गई प्राकृत संख्या n एक अभाज्य संख्या है या नहीं, यह जानने के लिए एक फ्लोचार्ट खींचिए।

समाधान: कोई प्राकृत संख्या अभाज्य संख्या कहलाती है यदि वह केवल 1 और स्वयं से विभाज्य हो, अर्थात उसका गुणनखंड नहीं किया जा सकता। इसके अलावा, इस परिभाषा के अनुसार, 2 को छोड़कर एक सम संख्या एक अभाज्य संख्या नहीं है। इसलिए, हमारा परीक्षण मानदंड बन जाता है

1. यदि n 2 से बड़ा है और सम है तो n एक अभाज्य संख्या नहीं है।
2. यदि चरण 1 पर परीक्षण विफल हो जाता है, तो हम संख्या n को गुणनखंड k = 3, 5, 7, ... से विभाजित करने का प्रयास करते हैं। इसलिए, यदि n, k के किसी भी मान से विभाज्य है, तो संख्या n एक अभाज्य संख्या नहीं है।
3. यदि चरण 2 का परीक्षण भी विफल हो जाता है, तो n एक अभाज्य संख्या है।

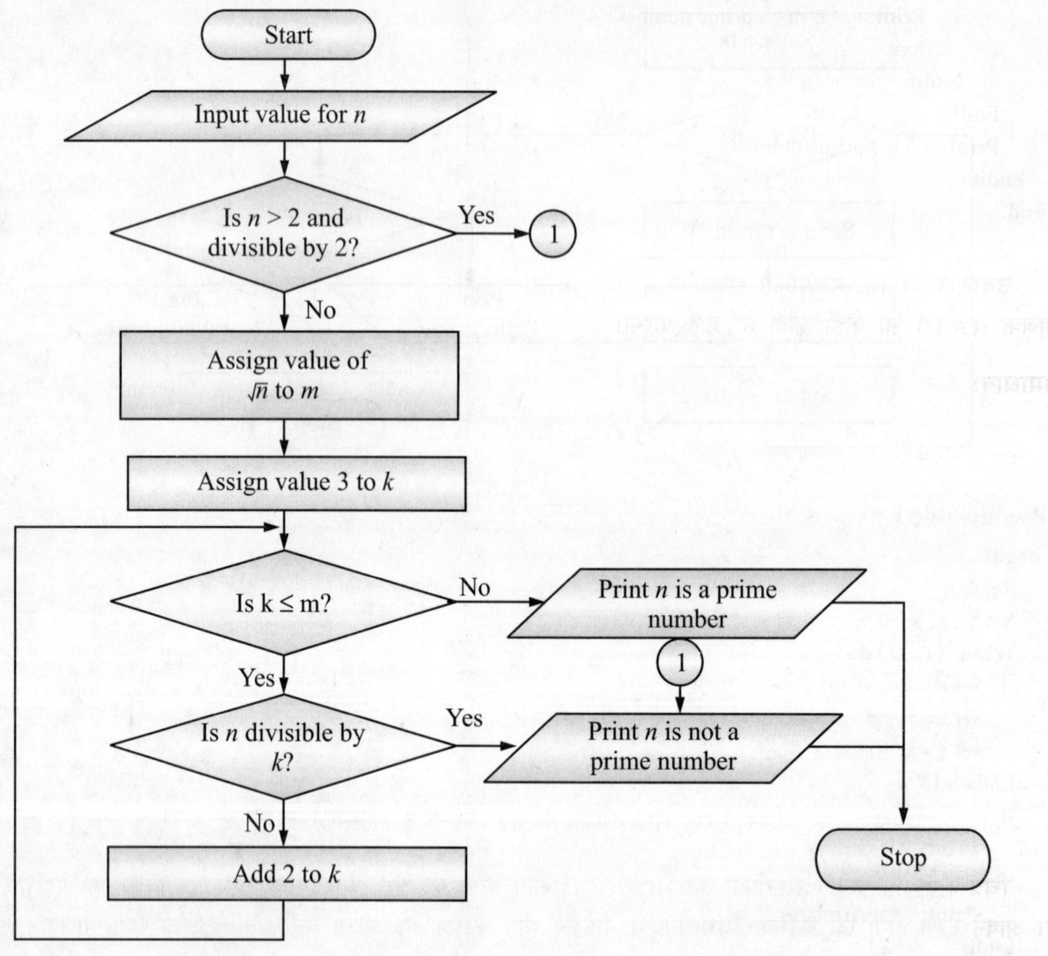

चित्र 1.24: फ्लोचार्ट यह जाँचने के लिए कि संख्या n अभाज्य है या नहीं

दी गई धनात्मक संख्या n एक अभाज्य संख्या है या नहीं, यह पता लगाने के लिए निम्नलिखित छद्म कोड है।

Pseudocode 1.10

```
Begin
  Read: n
  If ( n > 2 and n mod 2 == 0 ) then
      Print: n, " is not a prime number"
      Exit
  Else
          Set m = √n
     For k = 3 to m by 2 do
         If ( n mod k == 0 ) then
             Print: n, " is not a prime number"
             Exit
         Endif
     Endfor
     Print: n, " is a prime number"
  Endif
End.
```

उदाहरण 1.10: दो प्राकृत संख्याओं m और n का उच्चतम उभयनिष्ठ गुणनखंड (HCF)/, जिसे महात्तम सामान्य भाजक (GCD) भी कहा जाता है, ज्ञात करना।

समाधान:

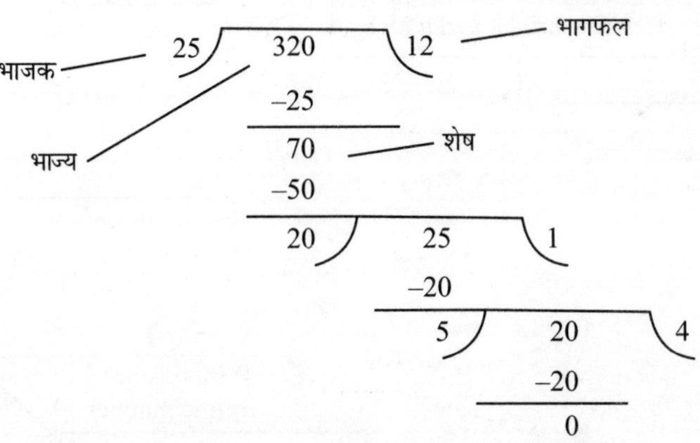

चित्र 1.25: HCF/GCD के लिए कम्प्यूटेशनल प्रक्रिया का चित्रण

चित्र 1.25 दो प्राकृत संख्याओं का HCF/GCD ज्ञात करने के लिए दीर्घ/निरंतर विभाजन विधि को प्रदर्शित करता है। आपने देखा होगा कि क्रमिक विभाजनों में, पिछले भाग का भाजक भाज्य बन जाता है, शेष भाग भाजक बन जाता है, और विभाजन फिर से किया जाता है। यह प्रक्रिया तब तक जारी रहती है जब तक कि रिमाइंडर शून्य न हो जाए और वर्तमान भाजक को दी गई प्राकृत संख्याओं का HCF/GCD मान लिया जाए।

इस प्रक्रिया को निम्न चरणों का उपयोग करके कार्यान्वित किया जा सकता है

1. विभाजन करें।
2. यदि शेषफल शून्य है, तो रुकिए और भाजक को HCF/GCD मानिए।
3. लाभांश को भाजक से बदलें।
4. भाजक को शेषफल से बदलें।
5. चरण 1 से दोहराएं।

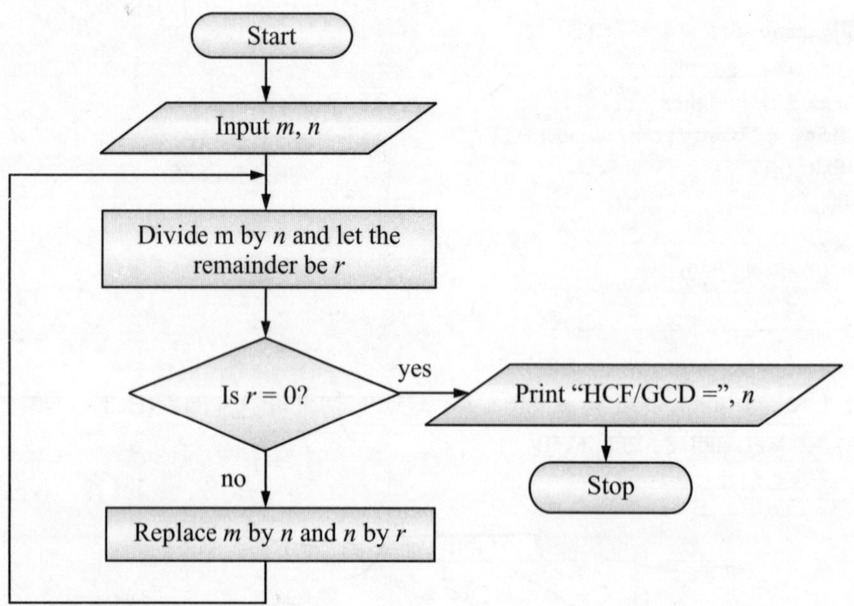

Pseudocode 1.11

Begin
  Read: *m*, *n*
  Set *r* = *m* mod *n*
  While (*r* × 0) do
    Set *m* = *n*
    Set *n* = *r*
    Set *r* = *m* mod *n*
  Endwhile
  Print: "HCF/GCD = ", *n*
End.

चित्र 1.26: दो संख्याओं के HCF की गणना करने के लिए फ्लोचार्ट और स्यूडोकोड

उदाहरण 1.11: *फिबोनैकी अनुक्रम के पहले n पदों को मुद्रित करने के लिए एक फ्लोचार्ट बनाएं और एक छद्म कोड लिखें।*

उदाहरण के लिए, यदि *n* के लिए इनपुट मान 8 है, तो आउटपुट होना चाहिए

0 1 1 2 3 5 8 13

समाधान: ध्यान दीजिए कि पहले दो पदों को छोड़कर, प्रत्येक पद ठीक पूर्ववर्ती दो पदों के योग के रूप में प्राप्त होता है।

यदि हम पिछले टर्म के लिए वेरिएबल प्रीव, करंट टर्म के लिए कर्व, अगले टर्म के लिए अगला, और प्रीव और करंट को क्रमश: 0 और 1 के मान पर सेट करते हैं, यानी अनुक्रम के पहले दो टर्म्स, तो पूरे सीक्वेंस का उपयोग करके उत्पन्न किया जा सकता है पुनरावृत्ति संबंध

अगला = पिछला + वर्तमान

पिछले को *curr.* से बदलें

अगले द्वारा *curr* बदलें

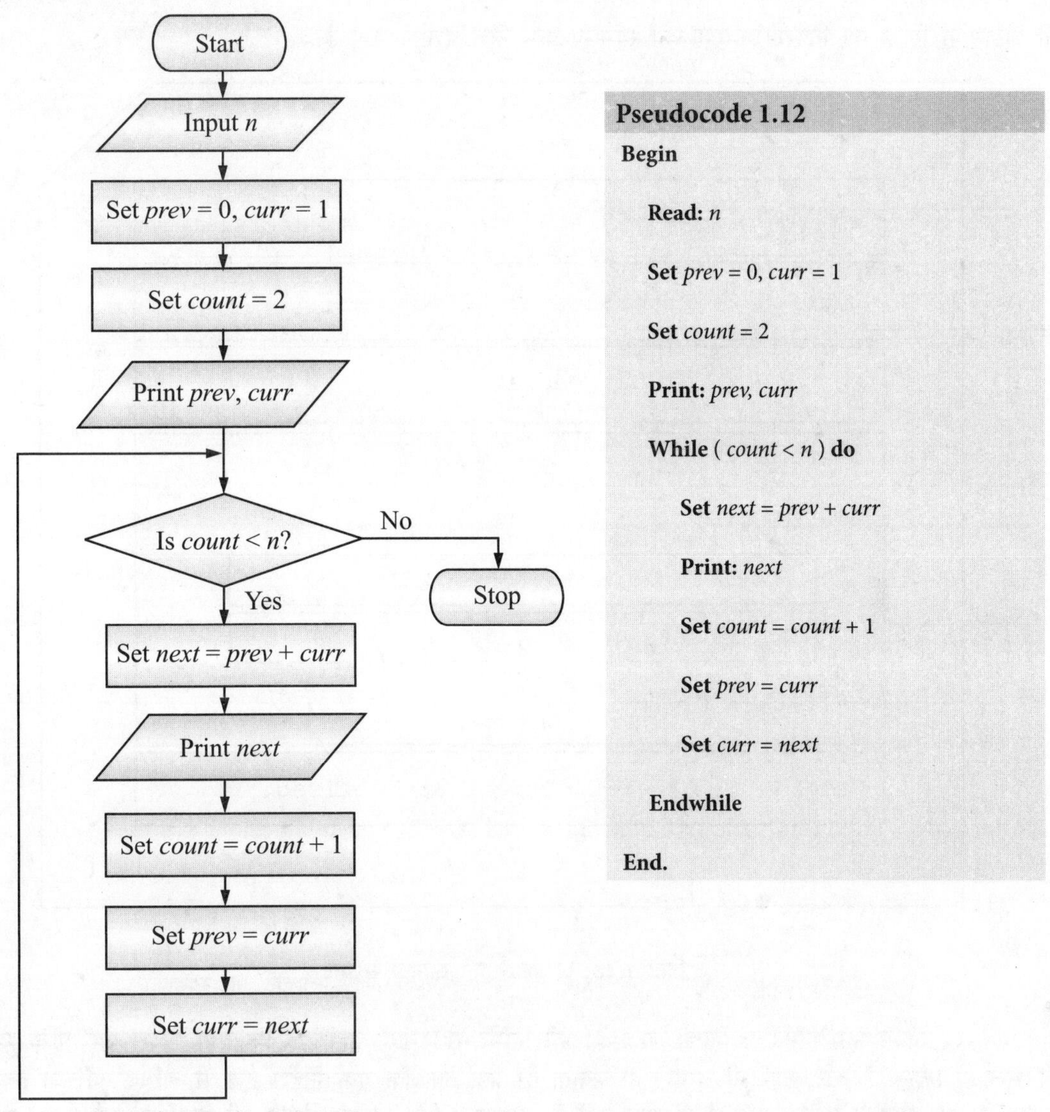

चित्र 1.27: फिबोनैकी अनुक्रम के पहले *n* पदों को मुद्रित करने के लिए फ्लोचार्ट और स्यूडोकोड

1.3 एल्गोरिथम से प्रोग्राम तक

अब तक आप जान चुके हैं कि एल्गोरिथम कंप्यूटर का उपयोग करके दी गई समस्याओं को हल करने का एक तरीका है। एल्गोरिथम में दी गई समस्या को हल करने का तर्क होता है। प्रोग्रामिंग भाषा का उपयोग करके इस तर्क को प्रोग्राम में परिवर्तित करने की आवश्यकता है। इस पाठ्यक्रम के लिए सी भाषा हमारी प्रोग्रामिंग भाषा है।

इस खंड में, हम सी भाषा के बुनियादी पहलुओं को सीखेंगे जो हमें सरल एल्गोरिथम को सी प्रोग्राम में बदलने में सक्षम बनाएगा।

1.3.1 सी प्रोग्राम की संरचना

सी प्रोग्राम में लिखे गए निर्देशों/विवरणों का सामान्य क्रम नीचे दर्शाया गया है।

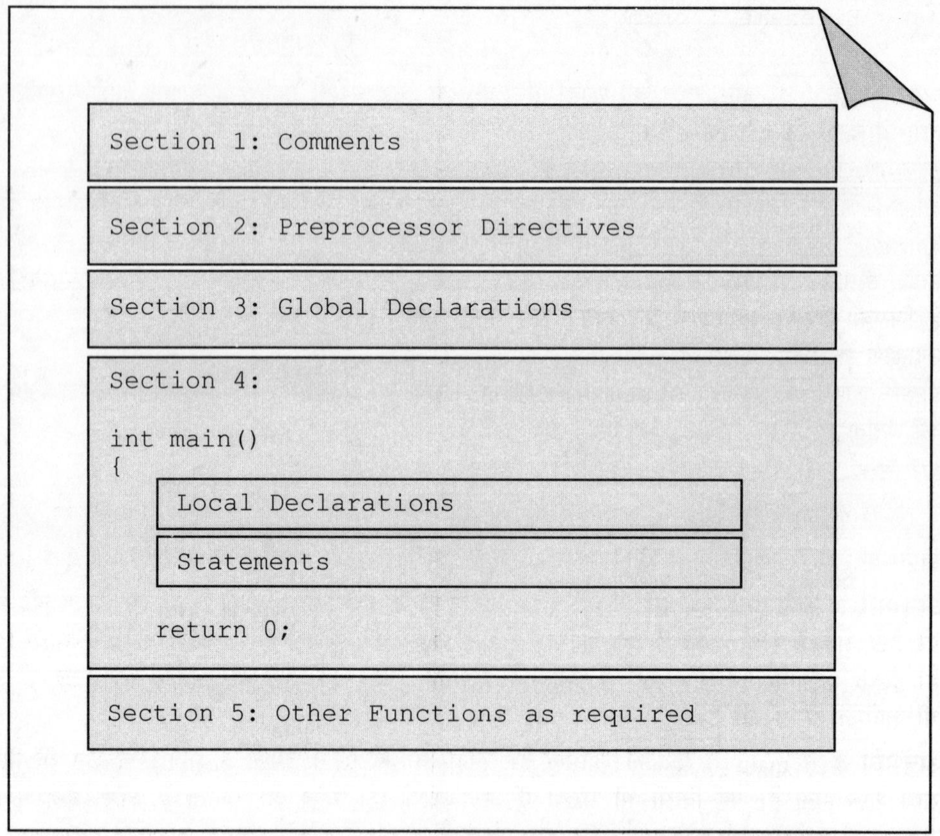

चित्र 1.28: C प्रोग्राम की सामान्य संरचना

एक C प्रोग्राम फ्री फॉर्मेट में लिखा जाता है। फ्री फॉर्मेट से हमारा तात्पर्य है कि एक निर्देश एक पंक्ति में कहीं भी शुरू हो सकता है और कहीं भी समाप्त हो सकता है। यहां तक कि एक निर्देश एक से अधिक पंक्तियों तक फैल सकता है। सी भाषा में रिक्ति का कोई परिणाम नहीं है, इसका उपयोग केवल प्रोग्राम की पठनीयता को बढ़ाने के लिए किया जाता है।

इसके अलावा, सी भाषा केस सेंसिटिव है, यानी यह लोअरकेस और अपरकेस अक्षरों के बीच अंतर करती है। प्रत्येक C प्रोग्राम केवल छोटे अक्षरों में लिखा जाता है।

अब, हम एक-एक करके C प्रोग्राम में प्रत्येक अनुभाग की भूमिका को समझते हैं।

- **अनुभाग 1** वैकल्पिक है। यदि मौजूद है तो इसमें प्रोग्राम के बारे में विवरण शामिल है। इस विवरण में आमतौर पर प्रोग्राम द्वारा किए जा रहे कार्य के बारे में जानकारी होती है।

  उदाहरण के लिए,

```
/*
*     Program to compute the factorial of a given
*     natural number (positive integer number).
*
*     Filename : prime.c
*/
```

  ध्यान दें कि "/*" और "*/" की जोड़ी में (बीच में कोई स्थान नहीं है) संलग्न कोई भी पाठ, संकलक द्वारा अनदेखा किया जाता है, यानी, यह मशीन कोड में अनुवादित नहीं होता है।

- **अनुभाग 2** में प्रीप्रोसेसर निर्देश शामिल हैं। अक्सर उपयोग किए जाने वाले प्रीप्रोसेसर निर्देश #include और #define हैं। ये निर्देश प्रीप्रोसेसर को बताते हैं कि कंपाइलेशन के लिए प्रोग्राम केसे तैयार किया जाए। #include निर्देश बताता है कि प्रोग्राम में कौन सी हेडर फाइलों को शामिल किया जाना है और #define निर्देश आमतौर पर एक पहचानकर्ता को एक लिटरल (स्थिर) के साथ जोड़ने के लिए उपयोग किया जाता है जिसका उपयोग प्रोग्राम में कई स्थानों पर किया जाना है।

  उदाहरण के लिए, #include<stdio.h>

  प्रोग्राम फाइल में इस बिंदु पर stdio.h नामक हेडर फाइल की सामग्री को शामिल करने के लिए प्रीप्रोसेसर को बताता है।

  इसी तरह,

```
#define N 200
```

  प्रीप्रोसेसर को पहचानकर्ता N की प्रत्येक घटना को मूल्य 200 से बदलने के लिए कहता है।

- **अनुभाग 3** वैकल्पिक है। यदि मौजूद है, तो इसमें वैश्विक घोषणाएं शामिल हैं। इन घोषणाओं में आमतौर पर डेटा आइटम (चर) की घोषणा शामिल होती है जिसे प्रोग्राम में विभिन्न कार्यों के बीच साझा किया जाना है। इसके अलावा, इन घोषणाओं में प्रोग्राम में उपयोग किए जाने वाले अन्य कार्यों (प्रोटोटाइप) की घोषणा भी शामिल हो सकती है।

- **अनुभाग 4** में main ( ) फंक्शन शामिल है। प्रोग्राम का निष्पादन हमेशा main ( ) फंक्शन के निष्पादन के साथ शुरू होता है। यह किसी भी संख्या में अन्य कार्यों को कॉल कर सकता है, और जिन्हें फंक्शन कहा जाता है वे अन्य कार्यों को आगे कॉल कर सकते हैं।

  main ( ) फंक्शन के पहले खंड के साथ-साथ अन्य कार्यों में स्थानीय घोषणाएँ होती हैं। ये घोषणाएं इस अर्थ में स्थानीय हैं कि वे केवल उस प्रोग्राम की आवश्यकताओं से संबंधित हैं। दूसरे खंड में निर्देश होते हैं (जिन्हें कथन के रूप में भी जाना जाता है) जो फंक्शन द्वारा किए जाने वाले कार्यों को परिभाषित करते हैं।

- **अनुभाग 5** भी वैकल्पिक है। यदि मौजूद है, तो इसमें अन्य फंक्शन की परिभाषाएं शामिल हैं।

  यदि हल की जाने वाली समस्या सरल और आकार में छोटी है, तो कार्य को पूरा करने के लिए केवल main ( ) फंक्शन ही पर्याप्त है।

हालाँकि, यदि समस्या जटिल है और समस्या का आकार बड़ा है, तो इसे छोटी और स्वतंत्र उप-समस्याओं में विभाजित किया जाता है, और फिर हम प्रत्येक उप-समस्या के लिए अलग-अलग फंक्शन लिखते हैं।

main ( ) फंक्शन इन कार्यों के लिए उपयुक्त कॉल द्वारा इन कार्यों के निष्पादन का समन्वय करता है, और इन कार्यों से प्राप्त उप-समस्याओं के समाधान को संश्लेषित करता है।

1.3.2 उदाहरण सी प्रोग्राम

C प्रोग्राम की संरचना को समझने के लिए, आइए कुछ सरल उदाहरण C प्रोग्राम पर विचार करें।

निम्नलिखित प्रोग्राम पहला मानक सी प्रोग्राम है जो सी की प्रत्येक पाठ्यपुस्तक में दिया गया है। निष्पादित होने पर, यह केवल "HELLO WORLD" संदेश प्रदर्शित करता है।

Listing 1.1

```
 1: /*
 2: *  Program to greet the user with the message "Hello World".
 3: *  File name: hello.c
 4: */
 5: #include<stdio.h>
 6: int main()
 7: {
 8:    printf("Hello, World\n");
 9:    return 0;
10: }
```

Test Run

```
Hello, World
```

प्रोग्राम का विच्छेदन

यहां लाइन नंबर रेडी रेफरेंस के लिए जोड़े गए हैं।

लाइन 1-4 में टिप्पणियाँ हैं।

लाइन 5 में प्रीप्रोसेसर निर्देश #include है।

लाइन 6 main नाम के एक फंक्शन को निर्दिष्ट करता है। यह एक विशेष नाम है जिसे सिस्टम द्वारा पहचाना जाता है। यह प्रोग्राम में सटीक स्थान की ओर इशारा करता है जहां निष्पादन शुरू होता है। प्रत्येक सी प्रोग्राम में एक *main* फंक्शन होना चाहिए।

प्रत्येक सी फंक्शन के साथ एक रिटर्न प्रकार जुड़ा होता है। जहां रिटर्न प्रकार डेटा प्रकारों में से एक है जो फंक्शन द्वारा लौटाए गए मान के प्रकार को निर्धारित करता है। यदि किसी फंक्शन को कोई मान वापस नहीं करना है, तो इसका रिटर्न प्रकार शून्य के रूप में निर्दिष्ट है।

चूंकि *main* फंक्शन वह फंक्शन है जहां से निष्पादन शुरू होता है, इसे आमतौर पर *int* प्रकार के साथ घोषित किया जाता है। कोष्ठक की एक जोड़ी मुख्य शब्द का अनुसरण करती है।

लाइन 7 में वर्ण '{' है, जिसे बायां ब्रेस या बायां कर्ली ब्रैकेट कहा जाता है। लाइन 10 में मैचिंग राइट ब्रेस ' }' भी है, जो मेन फंक्शन के अंत में दिखाई देता है। मिलान करने वाले ब्रेसिज की यह जोड़ी फंक्शन के शरीर को घेर लेती है।

लाइन 8 लाइब्रेरी फंक्शन printf( ) का उपयोग करता है जो कंप्यूटर स्क्रीन पर "HELLO WORLD" प्रदर्शित करता है।

लाइन 9 रिटर्न स्टेटमेंट का उपयोग करता है, जो निष्पादन पर प्रोग्राम के निष्पादन को समाप्त कर देता है और नियंत्रण को ऑपरेटिंग सिस्टम पर वापस कर देता है। इसके अलावा, यह ऑपरेटिंग सिस्टम को मान 0 भी देता है जो दर्शाता है कि प्रोग्राम सफलतापूर्वक समाप्त हो गया है।

लाइन 10 main फंक्शन के अंत के साथ-साथ प्रोग्राम के अंत को भी चिह्नित करता है क्योंकि यह प्रोग्राम में एकमात्र कार्य है।

आइए हम एक और उदाहरण प्रोग्राम लेते हैं, जहां उपयोगकर्ता द्वारा कुछ इनपुट प्रदान किया जाता है, गणना की जाती है, और गणना के परिणाम प्रदर्शित होते हैं।

इस उदाहरण में प्रोग्राम, इनपुट के रूप में सेल्सियस स्केल में तापमान लेता है, फारेनहाइट स्केल में इसके समकक्ष तापमान की गणना करता है, और इसे कंप्यूटर स्क्रीन पर प्रदर्शित करता है।

सेल्सियस और फारेनहाइट में तापमान के बीच संबंध है

$$\frac{C}{100} = \frac{F-32}{180}$$

जो सरलीकरण पर देता है

$$F = 1.8 \times C + 32$$

इस गणितीय संबंध का उपयोग C के दिए गए मान के लिए F की गणना करने के लिए किया जाता है।

Listing 1.2

```
/*
* Program to convert temperature from Centigrade scale
* to Fahrenheit scale
*/
#include<stdio.h>
int main()
{
   float f, c;
   printf("\nEnter temperature in Celsius scale: ");
   scanf("%f", &c);
   f = 1.8 * centigrade + 32;
   printf("\nEquivalent temperature in Fahrenheit scale");
   printf( " = %.2f\n",f);
   return 0;
}
```

Test Run

```
Enter temperature in Celsius scale: 30
Equivalent temperature in Fahrenheit scale = 86.00
```

प्रोग्राम का विच्छेदन

लाइन 1-4 टिप्पणियों का प्रतिनिधित्व करती हैं।

लाइन 5 प्रीप्रोसेसर निर्देश का प्रतिनिधित्व करती है।

लाइन 6-15 ब्रेसिज {} की जोड़ी में संलग्न मुख्य फंक्शन की परिभाषा का प्रतिनिधित्व करती है।

लाइन 8 दो चर, f और c प्रकार के फ्लोट की घोषणा करता है, जो कंप्यूटर मेमोरी में दो वास्तविक संख्याओं (फ्लोट) का प्रतिनिधित्व और स्टोर कर सकता है। प्रोग्राम निष्पादन के दौरान उपयोगकर्ता द्वारा दर्ज किए गए सेल्सियस पैमाने में तापमान का प्रतिनिधित्व करने वाले मान को धारण करने के लिए चर c का उपयोग किया जाता है। चर f का उपयोग परिकलित मान को रखने के लिए किया जाता है, जो सेल्सियस पैमाने में दिए गए तापमान के बराबर, फारेनहाइट पैमाने में तापमान का प्रतिनिधित्व करता है।

लाइन 9 लाइब्रेरी फंक्शन printf( ) का उपयोग करता है जो कंप्यूटर स्क्रीन पर "Enter temperature in Celsius scale:" प्रदर्शित करता है। हम इस प्रकार के संदेशों को उपयोगकर्ता के संकेत के रूप में कहते हैं क्योंकि वे उपयोग. कर्ता को वांछित इनपुट दर्ज करने के लिए मार्गदर्शन करते हैं। इस मामले में, दर्ज किया जाने वाला मान सेल्सियस पैमाने में तापमान है।

आपने देखा होगा कि दोहरे उद्धरण चिह्नों में संलग्न वर्णों का पूरा क्रम मुद्रित नहीं होता है। फिर, शुरुआत में '\n' पात्रों की क्या भूमिका है? ये दोनों वर्ण मिलकर नई पंक्ति वर्ण का प्रतिनिधित्व करते हैं। हालाँकि नई लाइन केरेक्टर दो वर्णों का एक संयोजन है, अर्थात, '\' और 'n', उन्हें C कंपाइलर द्वारा एक ही वर्ण में अनुवादित किया जाता है। नई लाइन केरेक्टर बाद की जानकारी को प्रिंट करने से पहले कंपाइलर को अगली लाइन पर जाने का निर्देश देता है।

लाइन 10 एक अन्य लाइब्रेरी फंक्शन scanf( ) का उपयोग करता है जो उपयोगकर्ता इनपुट को स्वीकार करता है और वेरिएबल C में स्टोर करता है (वास्तव में, मेमोरी लोकेशन में जो C के लिए आरक्षित है)। पहला तर्क एक प्रारूप स्ट्रिंग है जो दोहरे उद्धरण चिह्नों में संलग्न है और सिस्टम को बताता है कि दर्ज किए गए मान की व्याख्या केसे की जानी है। प्रारूप स्ट्रिंग के बाद, एक या अधिक चरों की सूची होती है; प्रत्येक वेरिएबल को '&' वर्ण के साथ उपसर्ग किया जाता है, जिसे एड्रेसऑफ ऑपरेटर कहा जाता है।

लाइन 11 एक असाइनमेंट स्टेटमेंट है जो सेल्सियस स्केल में दिए गए तापमान के बराबर फारेनहाइट स्केल में तापमान की गणना करता है, और वेरिएबल f को असाइन करता है, यानी वेरिएबल f में स्टोर करता है।

लाइन्स 12-13 लाइब्रेरी फंक्शन printf( ) का उपयोग करता है जो "Equivalent Temperature in fahrenheit = " संदेश के साथ चर f में संग्रहीत मान को आउटपुट करता है। इस प्रकार के संदेशों का उपयोग अनिवार्य नहीं है, लेकिन यह बहुत उपयोगी है क्योंकि वे आउटपुट की व्याख्या करना आसान बनाते हैं।

लाइन 14 रिटर्न स्टेटमेंट का उपयोग करता है, जो प्रोग्राम को समाप्त करता है और ऑपरेटिंग सिस्टम को मान 0 देता है।

1.3.3 प्रोग्राम बनाना, कंपाइल करना और निष्पादित करना

एक बार एल्गोरिथम तैयार हो जाने के बाद, अगला कदम एल्गोरिथम को कंप्यूटर प्रोग्राम में बदलना है। इस रूपांतरण के दौरान एल्गोरिथम के प्रत्येक चरण को एक या अधिक सी भाषा निर्देशों के रूप में कोडित किया जाता है। यह अनुशंसा की जाती है कि छात्र कंप्यूटर में टाइप करने से पहले प्रोग्राम को पहले कागज पर लिखें।

विभिन्न चरणों को प्रदर्शित करने के लिए, हम टर्बो सी/सी++ कंपाइलर पर विचार करेंगे, जो शुरुआती लोगों के लिए उपयोग करना आसान है।

प्रोग्राम बनाना और संपादित करना

एक बार प्रोग्राम कागज पर तैयार हो जाने के बाद, हम टेक्स्ट एडिटर का उपयोग करके कंप्यूटर मेमोरी में टाइप करते हैं। एक टेक्स्ट एडिटर हमें कंप्यूटर मेमोरी में केरेक्टर डेटा दर्ज करने में मदद करता है, कंप्यूटर मेमोरी में डेटा को एडिट करने (बदलने) की अनुमति देता है, और डेटा को मेमोरी से सेकेंडरी मेमोरी में डिस्क फाइल में "c" एक्सटेंशन के साथ सेव करता है।

इस संग्रहीत फाइल को सोर्स फाइल के रूप में जाना जाता है, और इसकी सामग्री को सोर्स कोड के रूप में जाना जाता है। यह सोर्स फाइल कंपाइलर के लिए इनपुट होगी।

प्रोग्रामर को C भाषा के नियमों का सावधानीपूर्वक पालन करना चाहिए। भाषा के नियमों के उल्लंघन के परिणामस्वरूप व्याकरण संबंधी त्रुटियां होती हैं, जिन्हें अधिक सटीक रूप से सिंटैक्स त्रुटियों के रूप में जाना जाता है। कंपाइलर सिंटैक्स त्रुटियों की जांच करेगा। आगे बढ़ने से पहले इन त्रुटियों को दूर किया जाना चाहिए।

प्रोग्राम कंपाइलेशन

डिस्क पर संग्रहीत सोर्स फाइल में सोर्स कोड का मशीनी भाषा में अनुवाद किया जाना चाहिए। यह कार्य कम्पाइलर द्वारा किया जाता है। सी कम्पाइलर वास्तव में दो अलग-अलग कार्यक्रमों का एक संयोजन है - प्रीप्रोसेसर और अनुवादक।

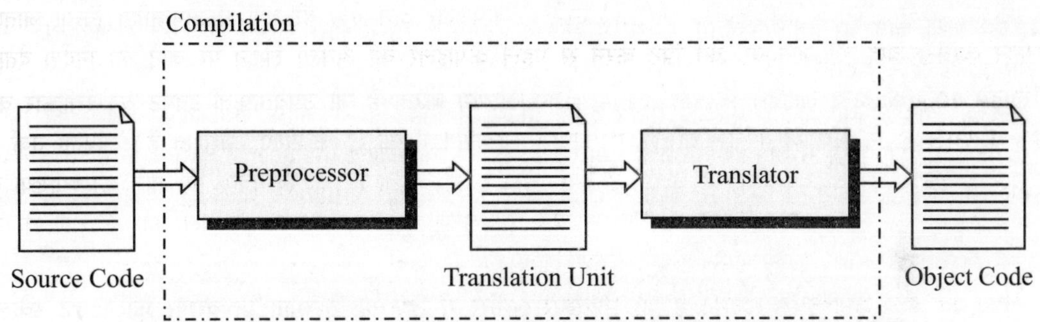

चित्र 1.29: संकलन प्रक्रिया

प्रीप्रोसेसर सोर्स कोड को पढ़ता है और इसे अनुवाद के लिए तैयार करता है। सोर्स कोड को पढ़ते समय, यह प्रीप्रोसेसर निर्देशों के लिए कोड को स्केन करता है और तदनुसार उन्हें संसाधित करता है।

उदाहरण के लिए, जब यह #include निर्देश का सामना करता है, तो यह उस निर्देश को निर्दिष्ट हेडर फाइल (जैसे stdio.h) की सामग्री के साथ प्रतिस्थापित करता है, और जब यह #define निर्देश का सामना करता है, तो यह पहचानकर्ता को निर्दिष्ट लिटरल (स्थिरांक) के साथ प्रतिस्थापित करता है। प्रीप्रोसेसर से आउटपुट एक इंटरमीडिएट फाइल है, जिसे अनुवाद इकाई (translation unit) के रूप में जाना जाता है।

अनुवादक अनुवाद इकाई को निर्देश-दर-निर्देश पढ़ता है और उनकी व्याकरणिक सटीकता की जांच करता है। यदि कोई सिंटैक्स त्रुटि है, तो यह एक त्रुटि संदेश को फ्लैग करता है - जिसे स्क्रीन पर डायग्नोस्टिक संदेश कहा जाता है। ये डायग्नोस्टिक संदेश प्रोग्रामर को इन त्रुटियों के कारण और उन स्थानों की पहचान करने में मदद करते हैं जहां वे मौजूद हैं।

```
≡ File  Edit  Search  Run  Compile  Debug  Project  Options   Window  Help
                          C_TO_F.C                                  1
/*
 * Program to convert temperature from Centigrade scale
 * to Fahrenheit scale
 */
#include<stdio.h>
int main()
{
   float f, c;
   printf(                                        )
   scanf("%f", &c);
   F = 1.8 * c + 32;
   printf(                                          );
   printf(          ,f;
   return 0;
   10:9
                          Message                                   2
 Compiling C_TO_F.C:
•Error C_TO_F.C 10: Statement missing ;
 Error C_TO_F.C 11: Undefined symbol 'F'
 Error C_TO_F.C 13: Function call missing )

F1 Help  Space View source  ←┘ Edit source  F10 Menu
```

चित्र 1.30: Turbo C/C++ कंपाइलर का स्क्रीन शॉट सिंटैक्स त्रुटियों को दर्शाता है

इसलिए, यदि एक भी वाक्य रचना में त्रुटि है, तो अनुवाद प्रक्रिया, जिसे कंपाइलेशन के रूप में जाना जाता है, समाप्त कर दिया जाता है। इस मामले में, टेक्स्ट एडिटर का उपयोग करके सोर्स फाइल खोलें, और आवश्यक सुधार करें और कंपाइलेशन दोहराएं।

हालाँकि, यदि अनुवाद इकाई में कोई वाक्य रचना त्रुटियाँ नहीं हैं, तो अनुवादक शुरुआत से निर्देश को फिर से पढ़ता है, उन्हें मशीनी भाषा में अनुवाद करता है, और उन्हें एक डिस्क फाइल पर लिखता है। सोर्स कोड के अनुवादित संस्करण को ऑब्जेक्ट कोड के रूप में जाना जाता है, और इसे "*.obj" एक्सटेंशन वाली डिस्क फाइल में संग्रहीत किया जाता है।

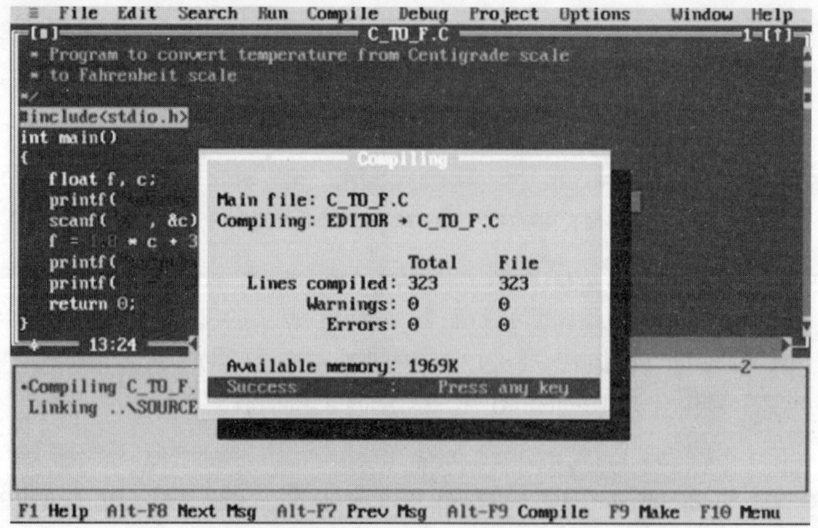

चित्र 1.31: Turbo C/C++ कंपाइलर का स्क्रीन शॉट जो संकलन प्रक्रिया की सफलता को दर्शाता है

लिंकिंग प्रोग्राम

एक बार सोर्स कोड का ऑब्जेक्ट कोड में अनुवाद हो जाने के बाद, हालांकि यह मशीनी भाषा में है, फिर भी यह निष्पादन योग्य रूप में नहीं है। इसका कारण यह है कि यह लाइब्रेरी फंक्शन (लाइब्रेरी के रूप में संकलक के साथ आपूर्ति किए गए पूर्व-लिखित फंक्शन) का उल्लेख कर सकता है। इन सभी कार्यों को अंतिम मशीन कोड प्राप्त करने के लिए ऑब्जेक्ट कोड में भी शामिल करने की आवश्यकता होती है, जो निष्पादन योग्य रूप में होता है, जिसे निष्पादन योग्य कोड (executable code) के रूप में जाना जाता है, और जिसे "*.exe" एक्सटेंशन के साथ डिस्क फाइल में संग्रहीत किया जाता है। यह निष्पादन योग्य कोड प्रोग्राम का अंतिम रूप है जो निष्पादन के लिए तैयार है।

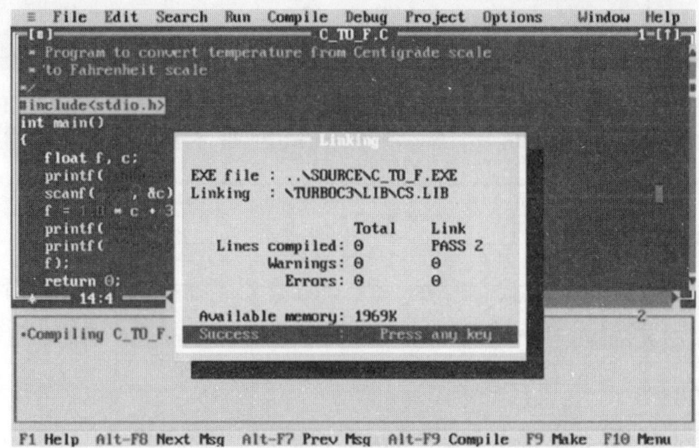

चित्र 1.32: Turbo C/C++ कंपाइलर का स्क्रीन शॉट जो लिंकिंग प्रक्रिया की सफलता को दर्शाता है

प्रोग्राम निष्पादन

एक बार प्रोग्राम लिंक हो जाने के बाद, यह निष्पादन के लिए तैयार है। प्रोग्राम को निष्पादित करने के लिए हम एक ऑपरेटिंग सिस्टम कमांड देते हैं, जैसे कि *run*, प्रोग्राम को कंप्यूटर मेमोरी में लोड करने और इसे निष्पादित करने के लिए। प्रोग्राम को मेमोरी में लाना एक ऑपरेटिंग सिस्टम प्रोग्राम का कार्य है जिसे लोडर के रूप में जाना जाता है। लोडर सेकेंडरी स्टोरेज में एक्जीक्यूटेबल प्रोग्राम का पता लगाता है, उसे पढ़ता है और कंप्यूटर मेमोरी में लाता है। एक बार प्रोग्राम लोड हो जाने के बाद, ऑपरेटिंग सिस्टम नियंत्रण को प्रोग्राम में स्थानांतरित कर देता है और प्रोग्राम अपना निष्पादन शुरू कर देता है।

```
Welcome to DOSBox v0.74

For a short introduction for new users type: INTRO
For supported shell commands type: HELP

To adjust the emulated CPU speed, use ctrl-F11 and ctrl-F12.
To activate the keymapper ctrl-F1.
For more information read the README file in the DOSBox directory.

HAVE FUN!
The DOSBox Team http://www.dosbox.com

Drive C is mounted as local directory C:\turboc++\disk\

Enter temperature in Celsius scale: 30.00

Equivalent temperature in Fahrenheit scale = 86.00
```

चित्र 1.33: Turbo C/C++ कंपाइलर की उपयोगकर्ता स्क्रीन प्रोग्राम आउटपुट दिखा रही है

प्रोग्राम का परीक्षण

प्रोग्राम निष्पादित होने पर भी, प्रोग्राम का आउटपुट गलत भी हो सकता है।

यह प्रोग्राम में तार्किक त्रुटियों के कारण हो सकता है। एक तार्किक त्रुटि एक गलती है जो प्रोग्रामर ने समस्या के समाधान को डिजाइन करते समय की थी। उदाहरण के लिए, एक प्रोग्रामर कंप्यूटर को सकल वेतन में कटौती के बजाय कटौती जोड़कर शुद्ध वेतन की गणना करने के लिए कहता है। एक कंपाइलर इन त्रुटियों का पता नहीं लगा सकता है।

इसलिए, प्रोग्रामर को डेटा के एक सेट के लिए प्रोग्राम आउटपुट की सावधानीपूर्वक जांच करके तार्किक त्रुटियों को खोजना और ठीक करना चाहिए, जिसके परिणाम पहले से ही ज्ञात हैं। इस प्रकार के डेटा को परीक्षण डेटा के रूप में जाना जाता है।

सिंटैक्स त्रुटियों और तार्किक त्रुटियों को सामूहिक रूप से बग के रूप में जाना जाता है। इन त्रुटियों को पहचानने और समाप्त करने की प्रक्रिया को डिबगिंग के रूप में जाना जाता है।

1.3.4 विभिन्न सी कम्पाइलर

विंडो आधारित सिस्टम पर मुख्य रूप से उपयोग किए जाने वाले दो C संकलक (कंपाइलर) निम्नलिखित हैं।

- Turbo C/C++ Complier
- Dev C++ Complier

ऑनलाइन सी कम्प्लायर्स के कुछ लिंक निम्नलिखित हैं:

- https://www.codechef.com/ide
- https://ide.geeksforgeeks.org
- https://www.onlinegdb.com/online_c_compiler
- https://www.programiz.com/c-programming/online-compiler/
- https://www.tutorialspoint.com/compile_c_online.php
- https://www.jdoodle.com/c-online-compiler/
- https://techiedelight.com/compiler/

1.4 सी भाषा के साथ आरंभ करना

सी प्रोग्रामिंग भाषा डेनिस रिची द्वारा 1972 में ए टी एंड टी बेल प्रयोगशाला में विकसित की गई थी, और अभी भी यह सबसे लोकप्रिय भाषाओं में से एक है।

कंप्यूटर के अंतर्निहित हार्डवेयर के साथ उनकी बातचीत के स्तर के आधार पर प्रोग्रामिंग भाषा को दो व्यापक श्रेणियों में विभाजित किया जा सकता है:

- **निम्न-स्तरीय भाषाएँ** - इस श्रेणी के अंतर्गत, हमारे पास मशीनी भाषा और असेंबली भाषा है। ये भाषाएँ कंप्यूटर के कुशल उपयोग की अनुमति देती हैं।

  लेकिन इन भाषाओं की समस्याएं हैं:

  - ये हार्डवेयर पर निर्भर हैं, यानी इन भाषाओं का उपयोग करके लिखे गए प्रोग्राम पोर्टेबल नहीं हैं, यानी अन्य कंप्यूटरों पर उपयोग नहीं किए जा सकते हैं।
  - इन भाषाओं का उपयोग करके प्रोग्रामिंग करना कोई आसान काम नहीं है। कंप्यूटर के आर्किटेक्चर का पूरा ज्ञान होना चाहिए।

- **उच्च स्तरीय भाषाएं** - इस श्रेणी के अंतर्गत, हमारे पास फोरट्रान, कोबोल, पास्कल आदि से शुरू होने वाली भाषाओं का विशाल संग्रह है, और वर्तमान में मांग में प्रमुख उच्च स्तरीय भाषाएं सी, सी ++, जावा और पायथन हैं। इन भाषाओं को बेहतर प्रोग्रामिंग दक्षता, यानी तेज प्रोग्राम विकास के लिए डिजाइन किया गया है। इन भाषाओं के निम्नलिखित फायदे हैं:
  - ❑ प्रोग्राम निर्देश लिखने के लिए वाक्य रचना बहुत हद तक अंग्रेजी कथनों की तरह है। यह पाठकों को उच्च-स्तरीय भाषाओं (HLL) को शीघ्रता से सीखने में सक्षम बनाता है। इसके अलावा, एचएलएल में लिखे गए कार्यक्रमों को आसानी से समझा जा सकता है, जो इसके रखरखाव की सुविधा प्रदान करता है।
  - ❑ HLL में लिखे गए प्रोग्राम हार्डवेयर पर निर्भर नहीं होते हैं। इसका मतलब यह है कि एक मशीन के लिए लिखे गए प्रोग्राम को न्यूनतम (या बिल्कुल भी नहीं) बदलाव के साथ दूसरी मशीन में ट्रांसफर किया जा सकता है, यानी ये भाषाएं पोर्टेबल हैं।

C भाषा इन दो श्रेणियों के बीच में है। यही कारण है कि इसे अक्सर मध्य-स्तरीय भाषा कहा जाता है, क्योंकि इसे दोनों दुनिया के सर्वश्रेष्ठ, यानी अच्छी प्रोग्रामिंग दक्षता के साथ-साथ अच्छी मशीन दक्षता के लिए डिजाइन किया गया था।

- प्रोग्रामिंग दक्षता प्राप्त करने के लिए, सी भाषा में किसी भी अन्य आधुनिक उच्च स्तरीय भाषा के सभी तत्व हैं।
- मशीन दक्षता प्राप्त करने के लिए, सी भाषा में सिस्टम के किसी भी हार्डवेयर घटक तक पहुंचने, रजिस्टर स्तर पर संचालित करने और उच्च गति वाली असेंबली भाषा रूटीन के साथ इंटरफेस करने के लिए आवश्यक विशेषताएं हैं।

1.4.1 सी भाषा के लक्षण

सी भाषा सबसे लोकप्रिय प्रोग्रामिंग भाषाओं में से एक थी और रहेगी। इसकी लोकप्रियता में जोड़ने वाली कुछ प्रमुख विशेषताएं हैं:

- यह एक सामान्य प्रयोजन की प्रोग्रामिंग भाषा है, और इसलिए, इसका उपयोग विभिन्न प्रकार की समस्याओं को हल करने के लिए किया जा सकता है।
- यह स्ट्रक्चरिंग प्रोग्रामिंग को सपोर्ट करता है और इसलिए इसमें विकसित प्रोग्राम को आसानी से समझा जा सकता है।
- यह फ्री फॉर्म है, यानी प्रोग्राम लिखने के लिए कोई कठोर फॉर्मेट नहीं है। कोई भी निर्देश कहीं से भी शुरू हो सकता है और कहीं भी समाप्त हो सकता है। इसके अलावा, एक ही निर्देश कई पंक्तियों में फैल सकता है (लिखा जा सकता है)।
- यह केस सेंसिटिव है। यह लोअरकेस (छोटा) और अपरकेस (केपिटल) अक्षर के बीच अंतर करता है।
- यह ऑपरेटरों के समृद्ध सेट प्रदान करने वाली पहली भाषा थी।
- यह आपको पॉइंटर्स के माध्यम से, आपके प्रोग्राम के माध्यम से किसी भी स्टोरेज लोकेशन और आपके कंप्यूटर से जुड़े उपकरणों तक पहुंचने की अनुमति देता है।
- यह आपको आंतरिक प्रोसेसर रजिस्टरों में हेरफेर करने की अनुमति देता है, और इस प्रकार यह निम्न-स्तरीय प्रोग्रामिंग के लिए बहुत उपयोगी है।

- यह पोर्टेबल है, इसका मतलब है कि इसमें लिखे गए किसी भी प्रोग्राम को बिना या थोड़े संशोधन के किसी भी कंप्यूटर पर इस्तेमाल किया जा सकता है।
- यह आपको अपने स्वयं के लाइब्रेरी कार्यों को विकसित करने की अनुमति देता है जिसे मानक लाइब्रेरी कार्यों जैसे किसी भी प्रोग्राम से जोड़ा जा सकता है।

1.4.2 सी भाषा के अनुप्रयोग क्षेत्र

C भाषा की ताकत इसे एक स्वाभाविक पसंद बनाती है

- सिस्टम प्रोग्रामिंग जिसमें भाषा अनुवादकों, डिवाइस ड्राइवरों, संपादकों, लिंकर्स, लोडर आदि के लिए सॉफ्टवेयर लिखना शामिल है।
- विभिन्न संचार प्रोटोकॉल को लागू करने के लिए नेटवर्क सॉफ्टवेयर।
- ग्राफिक प्रोग्रामिंग जिसमें ग्राफिकल यूजर इंटरफेस (GUI), वैज्ञानिक विजुअलाइजेशन और प्रस्तुति ग्राफिक्स आदि के लिए सॉफ्टवेयर लिखना शामिल है।
- एंबेडेड सिस्टम जहां सी रूटीन को हाई स्पीड असेंबली लैंग्वेज रूटीन के साथ जोड़ा जाता है और परिणामी कोड रोम चिप में संग्रहीत होता है जो एम्बेडेड सिस्टम का एक हिस्सा है।

1.4.3 सी भाषा के बेसिक बिल्डिंग ब्लॉक्स

प्रोग्रामिंग भाषा सीखने के कठिन पहलुओं में से एक यह है कि लगभग हर चीज एक दूसरे से जुड़ी हुई है। इसलिए, सब कुछ के बारे में थोड़ा जानने से पहले कुछ भी समझना लगभग असंभव लगता है।

इस खंड में, हम सी भाषा के विभिन्न कार्यात्मक तत्वों के बारे में जानेंगे, जिन्हें बिल्डिंग ब्लॉक्स के रूप में भी जाना जाता है।

1.4.3.1 केरेक्टर सेट

सबसे बुनियादी अर्थ में, एक सी प्रोग्राम वर्णों का एक क्रम है। जब इन वर्णों को कंपाइलर को प्रस्तुत किया जाता है, तो उन्हें विभिन्न संदर्भों में वर्ण, पहचानकर्ता, स्थिरांक और कथन के रूप में व्याख्यायित किया जाता है। C स्रोत प्रोग्राम में उपयोग किए जाने वाले वर्ण अमेरिकन स्टैंडर्ड कोड फॉर इंफॉर्मेशन इंटरचेंज (ASCII को ass-kee के रूप में उच्चारित) सेट से संबंधित हैं।

C भाषा में वर्णों (केरेक्टर) को निम्नलिखित श्रेणियों में बांटा गया है:

- अक्षर (A-Z, a-z)
- अंक (0–9)
- विशेष वर्ण (, : ; ~ > <# % ' ^ + - * . = ! | ( ) { } [ ] / &)
- व्हाइट स्पेस केरेक्टर (रिक्त स्थान, क्षैतिज टैब, आदि)

सभी सी कंपाइलर व्हाइट स्पेस केरेक्टर को नजरअंदाज करते हैं। इन वर्णों का उपयोग मूल रूप से प्रोग्राम की पठनीयता और समझ को बढ़ाने के लिए किया जाता है।

1.4.3.2 टोकन

एक टोकन एक छोटी इकाई है जिसका अपने आप में एक अर्थ होता है। C प्रोग्राम टोकन का एक क्रम है। सी भाषा में टोकन को निम्नलिखित श्रेणियों में वर्गीकृत किया जा सकता है:

- कीवर्ड
- पहचानकर्ता
- लिटरल
- पंक्चुएटर्स
- ऑपरेटर्स

कीवर्ड

सी में प्रत्येक शब्द को या तो एक कीवर्ड या एक पहचानकर्ता के रूप में वर्गीकृत किया जाता है। कीवर्ड मूल रूप से वे शब्द होते हैं जिनका पूर्वनिर्धारित और निश्चित अर्थ होता है और इन अर्थों को बदला नहीं जा सकता है। ये कीवर्ड प्रोग्राम निर्देश (कथन) बनाने के लिए बुनियादी बिल्डिंग ब्लॉक्स के रूप में काम करते हैं। सभी कीवर्ड लोअरकेस में लिखे गए हैं। उनके गलत उपयोग के परिणामस्वरूप सिंटैक्स त्रुटि होती है।

तालिका 1.2: C कीवर्ड

asm	default	for	short	union
auto	do	goto	signed	unsigned
break	double	if	sizeof	void
case	else	int	static	volatile
char	enum	long	struct	while
Const	extern	register	switch	
continue	float	return	typedef	

पहचानकर्ता (आइडेंटिफायर)

एक पहचानकर्ता मूल रूप से एक प्रोग्राम में एक नाम है। पहचानकर्ता का उपयोग चर, सारणी और कार्यों को दर्शाने के लिए किया जा सकता है। इन उपयोगकर्ता-परिभाषित नामों में वर्णों का क्रम होता है, जहां प्रत्येक वर्ण एक अक्षर, एक अंक या एक अंडरस्कोर '_' हो सकता है, और एक अंक से शुरू नहीं हो सकता है। अपरकेस और लोअरकेस दोनों अक्षरों की अनुमति है, हालांकि, लोअरकेस आमतौर पर उपयोग किया जाता है। अंडरस्कोर का उपयोग आमतौर पर दो या दो से अधिक शब्दों को जोड़ने के लिए किया जाता है ताकि अर्थ पूर्ण नाम बना सकें।

चूंकि सी भाषा केस संवेदनशील है (यह लोअरकेस और अपरकेस के बीच अंतर करती है), इसलिए, पहचानकर्ता *price* और *Price* को दो अलग-अलग पहचानकर्ताओं के रूप में माना जाएगा।

पहचानकर्ताओं के लिए

1. पहला अक्षर वर्णमाला या अंडरस्कोर होना चाहिए।
2. केवल अक्षर, अंक या अंडरस्कोर होना चाहिए।
3. किसी कीवर्ड का उपयोग नहीं कर सकते।
4. व्हाइट स्पेस नहीं हो सकता।

मान्य पहचानकर्ताओं के उदाहरण:

myFile	roll_no	date_of_birth	_chk
file10	N1TO10	area	AbCdE

लिटरल

लिटरल एक निश्चित मान को संदर्भित करता है जो किसी प्रोग्राम के निष्पादन के दौरान नहीं बदलता है।

- **पूर्णांक लिटरल** - दशमलव बिंदु के बिना संख्याएँ। एक पूर्णांक संख्या में वैकल्पिक चिह्न, प्लस (+) या माइनस (-) से के बाद अंकों का अनुक्रम होता है।
- **वास्तविक लिटरल**- भिन्नात्मक भागों वाली संख्याएँ।
- **सिंगल केरेक्टर लिटरल** - सिंगल कोट्स (') जैसे 'a' में संलग्न एक सिंगल केरेक्टर होता है। आंतरिक रूप से, प्रत्येक केरेक्टर को एक अभिन्न मान द्वारा दर्शाया जाता है जो वर्ण के ASCII कोड का प्रतिनिधित्व करता है। उदाहरण के लिए, वर्ण 'A' को अभिन्न मान 65, वर्ण 'B' को 66, आदि द्वारा दर्शाया जाएगा। सी भाषा कुछ ऐसे वर्णों की अनुमति देती है जिन्हें सीधे कीबोर्ड से दर्ज/टाइप नहीं किया जा सकता है जैसे बैकस्पेस, टैब, केरिज रिटर्न, न्यूलाइन इत्यादि। इन वर्णों को एक अनुक्रम द्वारा दर्शाया जाता है जो वर्ण ? (बैक स्लैश) से शुरू होता है, और इन्हें पलायन अनुक्रम (escape sequences) के रूप में भी जाना जाता है।

तालिका 1.3: सामान्य पलायन अनुक्रम

पलायन अनुक्रम	प्रतिनिधित्व	प्रभाव
\n	नई पंक्ति	बाद में आउटपुट नई लाइन से शुरू होता है।
\t	क्षैतिज टैब	अगले आठ-अंतरिक्ष-चौड़े क्षेत्र में चला जाता है।
\r	कैरिज रिटर्न	केरिज रिटर्न।
\0	शून्य वर्ण	एक स्ट्रिंग को समाप्त करता है।

- **स्ट्रिंग (मल्टी-केरेक्टर) लिटरल** - दोहरे उद्धरण चिह्नों में संलग्न वर्णों का एक क्रम होता है। वर्ण सेट में किसी भी वर्ण से हो सकते हैं।

  ध्यान दें कि सिंगल केरेक्टर लिटरल जैसे 'a' सिंगल केरेक्टर स्ट्रिंग लिटरल "a" के बराबर नहीं है।

पंक्चुएटर्स

पंक्चुएटर्स को विभाजक भी कहा जाता है। निम्नलिखित तालिका में C++ में प्रयुक्त विभिन्न पंक्चुएटर्स का वर्णन किया गया है।

तालिका 1.4: कुछ पंक्चुएटर्स की सूची और उनका विवरण

विराम चिन्ह	विवरण
Brakets [ ]	सारणी सबस्क्रिप्ट संलग्न करने के लिए उपयोग किया जाता है।
Parentheses ( )	फंक्शन घोषणा के साथ-साथ फंक्शन परिभाषा, फंक्शन कॉल और अभिव्यक्तियों में पैरामीटर में तर्क संलग्न करने के लिए प्रयुक्त होता है।
Braces { }	कथनों के एक ब्लॉक को संलग्न करने के लिए उपयोग किया जाता है। सारणियों को प्रारंभ करते समय तत्वों की सूची संलग्न करने के लिए भी उपयोग किया जाता है।
Comma,	फंक्शन परिभाषा में तर्कों और फंक्शन कॉल में मापदंडों को अलग करने के लिए उपयोग किया जाता है।
Semicolon;	एक कथन को समाप्त करने के लिए उपयोग किया जाता है।

ऑपरेटर्स

ऑपरेटर सी भाषा की क्रियाएं हैं जो उपयोगकर्ता को मूल्यों पर संचालन करने देती हैं। सी भाषा के ऑपरेटरों का समृद्ध समूह इसकी विशिष्ट विशेषताओं में से एक है।

इन ऑपरेटरों को निम्नलिखित श्रेणियों में गिना जा सकता है:

- अंकगणितीय ऑपरेटर्स (+, -, *, /, %)
- संबंधपरक ऑपरेटर्स (<, <=, >, >=, ==, !=)
- तार्किक ऑपरेटर्स (!, &&, ||)
- बिटवाइस ऑपरेटर्स (~, >>, <<, &, |)
- स्पेशल ऑपरेटर्स
  - वृद्धि और घटाव ऑपरेटर्स (++, --)
  - sizeof ऑपरेटर
  - addressof ऑपरेटर (&)
  - Indirection/de-reference ऑपरेटर (*)
  - टर्नरी/सशर्त ऑपरेटर (? :)

1.4.3.3 डेटा प्रकार की अवधारणा

"डेटा प्रकार" बिट्स की एक स्ट्रिंग पर लागू एक व्याख्या है। औपचारिक रूप से, डेटा प्रकार को मूल्यों के एक सीमित सेट के साथ-साथ संचालन के लिए नियमों के अच्छी तरह से परिभाषित सेट के रूप में परिभाषित किया जाता है जो इन मूल्यों पर किया जा सकता है।

C में डेटा प्रकार दो प्रकार के होते हैं:

- अंतर्निहित डेटा प्रकार
  - अंतर्निहित डेटा प्रकार C में सबसे बुनियादी डेटा प्रकार हैं।
  - अंतर्निहित का अर्थ है कि वे C में पूर्व-परिभाषित हैं और सीधे प्रोग्राम में उपयोग किए जा सकते हैं।
  - उदाहरण char, int, float और double
  - इनके अलावा, हमारे पास void डेटा प्रकार भी है।
- व्युत्पन्न डेटा प्रकार
  - ये मौजूदा डेटा प्रकारों (अंतर्निहित या उपयोगकर्ता-परिभाषित) से प्राप्त होते हैं।
  - उदाहरण सारणियाँ और संकेत हैं।
- उपयोगकर्ता द्वारा परिभाषित डेटा प्रकार
  - ये उपयोगकर्ता द्वारा अपनी आवश्यकताओं को पूरा करने के लिए बनाए जाते हैं।
  - उदाहरण संरचना, संघ और गणना हैं।

इस खंड में, हम केवल अंतर्निहित डेटा प्रकारों के बारे में जानेंगे। शेष डेटा प्रकार, पाठ्यक्रम की आवश्यकताओं के अनुसार उपयुक्त स्थान पर चर्चा की जाएगी।

C द्वारा समर्थित विभिन्न अंतर्निहित डेटा प्रकार, जिन्हें मौलिक डेटा प्रकार या मूल डेटा प्रकार के रूप में भी जाना जाता है, को तालिका 1.5 में संक्षेपित किया गया है।

तालिका 1.5: अंतर्निहित डेटा प्रकार

नाम	विवरण
Integer *Int*	पूर्णांक संख्या
Real/Floating-point *float*	एकल सटीक फ्लोटिंग-पॉइंट नंबर (सटीक 6 दशमलव स्थान है)
double	डबल सटीक फ्लोटिंग-पॉइंट नंबर (परिशुद्धता १२ दशमलव स्थान है)
Charater *char*	एक एकल कैरेक्टर

int डेटा प्रकार का उपयोग पूर्णांकों के लिए किया जाता है, और इसमें पूर्णांकों का एक सबसेट होता है। तालिका 1.6 विभिन्न प्रकार की पूर्णांक संख्याओं, उनकी मेमोरी आवश्यकताओं और प्रत्येक प्रकार के लिए मानों की श्रेणी को दर्शाती है।

तालिका 1.6: पूर्णांक संख्याओं का प्रकार

Type	मेमोरी आवश्यकताएँ (बाइट्स में)		मूल्यों की रेंज
	16-bit संकलक (Turbo C/C++)	32-bit संकलक (Dev C/C++)	
short	2	2	for 2-byte पूर्णांक –32768 to +32767
int	2	4	
long	4	4	for 4-byte पूर्णांक –2147483648 to +2147483647

फ्लोट और डबल डेटा प्रकारों का उपयोग उन संख्याओं के लिए किया जाता है जिनमें दशमलव बिंदु होता है। फ्लोट और डबल डेटा प्रकारों के बीच एकमात्र अंतर कि रेंज और सटीकता है, डबल डेटा प्रकार में फ्लोट डेटा प्रकार की तुलना में अधिक सटीकता होती है।

एक वास्तविक मान वांछित वास्तविक संख्या का एक अनुमान है जो कुछ दशमलव स्थितियों के लिए सही है। फ्लोट प्रकार का वास्तविक मान छह दशमलव स्थितियों के लिए सटीक है; जहां डबल के प्रकार का वास्तविक मान बारह दशमलव पदों के लिए सटीक है।

तालिका 1.7 विभिन्न प्रकार की वास्तविक संख्याओं, उनकी मेमोरी आवश्यकताओं और प्रत्येक प्रकार के लिए मानों की श्रेणी को दर्शाती है।

तालिका 1.7: वास्तविक संख्याओं का प्रकार

टाइप	बाइट्स	रेंज
float	4	3.4×10^{-38} to $3.4 \times 10^{+38}$
double	8	1.7×10^{-308} to $1.7 \times 10^{+308}$

char डेटा प्रकार वर्णों के लिए उपयोग किया जाता है, और इसके लिए केवल 1-बाइट मेमोरी की आवश्यकता होती है। यहाँ char डेटा प्रकार के बारे में एक विशेष बात है - वर्णों को उनके ASCII कोड का उपयोग करके मेमोरी में संग्रहीत किया जाता है जो संख्यात्मक, यानी पूर्णांक होते हैं।

void शब्द का अर्थ है खाली, इसलिए, हम कह सकते हैं कि शून्य डेटा प्रकार का कोई मूल्य नहीं है। यह कई स्थितियों में उपयोगी है। ऐसी स्थिति में से एक - इसका उपयोग उन कार्यों के लिए रिटर्न प्रकार के रूप में किया जाता है जो कोई मान नहीं लौटाते हैं।

1.4.3.4 स्थिरांक

एक स्थिरांक (constant) निश्चित मूल्यों को संदर्भित करता है जो किसी प्रोग्राम के निष्पादन के दौरान नहीं बदलते हैं। निम्नलिखित तरीकों का उपयोग करके स्थिरांक को नियंत्रित किया जा सकता है:

- **लिटरल का उपयोग करना** - अंकगणितीय व्यंजक में मान को सीधे कूटबद्ध करना।
- **प्रतीकात्मक स्थिरांक का उपयोग करना** - एक प्रतीकात्मक स्थिरांक एक ऐसा नाम है जो एक लिटरल को प्रतिस्थापित करता है।

उदाहरण के लिए,

```
#define PI 3.142
```

यहां, #define प्री-प्रोसेसर निर्देश P1 नाम को लिटरल 3.142 के साथ जोड़ता है। संकलन के दौरान, प्रीप्रोसेसर पीआई नाम की प्रत्येक घटना को लिटरल 3.142 से बदल देगा।

- स्थिर घोषित किए गए चर का उपयोग करना- एक चर, जैसा कि आगे चर्चा की गई है, कुछ ऐसा है जिसका मूल्य प्रोग्राम निष्पादन के दौरान बदल सकता है। हालांकि, कीवर्ड *const* का उपयोग करके एक चर को स्थिरांक के रूप में चिह्नित किया जा सकता है।

उदाहरण के लिए,

```
const float pie = 3.142;
```

यहां, *pie* नामक चर, जो डेटा प्रकार फ्लोट से संबंधित है, को मान 3.141 के साथ प्रारंभ किया गया है, और इसे स्थिरांक के रूप में चिह्नित किया गया है। इसके बाद, हम अपने प्रोग्राम में वेरिएबल के मान का उपयोग कर सकते हैं, लेकिन हम इसका मान नहीं बदल सकते हैं, यानी अब वेरिएबल पाई एक स्थिरांक के रूप में व्यवहार करेगा।

1.4.3.5 चर

एक चर (variable) हमें नामित भंडारण प्रदान करता है जिसे हम पूरे प्रोग्राम के दौरान लिख सकते हैं, पुनर्प्राप्त कर सकते हैं और हेरफेर कर सकते हैं।

दूसरे शब्दों में, चर कंप्यूटर की मेमोरी में डेटा रखने वाली मेमोरी लोकेशन हैं। एक चर की सामग्री भिन्न हो सकती है इसलिए चर नाम दिया गया है। चर विभिन्न प्रकार के डेटा रखते हैं और एक ही चर किसी प्रोग्राम के निष्पादन के दौरान अलग-अलग मान रख सकते हैं।

C भाषा में प्रत्येक चर एक विशिष्ट डेटा प्रकार से जुड़ा होता है, जो इसकी संबद्ध मेमोरी के आकार और लेआउट को निर्धारित करता है, उस मेमोरी के भीतर संग्रहीत किए जा सकने वाले मानों की रेंज और उस पर लागू किए जा सकने वाले संचालन के सेट को निर्धारित करता है।

चर घोषित करना

सी भाषा में, प्रोग्राम में प्रत्येक चर घोषित किया जाना चाहिए। एक चर घोषित करने और परिभाषित करने के लिए वाक्य रचना है

```
type v1, v2, . . ., vn;
```

जहाँ v1, v2, ..., अद अल्पविराम द्वारा अलग किए गए चर के नाम हैं।

चर घोषणाओं और परिभाषाओं के कुछ उदाहरण निम्नलिखित हैं:

```
int count, m, n;
float value, sum;
char ch;
double deviation;
```

पहला स्टेटमेंट वैरिएबल *count, m* और *n* टाइप *int* की घोषणा करता है। कंपाइलर इनमें से प्रत्येक चर के लिए 2 या 4 बाइट्स (कंपाइलर के आधार पर) सुरक्षित रखता है।

दूसरा स्टेटमेंट वैरिएबल *value* और *sum* फ्लोट टाइप का चर घोषित करता है। कंपाइलर इनमें से प्रत्येक चर के लिए 4-बाइट सुरक्षित रखता है।

तीसरा कथन *char* प्रकार के *ch* बी की घोषणा करता है। कंपाइलर इसके लिए 1-बाइट सुरक्षित रखता है।

चौथा कथन *double* प्रकार के चर *deviation* की घोषणा करता है। कंपाइलर इसके लिए 8-बाइट सुरक्षित रखता है।

चर प्रारंभ करना

चर को घोषित करने के अलावा, चर को प्रारंभिक मान भी प्रदान किया जा सकता है।

ऐसा करने के लिए, एक चर के बाद केरेक्टर '=' और फिर वेरिएबल को दिया जाने वाला वैल्यू होता है। निम्न. लिखित कथन पर विचार करें

```
int sum = 0;
```

यह चर *sum* को मान 0 पर इनिशियलाइज करता है।

1.4.3.6 व्यंजक

एक व्यंजक (expression) एक मूल्य की गणना के लिए एक सूत्र है। इसमें ऑपरेंड और ऑपरेटरों का एक क्रम होता है। ऑपरेंड में फंक्शन संदर्भ, चर और स्थिरांक हो सकते हैं। ऑपरेटर ऑपरेंड पर की जाने वाली कार्रवाई को निर्दिष्ट करते हैं।

निम्नलिखित व्यंजक में

```
a + b
```

प्लस (+) एक ऑपरेटर है और *a, b* ऑपरेंड हैं।

C भाषा निम्नलिखित प्रकार के व्यंजक का समर्थन करती है:

- अंकगणितीय व्यंजक
- संबंधपरक व्यंजक
- तार्किक व्यंजक

प्रत्येक प्रकार के व्यंजक कुछ प्रकार के ऑपरेंड लेते है और ऑपरेटरों के एक विशिष्ट सेट का उपयोग करते है। प्रत्येक व्यंजक का मूल्यांकन विशिष्ट प्रकार का मान उत्पन्न करता है। याद रखें कि व्यंजक कथन नहीं हैं, बल्कि कथनों का घटक हो सकता है।

उदाहरण के लिए, निम्नलिखित पंक्ति पर विचार करें

```
x = 2.0/3.0 + a * b;
```

पूरी पंक्ति एक कथन है, लेकिन बराबर चिह्न के बाद का भाग एक व्यंजक है। विशेष रूप से, यह पंक्ति एक असाइनमेंट स्टेटमेंट का प्रतिनिधित्व करती है जो व्यंजक के मान को वेरिएबल x को निर्दिष्ट करती है।

1.4.3.7 स्टेटमेंट

स्टेटमेंट कई कार्य करते हैं, जैसे कंप्यूटिंग, गणना के परिणामों को संग्रहित करना, नियंत्रण के प्रवाह को बदलना, डिवाइस/फाइलों से या पर पढ़ना और लिखना, और कंपाइलर के लिए जानकारी प्रदान करना।

1.4.3.8 इनपुट/आउटपुट हैंडलिंग

लगभग हर प्रोग्राम में, उपयोगकर्ताओं को कुछ डेटा इनपुट करना होता है जो मेमोरी में संग्रहीत किया जाएगा, और फिर बाद में संसाधित किया जाएगा। संगणना के मध्यवर्ती और अंतिम परिणाम भी मेमोरी में संग्रहीत किए जाते हैं। और अंत में, गणनाओं के परिणामों को आउटपुट करने की आवश्यकता है ताकि उपयोगकर्ता उन्हें अपने दैनिक कार्य में उपयोग कर सकें।

सामान्य इनपुट डिवाइस कीबोर्ड है और आउटपुट डिवाइस एक कंप्यूटर स्क्रीन है, जिसे कभी-कभी मॉनिटर भी कहा जाता है। कीबोर्ड और मॉनिटर वाले इस सबसिस्टम को कंसोल कहा जाता है।

I/O फंक्शंस की पूरी श्रृंखला का उपयोग करने के लिए, हमें अपने सभी प्रोग्रामों में stdio.h नाम की हेडर फाइल को शामिल करना होगा।

तालिका 1.8: I/O फंक्शंस

समारोह श्रेणी	समारोह का नाम	विवरण
अस्वरूपित	getchar ( )	एक केरेक्टर देता है जिसे हाल ही में टाइप किया गया है। टाइप किया गया वर्ण कंप्यूटर स्क्रीन पर प्रतिध्वनित होता है। उपयुक्त वर्ण टाइप करने के बाद, उपयोगकर्ता को एंटर कुंजी दबाने की आवश्यकता होती है।
	getche ( )	एक केरेक्टर देता है जिसे हाल ही में टाइप किया गया है। टाइप किया हुआ अक्षर भी कंप्यूटर स्क्रीन पर प्रतिध्वनित होता है। लेकिन यूजर को एंटर दबाने की जरूरत नहीं है।
	getch ( )	एक केरेक्टर देता है जिसे हाल ही में टाइप किया गया है। लेकिन, न तो उपयोगकर्ता को एंटर कुंजी दबाने की आवश्यकता होती है और न ही टाइप किया गया केरेक्टर कंप्यूटर स्क्रीन पर प्रतिध्वनित होता है।
	putchar ( )	स्क्रीन पर एक केरेक्टर प्रदर्शित करें।
प्रारूपित	ghets ( )	कीबोर्ड से एक स्ट्रिंग स्वीकार करता है।
	puts ( )	स्क्रीन पर एक स्ट्रिंग प्रदर्शित करें।
	scanf ( )	कीबोर्ड से स्वरूपित डेटा स्वीकार करता है।
	printf ( )	स्क्रीन पर स्वरूपित डेटा प्रदर्शित करता है।

इन कार्यों के बीच एकमात्र अंतर यह है कि स्वरूपित फंक्शन कीबोर्ड से इनपुट या स्क्रीन पर भेजे गए आउटपुट को आवश्यकता के अनुसार स्वरूपित करने की अनुमति देते हैं। उदाहरण के लिए, यदि अलग-अलग मान प्रदर्शित किए जाने हैं, तो स्क्रीन पर कितने कॉलम का उपयोग किया जाना है, और दो मानों के बीच कितना स्थान दिया जाना है। यदि प्रदर्शित किया जाने वाला मान वास्तविक प्रकार का है, तो आउटपुट के लिए कितने दशमलव स्थान हैं।

Listing 1.3

```
/*
   Program to demonstrate working of character I/O functions
 */
 #include <stdio.h>
 int main()
 {
   char ch;
   printf( "\nEnter any character: " );
   ch = getchar();
   printf( "\nCharacter you typed is " );
   putchar(ch);
   printf( "\nEnter any character: " );
   ch = getche();
   printf( "\nCharacter you typed is " );
   putchar(ch);
   printf( "\nEnter any character: " );
   ch = getch();
   printf( "\nCharacter you typed is " );
   putchar(ch);
   return 0;
 }
```

Test Run

```
Enter any character: A
Character you typed is A
Enter any other character: x
Character you typed is x
Enter any other character:
Character you typed is H
```

Listing 1.4

```
/*
   Program to illustrate working of string I/O functions
*/
#include <stdio.h>
int main()
{
   char str[31];
   printf( "\nEnter string of length <= 30: " );
   gets( str );
   printf( "\nString you typed is " );
   puts( str );
   return 0;
}
```

Test Run

```
Enter string of length <= 30: Wel Come
String you typed is Wel Come
```

Scanf () फंक्शन हमें एक निर्दिष्ट प्रारूप में डेटा इनपुट करने की अनुमति देता है। इसका सिंटैक्स है

```
scanf( "format string", list of addresses of variables );
```

जहां format string में प्रारूप विनिर्देशक (specifiers) होते हैं जो वर्ण '%' से शुरू होते हैं और स्पेस या अल्पविराम से अलग होते हैं।

चरों के पतों की सूची का उपयोग किया जाता है ताकि स्केनफ( ) फंक्शन कीवर्ड से प्राप्त डेटा को रख सके। एक चर का पता पता ऑपरेटर (&) का उपयोग करके प्राप्त किया जाता है, और ऑपरेटर addressof के रूप में उच्चारित किया जाता है।

तालिका 1.9: आमतौर पर उपयोग किए जाने वाले प्रारूप विनिर्देशकों की सूची

प्रारूप विनिर्देशक	के लिए इस्तेमाल होता है
%d	हस्ताक्षरित दशमलव पूर्णांक
%f	एकल परिशुद्धता फ्लोटिंग वास्तविक संख्या
%lf	डबल सटीक फ्लोटिंग वास्तविक संख्या
%c	एकल वर्ण
%c	सिंगल-वर्ड स्ट्रिंग

निष्पादन पर, इनपुट डेटा को निर्दिष्ट प्रारूप स्ट्रिंग के अनुसार सख्ती से दर्ज किया जाना चाहिए अन्यथा परिणाम बहुत अजीब हो सकते हैं।

Printf() फंक्शन डेटा को एक निर्दिष्ट प्रारूप में आउटपुट करने की अनुमति देता है। इसका सिंटैक्स

```
printf( "format string", list of variables );
```

जहां प्रारूप स्ट्रिंग में प्रारूप विनिर्देशक, एस्केप अनुक्रम और आउटपुट डेटा के साथ आउटपुट होने वाला टेक्स्ट होता है।

स्केनफ () फंक्शन के साथ उपयोग किए जाने वाले सभी प्रारूप विनिर्देशक प्रिंटफ () फंक्शन के लिए मान्य हैं।

Listing 1.5

```
/*
   Program to demonstrate working of formatted I/O functions
*/
#include <stdio.h>
int main(void)
{
   int a;
   printf( "\nEnter values for a : " );
   scanf ( "%d", &a );
   printf( "\nValue of a = %d\n", a );
   return 0;
}
```

Test Run

```
Enter values for a : 150
Value of a = 150
```

इकाई सारांश

इस अध्याय में हमने सीखा है कि

- कंप्यूटर एक इलेक्ट्रॉनिक मशीन है जो प्रोग्राम कहे जाने वाले निर्देशों के एक सेट के अनुसार कार्य या गणना करता है।
- कंप्यूटर विभिन्न रूपों में इनपुट प्राप्त कर सकता है, निर्देश के अनुसार इन इनपुट को प्रोसेस कर सकता है और विभिन्न रूपों में परिणाम प्रस्तुत कर सकता है।
- कंप्यूटर सिस्टम के घटकों में इनपुट यूनिट, आउटपुट यूनिट, मेमोरी यूनिट, कंट्रोल यूनिट, अंकगणित और तर्क इकाई और सेकेंडरी स्टोरेज यूनिट शामिल हैं।
- नियंत्रण इकाई, अंकगणित और तर्क इकाई, और मुख्य मेमोरी इकाई, सामूहिक रूप से, सेंट्रल प्रोसेसिंग यूनिट (CPU) के रूप में जानी जाती है।
- कंप्यूटर से जुड़े सभी बाहरी उपकरण, जैसे इनपुट डिवाइस और आउटपुट डिवाइस, सामान्य नाम से पेरिफेरल्स के रूप में जाने जाते हैं।
- हार्डवेयर कंप्यूटर के उन हिस्सों को संदर्भित करता है जिन्हें आप देख और छू सकते हैं, जिसमें केस और उसके अंदर की सभी चीजें शामिल हैं।
- सॉफ्टवेयर, अपने सबसे सामान्य अर्थ में, निर्देशों या प्रोग्रामों का एक सेट है जो हार्डवेयर को बताता है कि क्या करना है।
- ऑपरेटिंग सिस्टम (OS) कंप्यूटर सिस्टम के संसाधनों का प्रबंधन करता है, और एक इंटरफेस प्रदान करता है जिसके उपयोग से उपयोगकर्ता विभिन्न कार्यों को करने के लिए कंप्यूटर के साथ इंटरैक्ट कर सकता है।
- सॉफ्टवेयर को सिस्टम सॉफ्टवेयर, एप्लिकेशन सॉफ्टवेयर और यूटिलिटी सॉफ्टवेयर के रूप में वर्गीकृत किया जा सकता है।

- बूटिंग एक ऐसी प्रक्रिया है जो सिस्टम के आरंभिक होने का संदर्भ देती है।
- एल्गोरिथम किसी विशेष समस्या के समाधान को परिभाषित करने वाले निर्देशों का एक सीमित क्रम है।
- एक एल्गोरिथ्म को फ्लोचार्ट और स्यूडोकोड का उपयोग करके दर्शाया जा सकता है।
- फ्लोचार्ट एक एल्गोरिथम का एक आरेखीय प्रतिनिधित्व है, जहां विभिन्न प्रकार के संचालन का प्रतिनिधित्व करने के लिए विभिन्न ज्यामितीय आकृतियों का उपयोग किया जाता है।
- स्यूडोकोड एक एल्गोरिथम में चरणों का एक सादा भाषा विवरण है।
- सिंटैक्स त्रुटियां भाषा नियमों के गलत उपयोग का परिणाम हैं।
- तार्किक त्रुटियाँ समस्या या उसके समाधान की समझ की कमी का परिणाम हैं।
- C भाषा डेनिस रिची द्वारा विकसित की गई है।
- सी भाषा एक मध्यम स्तर की भाषा है और पोर्टेबल है।
- C भाषा केस संवेदी होती है।
- C प्रोग्राम की सामान्य संरचना में पाँच खंड होते हैं - टिप्पणियाँ, प्रीप्रोसेसर निर्देश, वैश्विक घोषणाएँ, मुख्य ( ) फंक्शन, और आवश्यकतानुसार अन्य कार्य।
- सी भाषा के प्रमुख अनुप्रयोग क्षेत्रों में सिस्टम प्रोग्रामिंग, नेटवर्क प्रोग्रामिंग, जीयूआई, वैज्ञानिक विजुअलाइजेशन, एम्बेडेड सिस्टम आदि शामिल हैं।
- प्रोग्राम बनाने के विभिन्न चरण हैं - निर्माण, संकलन, लिंकिंग और निष्पादन।
- टेक्स्ट एडिटर एक प्रोग्राम है जो हमें कंप्यूटर मेमोरी में प्रोग्राम को दर्ज करने और बदलने में मदद करता है, और अंत में डिस्क फाइल पर सेव करता है।
- सोर्स कोड एक उच्च स्तरीय भाषा जैसे सी में लिखा गया प्रोग्राम है और एक डिस्क फाइल में संग्रहीत किया जाता है जिसे सोर्स फाइल के रूप में जाना जाता है।
- कंपाइलर एक प्रोग्राम है जो C प्रोग्राम को मशीनी भाषा में ट्रांसलेट करता है। इसके दो घटक हैं - प्रीप्रोसेसर और अनुवादक। प्रीप्रोसेसर प्रोग्राम को प्रोसेस करता है और अनुवाद के लिए तैयार करता है। अनुवादक अंतिम अनुवाद करता है।
- सोर्स प्रोग्राम को ऑब्जेक्ट प्रोग्राम में ट्रांसलेट करने की प्रक्रिया को कंपाइलेशन कहा जाता है।
- ऑब्जेक्ट कोड मशीनी भाषा में प्रोग्राम है जो कंपाइलर द्वारा निर्मित होता है और ऑब्जेक्ट फाइल के रूप में जानी जाने वाली फाइल में संग्रहीत होता है।
- लिंकर एक प्रोग्राम है जो सिस्टम लाइब्रेरी और उपयोगकर्ता-परिभाषित फंक्शन से लाइब्रेरी फंक्शंस की मशीनी भाषा जोड़ता है, और अंतिम निष्पादन योग्य प्रोग्राम तैयार करता है।
- निष्पादन योग्य कोड मशीनी भाषा में एक प्रोग्राम है जो लिंकर द्वारा निर्मित होता है और इसे रन फाइल के रूप में जानी जाने वाली फाइल में संग्रहीत किया जाता है, जो निष्पादन के लिए तैयार है।
- लोडर एक ऐसा प्रोग्राम है जो एक सेकेंडरी स्टोरेज पर डिस्क फाइल से निष्पादन योग्य प्रोग्राम को कंप्यूटर मेमोरी में स्थानांतरित करता है और इसे निष्पादन के लिए तैयार करता है।
- परीक्षण यह सुनिश्चित करने की प्रक्रिया है कि प्रोग्राम के सभी संभावित इनपुट के लिए प्रोग्राम सही ढंग से काम करता है।

- डिबगिंग बग्स की पहचान करने, उनका पता लगाने और उन्हें ठीक करने की प्रक्रिया है। यह प्रोग्राम विकास प्रक्रिया में एक स्वतंत्र गतिविधि नहीं है; यह हमेशा परीक्षण से जुड़ा होता है।
- एक पहचानकर्ता के माध्यम से सीधे कोडित या प्रतिनिधित्व किया गया मान जो प्रोग्राम निष्पादन के दौरान नहीं बदलता है उसे स्थिरांक कहा जाता है, जहां वे मान जो बदल सकते हैं उन्हें एक चर कहा जाता है।
- डेटा प्रकार अनुमेय संचालन के सेट के साथ मूल्यों का एक सेट है।
- सी भाषा द्वारा समर्थित विभिन्न डेटा प्रकारों को अंतर्निहित डेटा प्रकार, व्युत्पन्न डेटा प्रकार और उपयोग. कर्ता-परिभाषित डेटा प्रकार के रूप में नामित किया गया है।
- प्रोग्राम द्वारा संसाधित किए जाने वाले प्रत्येक डेटा आइटम को घोषित करने की आवश्यकता है।
- C प्रोग्राम में इनपुट/आउटपुट को फॉर्मेट या अनफॉर्मेट किया जा सकता है।

अभ्यास

विषयपरक प्रश्न

1. कंप्यूटर क्या है?
2. ब्लॉक आरेख की सहायता से कंप्यूटर के कार्यात्मक घटकों की कार्यप्रणाली को समझाइए।
3. जब हम कहते हैं कि मेमोरी अस्थिर है, इसका क्या अर्थ है?
4. हार्डवेयर और सॉफ्टवेयर के बीच अंतर करें
5. एक ऑपरेटिंग सिस्टम क्या है?
6. बूटिंग शब्द से आप क्या समझते हैं?
7. सॉफ्टवेयर कितने प्रकार के होते हैं?
8. एल्गोरिथम क्या है? एक अच्छे एल्गोरिथम की वांछनीय विशेषताएं क्या हैं?
9. फ्लोचार्ट क्या है? विभिन्न फ्लोचार्ट प्रतीकों का वर्णन कीजिए।
10. स्यूडोकोड क्या है?
11. एक विकल्प को देखते हुए, क्या आप फ्लोचार्ट या स्यूडोकोड का उपयोग करके एक एल्गोरिथम का प्रतिनिधित्व करना चाहेंगे?
12. C प्रोग्राम की सामान्य संरचना का वर्णन करें।
13. C प्रोग्राम के विकास के विभिन्न चरणों का वर्णन कीजिए।
14. C भाषा को मध्य स्तरीय भाषा क्यों कहा जाता है?
15. टोकन क्या है? C में विभिन्न टोकनों का वर्णन कीजिए।
16. डेटा प्रकार क्या है? C भाषा द्वारा समर्थित विभिन्न डेटा प्रकारों के नाम बताइए।
17. अचर और चर के बीच अंतर करें।
18. चर घोषित करने और आरंभ करने के लिए वाक्य रचना का वर्णन करें।
19. C में इनपुट/आउटपुट को संभालने के लिए विभिन्न कार्यों के नाम बताइए।

बहुविकल्पी प्रश्नोत्तर

1. यदि किसी दिए गए प्लेटफॉर्म पर किसी भाषा में लिखे गए प्रोग्राम को बिना किसी बदलाव के या कम से कम बदलाव के साथ दूसरे प्लेटफॉर्म पर ले जाया जा सकता है, तो उस भाषा को .... कहा जाता है।
   (*a*) समझने योग्य (*b*) पठनीय
   (*c*) पोर्टेबल (*d*) रखरखाव योग्य
2. C भाषा का विकास किसने किया?
   (*a*) वॉन न्यूमैन (*b*) डेनिस रिची
   (*c*) पीटर नॉर्टन (*d*) केन थॉम्पसन
3. C भाषा में निर्देश को समाप्त करने के लिए निम्नलिखित में से किस वर्ण का उपयोग किया जाता है?
   (*a*) , (अल्पविराम) (*b*) : (बृहदान्त्र)
   (*c*) ; (अर्धविराम) (*d*) । (अवधि)
4. निम्नलिखित में से कौन एक पहचानकर्ता का पहला अक्षर नहीं हो सकता है?
   (*a*) अंक (*b*) अंडरस्कोर
   (*c*) वर्णमाला (*d*) अपरकेस वर्णमाला
5. निम्नलिखित में से किसका उपयोग किसी फंक्शन की बॉडी को घेरने के लिए किया जाता है?
   (*a*) [ ] (*b*) { }
   (*c*) ( ) (*d*) < >
6. निम्नलिखित में से किस प्लेटफॉर्म पर C भाषा का उपयोग किया जा सकता है?
   (*a*) यूनिक्स (*b*) विंडोज़
   (*c*) लिनक्स (*d*) उपरोक्त सभी
7. C भाषा एक .... भाषा है।
   (*a*) उच्च (*b*) कम
   (*c*) मध्य (*d*) प्रतीकात्मक
8. एएनएसआई का संक्षिप्त नाम .... है।
   (*a*) अमेरिकी राष्ट्रीय मानक अंतर्राष्ट्रीय (*b*) अमेरिकी राष्ट्रीय साफ्टवेयर निगमन
   (*c*) अमेरिकी राष्ट्रीय मानक संस्थान (*d*) अमेरिकी राष्ट्रीय मानक निर्देश
9. विषम पद ज्ञात कीजिए।
   (*a*) स्रोत (*b*) ऑब्जेक्ट कोड
   (*c*) निष्पादन योग्य कोड (*d*) एएससीआईआई कोड
10. एक प्रोग्राम का परीक्षण यह सुनिश्चित करने के लिए किया जाता है कि
    (*a*) इसमें कोई वाक्यविन्यास त्रुटि नहीं होनी चाहिए
    (*b*) यह अपना इच्छित कार्य करता है
    (*c*) यह सफलतापूर्वक संकलित करता है
    (*d*) इसे असीमित रूप से नहीं चलाना चाहिए

11. बग शब्द .... को संदर्भित करता है।

(*a*) सिंटेक्स त्रुटि
(*b*) तार्किक त्रुटि
(*c*) रनटाइम त्रुटि
(*d*) उपरोक्त सभी

12. परिवर्णी शब्द ANSI का अर्थ .... है।

(*a*) अंतर्राष्ट्रीय सूचना के लिए अमेरिकी मानक कोड
(*b*) अमेरिकन सिस्टम फॉर कंपाइलर इंटरनेशनल
(*c*) कोड सूचना इंटरनेशनल के लिए अमेरिकी प्रणाली
(*d*) सूचना विनिमय के लिए अमेरिकी मानक कोड

13. निम्नलिखित में से कौन सा कथन C भाषा के बारे में सत्य नहीं है?

(*a*) प्रत्येक निर्देश अर्धविराम द्वारा समाप्त होता है
(*b*) यह केस असंवेदनशील है
(*c*) टिप्पणियाँ प्रोग्राम कोड में कहीं भी लिखी जा सकती है
(*d*) इसमें उच्च-स्तरीय और निम्न-स्तरीय दोनों भाषाओं की विशेषताएँ हैं

14. डिबगिंग शब्द .... की प्रक्रिया को संदर्भित करता है।

(*a*) स्रोत कोड को ऑब्जेक्ट कोड में अनुवाद करना
(*b*) ऑब्जेक्ट कोड को सिस्टम लाइब्रेरी से जोड़ना
(*c*) बग की पहचान करना और उन्हें ठीक करना
(*d*) उपरोक्त में से कोई नहीं

15. पोर्टेबिलिटी शब्द का अर्थ है कि ....।

(*a*) प्रोग्राम कोड समझ में आता है
(*b*) प्रोग्राम कोड रखरखाव योग्य है
(*c*) प्रोग्राम कोड बग फ्री है
(*d*) प्रोग्राम कोड को बिना कसी बदलाव के दूसरे कंप्यूटर पर ले जाया जा सकता है

16. C प्रोग्राम .... का उपयेाग करके मशीनी भाषा में परिवर्तित होते हैं।

(*a*) असेंबलर
(*b*) दुभाषिया
(*c*) कंपाइलर
(*d*) ऑपरेटिंग सिस्टम

17. टर्बो सी/सी++ कंपाइलर द्वारा निर्मित मशीन कोड वाली फाइल का विस्तार .... है।

(*a*) *.com
(*b*) *.exe
(*c*) *.c
(*d*) *.obj

18. निम्न में से कौन सा कीवर्ड नहीं है?

(*a*) for
(*b*) main
(*c*) break
(*d*) else

19. निम्नलिखित में से कौन सी भाषा में मान्य डेटा प्रकार नहीं है?

(*a*) char (*b*) float

(*c*) long (*d*) double

20. निम्नलिखित में से कौन सी एक आदिम डेटा मान को नहीं दर्शाता है?

(*a*) "a" (*b*) "k"

(*c*) 35.25 (*d*) 14

उत्तरमाला									
1.	(*c*)	**2.**	(*b*)	**3.**	(*c*)	**4.**	(*a*)	**5.**	(*b*)
6.	(*d*)	**7.**	(*c*)	**8.**	(*c*)	**9.**	(*d*)	**10.**	(*b*)
11.	(*d*)	**12.**	(*d*)	**13.**	(*b*)	**14.**	(*a*)	**15.**	(*a*)
16.	(*c*)	**17.**	(*d*)	**18.**	(*b*)	**19.**	(*a*)	**20.**	(*a*)

कम्प्यूटेशनल समस्याएँ

एल्गोरिथम विकसित करें और फ्लोचार्ट और/या स्यूडोकोड का उपयोग करके इसका प्रतिनिधित्व करें :

1. परीक्षण करने के लिए कि दिया गया वर्ष लीप वर्ष है या नहीं।
2. यह जांचने के लिए कि दी गई तारीख वैध है या नहीं।
3. एक प्राकृत संख्या 'n' में सबसे बड़ा अंक ज्ञात करना।
4. एक प्राकृत संख्या 'n' में सबसे छोटा अंक ज्ञात करना।
5. n वां अभाज्य संख्या ज्ञात करना।
6. यह परीक्षण करना कि क्या दिए गए तीन रेखाखंडों की लंबाई 'a', 'b' और 'c' सेंटीमीटर में लेकर त्रिभुज बनाया जा सकता है।
7. यह परीक्षण करने के लिए कि क्या दिए गए तीन कोणों के साथ 'a', 'b' और 'c' डिग्री में एक त्रिभुज बनाया जा सकता है।
8. दो परीक्षण करें कि दो रेखाएं एक दूसरे को काटती हैं या नहीं। एक लाइन पर A(xa, ya) & B(xb, yb) और दूसरी लाइन पर C(xc, yx) & D(xd, yd) दिए गए हैं।
9. किसी व्यक्ति के बॉडी मास इंडेक्स (BMI) की गणना इस प्रकार की जाती है, $BMI = \frac{W}{H^2}$ जहां W वजन किलोग्राम में और H ऊंचाई मीटर में है।

BMI	वर्गीकरण
< 18.5	Under weight
18.5–24.9	Normal weight
25.0–29.9	Overweight
30.0–34.9	Class I obesity
35.0–39.9	Class II obesity

उस व्यक्ति के मोटापे का वर्गीकरण कीजिए जिसका वजन और कद दिया गया है।

10. मासिक टेलीफोन बिल की गणना निम्नानुसार की जानी है:

    न्यूनतम रु. 100 कॉल तक के लिए 200

    प्लस अगले 50 कॉलों के लिए रु. 0.60 प्रति कॉल

    प्लस अगले 50 कॉलों के लिए रु. 0.50 प्रति कॉल

    प्लस 200 कॉल के बाद किसी भी कॉल के लिए रु. 0.40 प्रति कॉल।

    दी गई कॉलों की संख्या के लिए मासिक बिल की गणना करें।

प्रायोगिक कार्य

1. पीसी/लैपटॉप के संचालन के साथ परिचित: बूटिंग की अवधारणा, डेस्कटॉप को कॉन्फिगर करना, फाइलों और फोल्डरों के साथ काम करना, सॉफ्टवेयर स्थापित करना और विभिन्न अनुप्रयोगों को निष्पादित करना।
2. प्रोग्रामिंग वातावरण से परिचित होना: सी प्रोग्राम बनाना और संपादित करना, संकलन करना और निष्पादित करना।

अधिक जानिए

समस्या समाधान एक कौशल है, और एक कौशल रातोंरात नहीं सीखा जा सकता है। इसलिए, छात्रों में आवश्यक कौशल विकसित करने के लिए, शिक्षक को उपयुक्त उदाहरण लेकर और समाधान विकसित करने में छात्रों को शामिल करके समस्या समाधान दृष्टिकोण का प्रदर्शन करना चाहिए। अंत में, शिक्षक को पर्याप्त संबंधित समस्याएं देनी चाहिए ताकि छात्र उन समस्याओं को हल करने के लिए सीखी गई अवधारणाओं को लागू कर सकें जिन्हें उन्होंने पहले नहीं देखा या हल नहीं किया है।

संदर्भ एवं अध्ययन हेतु सुझाव

1. R.G. Dromey, How to solve it by Computer, Pearson Education.
2. R. S. Salaria, Problem Solving & Programming in C, Khanna Book Publishing Co(P) Ltd., New Delhi.
3. E. Balagurusamy, Programming in ANSI C, Tata McGraw Hill, New Delhi.
4. V. Anton Spraul, Think Like a Programmer, No Starch Press.
5. https://onlinecourses.nptel.ac.in/noc21_cs01/preview
6. https://ocw.mit.edu/courses/intro-programming/
7. https://www.programiz.com/c-programming
8. https://www.javatpoint.com/c-programming-language-tutorial

2 अंकगणितीय व्यंजक और वरीयता

यूनिट विशिष्ट

इस यूनिट में विभिन्न प्रकार के ऑपरेटरों से संबंधित विषयों, उनकी प्राथमिकता और संबद्धता, विभिन्न प्रकार की अभिव्यक्तियों, अभिव्यक्तियों के मूल्यांकन को नियंत्रित करने वाले नियमों और लाइब्रेरी फंक्शनों पर चर्चा की गई है।

भूमिका

सामान्य तौर पर, विभिन्न प्रकार की समस्याओं को हल करने के लिए कंप्यूटर प्रोग्राम विकसित किए जाते हैं। ये समस्याएं विज्ञान और इंजीनियरिंग, व्यवसाय, मनोरंजन आदि से संबंधित हो सकती हैं।

विज्ञान और इंजीनियरिंग से संबंधित समस्याओं में, प्रोग्रामर को विभिन्न प्रकार के बीजीय व्यंजकों से निपटना पड़ता है जिसमें विभिन्न अंकगणितीय संचालन और मानक गणितीय और त्रिकोणमितीय फंक्शन शामिल हो सकते हैं। उन बीजीय व्यंजकों को C में उनके समकक्ष व्यंजकों में बदलने के लिए, और उनके मूल्यांकन के क्रम को नियंत्रित करने के लिए, प्रोग्रामर को C द्वारा समर्थित विभिन्न ऑपरेटरों, व्यंजकों के मूल्यांकन के तरीकों, और अन्य संबंधित मुद्दों का ज्ञान होना चाहिए।

यह इकाई छात्रों को ऑपरेटरों, व्यंजकों और उनके मूल्यांकन से संबंधित विभिन्न पहलुओं को समझने में मदद करती है।

पूर्व-अपेक्षित ज्ञान

- रेखीय बीजगणित
- मानक गणितीय फंक्शन

यूनिट आउटकम्स

इस इकाई के पूर्ण अध्यन करने के बाद, विद्यार्थी निम्न में सक्षम होंगे:

U2-O1: विभिन्न ऑपरेटरों और उनके उपयोग की व्याख्या करने में

U2-O2: बीजीय व्यंजकों को C व्यंजकों में बदलने में

U2-O3: व्यंजक का मूल्यांकन करने के तरीके की व्याख्या करने में

U2-O4: ऑपरेटरों के बीच वरीयता और संबद्धता की अवधारणा की व्याख्या करने में

U2-O5: असाइनमेंट और एक्सप्रेशन में टाइप रूपांतरण की व्याख्या करने में

यूनिट-2 आउटकम्स	कोर्स आउटकम्स (COs) के साथ अपेक्षित संबंध (1-कमजोर सहसंबंध; 2-मध्यम सहसंबंध; 3-मजबूत सहसंबंध)							
	CO-1	CO-2	CO-3	CO-4	CO-5	CO-6	CO-7	CO-8
U2-01	1	–	–	–	–	–	–	–
U2-02	–	1	–	–	–	–	–	–
U2-03	–	–	2	–	–	–	–	–
U2-04	–	–	2	–	–	–	–	–
U2-05	–	–	1	–	–	–	–	–

2.1 प्रस्तावना

ऑपरेटर एक भाषा की क्रिया है जो उपयोगकर्ता को मूल्यों पर गणना करने देता है। आप ऑपरेटरों को क्रियाओं के रूप में और ऑपरेंड को उन क्रियाओं के विषय और वस्तु के रूप में सोच सकते हैं। सी भाषा के ऑपरेटरों का समृद्ध समूह इसकी विशिष्ट विशेषताओं में से एक है।

एक व्यंजक एक सूत्र है जिसमें एक मूल्य की गणना करने के लिए एक साथ जुड़े ऑपरेंड और ऑपरेटर होते हैं। गणना किए गए मानों को भविष्य में उपयोग के लिए एक चर में संग्रहीत किया जाता है। यह एक असाइनमेंट स्टेटमेंट का उपयोग करके किया जाता है।

एक कंप्यूटर प्रोग्राम में, समस्या की आवश्यकताओं के अनुसार विभिन्न प्रकार की संगणनाएँ की जाती हैं। फिर भी, कुछ नियमित प्रकार की संगणनाएँ हैं जो लगभग हर प्रोग्राम का हिस्सा हो सकती हैं। इसलिए एक सुविधा के रूप में, प्रत्येक आधुनिक प्रोग्रामिंग भाषा लाइब्रेरी फंक्शन के रूप में इन नियमित प्रकार की गणनाओं के लिए सहायता प्रदान करती है।

यह इकाई सी भाषा की इन अर्थपूर्ण इकाइयों का वर्णन करने का प्रयास करती है।

2.2 ऑपरेटर्स

ऑपरेटर किसी भी प्रोग्रामिंग भाषा की नींव होते हैं। किसी भी प्रोग्रामिंग भाषा की कार्यक्षमता ऑपरेटरों के उपयोग के बिना अधूरी है।

ऑपरेटर, आम तौर पर, दो प्रकार के होते हैं:

यूनरी ऑपरेटर्स - वे ऑपरेटर जो एक ही ऑपरेंड पर काम करते हैं। यूनरी ऑपरेटरों को उनके ऑपरेंड के साथ उपसर्ग किया जाता है।

उदाहरण के लिए, -x, यहां यूनरी माइनस '-' ऑपरेटर इसके ऑपरेंड x (संख्यात्मक मान धारक है) से पहले होता है, और इसके मान को नकारात्मक कर देता है, अर्थात, इसका संकेत बदलता है।

बाइनरी ऑपरेटर - वे ऑपरेटर जो दो ऑपरेंड के साथ काम करते हैं। बाइनरी ऑपरेटरों को उनके ऑपरेंड के बीच एम्बेड किया जाता है।

उदाहरण के लिए, $a + b$, यहां बाइनरी प्लस '+' ऑपरेटर इसके ऑपरेंड a और b (दोनों को संख्यात्मक मान रखने वाले) के बीच दिखाई देता है, और वेरिएबल b के मान को a में जोड़ता है।

सी भाषा के ऑपरेटरों का समृद्ध समूह इसकी विशिष्ट विशेषताओं में से एक है। इन ऑपरेटरों को निम्नलिखित श्रेणियों में गिना जा सकता है:

- अंकगणितीय ऑपरेटर्स (+, –, *, /, %)
- रिलेशनल ऑपरेटर्स (<, <=, >,>=, ==,!=)
- लॉजिकल ऑपरेटर्स (!, &&, ||)
- बिटवाइज ऑपरेटर्स (~, >>, <<, &, | , ^)
- विशेष ऑपरेटर
    - इंक्रीमेंट और डिक्रीमेंट ऑपरेटर्स (++, --)
    - *sizeof* ऑपरेटर
    - *addressof* ऑपरेटर (&)
    - अप्रत्यक्ष/डी-रेफरेंस ऑपरेटर (*)
    - टर्नरी/सशर्त ऑपरेटर (?:)

इस इकाई में, हम मुख्य रूप से अंकगणितीय संगणनाओं में उपयोग किए जाने वाले ऑपरेटरों पर ध्यान केंद्रित करेंगे, अन्य प्रकार के ऑपरेटरों को विषय की पूर्णता के लिए पेश किया जाएगा।

2.2.1 अंकगणितीय ऑपरेटर्स

अंकगणितीय ऑपरेटर्स (Arithmetic Operators) का उपयोग गणितीय कार्यों जैसे जोड़, घटाव, गुणा आदि को रोकने के लिए किया जाता है।

तालिका 2.1: द्विआधारी अंकगणितीय ऑपरेटर्स

ऑपरेटर	प्रतीक	रूप	ऑपरेशन
योग	+	$x + y$	y के मान को x के मान में जोड़ता है।
घटाव	–	$x - y$	x के मान से y का मान घटाता है।
गुणा	*	$x * y$	x के मान को y के मान से गुणा करता है।
भाग	/	x/y	x के मान को y के मान से विभाजित करता है।
मापांक	%	$x \% y$	x के मान को y के मान से विभाजित करता है और शेषफल देता है।

पूर्णांक अंकगणित

जब दोनों ऑपरेंड पूर्णांक होते हैं, तो संचालन को पूर्णांक अंकगणित (Integer Arithmetic) कहा जाएगा और हमेशा एक पूर्णांक मान प्राप्त होगा।

निम्नलिखित कथनों पर विचार करें

```
int x = 13, y = 5;
```

हमारे पास निम्नलिखित परिणाम हैं:

x – y = 8

x + y = 18

x * y = 65

x / y = 2 (decimal part truncated)

x % y = 3 (remainder of division)

वास्तविक अंकगणित

जब दोनों ऑपरेंड वास्तविक संख्याएँ हों, तो संक्रियाओं को वास्तविक अंकगणित Real Arithmetic कहा जाएगा और हमेशा एक वास्तविक मान प्राप्त होगा। चूँकि वास्तविक संख्याएँ (अस्थायी-बिंदु मान) सार्थक अंकों की अनुमेय संख्या तक पूर्णांकित की जाती हैं, अंकगणितीय संक्रियाओं का परिणाम सही परिणाम का अनुमानित मान होता है।

अर्थात्

6.0 / 7.0 = 0.857143

–1-0 / 3.0 = –0.333333

3.0 / –2.0 = –1.500000

मॉड्यूलस ऑपरेशन का उपयोग वास्तविक ऑपरेंड के साथ नहीं किया जा सकता है।

मिश्रित मोड अंकगणित

जब एक ऑपरेंड वास्तविक होता है और दूसरा पूर्णांक होता है, तो संचालन को मिश्रित-मोड (Mixed mode) अंकगणित कहा जाएगा और हमेशा एक वास्तविक मूल्य प्राप्त होगा। पूर्णांक ऑपरेंड को वास्तविक ऑपरेंड में बदल दिया जाता है और फिर वास्तविक अंकगणित किया जाता है, जिसके परिणामस्वरूप वास्तविक मूल्य होता है।

अर्थात्

6 / 7.0 → 6.0 / 7.0 = 0.857143

–1.0 / 3 → –1.0 / 3.0 = –0.333333

ध्यान दें कि

15 / 10.0 = 1.5

15.0 / 10 = 1.5

जबकि

15 / 10 = 1

2.2.2 रिलेशनल (तुलना) ऑपरेटर्स

निर्णय लेने की सुविधा के लिए इन ऑपरेटरों का उपयोग उन ऑपरेटरों के मूल्यों की तुलना करने के लिए किया जाता है। यदि तुलना सफल होती है, तो वे एक मान 1 (बूलियन मान सत्य के बराबर) लौटाते हैं और यदि तुलना विफल हो जाती है तो वे एक मान 0 (बूलियन मान असत्य के बराबर) लौटते हैं।

तालिका 2.2: रिलेशनल (तुलना) ऑपरेटर्स

ऑपरेटर	प्रतीक	रूप	अर्थ
से अधिक	>	x > y	यदि x, y से बड़ा है तो सही वापस होगा।
इससे बड़ा या इसके बराबर	> =	x > = y	यदि x, y से बड़ा या उसके बराबर है तो सही वापस होगा।
से कम	<	x < y	यदि x, y से कम है तो सही वापस होगा।
से कम या बराबर	< =	x < = y	यदि x, y से कम या उसके बराबर है तो सही वापस होगा।
के बराबर	==	x == y	यदि x और y बराबर है तो सही वापस होगा।
बराबर नहीं है	!=	x! = y	यदि x और y बराबर नहीं है तो सही वापस होगा।

ध्यान दें किसी भाषा में, गैर-शून्य मान को बूलियन सत्य के बराबर माना जाता है और शून्य मान को बूलियन असत्य के बराबर माना जाता है। इसके अलावा, सी भाषा के पुराने संस्करणों में सी भाषा में बूलियन डेटा के लिए कोई समर्थन नहीं है। C भाषा का नया संस्करण, जिसे C99 मानक के रूप में जाना जाता है, बूलियन प्रकार का समर्थन करता है।

2.2.3 लॉजिकल ऑपरेटर्स

इन ऑपरेटरों का उपयोग रिलेशनल ऑपरेटरों का उपयोग करके बनाई गई दो या दो से अधिक सत्य स्थितियों को मिलाकर यौगिक स्थितियां बनाने के लिए किया जाता है।

तालिका 2.3: लॉजिकल ऑपरेटर्स

ऑपरेटर	प्रतीक	रूप	अर्थ
Logical AND	&&	x&&y	यदि दोनों ऑपरेंड सत्य हैं तो सही वापस होगा।
Logical OR	||	x||y	यदि ऑपरेंड में से कोई भी सत्य है तो वापस होगा।
Logical NOT	!	!x	यदि ऑपरेंड गलत है, तो सही है और अगर ऑपरेंड सही है तो गलत है (ऑपरेंड को पूरा करता है)।

2.2.4 बिटवाइज़ ऑपरेटर्स

बिटवाइज़ ऑपरेटर ऑपरेंड पर कार्य करते हैं जैसे कि वे बाइनरी अंकों की स्ट्रिंग हों। यह थोड़ा-थोड़ा करके काम करता है, इसलिए नाम बिटवाइज़ ऑपरेटर है। ध्यान दें कि इन ऑपरेटरों का उपयोग केवल इंटीग्रल ऑपरेंड के साथ किया जाता है।

बिटवाइज़ ऑपरेटरों के कार्य को प्रदर्शित करने के लिए, $x = 10$ (बाइनरी में 0000 1010) और $y = 4$ (बाइनरी में 0000 0100) दें, यह मानते हुए कि 8 बिट्स का उपयोग पूर्णांक संख्या का प्रतिनिधित्व करने के लिए किया जाता है।

तालिका 2.4: बिटवाइज़ ऑपरेटर्स

ऑपरेटर	प्रतीक	रूप	अर्थ	उदाहरण
बिटवाइज़ AND	&	x & y	1 लौटाएं यदि संबंधित बिट्स 1 और 0 हैं।	x = 0000 1010 10 y = 0000 0100 (4) x & y = 0000 0000 (0)
बिटवाइज़ OR	|	x | y	1 लौटाएं यदि या तो या दोनों संबंधित बिट्स 1 और 0 हैं।	x = 0000 1011 (11) y = 0000 0101 (5) x | y = 0000 1111 (15)
बिटवाइज़ XOR	^	x ^ y	यदि संबंधित बिट बराबर नहीं है तो 1 लिटाएं।	x = 0000 1011 (11) y = 0000 0101 (5) x ^ y = 0000 1110 (14)
बिटवाइज NOT	~	~x	1 से 0 और 0 से 1 को बदल देता है।	x = 0000 1011 (11) ~x = 1111 0100 (–12)
बिटवाइज़ right shift	>>	x>>y	दाएं ऑपरेंड द्वारा निर्दिष्ट बिट्स की संख्या से बाएं ऑपरेंड के बिट्स को दाएं स्थानान्तरित करता है। प्रत्येक शिफ्ट के बाद दाएं सबसे बिट को स्थानान्तरित कर दिया जाता है, जबकि बाएं सबसे बिट को पुर्नस्थापित किया जाता है। नोट : 1 बिट द्वारा प्रत्येक दायां शिफ्ट 2 से अभिन्न विभाजन के बराबर है।	x = 0000 1011 (11) x >> 1 = 0000 0101 (5)
बिटवाइज़ left shift	<<	x << y	दाएं ऑपरेंड द्वारा निर्दिष्ट बिट्स की संख्या से बाएं ऑपरेंड के बिट्स को बाएं स्थानान्तरित करता है। प्रत्येक शिफ्ट के बाद बाएं सबसे बिट को बाहर स्थानान्तरित कर दिया जाता है, जबकि दाएं सबसे बिट 0 से भर जाता है। नोट : 1-बिट की प्रत्येक बाईं पारी 2 से गुणा के बराबर है।	x = 0000 1011 (11) x << 1 = 0001 0110 (22)

2.2.5 विशेष ऑपरेटर्स

आइए हम उनमें से प्रत्येक पर संक्षेप में चर्चा करें, और उनकी उपयोगिता को आप बाद के खंडों और अध्यायों में समझ सकेंगे।

2.2.5.1 इंक्रीमेंट और डिक्रीमेंट ऑपरेटर्स

सी भाषा दो बहुत उपयोगी ऑपरेटरों का समर्थन करती है - इंक्रीमेंट ऑपरेटर (++) और डिक्रीमेंट ऑपरेटर (--)। इन ऑपरेटरों का उपयोग सभी बुनियादी डेटा प्रकारों के साथ किया जा सकता है। इंक्रीमेंट ऑपरेटर ऑपरेंड में 1 जोड़ता है, जबकि डिक्रीमेंट ऑपरेटर ऑपरेंड से 1 घटाता है।

दोनों ऑपरेटर यूनरी ऑपरेटर हैं और इन्हें उपसर्ग के साथ-साथ पोस्टफिक्स नोटेशन में भी इस्तेमाल किया जा सकता है जैसा कि नीचे दिखाया गया है:

```
++k;        or        k++;
--k;        or        k--;
```

यहाँ, `++k` (साथ ही साथ `k++`) के बराबर है `k = k + 1` या `k + = 1`, और `--k` (साथ ही साथ `k--`) के बराबर है `k = k - 1 or k - = 1`.

इन ऑपरेटरों को सबसे अधिक बार जबकि और लूप के लिए नियंत्रण चर के रूप में उपयोग किया जाता है।

जबकि ++k या k++ का मतलब वही होता है जब वे स्वतंत्र रूप से बयान बनाते हैं, जब वे अन्य व्यंजकों के हिस्से के रूप में उपयोग किए जाते हैं तो वे अलग तरह से व्यवहार करते हैं।

निम्नलिखित कथनों पर विचार करें

```
int y, k = 5;
y = ++k;
```

इस मामले में, पहले k का मान बढ़ाया जाता है और फिर y को सौंपा जाता है, और इसलिए y और k का मान 6 के समान होगा। इस प्रकार, उपरोक्त कथन निम्नलिखित कथनों के बराबर हैं

```
int y, k = 5;
++k;
y = k;
```

हालाँकि, यदि हम उपरोक्त कथनों को इस प्रकार लिखते हैं:

```
int y, k = 5;
 y = k++;
```

फिर पहले k (मान 5) का वर्तमान मान y को दिया जाता है और फिर k का मान बढ़ा दिया जाता है, और इसलिए y का मान 5 होगा जबकि k का मान 6 होगा।

इस प्रकार, उपरोक्त कथन निम्नलिखित कथनों के समतुल्य हैं:

```
int y, k = 5;                              int y, k = 5;
 y = k;                    or                 y = k;
 ++k;                                         k++;
```

2.2.5.2 *sizeof* ऑपरेटर

sizeof ऑपरेटर दिए गए ऑपरेंड के आकार को बाइट्स में लौटाता है। *sizeof* ऑपरेटर का सिंटैक्स है

```
sizeof( exp )
```

जहां *exp* एक डेटा प्रकार को प्रतिनिधित्व करता है (अंतर्निहित या उपयोगकर्ता-परिभाषित), एक स्थिरांक या एक चर का प्रतिनिधित्व करता है। उदाहरण के लिए वैल्यू 4 रिटर्न करता है।

```
sizeof( float )
```

तालिका 2.5: *sizeof* ऑपरेटर का प्रयोग

sizeof ऑपरेटर निम्न रूप में प्रयोग किया जाता है	रिटर्न करता है	तर्गसंगतता
sizeof(1)	2	डिफॉल्ट रूप से पूर्णांक स्थिरांक डेटा प्रकार int से संबंधित होता है और int का आकार टर्बो C/C++ पर 2 और देव C++ पर 4 होता है।
sizeof ('a)	1	चरित्र स्थिरांक का आकार 1 है।
sizeof(int)	2	डेटा प्रकार int का आकार टर्बो सी/सी++ पर 2 और देव सी++ पर 4 है।
sizeof(125.25)	8	डिफॉल्ट रूप से वास्तविक स्थिरांक डबल डेटा प्रकार के होते हैं।
sizeof(125.25F)	4	वास्तविक स्थिरांक डेटा प्रकार फ्लोट का होता है और फ्लोट का आकार 4 होता है।
double x; sizeof (x);	8	वेरिएबल *x* डबल प्रकार का है और डबल के लिए आकार 8 है।

2.2.5.3 *addressof* ऑपरेटर (&)

केरेक्टर '&' जब एक वेरिएबल के साथ प्रीफिक्स किया जाता है तो मेमोरी लोकेशन का पता देता है, इसलिए इसका नाम एड्रेसऑफ *(addressof)* ऑपरेटर होता है। इसका उपयोग स्केनफ () फंक्शन में और पॉइंटर्स को इनिशियलाइज करने के लिए किया जाता है। एड्रेसऑफ (&) ऑपरेटर के उपयोग को तालिका में दर्शाया गया है।

2.2.5.4 अप्रत्यक्ष ऑपरेटर

केरेक्टर '*' जब पॉइंटर वेरिएबल के साथ प्रीफिक्स किया जाता है, तो मेमोरी लोकेशन में संग्रहीत मान लौटाता है जिसका पता पॉइंटर वेरिएबल में होता है। अर्थात, मान को पॉइंटर वेरिएबल के माध्यम से अप्रत्यक्ष रूप से एक्सेस किया जाता है, इसलिए इसका नाम अप्रत्यक्ष (Indirection) ऑपरेटर है।

निम्नलिखित कथनों पर विचार करें

```
int y = 10, x;
 int *py;
 py = &y;
 x = *py;
```

व्यंजक "*py" उस पते पर मान लौटाता है जो पॉइंटर वेरिएबल py में होता है, अर्थात, चर y का मान जो 10 है, चर x को सौंपा जाता है।

तालिका 2.6: *addressof* (&) ऑपरेटरों के उपयोग

addressof (&) निम्न रूप में प्रयोग किया जाता है।	किया गया कार्य

`int y = 10;`
`inn *py;`
`py = &y;`
	पहला कथन *int* प्रकार के चर *y* को घोषित और परिभाषित करता है। यह इसे मान 10 के साथ प्रारंभ भी करता है।
	दूसरा स्टेटमेंट एक प्वाइंटर वेरिएबल *py* घोषित करता है और परिभाषित करता है जो एक मैमोरी लोकेशन का पता रख सकता है जो टाइप इंट के मान को स्टोर करने के लिए आरक्षित है।
	तीसरा कथन चर *y* का पता प्वाइंटर वेरिएबल *py* को निर्दिष्ट करता है।

int x, y; scanf (" % d % d", &x, &y);	पहला कथन दो चर *x* और *y* प्रकार *int* को घोषित और परिभाषित करता है। दूसरा स्टेटमेंट कीबोर्ड से इनपुट के रूप में दो पूर्णांक मान लेता है और उन मानों को क्रमशः चर *x* और *y* के पते पर संग्रहित करता है।

2.2.5.5 सशर्त/टर्नरी ऑपरेटर

निम्नलिखित स्यूडोकोड खंड पर विचार करें,

```
if ( a > b ) then
    set big = a
 else
    set big = b
 endif
```

यह खंड *a* और *b* के अधिकतम मान को *big* में निर्दिष्ट करता है। यह स्पष्ट है कि चर *big* को सौंपा गया मान परीक्षण की स्थिति "*a>b*" के परिणाम पर निर्भर करेगा।

इस तरह के भावों को सशर्त व्यंजक के रूप में जाना जाता है, और सशर्त ऑपरेटर का उपयोग करके लिखा जा सकता है। टर्नरी ऑपरेटर का उपयोग करने का सिंटैक्स है

```
exp1 ? exp2 : exp3;
```

जहाँ exp1, exp2, exp3 व्यंजक हैं।

व्यंजक exp1 का मूल्यांकन पहले किया जाता है। यदि यह गैर-शून्य (सत्य) है, तो व्यंजक exp2 का मूल्यांकन किया जाता है, और वह सशर्त व्यंजक का मान होता है; अन्यथा अभिव्यक्ति exp3 का मूल्यांकन किया जाता है, और वह सशर्त व्यंजक का मान होता है। ध्यान दें कि exp2 और exp3 में से केवल एक व्यंजक का मूल्यांकन किया जाता है।

इस प्रकार, सशर्त ऑपरेटर का उपयोग करके उपरोक्त छद्म कोड खंड को इस प्रकार लिखा जा सकता है

```
big = ( a > b ) ? a : b;
```

सशर्त अभिव्यक्ति के पहली व्यंजक के आसपास कोष्ठक आवश्यक नहीं हैं क्योंकि '?' की प्राथमिकता असाइनमेंट ऑपरेटर के ठीक ऊपर बहुत कम है। हालांकि, कोष्ठकों के उपयोग की अनुशंसा की जाती है क्योंकि वे स्थिति को देखने में आसान बनाते हैं।

2.2.5.6 असाइनमेंट ऑपरेटर

असाइनमेंट (Assignment) ऑपरेटरों का उपयोग वेरिएबल्स को मान निर्दिष्ट करने के लिए किया जाता है। उदाहरण के लिए,

```
a = 5
```

यहाँ '=' एक साधारण असाइनमेंट ऑपरेटर है जो वेरिएबल *a* को मान 5 प्रदान करता है। इसका उपयोग किसी अन्य चर या व्यंजक का मान निर्दिष्ट करने के लिए भी किया जा सकता है।

C में विभिन्न कंपाउंड ऑपरेटर हैं जैसे

```
a += 5
```

जो वेरिएबल में जोड़ता है और बाद में वही असाइन करता है। यह निम्न के बराबर है

```
a = a + 5
```

'+=' प्रकार के ऑपरेटरों को शॉर्टहैंड असाइनमेंट ऑपरेटर भी कहा जाता है।

तालिका 2.7: असाइनमेंट ऑपरेटर

ऑपरेटर	उदाहरण	समकक्ष है
=	x = 5	x = 5
+ =	x + = 5	x = x + 5
− =	x − = 5	x = x − 5
*=	x * = 5	x = x * 5
/=	x / = 5	x = x / 5
%=	x % = 5	x = x % 5

ऑपरेटर	उदाहरण	समकक्ष है
& =	x & = 5	x = x & 5
| =	x | = 5	x = x | 5
^ =	x ^ = 5	x = x ^ 5
>>=	x >> = 5	x = x >> 5
<<=	x << = 5	x = x << 5

2.3 व्यंजक

एक व्यंजक (Expression) एक सूत्र है जिसमें एक या एक से अधिक ऑपरेंड शून्य या अधिक ऑपरेटर एक साथ जुड़े होते हैं और एक मूल्य की गणना करते हैं। एक ऑपरेंड एक फंक्शन संदर्भ, एक चर, एक सारणी तत्व या एक स्थिरांक हो सकता है।

उदाहरण के लिए, व्यंजक में

```
a + b
```

प्लस केरेक्टर '+' एक ऑपरेटर है और *a* और *b* ऑपरेंड हैं।

C में चार प्रकार के व्यंजक होते हैं। ये हैं

1. अंकगणितीय व्यंजक
2. संबंधपरक व्यंजक
3. तार्किक व्यंजक
4. सशर्त व्यंजक

प्रत्येक प्रकार की व्यंजक कुछ प्रकार के ऑपरेंड लेती है और ऑपरेटरों के एक विशिष्ट सेट का उपयोग करती है। प्रत्येक व्यंजक का मूल्यांकन विशिष्ट प्रकार का मान उत्पन्न करता है। व्यंजक कथन नहीं हैं, लेकिन कथनों के घटक हो सकते हैं।

उदाहरण के लिए, लाइन पर विचार करें

```
x = 2.0/3.0 + a * b;
```

पूरी लाइन एक स्टेटमेंट है, लेकिन असाइनमेंट ऑपरेटर के बाद का हिस्सा एक व्यंजक है।

इस भाग में, हमारी चर्चा अंकगणितीय व्यंजक तक ही सीमित रहेगी।

2.3.1 अंकगणितीय व्यंजक

अंकगणितीय व्यंजक ऑपरेंड और अंकगणितीय संचालकों से मिलकर बनता है। यह एक ऐसा मान उत्पन्न करता है जो int, float या double प्रकार का होता है। जब एक एक्सप्रेशन में केवल पूर्णांक ऑपरेंड शामिल होता है, तो इसे एक शुद्ध पूर्णांक व्यंजक के रूप में जाना जाता है, जब इसमें केवल वास्तविक ऑपरेंड शामिल होते हैं, तो इसे एक शुद्ध वास्तविक व्यंजक के रूप में जाना जाता है, और जब इसमें पूर्णांक और वास्तविक ऑपरेंड दोनों शामिल होते हैं, तो इसे मिश्रित मोड व्यंजक के रूप में जाना जाता है।

तालिका 2.8: कुछ प्रतिदर्श अंकगणितीय व्यंजक

गणितीय/बीजगणितीय व्यंजक	C अंकगणितीय व्यंजक
$\frac{a+b}{2}$	`(a + b)/2`
$a+\frac{b}{c}+d$	`a+b/c+d`
$\frac{ab}{c-d^2}+d$	`(a*b)/(c-d*d)+d`
$1+\frac{a}{b+\frac{1}{c}}$	`1+a/(b+1/c)`
$\frac{a}{\frac{c+b}{d}}-e$	`a/((c+b)/d)-e`
ax^2+bx+c	`a*x*x+b*x+c`
$ut+\frac{1}{2}at^2$	`u*t+0.5*a*t*t`
$m\left(a\times h+\frac{v^2}{2}\right)$	`m*(a*h+(v*v)/2)`

गणितीय/बीजगणितीय व्यंजकों को C अंकगणितीय व्यंजकों में परिवर्तित करते समय, कोष्ठकों का उपयोग साहचर्यता और उस क्रम को नियंत्रित करने के लिए किया जा सकता है जिसमें ऑपरेटरों का मूल्यांकन किया जाता है। यदि कोष्ठक एक व्यंजक में मौजूद हैं, तो कोष्ठक के भीतर व्यंजक का मूल्यांकन पहले किया जाता है और कोष्ठक के भीतर निहित वरीयता देखी जाती है। यदि कोष्ठक के अंदर कोष्ठक है, तो सबसे पहले सबसे आंतरिक कोष्ठक का मूल्यांकन किया जाता है।

2.3.2 अंकगणितीय व्यंजकों का मूल्यांकन

जैसा कि आप जानते हैं कि व्यंजकों का मूल्यांकन एक समय में एक संक्रिया करके किया जाता है, और यही स्थिति तब होती है जब व्यंजकों का मूल्यांकन कंप्यूटर द्वारा किया जाता है। व्यक्तिगत संचालन के मूल्यांकन का क्रम ऑपरेटरों की प्राथमिकता और संबद्धता द्वारा नियंत्रित होता है।

हालाँकि, जब व्यक्तिगत ऑपरेशन किए जाते हैं, तो निम्नलिखित मामले हो सकते हैं:

- जब दोनों ऑपरेंड पूर्णांक प्रकार के होते हैं, तो पूर्णांक अंकगणित किया जाएगा और ऑपरेशन के परिणाम पूर्णांक मान होंगे।

  उदाहरण के लिए, 5/2 से 2.5 नहीं 2 प्राप्त होगा क्योंकि भिन्नात्मक भाग को अनदेखा किया जाता है।
- जब दोनों ऑपरेंड वास्तविक प्रकार के होते हैं, तो वास्तविक अंकगणित किया जाएगा और ऑपरेशन के परिणाम वास्तविक मूल्य होंगे।

  उदाहरण के लिए, 5.0/2.0 से 2.5 प्राप्त होगा।
- हालांकि, जब एक ऑपरेंड पूर्णांक प्रकार का होता है और दूसरा वास्तविक प्रकार का होता है, तो मिश्रित मोड अंकगणित का प्रदर्शन किया जाएगा। इस मामले में, पहले पूर्णांक ऑपरेंड को वास्तविक ऑपरेंड में बदल दिया जाएगा, और फिर वास्तविक अंकगणित किया जाएगा और ऑपरेशन के परिणाम एक वास्तविक मूल्य होंगे। उदाहरण के लिए, 5/2.0 या 5.0/2 से 2.5 प्राप्त होगा, क्योंकि पहले मामले में, मान 5 को 5.0 में परिवर्तित किया जाएगा और फिर विभाजन किया जाएगा जबकि दूसरे मामले में मूल्य 2 को 2.0 में परिवर्तित किया जाएगा और फिर विभाजन होगा।

  अंकगणितीय व्यंजक के मूल्यांकन के तरीके को स्पष्ट करने के लिए, निम्नलिखित व्यंजक पर विचार करें:

```
5 * 4 @ ( 1 $ 5 * 2 @ 3 $ 6 ) $ 8 * ( 7 @ 4 )
```

  इस व्यंजक का मूल्यांकन नीचे दी गई तालिका में दिखाया गया है:

तालिका 2.9: अंकगणितीय व्यंजक के मूल्यांकन का चित्रण

ऑपरेशन दर ऑपरेशन अभिव्यक्ति का मूल्यांकन	प्रत्येक ऑपरेशन का विवरण
`5 * 4 / (1 + 5 * 2 / 3 + 6) + 8 * (7 / 4)`	दी गई अभिव्यक्ति
`5 * 4 / (1 + 10 / 3 + 6) + 8 * (7 / 4)`	5 को 2 से गुणा करने पर 10
`5 * 4 / (1 + 3 + 6) + 8 * (7 / 4)`	इंटीग्रल डिवीज़न का उपयोग करके 10 को 3 से विभाजित किया जाता है,
`5 * 4 / 10 + 8 * (7 / 4)`	1 में 3 जोड़ा जाता है, जिससे 10 मिलता है
`5 * 4 / 10 + 8 * 1`	इंटीग्रल डिवीज़न का उपयोग करके 7 को 4 से विभाजित किया जाता है, 1 आता है।
`20 / 10 + 8 * 1`	5 को 4 से गुणा करने पर 20 मिलता है।
`2 + 8 * 1`	20 को समाकलन विभाजन का प्रयोग करते हुए 10 से विभाजित किया जाता है 2 मिलता है।
`2 + 8`	8 को 1 से गुणा करने पर 8 मिलता है।
`10`	2 में 8 जोड़ा जाता है, जिससे 10 मिलता है, जो व्यंजक का अंतिम मान है।

2.3.3 टाइप रूपांतरण

जब एक व्यंजक में विभिन्न प्रकार के मानों को मिलाया जाता है, तो वे कोई भी संक्रिया करने से पहले उसी प्रकार में परिवर्तित हो जाते हैं। मूल्यों को एक प्रकार से दूसरे प्रकार में परिवर्तित करने की इस प्रक्रिया को टाइप रूपांतरण के रूप में जाना जाता है।

सी भाषा निम्नलिखित दो रूपों में टाइप रूपांतरण की सुविधा प्रदान करती है:

- निहित टाइप रूपांतरण
- स्पष्ट टाइप रूपांतरण

2.3.3.1 अंतर्निहित टाइप रूपांतरण

प्रोग्रामर के हस्तक्षेप के बिना कंपाइलर द्वारा एक अंतर्निहित (Implicit) टाइप रूपांतरण स्वचालित रूप से किया जाता है। यह तब किया जाता है जब व्यंजक मिश्रित मोड में होता है, ताकि जानकारी न खोएं।

व्यंजक के मूल्यांकन में रूपांतरण

जब विभिन्न टाइप के ऑपरेंड पर एक ऑपरेशन किया जाता है, तो निचले आकार के ऑपरेंड को एक टाइप में परिवर्तित किया जाता है जो उच्च आकार के ऑपरेंड से मेल खाता है। एक बार रैंकों का यह रूपांतरण हो जाने के बाद, ऑपरेशन किया जाता है और ऑपरेशन का परिणाम उच्च आकार के टाइप का होगा।

उदाहरण के लिए, मान लें कि व्यंजक में चर x और y फ्लोट प्रकार के हैं और चर i और j पूर्णांक प्रकार के हैं:

```
x / i + y * j
```

अभिव्यक्ति "x/i" का मूल्यांकन करते समय, पूर्णांक ऑपरेंड i को फ्लोट प्रकार में बदल दिया जाएगा और फिर ऑपरेंड x को i से विभाजित किया जाएगा, और व्यंजक का परिणाम फ्लोट टाइप का मान होगा।

असाइनमेंट स्टेटमेंट में रूपांतरण

असाइनमेंट स्टेटमेंट में एक असाइनमेंट ऑपरेटर (=) और दो ऑपरेंड शामिल होते हैं। असाइनमेंट ऑपरेटर के बाईं ओर का ऑपरेंड एक चर है जबकि दाईं ओर का ऑपरेंड एक स्थिरांक, चर या एक व्यंजक हो सकता है।

ऑपरेंड के आकार के अंतर के आधार पर, सी सिस्टम सही ऑपरेंड को प्रमोट करने या डिमोट करने का प्रयास करता है ताकि इसका आकार बाएं ऑपरेंड (चर) से मेल खा सके। प्रमोशन तब होता है जब सही ऑपरेंड का आकार कम होता है; डिमोशन तब होता है जब सही ऑपरेंड का आकार अधिक होता है।

2.3.3.2 स्पष्ट टाइप रूपांतरण

स्पष्ट टाइप (Explicit) रूपांतरण उपयोगकर्ता द्वारा परिभाषित होता है जो एक ऑपरेंड या व्यंजक को विशिष्ट प्रकार का होने के लिए मजबूर करता है। स्पष्ट टाइप रूपांतरण की प्रक्रिया को टाइप कास्टिंग के रूप में भी जाना जाता है।

स्पष्ट टाइप रूपांतरण या टाइप कास्टिंग के लिए वाक्य रचना है

```
(type)operand
```

यहां कोष्ठक में *type* को कास्ट ऑपरेटर के रूप में संदर्भित किया जाता है, जिसकी प्राथमिकता 2 है। जैसा कि सिंटैक्स में दिखाया गया है, डेटा को एक प्रकार से दूसरे प्रकार में डालने के लिए, हम उस मूल्य से पहले कोष्ठक में नया टाइप निर्दिष्ट करते हैं जिसे हम कनवर्ट करना चाहते हैं।

उदाहरण के लिए, int प्रकार के चर x को फ्लोट प्रकार में बदलने के लिए, हम व्यंजक को इस प्रकार लिखते हैं:

```
(float)x
```

यहां यह ध्यान रखना महत्वपूर्ण है कि इस ऑपरेशन में किसी भी अन्य यूनरी ऑपरेशन की तरह, x में संग्रहीत मान अभी भी int प्रकार का है, लेकिन अभिव्यक्ति के मूल्य को फ्लोट टाइप करने के लिए बढ़ावा दिया जाता है।

कास्ट ऑपरेटर का एक उपयोग यह सुनिश्चित करना है कि पूर्णांक ऑपरेंड पर डिवाइड ऑपरेशन का परिणाम वास्तविक संख्या में होता है।

उदाहरण के लिए, यदि हम औसत की गणना करना चाहते हैं, जिसमें भिन्न भी हो सकता है, तो कास्ट ऑपरेटर के बिना परिणाम पूर्णांक विभाजन के कारण एक पूर्णांक संख्या होगी।

वास्तविक परिणाम को बाध्य करने के लिए, हम औसत की गणना करने के लिए कथन लिख सकते हैं:

```
average = (float)total / n;
```

इस कथन में, जवजंस का फ्लोट में स्पष्ट रूपांतरण होता है, और फिर n से फ्लोट में अंतर्निहित रूपांतरण होता है। अब वास्तविक विभाजन होगा और परिणाम वांछित के रूप में एक वास्तविक संख्या होगी, जिसे औसत को सौंपा जाएगा।

2.4 वरीयता और सहबद्धता

वरीयता का उपयोग उस क्रम को निर्धारित करने के लिए किया जाता है जिसमें विभिन्न ऑपरेटरों का मूल्यांकन एक व्यंजक (Precedence) में किया जाता है।

सहबद्धता का उपयोग उस क्रम को निर्धारित करने के लिए किया जाता है जिसमें एक ही वरीयता वाले विभिन्न ऑपरेटरों का मूल्यांकन (Associativity) एक व्यंजक में किया जाता है।

क्रम को निर्धारित करने के लिए सहबद्धता से पहले वरीयता लागू की जाती है जिसमें व्यंजक का मूल्यांकन किया जाता है। यदि आवश्यक हो, तो बाद में सहबद्धता लागू की जाती है।

वरीयता

वरीयता की अवधारणा गणित के विषय में अच्छी तरह से परिभाषित है। आपको BODMAS नियम के बारे में पता होना चाहिए (Brackets, Of, Division, Multiplication, Addition, and Subtraction) बीजगणित में जोड़ और घटाव से पहले भाग और गुणा किया जाता है।

निम्नलिखित वरीयता का एक सरल उदाहरण है:

```
5 + 3 * 4
```

इस व्यंजक में एक जोड़ और एक गुणन संकारक होता है। जैसा कि आप बीजगणित के ज्ञान से जानते हैं, जोड़ की तुलना में गुणा की प्राथमिकता अधिक होती है, जोड़ से पहले गुणा किया जाता है।

इसलिए, व्यंजक का मूल्यांकन इस प्रकार किया जाएगा

```
( 5 + ( 3 * 4 ) ) → ( 5 + 12 ) → 17
```

संपूर्ण व्यंजक17 को मान के रूप में देता है।

सहबद्धता

सहबद्धता तब लागू होती है जब एक व्यंजक में समान वरीयता के एक से अधिक संकारक का प्रयोग किया जाता है। सहबद्धता बाएं से दाएं या दाएं से बाएं हो सकती है। बाएँ-से-दाएँ सहबद्धता बाई ओर से शुरू करके और दाई ओर जाकर व्यंजक का मूल्यांकन करती है जबकि दाएँ-से-बाएँ सहबद्धता दाई ओर से शुरू करके और बाई ओर जाकर व्यंजक का मूल्यांकन करती है।

निम्नलिखित सहबद्धता का एक सरल उदाहरण है:

```
2 + 5 + 7
```

इस व्यंजक में दो जोड़ ऑपरेटर हैं। यहां सहबद्धता निर्धारित करती है कि उप व्यंजको को एक साथ केसे समूहीकृत किया जाता है। चूंकि जोड़ ऑपरेटर में बाएं से दाएं सहबद्धता है, व्यंजक को इस प्रकार समूहीकृत किया जाएगा

```
( ( 2 + 5 ) + 7 ) → ( 7 + 7 ) → 14
```

संपूर्ण व्यंजक 14 को मान के रूप में देता है।

तालिका 2.10 सी भाषा द्वारा समर्थित सभी ऑपरेटरों की प्राथमिकता और संबद्धता को सारांशित करती है।

तालिका 2.10: ऑपरेटरों की प्राथमिकता और संबद्धता

ऑपरेटर	विवरण	वरीयता स्तर (रैंक)	संबद्धता
() [] -> .	फंक्शन कॉल ऐरे तत्व संदर्भ संरचना के लिए सूचक के साथ प्रयोग किया जाने वाला संरचना ऑपरेटर संरचना चर के साथ प्रयोग किया जाने वाला संरचना ऑपरेटर	1	बाएं से दायां
~ ~ ++ -- + – * & (प्रकार) आकार	तार्किक "नहीं" ऑपरेटर 1's पूरक इंक्रीमेंट डिक्रीमेंट यूनरी प्लस प्वाइंटर संदर्भ *addressof* कास्ट टाइप एक संकार्य का आकार	2	दाएं से बाएं
* / %	गुणा विभाजन मापांक (शेष)	3	बाएं से दायां
+ –	योग घटाव	4	बाएं से दायां
<< >>	बाएं बदलाव दायां बदलाव	5	बाएं से दायां
< <= > >=	से कम से कम या बराबर से अधिक इससे बड़ा या इसके बराबर	6	बाएं से दायां

<table>
<tr><th>ऑपरेटर</th><th>विवरण</th><th>वरीयता स्तर (रैंक)</th><th>संबद्धता</th></tr>
<tr><td>==
!=</td><td>के बराबर
बराबर नहीं है</td><td>7</td><td>बाएं से दायां</td></tr>
<tr><td>&</td><td>बिटवाइज AND</td><td>8</td><td>बाएं से दायां</td></tr>
<tr><td>^</td><td>बिटवाइज़ एक्सक्लूसिव OR</td><td>9</td><td>बाएं से दायां</td></tr>
<tr><td>|</td><td>बिटवाइज़ समावेशी OR</td><td>10</td><td>बाएं से दायां</td></tr>
<tr><td>&&</td><td>तार्किक AND</td><td>11</td><td>बाएं से दायां</td></tr>
<tr><td>||</td><td>तार्किक OR</td><td>12</td><td>बाएं से दायां</td></tr>
<tr><td>?:</td><td>स्थिति (टर्नरी)</td><td>13</td><td>दायां से बाएं</td></tr>
<tr><td>= +=
-= *=
/= %=
&= ^=
~= <<=
>>=</td><td>असाइनमेंट ऑपरेटर</td><td>14</td><td>दायां से बाएं</td></tr>
</table>

2.5 लाइब्रेरी फंक्शन

अक्सर कई गणितीय कार्यों का मूल्यांकन करना आवश्यक होता है जो अक्सर उपयोग किए जाते हैं, जैसे कि वर्गमूल, लघुगणक, घातांक, त्रिकोणमितीय कार्य, आदि। प्रत्येक उपयोगकर्ता इन कार्यों की गणना करने के लिए अपना कोड लिखने के बजाय, सी कंपाइलर उन्हें अंतर्निहित लाइब्रेरी फंक्शन के रूप में प्रदान करता है।

उपयोगकर्ता को प्रोग्राम यूनिट में math.h हेडर फाइल को शामिल करना होगा। इन कार्यों के अलावा, कई अन्य लाइब्रेरी फंक्शन हैं जो विशेष कार्य करते हैं, और विभिन्न हेडर फाइलों में परिभाषित किए जाते हैं। उदाहरण के लिए, स्ट्रिंग्स में हेरफेर करने वाले लाइब्रेरी फंक्शंस को string.h में परिभाषित किया गया है।

कुछ लाइब्रेरी फंक्शन तर्क फंक्शन की परिभाषा द्वारा सीमित हैं। उदाहरण के लिए, एक ऋणात्मक संख्या का लघुगणक गणितीय रूप से अपरिभाषित है। इसी तरह, एक ऋणात्मक संख्या का वर्गमूल गणितीय रूप से अपरिभाषित है, और इसलिए, इसकी अनुमति नहीं है।

तालिका 2.11: कुछ सामान्य रूप से प्रयुक्त गणितीय फंक्शन

कार्य	विवरण
`pow (x,y)`	x को घात y तक बढ़ा देता है, अर्थात., *i.e.*, x^y.
`pow10(p)`	10^P मान लौटाता है।
`exp (x)`	e को दसवीं घात पर लौटाता है, *i.e.*, e^x.
`log (x)`	$In(x)$ का मान लौटाता है।
`log10 (x0`	$\log10(x)$ का मान लौटाता है।
`sqrt (x)`	$\sqrt{x}$ का मान लौटाता है।
`sin (x)`	x की ज्या का मान लौटाता है, जहां कोण x रेडियन में है।
`ceil (x)`	x से बड़ा या उसके बराबर सबसे छोटा पूर्णांक देता है।
`floor (x)`	x से कम या उसके बराबर सबसे बड़ा पूर्णांक देता है।

निदर्शी उदाहरण

इस भाग में, आइए कुछ स्थितियों या समस्याओं पर विचार करें जो हमें ऑपरेटरों और व्यंजकों का उपयोग करने का अवसर देंगी। इससे पहले आइए हम ड्राई रन की अवधारणा के बारे में जानें।

ड्राई रन का मूल रूप से मतलब है कि हम एक कंप्यूटर की नकल करेंगे और पेपर पेंसिल का उपयोग करके निर्देशों के निष्पादन का पता लगाएंगे। प्रक्रिया के दौरान, हम चर के मूल्यों को रिकॉर्ड करते हैं क्योंकि वे प्रारंभिक मूल्यों सहित निष्पादन के दौरान बदलते हैं। ध्यान दें कि यदि कोई वेरिएबल इनिशियलाइज नहीं किया गया है, तो उसका मान वर्ण '?' के साथ दिखाया जाएगा।

उदाहरणों में, आप प्रोग्राम के ड्राई रन और प्रोग्राम कोड के अनुभाग को देखेंगे, जहाँ भी मुख्य अवधारणा को स्पष्ट करना आवश्यक समझा जाएगा।

उदाहरण 2.1: *तीसरे चर 't' का उपयोग करके दो चर 'a' और 'b' के मानों की अदला-बदली करें।*

समाधान:

```
 int a=10,b=20,t;    /* 1 */
t = a;                           /* 2 */
a = b;                           /* 3 */
b = t;                           /* 4 */
```

कथन	*a*	*b*	*t*
1	10	20	?
2	10	20	10
3	20	20	10
4	10	20	10

कोड की अंतिम तीन पंक्तियों को C में भी लिखा जा सकता है:

```
 t = a, a = b, b = t;
```

उदाहरण 2.2: *तीसरे चर का उपयोग किए बिना और केवल अंकगणितीय जोड़ (+) और घटाव (–) संचालन का उपयोग किए बिना दो चर 'a' और 'b' के मानों की अदला-बदली करें।*

समाधान:

```
 int a=10,b=20;      /* 1 */
a = a + b;           /* 2 */
b = a - b;           /* 3 */
a = a - b;           /* 4 */
```

Dry Run

कथन	*a*	*b*
1	10	20
2	20	20
3	30	10
4	20	10

यह कार्य निम्नलिखित एकल कथन का उपयोग करके भी कार्यान्वित किया जा सकता है:

```
 a = ( a + b ) - ( b = a );
```

उदाहरण 2.3: *तीसरे चर का उपयोग किए बिना और केवल अंकगणितीय गुणन (*) और विभाजन (/) संक्रियाओं का उपयोग किए बिना दो चर 'a' और 'b' के मानों की अदला-बदली करें।*

समाधान:

```
int a=10,b=20;      /* 1 */
a = a * b;           /* 2 */
b = a /  b;                 /* 3 */
a = a / b;           /* 4 */
```

कथन	*a*	*b*
1	10	20
2	200	20
3	200	10
4	20	10

यह कार्य निम्नलिखित एकल कथन का उपयोग करके भी कार्यान्वित किया जा सकता है:

```
a = ( a * b ) /  ( b = a );
```

उदाहरण 2.4: *a, b और c में से तीन संख्याओं में से सबसे बड़ी संख्या ज्ञात करना।*

समाधान:

```
int a=10,b=30,c=25, big;                              /* 1 */
big = (a>b)?((a>c)?a:c)):((b>c)?b:c));             /* 2 */
```

यहाँ, यदि *a, b* से बड़ा है, तो व्यंजक *(a>c)?a:c)* का मूल्यांकन किया जाता है; अन्यथा अभिव्यक्ति *(b>c)?b:c)*।

व्यंजक *(a>c)?a:c) a* लौटाएगा यदि *a, c* से बड़ा है अन्यथा *c* लौटाता है,

एक्सप्रेशन *(b>c)?b:c) b* लॉटाएगा यदि *b, c* से बड़ा है अन्यथा *c* रिटर्न करता है।

उदाहरण 2.5: *n में संग्रहित किसी 4-अंकीय संख्या के दाएँ-अंकों और बाएँ-अंकों का योग ज्ञात करने के लिए उपयुक्त कथन लिखिए।*

समाधान:

```
left_most_digit = n / 1000;
right_most_digit = n % 1000;
sum = left_most_digit + right_most_digit;
```

उदाहरण 2.6: *सेल्सियस पैमाने में तापमान को फारेनहाइट पैमाने में बदलने के लिए उपयुक्त कथन लिखिए।*

समाधान: सेल्सियस पैमाने में तापमान और फारेनहाइट पैमाने के बीच संबंध है

$$\frac{C}{100} = \frac{F-32}{180} \qquad F-32 = \frac{180}{100}C \qquad \Rightarrow \qquad F = 1.8C + 32$$

```
float c, f;
f = 1.8 * C + 32;
```

इकाई सारांश

इस अध्याय में हमने सीखा है कि

- ऑपरेटर एक भाषा की क्रिया है जो उपयोगकर्ता को मूल्यों पर गणना करने देता है।
- ऑपरेटर एकात्मक या बाइनरी हो सकता है
- सी भाषा पहली भाषा थी जो ऑपरेटरों में समृद्ध है।
- ऑपरेटरों को मुख्य रूप से अंकगणितीय ऑपरेटरों, संबंधपरक ऑपरेटरों, तार्किक ऑपरेटरों, बिट-वार ऑपरेटरों और विशेष ऑपरेटरों में विभाजित किया जाता है।
- अंकगणितीय संक्रियाओं को पूर्णांक अंकगणित, वास्तविक अंकगणित और मिश्रित मोड अंकगणित के रूप में वर्गीकृत किया जा सकता है।
- असाइनमेंट ऑपरेटरों का उपयोग वेरिएबल्स को मान निर्दिष्ट करने के लिए किया जाता है।
- एक व्यंजक एक सूत्र है जिसमें एक मान की गणना करने के लिए एक साथ जुड़े ऑपरेंड और ऑपरेटर होते हैं।

- व्यंजक मुख्य रूप से अंकगणितीय व्यंजकों, संबंधपरक व्यंजकों, तार्किक व्यंजकों और सशर्त व्यंजकों में विभाजित हैं।
- एक प्रकार के मूल्यों को दूसरे प्रकार में परिवर्तित करने की प्रक्रिया को प्रकार रूपांतरण के रूप में जाना जाता है।
- एक अंतर्निहित प्रकार का रूपांतरण प्रोग्रामर के हस्तक्षेप के बिना संकलक द्वारा स्वचालित रूप से किया जाता है।
- एक स्पष्ट प्रकार का रूपांतरण उपयोगकर्ता-परिभाषित है जो एक ऑपरेंड या अभिव्यक्ति को विशिष्ट प्रकार का होने के लिए मजबूर करता है।
- स्पष्ट प्रकार के रूपांतरण की प्रक्रिया को टाइप कास्टिंग के रूप में भी जाना जाता है।
- वरीयता का उपयोग उस क्रम को निर्धारित करने के लिए किया जाता है जिसमें विभिन्न ऑपरेटरों का मूल्यांकन एक व्यंजक में किया जाता है।
- सहबद्धता का उपयोग उस क्रम को निर्धारित करने के लिए किया जाता है जिसमें एक ही वरीयता वाले विभिन्न ऑपरेटरों का मूल्यांकन एक व्यंजक में किया जाता है।
- लाइब्रेरी फंक्शन विभिन्न नियमित प्रकार के संचालन को लागू करने के लिए पूर्व-लिखित फंक्शन हैं, और संकलक के हिस्से के रूप में प्रदान किए जाते हैं। उनका उपयोग करने के लिए, आपको अपने प्रोग्राम में उपयुक्त शीर्षलेख फाइलों को शामिल करने की आवश्यकता है।

अभ्यास

विषयपरक प्रश्न

1. एक ऑपरेटर क्या है? उपयुक्त उदाहरणों के साथ विभिन्न अंकगणितीय ऑपरेटरों के उपयोग का वर्णन करें।
2. अंकगणितीय ऑपरेटरों में, ऑपरेटरों की व्यापक श्रेणियां क्या हैं?
3. क्या मापांक ऑपरेटर "%" पर कोई प्रतिबंध है?
4. सशर्त ऑपरेटर की कार्यप्रणाली का उपयुक्त उदाहरण सहित वर्णन करें।
5. sizeof ऑपरेटर के कार्य की व्याख्या करें।
6. बीजीय व्यंजकों के मूल्यांकन को नियंत्रित करने वाले नियमों का वर्णन कीजिए।
7. ऑपरेटरों की प्राथमिकता से आप क्या समझते हैं? विभिन्न अंकगणितीय ऑपरेटरों में प्राथमिकता क्या है?
8. आपरेटरों की सहबद्धता से आप क्या समझते हैं?
9. उन व्यंजकों पर लागू होने वाले नियमों का संक्षेप में वर्णन कीजिए जिनके संकार्य भिन्न प्रकार के हैं।
10. अंकगणितीय व्यंजकों में कोष्ठकों का प्रयोग कब करना चाहिए? कम से कम एक उदाहरण दीजिए।
11. क्या लाइब्रेरी फंक्शन वास्तव में C भाषा का हिस्सा हैं? समझाना।
12. सशर्त ऑपरेटर की कार्यप्रणाली का उपयुक्त उदाहरण सहित वर्णन करें।
13. कौन सा पूर्णांक मान बूलियन असत्य के बराबर है?
14. एक व्यंजक क्या है?

15. इंक्रीमेंट और डिक्रीमेंट ऑपरेटरों की कार्यप्रणाली की व्याख्या करें।

16. प्रकार रूपांतरण क्या है?

17. उन स्थितियों की गणना करें जहां निहित प्रकार का रूपांतरण होता है।

18. स्पष्ट प्रकार की कास्टिंग केसे की जाती है? मिसाल दो।

19. उस हेडर फाइल को नाम दें जिसे गणितीय लाइब्रेरी फंक्शन का उपयोग करने के लिए आपको शामिल करने की आवश्यकता है।

20. निम्नलिखित बीजीय व्यंजकों के समतुल्य C व्यंजक लिखिए:

(*a*) $a-\frac{a}{a^{-x}}+b$ (*b*) $1+\frac{1}{a+\frac{1}{a}}+b$ (*c*) $x+\frac{y^{-z}}{k}-\sqrt{x}$

(*d*) $x^3-\frac{y^7}{-z}+e^x$ (*e*) $\left(\frac{1-x}{1+x}\right)/\left(\frac{1+y}{1-y}\right)$ (*f*) $\frac{1}{r}=\frac{1}{r_1}+\frac{1}{r_2}$

(*g*) $\sqrt{\left(x^2+y^2+z^2\right)^3}$ (*h*) $\frac{-b-\sqrt{b^2-4ac}}{2a}$

बहुविकल्पी प्रश्न

1. निम्नलिखित में से कौन अंकगणितीय ऑपरेटर नहीं है?

(*a*) + (*b*) &

(*c*) % (*d*) *

2. ऑपरेटरों की प्राथमिकता निर्धारित करती है कि कौन सा ऑपरेटर

(*a*) पहले प्रयोग किया जाता है (*b*) महत्वपूर्ण है

(*c*) सबसे बड़ी संख्या पर काम करता है (*d*) तेजी से निष्पादित करता है

3. ऑपरेटर % को . पर लागू किया जा सकता है

(*a*) फ्लोट वैल्यू (*b*) डबल वैल्यू

(*c*) अभिन्न मूल्य (*d*) उपरोक्त सभी

4. व्यंजक $x \% y$ बराबर है

(*a*) (*x*–(*x*/*y*)) (*b*) (*x*–(*x*/*y*)***y*)

(*c*) (*y*–(*y*/*x*)) (*d*) (*y*–(*x*/*y*)***x*)

5. निम्नलिखित में से कौन सा बिट-वार ऑपरेटर नहीं है?

(*a*) > (*b*) >>

(*c*) ^ (*d*) &

6. व्यंजक 5/6/3 + 8/3 का मान क्या होगा?

(*a*) 4 (*b*) 2

(*c*) 2.333 (approx) (*d*) इनमें से कोई भी नहीं

7. व्यंजक x/y में y का मान होना चाहिए

(*a*) पूर्णांक (*b*) गैर-शून्य
(*c*) गैर नकारात्मक (*d*) सकारात्मक

8. यदि x *int* प्रकार का एक चर है, तो निम्न में से कौन सा विषम है?

(*a*) $x << 1$ (*b*) $x = x * 2$
(*c*) $x *= 2$ (*d*) $x <<= 1$

9. निम्नलिखित कथनों पर C भाषा में विचार कीजिए

```
x = (a > b) ? ((a > c) ? a : c) : (b > c) ? b : c
```

x का मान क्या होगा यदि $a = 3, b = 5, c = 2$?

(*a*) 2 (*b*) 3
(*c*) 5 (*d*) उपरोक्त में से कोई नहीं

10. जब एक संबंधपरक व्यंजक असत्य होता है, तो उसका मान .... होता है।

(*a*) 1 (*b*) 0
(*c*) – ve (*d*) +ve

11. यदि $a = 15$ तो कथन $b = a << 2$; में परिणाम होगा

(*a*) 30 (*b*) 60
(*c*) 7 (*d*) इनमें से कोई भी नहीं

12. निम्नलिखित कोड खंड पर विचार करें

```
int i, j = 10;
i i j++;
```

इस खंड के अंत में i और j का मान होगा

(*a*) 10, 10 (*b*) 10, 11
(*c*) 11, 10 (*d*) 11, 11

13. निम्नलिखित कोड खंड पर विचार करें

```
int x = 5.234, y;
y = sizeof(x);
```

y का मान होगा

(*a*) 4 (*b*) 2
(*c*) 8 (*d*) Syntax त्रुटि

14. इंटीग्रल ऑपरेंड पर 2 से भाग करने के लिए निम्नलिखित में से किस ऑपरेटर का उपयोग किया जा सकता है?

(*a*) / (*b*) >>
(*c*) << (*d*) (*a*) & (*b*)

15. निम्नलिखित में से कौन सा कथन ++ ऑपरेटर के बारे में सही नहीं है?

(*a*) यह एक यूनरी ऑपरेटर है।
(*b*) ऑपरेंड ऑपरेटर के पहले या बाद में आ सकता है।
(*c*) इसे एक अभिव्यक्ति पर लागू किया जा सकता है।
(*d*) इसके सहयोगी दाएं से बाएं।

उत्तरमाला									
1.	(*b*)	**2.**	(*a*)	**3.**	(*c*)	**4.**	(*b*)	**5.**	(*a*)
6.	(*b*)	**7.**	(*b*)	**8.**	(*d*)	**9.**	(*b*)	**10.**	(*b*)
11.	(*b*)	**12.**	(*b*)	**13.**	(*b*)	**14.**	(*b*)	**15.**	(*c*)

प्रोग्रामिंग समस्याएं

1. साधारण और चक्रवृद्धि ब्याज ज्ञात करने के लिए एक प्रोग्राम लिखिए।

हलः साधारण और चक्रवृद्धि ब्याज की गणना करने के सूत्र हैं

$$\text{Simple interest} = \frac{p \times r \times t}{100} \quad \text{and}$$

$$\text{Compound interest} = p\left[\left(1 + \frac{r}{100}\right)^t - 1\right]$$

जहां p मूल राशि है, r प्रति वर्ष ब्याज दर है, और t वर्षों में जमा का समय है।

Listing 2.1

```
/* program to compute simple and compound interest */
 #include <stdio.h>
 #include <math.h>
 int main()
 {
    float p, r, si, ci;
    int t;
    printf("\nEnter principle amount : ");
    scanf("%f", &p);
    printf("Enter rate of interest : ");
    scanf("%f", &r);
    printf("Enter principle amount : ");
    scanf("%d", &t);
    si = (p*r*t)/100;
    ci = p*(pow(1+r/100,t)-1);
    printf("\nsimple interest = Rs. %.2f", si);
    printf("\ncompound interest = Rs. %.2f", ci);
    return 0;
 }
```

Test Run

```
Enter principle amount : 1000
Enter rate of interest : 5
Enter principle amount : 4
Simple interest = Rs. 200.00
Compound interest = Rs. 215.51
```

2. एक त्रिभुज का क्षेत्रफल ज्ञात करने के लिए एक प्रोग्राम लिखिए जिसकी तीन भुजाओं की माप क्रमशः *a, b* और *c* के रूप में दी गई है। *a, b,* और *c* के मानों को इस शर्त को पूरा करना चाहिए कि

$$a+b>c \quad \text{and} \quad b+c>a \text{ and } c+a>b$$

हल: त्रिभुज के क्षेत्रफल की गणना करने का सूत्र है

$$s=\frac{a+b+c}{2}$$

$$\text{area} = \sqrt{s(s-a)(s-b)(s-c)}$$

Listing 2.2

```
/* program to compute area of a triangle whose sides are given */
#include <stdio.h>
#include <math.h>
int main()
{
   float a, b, c, s, area;
   printf("\nEnter value for a : ");
   scanf("%f", &a);
   printf("Enter value for b : ");
   scanf("%f", &b);
   printf("Enter value for c : ");
   scanf("%f", &c);
   s = (a+b+c)/2;
   area = sqrt(s*(s-a)*(s-b)*(s-c));
   printf("\nArea of triangle = %.2f Sq. Units", area);
   return 0;
}
```

Test Run

```
Enter value for a : 5
Enter value for b : 7
Enter value for c : 6
Area of triangle = 14.70 Sq. Units
```

3. एक इमारत में 10 मंजिल हैं और प्रत्येक मंजिल की ऊंचाई 3 मीटर है। इमारत के ऊपर से एक गेंद गिराई जाती है। गेंद द्वारा प्रत्येक मंजिल तक पहुँचने में लगने वाले समय को ज्ञात करने के लिए एक प्रोग्राम लिखें।

$$s = ut + \frac{1}{2}at^2$$

यहाँ s को h से और a को g(9.8 m/s2) से बदल दिया गया है।

चूँकि गेंद को ऊपर (10वीं) मंजिल से गिराया जाता है, $u = 0$ इसलिए, सूत्र कम हो जाता है

हल: चूंकि प्रत्येक मंजिल की ऊंचाई 3 मीटर है, इसलिए 10 मंजिलों वाले भवन की ऊंचाई (एच) 30 मीटर है। यहां हम गति के समीकरण का उपयोग करते हैं,

$$h = \frac{1}{2}gt^2$$

$$\Rightarrow \qquad t = \sqrt{\frac{2h}{g}}$$

Listing 2.3

```
/* program to compute the time taken by ball to reach
   the ground floor, when it is released from the top floor
 */
 #include <stdio.h>
 #include <math.h>
 int main()
 {
    float h = 30, g = 9.8, t;
    t = sqrt(2*h/g);
    printf("\nTime taken by ball = %.2f seconosQ", t);
    return 0;
 }
```

Test Run

```
Time taken by ball = 2.47 seconosQ
```

अधिक जानिए

अंकगणित अभिव्यक्ति विज्ञान और इंजीनियरिंग से संबंधित समस्याओं के कार्यक्रमों की रीढ़ हैं। ऐसी समस्याओं में जटिल गणितीय और बीजीय व्यंजक शामिल होते हैं। इसलिए, इस तरह के भावों को सी अभिव्यक्तियों में परिवर्तित करने के लिए, किसी को ऑपरेटरों की प्राथमिकता और संबद्धता, अंकगणित के प्रकार और अभिव्यक्तियों के मूल्यांकन के दौरान होने वाले प्रकार के रूपांतरण को जानना चाहिए।

शिक्षक से अपेक्षा की जाती है कि वह अभिव्यक्ति और अन्य संबंधित मुद्दों के गठन और मूल्यांकन के बारे में समझ विकसित करे।

शिक्षक को छात्रों की सक्रिय भागीदारी के साथ विभिन्न प्रकार की अभिव्यक्ति के गठन और मूल्यांकन का भी प्रदर्शन करना चाहिए।

संदर्भ एवं अध्ययन हेतु सुझाव

1. R. S. Salaria, Problem Solving & programming in C, Khanna Book Publishing Co(P) Ltd., New Delhi.
2. E. Balagurusamy, Programming in ANSI C, Tata McGraw Hill, New Delhi.
3. Yashavant Kanetkar, Let Us C, BPB Publications, New Delhi.
4. Byron Gottfried, Programming with C, Schaum's Outlines.
5. https://onlinecourses.nptel.ac.in/noc21_cs01/preview
6. https://ocw.mit.edu/courses/intro-programming/
7. https://www.programiz.com/c-programming
8. https://www.javatpoint.com/c-programming-language-tutorial

3 सशर्त ब्रांचिंग और लूप

यूनिट विशिष्ट

यह यूनिट विभिन्न कंट्रोल स्टेटमेंट्स से संबंधित विषयों पर चर्चा करती है। ये कंट्रोल स्टेटमेंट प्रोग्रामर को स्टेटमेंट्स के अनुक्रम को बदलने या किसी प्रोग्राम में स्टेटमेंट्स की पुनरावृत्ति को नियंत्रित करने की अनुमति देते हैं। इस यूनिट में बताए गए विभिन्न कंट्रोल स्टेटमेंट्स में *if*, *if-else*, *if-else-if ladder*, *switch*, *for*, *while*, *do-while*, *break*, तथा *continue* स्टेटमेंट शामिल हैं। उपयुक्त उदाहरणों के साथ इनका उपयोग प्रदर्शित किया गया है।

भूमिका

कंप्यूटर प्रोग्राम कंप्यूटर के लिए निर्देशों का एक सेट है। इन निर्देशों को क्रमिक रूप से निष्पादित किया जाता है, अर्थात एक के बाद एक जैसे वे एक प्रोग्राम में दिखाई देते हैं। निर्देशों के निष्पादन का यह आदेश साधारण समस्याओं के लिए अच्छा काम करता है जहां न तो कोई निर्णय लेने की प्रक्रिया है और न ही निर्देशों की पुनरावृत्ति शामिल है।

हालांकि, व्यवहार में, अक्सर निर्देशों के निष्पादन के क्रम को बदलने या निर्देशों के एक समूह को ज्ञात संख्या के लिए या कुछ शर्तों को पूरा होने तक दोहराने की आवश्यकता होती है। ऐसे मामलों में, जिस क्रम में इन निर्देशों को निष्पादित किया जाएगा, उसे नियंत्रित करने की आवश्यकता है।

यह इकाई छात्रों को विभिन्न स्टेटमेंट्स के सिंटैक्स और उनके कार्य को समझने में मदद करती है जिनका उपयोग वास्तविक जीवन की समस्याओं को हल करने के लिए सशर्त ब्रांचिंग और लूपिंग को लागू करने के लिए किया जा सकता है।

पूर्व-अपेक्षित ज्ञान

- संबंधपरक ऑपरेटर्स
- लॉजिकल ऑपरेटर्स
- इंक्रीमेंट और डिक्रीमेंट ऑपरेटर्स
- संबंधपरक/ लॉजिकल व्यंजकों का मूल्यांकन

यूनिट आउटकम्स

इस इकाई के पूर्ण अध्यन करने के बाद, विद्यार्थी निम्न में सक्षम होंगे:

U3-O1: सशर्त ब्रांचिंग और लूपिंग की आवश्यकता की व्याख्या करने में

U3-O2: दी गई समस्या के आधार पर सही प्रकार के सशर्त ब्रांचिंग स्टेटमेंट का चयन करने में

U3-O3: दी गई समस्या के आधार पर सही प्रकार के लूप का चयन करने में

U3-O4: *break* और *contine* स्टेटमेंट का उपयोग करने में

U3-O5: सशर्त ब्रांचिंग और लूप का उपयोग करके वास्तविक जीवन की समस्याओं को हल करने के लिए प्रोग्राम बनाने में

यूनिट-3 आउटकम्स	कोर्स आउटकम्स (COs) के साथ अपेक्षित संबंध (1-कमजोर सहसंबंध; 2-मध्यम सहसंबंध; 3-मजबूत सहसंबंध)							
	CO-1	CO-2	CO-3	CO-4	CO-5	CO-6	CO-7	CO-8
U3-O1	1	-	-	-	-	-	-	-
U3-O2	-	-	-	2	-	-	-	-
U3-O3	-	-	-	2	-	-	-	-
U3-O4	-	3	-	2	-	-	-	-
U3-O5	-	-	-	3	-	-	-	-

3.1 प्रस्तावना

कथनों के निष्पादन के क्रम में परिवर्तन अर्थात नियंत्रण के प्रवाह को बदलना, निम्नलिखित स्थितियों में से एक हो सकता है।

- *ब्रांचिंग* - निर्णय के परिणाम के आधार पर निर्देशों के एक समूह को निष्पादित करना।
- *लूपिंग* - निर्देशों के एक समूह को बार-बार या तो दी गई संख्या के लिए या आवश्यक शर्त पूरी होने तक निष्पादित करना।
- *जम्पिंग* - एक ही प्रोग्राम यूनिट में नियंत्रण को एक बिंदु से दूसरे बिंदु पर स्थानांतरित करना।

सी लैंग्वेज स्टेटमेंट्स के निष्पादन के क्रम को नियंत्रित करने के लिए सुविधाएं प्रदान करती है, जिन्हें फ्लो कंट्रोल स्टेटमेंट या केवल कंट्रोल स्टेटमेंट के रूप में संदर्भित किया जाता है।

विभिन्न प्रवाह नियंत्रण स्टेटमेंट्स को निम्नलिखित श्रेणियों में शामिल किया गया है:

1. *कंडीशनल ब्रांचिंग* - इस श्रेणी में, सी भाषा निम्नलिखित स्टेटमेंट्स प्रदान करती है
   - *if* स्टेटमेंट
   - *if* - else स्टेटमेंट
   - *else if* ladder
   - *switch* स्टेटमेंट
2. *लूपिंग* - इस श्रेणी में, C भाषा निम्नलिखित स्टेटमेंट्स प्रदान करती है
   - *for* स्टेटमेंट
   - *while* स्टेटमेंट
   - *do - while* स्टेटमेंट
3. *जम्पिंग* - इस श्रेणी में, सी भाषा निम्नलिखित स्टेटमेंट्स प्रदान करती है
   - *break* स्टेटमेंट
   - *continue* स्टेटमेंट

इस इकाई में, हम इन स्टेटमेंट्स के बारे में चर्चा करते हैं, और चर्चा बहुत सारे हल किए गए प्रोग्रामों द्वारा समर्थित है।

3.2 सशर्त ब्रांचिंग (Conditional Branching)

इस श्रेणी के तहत विभिन्न स्टेटमेंट कुछ निर्णय मानदंडों के आधार पर चुनिंदा स्टेटमेंट्स के निष्पादन की अनुमति देते हैं। हम उनके काम को अच्छी तरह से डिजाइन किए गए उदाहरण के द्वारा देखेंगे।

3.2.1 *if* स्टेटमेंट

if स्टेटमेंट का सिंटैक्स है

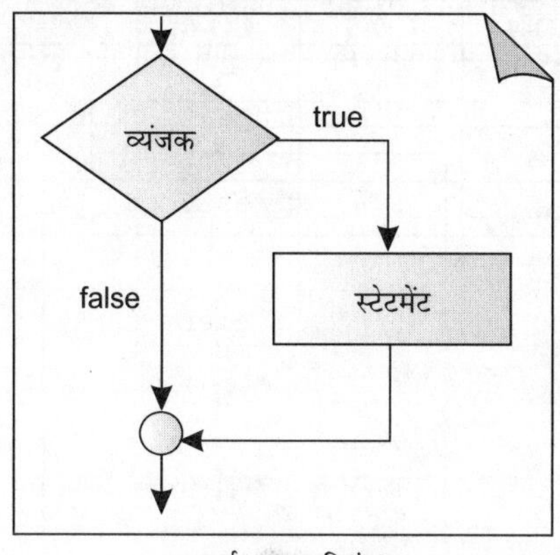

(*a*) तर्क प्रवाह नियंत्रण

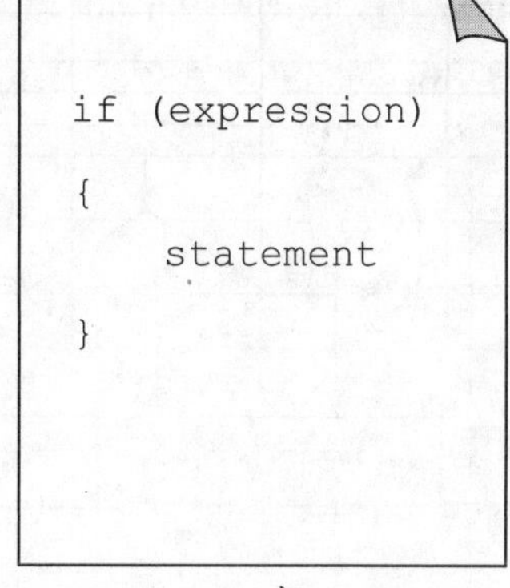

(*b*) कोड

चित्र 3.1: *if* स्टेटमेंट का तर्क प्रवाह नियंत्रण और कोड

व्यंजक एक संबंधपरक व्यंजक, एक तार्किक व्यंजक, एक संख्यात्मक चर या एक संख्यात्मक स्थिरांक का प्रतिनिधित्व कर सकता है। निर्दिष्ट व्यंजक एक साधारण व्यंजक या यौगिक व्यंजक हो सकता है।

C में व्यंजक का 0 या 1 मूल्यांकन करते हैं। यदि व्यंजक का मूल्यांकन 1 होता है, तो स्टेटमेंट-ब्लॉक में स्टेटमेंट निष्पादित किए जाते हैं; अन्यथा उन्हें बायपास कर दिया जाता है।

उदाहरण 3.1: *यह जाँचने के लिए प्रोग्राम कि दी गई पूर्णांक संख्या ऋणात्मक है या धनात्मक।*

Listing 3.1

```
#include<stdio.h>
 int main()
 {
    int n;
    printf( "\nEnter integer number : " );
    scanf( "%d", &n );

    if ( n < 0 ) {
       printf( "\nNumber is negative.\n" );
       return 0;
    }
    printf( "\nNumber is positive.\n" );
    return 0;
 }
```

Test Run

```
First Run
   Enter integer number : -25
   Number is negat ive.
Second Run
   Enter integer number : 30
   Number is positive.
```

3.2.2 *if - else* स्टेटमेंट

if स्टेटमेंट एक एकल स्टेटमेंट (सरल या यौगिक) को निष्पादित करता है, जब निर्दिष्ट व्यंजक एक गैर-शून्य मान देता है। और जब यह मान शून्य देता है तो यह कुछ नहीं करता है। क्या कोई तरीका है जिससे एक स्टेटमेंट निष्पादित किया जाता है यदि व्यंजक एक गैर-शून्य मान देता है, और दूसरा स्टेटमेंट यदि व्यंजक शून्य मान देता है? इसका जवाब है हाँ।

if - else स्टेटमेंट का उपयोग करके इस उद्देश्य को प्राप्त किया जाता है, जिसका सिंटैक्स है-

(a) तर्क प्रवाह नियंत्रण *if - else* स्टेटमेंट

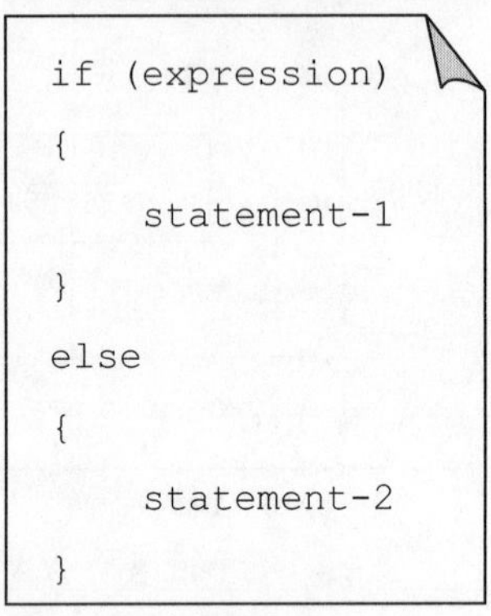

```
if (expression)
{
   statement-1
}
else
{
   statement-2
}
```

(b) कोड *if - else* स्टेटमेंट

चित्र 3.2: तर्क प्रवाह नियंत्रण और *if-else* स्टेटमेंट का कोड

यदि व्यंजक 1 मान देता है, तो स्टेटमेंट-1 को निष्पादित किया जाता है और स्टेटमेंट-2 को बायपास किया जाता है। हालाँकि, यदि व्यंजक 0 मान देता है, तो स्टेटमेंट-1 को छोड़ दिया जाता है और स्टेटमेंट-2 निष्पादित किया जाता है।

उदाहरण 3.2: *प्राकृत संख्या सम है या विषम यह जाँचने का प्रोग्राम।*

Listing 3.2

```
#include<stdio.h>
 int main()
 {
    int n;
    printf( "\nEnter any natural number : " );
    scanf( "%d", &n );
    if ( n % 2 == 0 )
       printf( "\nNumber entered is EVEN\n" );
    else
       printf( "\nNumber entered is ODD\n" );
    return 0;
 }
```

Test Run

First Run

```
   Enter any whole number: 22
   Number entered is EVEN
```

Second Run

```
   Enter any number: 15
   Number entered is ODD
```

उदाहरण 3.3: *दो संख्याओं में से बड़ी ज्ञात करने का प्रोग्राम।*

Listing 3.3

```
#include<stdio.h>
int main()
{
    int a, b;
    printf( "\nEnter value for a : " );
    scanf( "%d", &a );
    printf( "\nEnter value for b : " );
    scanf( "%d", &b );
    if ( a > b )
       printf( "\n%d is the larger.\n", a );
    else
       printf( "\n%d is the larger.\n", b );
    return 0;
}
```

Test Run

```
First Run
   Enter value for a : 20
   Enter value for b : 10
   20 is the larger.
Second Run
   Enter value for a : 15
   Enter value for b : 25
   25 is the larger.
```

3.2.3 नेस्टेड *if* और *if-else* स्टेटमेंट्स

If स्टेटमेंट्स को नेस्टेड किया जा सकता है, अर्थात, *if* स्टेटमेंट को किसी अन्य *if* स्टेटमेंट में समाहित किया जा सकता है। आंतरिक *if* स्टेटमेंट को तभी निष्पादित किया जाएगा जब बाहरी *if* स्टेटमेंट का व्यंजक एक गैर-शून्य मान देता है।

इसी तरह, *if-else* स्टेटमेंट्स को भी नेस्टेड किया जा सकता है। यहाँ, *if* स्टेटमेंट को *if* भाग या *else* भाग में नेस्टेड किया जा सकता है। इसी तरह, *if-else* स्टेटमेंट को *else* भाग या *if* भाग में नेस्टेड किया जा सकता है।

उदाहरण 3.4: *यह निर्धारित करने के लिए एक प्रोग्राम लिखें कि दिया गया वर्ष लीप वर्ष है या नहीं।*

एक दिया गया वर्ष एक लीप वर्ष होता है यदि निम्न में से कोई एक शर्त पूरी होती है:

1. वर्ष 4 से समान रूप से विभाज्य है और 100 से विभाज्य नहीं है।
2. वर्ष 4 से समान रूप से विभाज्य है, 100 से समान रूप से विभाज्य है और 400 से समान रूप से विभाज्य है।

अन्य सभी मामलों में, दिया गया वर्ष लीप वर्ष नहीं है।

उदाहरण के लिए,

1. वर्ष 1988, 1992 और 1996 लीप वर्ष हैं, क्योंकि वे 4 से विभाज्य हैं लेकिन 100 से नहीं।
2. वर्ष 1700, 2100, और 2500 लीप वर्ष नहीं हैं क्योंकि वे 4 से, 100 से विभाज्य हैं लेकिन 400 से नहीं।
3. वर्ष 1600, 2000, और 1400 लीप वर्ष हैं, क्योंकि वे 100 और साथ ही 400 से विभाज्य हैं।

Listing 3.4

```
#include <stdio.h>
 int main()
 {
    int year;
    printf("Enter given year : ");
    scanf("%d", &year);
    if ( year % 4 == 0 ) {
       if ( year % 100 == 0 ) {
          if ( year % 400 == 0 )
             printf("\nYear %d is a leap year.\n", year);
          else
             printf("\nYear %d is not a leap year.\n", year);
       }
       else
       {
          printf("\nYear %d is a leap year.\n", year);
       }
    }
    else
    {
       printf("\nYear %d is not a leap year.\n", year);
    }
    return 0;
}
```

Test Run

First Run

```
Enter any year : 2000
Year 2000 is a leap year.
```

Second Run

```
Enter any year : 2008
Year 2008 is a leap year.
```

Third Run

```
Enter any year : 2006
Year 2006 is not a leap year.
```

3.2.4 *if-else if* लैडर

if-else if लैडर, *if-else* स्टेटमेंट का विस्तार है। इसका उपयोग ऐसे परिदृश्य में किया जाता है जहां विभिन्न स्थितियों के लिए कई मामले निष्पादित किए जाते हैं।

if-else if लैडर का सिंटैक्स है

व्यंजकों का मूल्यांकन क्रम में किया जाता है, और यदि कोई व्यंजक सत्य है तो उससे जुड़े स्टेटमेंट ब्लॉक को निष्पादित किया जाता है, और यह पूरी श्रृंखला को समाप्त कर देता है।

अंतिम *else* भाग डिफॉल्ट मामले जहां कोई भी निर्दिष्ट व्यंजक संतुष्ट नहीं होता है या उपरोक्त में से कोई भी नहीं संभालता है।

```
if ( expression-1 )
   statement-1
else if ( expression-2 )
   statement-2
else if ( expression-3 )
   statement-3
          :
else if ( expression-n )
   statement-n
else
   statement-s
```

चित्र 3.3: *if-else if* लैडर कोड

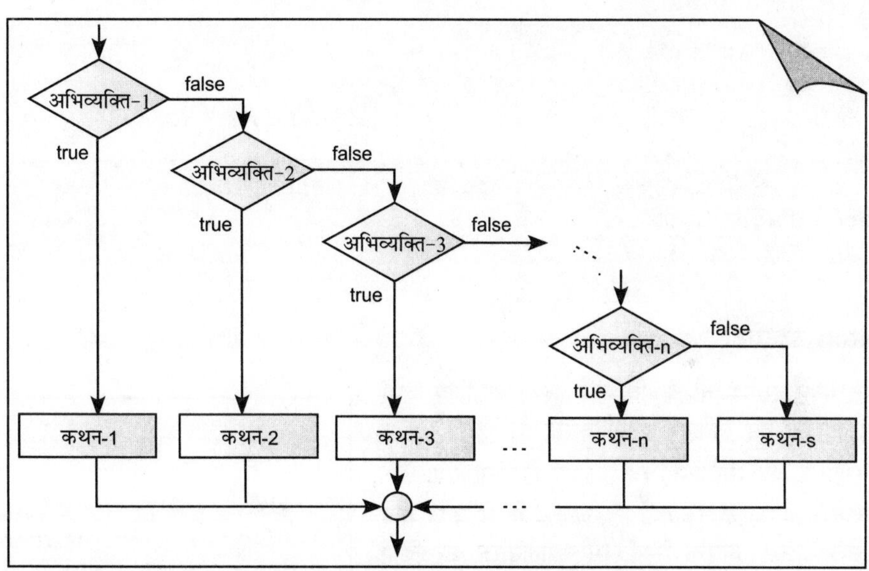

चित्र 3.4: *if-else if* का तर्क प्रवाह नियंत्रण

उदाहरण 3.5: *अंकों का प्रतिशत दिया गया है। छात्र के ग्रेड की गणना निम्नलिखित नीति के अनुसार की जाती है।*

अंकों का प्रतिशत	ग्रेड
प्रतिशत $\geq$ 90	A
90 > प्रतिशत $\geq$ 75	B
75 > प्रतिशत $\geq$ 60	C
60 > प्रतिशत $\geq$ 50	D
प्रतिशत < 50	F

छात्रों के अंकों का प्रतिशत दिए जाने पर उनके ग्रेड को प्रिंट करने के लिए एक प्रोग्राम लिखें।

Listing 3.5

```
#include<stdio.h>
 int main()
 {
float percentage;
    printf("\nEnter percentage of marks : ");
    scanf("%f", &percentage);
    if ( percentage >= 90 )
       printf("\nGrade is A\n");
    else if ( percentage >= 75 )
       printf("\nGrade is B\n");
    else if ( percentage >= 60 )
       printf("\nGrade is C\n");
    else if ( percentage >= 50 )
       printf("\nGrade is D\n");
    else
       printf("\nGrade is E\n");
    return 0;
 }
```

Test Run

```
Enter percentage of marks : 93
Grade is A
```

3.2.5 Switch स्टेटमेंट

switch स्टेटमेंट एक चर/व्यंजक के विभिन्न मूल्यों के लिए किए जाने वाले कई मामलों का विकल्प प्रदान करता है।

switch स्टेटमेंट का सिंटैक्स चित्र 3.5 में दिखाया गया है।

यदि व्यंजक *val-1, val-2, val-3, ..., val-n* में से कोई मान लेता है, तो नियंत्रण उस उपयुक्त स्थिति में स्थानांतरित कर दिया जाता है। प्रत्येक मामले में, कथनों को निष्पादित किया जाता है और फिर *break* स्टेटमेंट नियंत्रण को *switch* स्टेटमेंट से बाहर स्थानांतरित कर देता है।

यदि किसी मामले के बाद कोई *break* स्टेटमेंट का उपयोग नहीं किया जाता है (डिफॉल्ट कीवर्ड की अनुपस्थिति अंतिम को छोड़कर), तो नियंत्रण अगले मामले में स्थानांतरित हो जाएगा। यदि व्यंजक का मान किसी भी केस मान से मेल नहीं खाता है, तो नियंत्रण डिफॉल्ट कीवर्ड पर जाता है, जो आमतौर पर *switch* स्टेटमेंट के अंत में होता है। डिफॉल्ट कीवर्ड का उपयोग एक बड़ी सुविधा हो सकता है। यदि कोई डिफॉल्ट कीवर्ड नहीं है, तो कोई मिलान न होने पर संपूर्ण *switch* स्टेटमेंट को छोड़ दिया जाता है।

```
switch ( expression )
{
   case val-1 :
                     statement-1
                     break;
   case val-2 :
                     statement-2
                     break;
      :
   case val-n :
                      statement-n
                      break;
   default     :
                      statement-d
}
```

चित्र 3.5: *switch* स्टेटमेंट का कोड

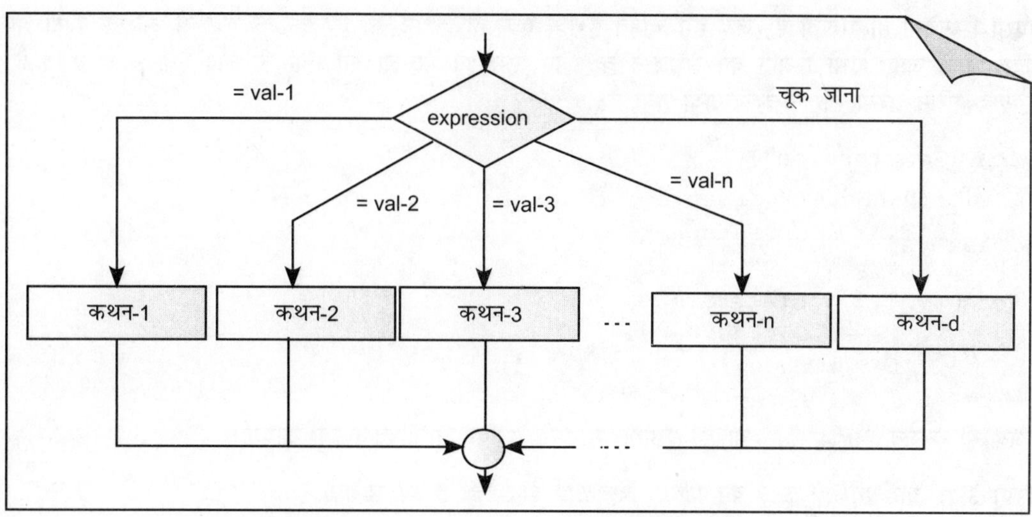

चित्र 3.6: *Switch* स्टेटमेंट का लॉजिक फ्लो कंट्रोल

उदाहरण 3.6: *चार फंक्शन कैल्कुलेटर को लागू करने के लिए एक प्रोग्राम लिखें।*

Listing 3.6

```
#include<stdio.h>
 int main()
 {
     int a, b;
     char op;
     printf("\nEnter expression such as 5 + 3 : ");
     scanf("%d %c %d", &a, &op, &b );
     switch ( op )
     {
        case '+' : printf("\n%d %c %d = %d\n", a, op, b, a+b);
                   break;
        case '-' : printf("\n%d %c %d = %d\n", a, op, b, a-b);
                   break;
        case '*' : printf("\n%d %c %d = %d\n", a, op, b, a*b);
                   break;
        case '/' : printf("\n%d %c %d = %d\n", a, op, b, a/b);
                   break;
        default :  printf("\nWrong input\n");
     }
     return 0;
 }
```

Test Run

```
Enter expression such as 5 + 3 : 20 / 2
20 / 2 = 10
```

ऐसी स्थितियाँ हो सकती हैं, जब हम चाहते हैं कि एक ही कथन को व्यंजक के एक से अधिक मानों के लिए निष्पादित किया जाए। ऐसी स्थिति को संभालने के लिए, हम इन मामलों को एक के बाद एक कोड करते हैं, और उसके बाद कथन, जैसा कि नीचे दिखाया गया है:

```
switch ( expression )
 {
      :
    case val-4 :
    case val-5 :
    case val-6 : statement;
                 break;
      :
 }
```

जब भी व्यंजक *val*-4, *val*-5 या *val*-6 होगा, स्टेटमेंट ब्लॉक निष्पादित किया जाएगा।

उदाहरण 3.7: *यह परीक्षण करने का प्रोग्राम कि कोई वर्ण स्वर है या व्यंजन।*

Listing 3.7

```
#include<stdio.h>
 int main()
 {
     char ch;
     printf("\nEnter an alphabet : ");
     ch = getche();
     switch ( ch )
     {
        case 'a' :
        case 'A' :
        case 'e' :
        case 'E' :
        case 'i' :
        case 'I' :
        case 'o' :
        case 'O' :
        case 'u' :
        case 'U' : printf("\nAlphabet is vowel.\n");
                   break;
        default  :
                   printf("\nAlphabet is consonant.\n");
     }
     return 0;
 }
```

Test Run

```
Enter an alphabet : A
Alphabet is vowel.
```

कंडीशनल ब्रांचिंग के लिए उदाहरण

उदाहरण 3.8: *द्विघात प्रकार के समीकरण के मूल ज्ञात करने का प्रोग्राम*

$ax^2 + bx + c = 0$ प्रदान की $a \neq 0$

हल: द्विघात समीकरण के मूल सूत्र द्वारा दिए गए हैं:

$$a_{1,2} = \frac{-b \pm \sqrt{b^2 - 4ac}}{2a}$$

जहाँ $b^2 - 4ac$ को विभेदक के रूप में जाना जाता है।

विभेदक के संकेत के आधार पर, मूल के लिए तीन संभावनाएं हैं:

1. यदि $b^2 - 4ac < 0$, तो मूल काल्पनिक हैं, और हम वास्तविक भाग और काल्पनिक भाग की अलग-अलग गणना कर सकते हैं जैसे

   वास्तविक हिस्सा $= -\frac{b}{2a}$ काल्पनिक हिस्सा $= \frac{\sqrt{-(b^2 - 4ac)}}{2a}$

2. यदि $b^2 - 4ac = 0$ है, तो मूल वास्तविक और बराबर हैं, और मूल की गणना इस प्रकार की जाती है:

   मूल $= -\frac{b}{2a}$

3. यदि $b^2 - 4ac > 0$, तो मूल वास्तविक और भिन्न हैं और इनकी गणना इस प्रकार की जाती है

   मूल एक $= \frac{-b\sqrt{b^2 - 4ac}}{2a}$ मूल दो $= \frac{-b + \sqrt{b^2 - 4ac}}{2a}$

Listing 3.8

```
#include<stdio.h>
 #include<math.h>

 int main()
 {
    float a, b, c, disc, root1, root2;
    float realPart, imagPart;
    printf( "\nEnter values of a,b,c: " );
    scanf( "%f,%f,%f", &a, &b, &c);
    if ( a == 0 ) {
       printf( "\nIt is not an quadratic equation\n" );
       return 0;
    }
    disc = b * b - 4.0 * a * c;
    if ( disc < 0 )
    {
       realPart = - b / (2*a);
       imagPart = sqrt((double)-disc) / (2*a);
       printf( "\nRoots are imaginary" );
```

```
        printf( "\nReal part = %.3f", realPart );
        printf( "\nImaginary part = %.3f\n", imagPart );
    }
    else if ( disc == 0 )
    {
        root1 = - b / (2*a);
        printf( "\nRoots are real and equal" );
        printf( "\nEach root = %.3f\n", root1 );
    }
    else
    {
      root1 = (-b-sqrt((double)disc )) / (2*a);
      root2 = (-b+sqrt((double)disc )) / (2*a);
      printf( "\nRoots are real and distinct" );
      printf( "\nRoot 1 = %.3f", root1 );
      printf( "\nRoot 2 = %.3f\n", root2 );
    }
    return 0;
}
```

Test Run

```
Enter values of a,b,c: 2,3,5
Roots are imaginary
Real part = -0.750
Imaginary part = 1.392
```

उदाहरण 3.9: *मान लीजिए कि व्यक्तियों के लिए आयकर की गणना स्लैब दरों पर निम्नानुसार की जाती है:*

आय	देय कर
1,00,000/- रुपये तक	शून्य
1,00,001/-रुपये से 2,00,000/- तक	1,00,000/- रुपये से अधिक का 10%
2,00,001/- रुपये से 3,00,000/- तक	2,00,000/- रुपये से अधिक का 20%
3,00,000/- रुपये से ऊपर	3,00,000/- रुपये से अधिक का 30%

एक प्रोग्राम लिखें जो आय को पढ़ता है और देय आयकर को प्रिंट करता है।

हल: निम्नलिखित पर ध्यान दें:

- यदि आय रुपये 1,00,000/- मात्र तक है, तो आयकर शून्य है।
- यदि आय रुपये 1,00,001/- से रु. 2,00,000/- की सीमा में है, तो आयकर 1,00,000/- रुपये से अधिक की राशि का 10% है।
- यदि आय रुपये 2,00,001/- से रु. 3,00,000/- की सीमा में है, तो 1,00,001 से 2,00,000/- रुपये के स्लैब के लिए कर 10% (रु. 10,000/-) है। रुपये 2,00,000/- से अधिक की राशि के लिए कर 20% प्रतिशत है

- यदि आय रुपये 3,00,000/- से अधिक है, तो 1,00,001 से 2,00,000/- रुपये के स्लैब के लिए कर 10% (रु. 10,000/-) है। रुपये 2,00,000/- से 3,00,000/- के स्लैब के लिए कर 20% (रु. 20,000/-) है, रु. 3,00,000/- से अधिक की राशि का 30% है

आइए हम कर की गणना करते हैं यदि दी गई आय

(*a*) रुपये 2,50,000/- (*b*) रुपये 1,75,000/- (*c*) रुपये 3,20,000/-

(*a*) *रुपये 2,50,000/-की आय के लिए कर गणना।*

पहले 1,00,000/-	रुपये के लिए कर शून्य है
अगले रु. 1,00,000/-	के लिए कर 10,000/- (/10%) है
अगले रु. 50,000/-	के लिए कर 10,000/- (/20%) है
कुल देय कर	**रु. 20,000/-**

(*b*) *रुपये 1,75,000/-की आय के लिए कर गणना।*

पहले रु.1,00,000/-	के लिए कर शून्य है
अगले रु. 75,000/-	के लिए कर 7,500/- (/ 10%) है
कुल देय कर	**रु. 7,500/-**

(*c*) *रुपये की आय के लिए कर गणना। 3,20,000/-*

पहले 1,00,000/-	रुपये के लिए कर शून्य है
अगले रु. 1,00,000/-	के लिए कर 10,000/- (/ 10%) है
अगले रु. 1,00,000/-	के लिए कर 20,000/- (/ 20%) है
अगले रु. 20,000/-	के लिए कर 6,000/- (/ 30%) है
कुल देय कर	**रु. 36000/-**

Listing 3.9

```
#include<stdio.h>
void main()
{
float income, tax;
printf( "\nEnter gross income (in Rs.): " );
scanf( "%f", &income );
if ( income <= 100000.0 )
tax = 0;
else if ( income <= 200000.0 )
tax = ( income - 100000.0 ) * 0.1;
else if ( income <= 300000.0 )
tax = 10000 + ( income - 200000.0 ) * 0.2;
else
tax = 30000 + ( income - 300000.0 ) * 0.3;
printf( "\nTax due = Rs. %.2f\n", tax );
}
```

Test Run

```
Enter gross income : 250000
Tax due = Rs. 20000.00
```

उदाहरण 3.10: *एक प्रोग्राम लिखें जो सप्ताह के दिन को संख्या के रूप में स्वीकार करता है और संबंधित दिन का नाम प्रिंट करता है, अर्थात रविवार के लिए 0, सोमवार के लिए 1, ..., शनिवार के लिए 6।*

Listing 3.10

```
#include <stdio.h>
 int main()
 {
    int day;
    printf("\nEnter day of week as number ( 0 - 6 ) : ");
    scanf("%d", &day);
    switch ( day )
    {
       case 0  : printf("\nDay of week is Sunday." );
                 break;
       case 1  : printf("\nDay of week is Monday." );
                 break;
       case 2  : printf("\nDay of week is Tuesday." );
                 break;
       case 3  : printf("\nDay of week is Wednesday." );
                 break;
       case 4  : printf("\nDay of week is Thursday." );
                 break;
       case 5  : printf("\nDay of week is Friday." );
                 break;
       case 6  : printf("\nDay of week is Saturday." );
                 break;
       default : printf("\nWrong input" );
    }
    printf("\n");
    return 0;
 }
```

Test Run

```
Enter day of week as number ( 0 - 6 ) : 2
Day of week is Tuesday.
```

उदाहरण 3.11: *2 संक्रिया द्वारा मापांक का उपयोग किए बिना और यदि कथन का उपयोग किए बिना प्राकृत संख्या सम या विषम है, यह जांचने के लिए एक प्रोग्राम लिखें।*

Listing 3.11

```
#include <stdio.h>
 int main()
 {
    int n;
    printf("\nEnter any natural number : ");
    scanf("%d", &n);
    switch ( n%10 )
    {
       case 0  :
       case 2  :
       case 4  :
       case 6  :
       case 8  : printf("\n%d is even.\n");
                 break;
       default : printf("\n%d is even.\n");
    }
    return 0;
 }
```

Test Run

```
First Run
Enter any natural number : 120
20 is even.
Second Run
Enter any natural number : 75
75 is odd.
```

3.3 लूप

इस श्रेणी के अंतर्गत कथनों के एक समूह को या तो एक निश्चित संख्या के लिए या कुछ शर्तों के पूरा होने तक दोहराए जाने की अनुमति देते हैं। हम उनके काम को अच्छी तरह से डिजाइन किए गए उदाहरणों द्वारा देखेंगे।

3.3.1 *for* स्टेटमेंट

for स्टेटमेंट उन समस्याओं के लिए अनुकूल है जहां एक स्टेटमेंट या स्टेटमेंट-ब्लॉक को कितनी बार निष्पादित किया जाएगा, यह पहले से ही ज्ञात है।

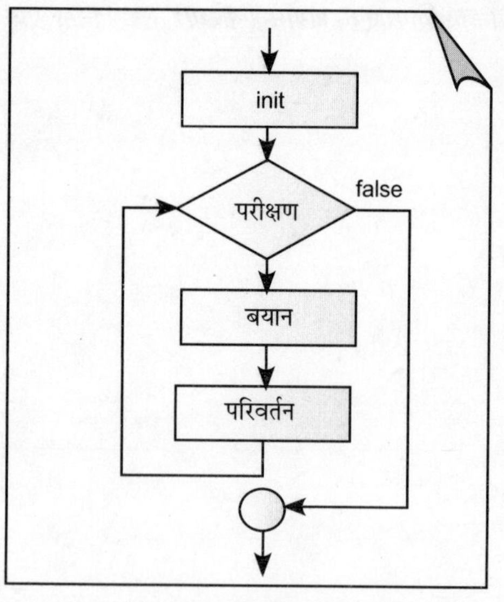

(a) *for* स्टेटमेंट का लॉजिक फ्लो कंट्रोल

```
for ( init; test; change )
{
   statements
}
```

(b) *for* स्टेटमेंट का कोड

चित्र 3.7: *for* स्टेटमेंट का लॉजिक फ्लो कंट्रोल और कोड

जहां *init* काउंटर को इनिशियलाइज करने के लिए एक एक्सप्रेशन है, *test* यह देखने के लिए एक एक्सप्रेशन है कि कब पुनरावृत्ति को रोकना है, और *change* लूप के प्रत्येक पास के लिए काउंटर को बदलने के लिए एक एक्सप्रेशन है। *init* और *change* भागों में अल्पविराम द्वारा अलग किए गए एक से अधिक स्टेटमेंट्स हो सकते हैं।

for स्टेटमेंट के उपयोग को प्रदर्शित करने के लिए, आइए *for* स्टेटमेंट उपयोग करके कुछ प्रोग्राम विकसित करें।

उदाहरण 3.12: *प्रथम n प्राकृत संख्याओं का योग ज्ञात करने के लिए एक प्रोग्राम लिखिए।*

Listing 3.12

```
#include<stdio.h>
int main(void)
 {
   int i, n, sum = 0;
   printf("\nEnter value for n : " );
   scanf("%d", &n);
   for ( i = 1; i <= n; i++ ) {
      sum = sum + i;
   }
   printf("\nSum of first %d natural numbers = %d\n", n, sum );
   return 0;
 }
```

Test Run

```
Enter value for n : 10
Sum of first 10 natural numbers = 55
```

उदाहरण 3.13: *एक प्राकृत संख्या n का भाज्य ज्ञात करने के लिए एक प्रोग्राम लिखिए।*

Listing 3.13

```
#include<stdio.h>
 int main(void)
 {
    int i, n, prod = 1;
    printf("\nEnter value for n : " );
    scanf("%d", &n);
    for ( i = 1; i <= n; i++ ) {
       prod = prod * i;
    }
    printf("\nFactorial %d = %d\n", n, prod );
    return 0;
 }
```

Test Run

```
Enter value for n : 5
Factorial 5 = 120
```

3.3.2 *while* स्टेटमेंट

While स्टेटमेंट उन समस्याओं के लिए उपयुक्त है जहां यह पहले से ज्ञात नहीं है कि कितनी बार स्टेटमेंट या स्टेटमेंट-ब्लॉक को निष्पादित किया जाएगा।

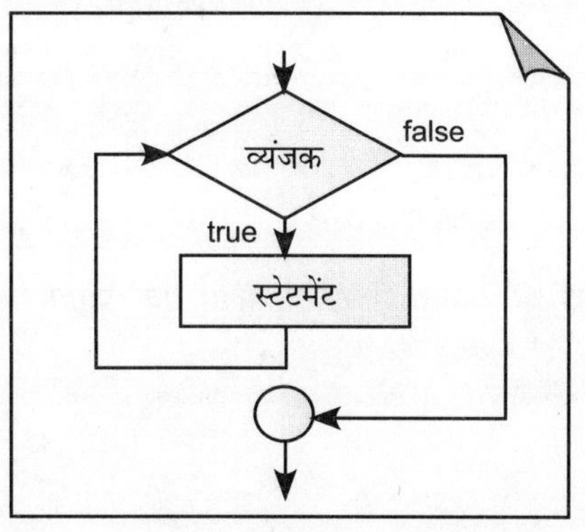

(a) *while* स्टेटमेंट के लिए तर्क प्रवाह नियंत्रण

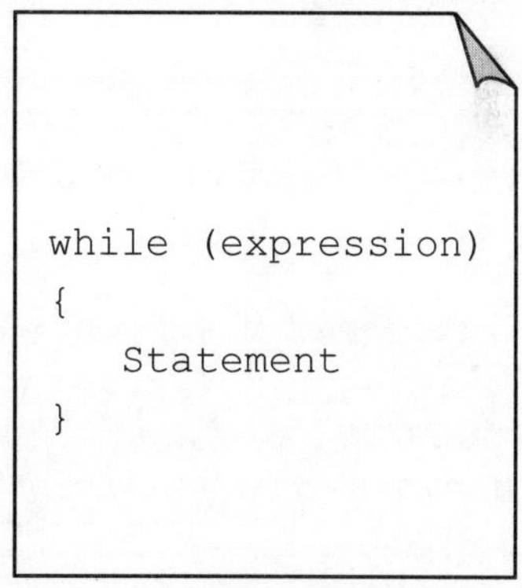

(b) *while* स्टेटमेंट के लिए कोड

चित्र 3.8: *while* स्टेटमेंट के लिए तर्क प्रवाह नियंत्रण और कोड

यहाँ व्यंजक अचर, चर या व्यंजक हो सकता है। जब तक व्यंजक का मूल्यांकन 1 होता है, तब तक स्टेटमेंट को बार-बार निष्पादित किया जाता है। जब भी व्यंजक का मूल्यांकन 0 पर होता है, *while* स्टेटमेंट का निष्पादन समाप्त हो जाएगा और इसके तुरंत बाद आगामी स्टेटमेंट पर कंट्रोल पास हो जाएगा।

While स्टेटमेंट का उपयोग करते समय निम्नलिखित बातों को ध्यान में रखा जाना चाहिए:

- *While* स्टेटमेंट से पहले एक स्टेटमेंट होना चाहिए जो एक्सप्रेशन को इनिशियलाइज करता हो।
- स्टेटमेंट-ब्लॉक में, एक स्टेटमेंट होना चाहिए जो एक्सप्रेशन को संशोधित करता हो।

While स्टेटमेंट के उपयोग को प्रदर्शित करने के लिए, आइए स्टेटमेंट का उपयोग करके कुछ प्रोग्राम विकसित करें।

उदाहरण 3.14: *एक प्राकृत संख्या n के अंकों का योग ज्ञात करने के लिए एक प्रोग्राम लिखिए।*

Listing 3.14

```
#include <stdio.h>
 int main()
 {
    int i, n, sum = 0, temp, digit;
    printf("\nEnter any natural number : " );
    scanf("%d", &n);
    temp = n;
    while ( temp > 0 )
    {
       digit = temp % 10;
       sum = sum + digit;
       temp = temp / 10;
    }
    printf( "\nSum of digits of %d = %d\n", n, sum );
    return 0;
 }
```

Test Run

```
Enter any natural number : 2375
Sum of digits of 2375 = 17
```

उदाहरण 3.15: *: एक पैराग्राफ में वर्णों, स्वरों और शब्दों की संख्या गिनने के लिए एक प्रोग्राम लिखें।*

Listing 3.15

```
#include <stdio.h>
 int main()
 {
    int vowelCount = 0,characterCount = 0,wordCount = 0;
    char ch;
    printf( "Type in the paragraph and terminate by ENTER key\n\n" );
    while ( ( ch = getche() ) != '\r' )
    {
       characterCount++;
```

```
        switch ( ch )
    {
        case ' '  :
        case '\t' :
                    wordCount++;
                    break;
        case 'a'  :
        case 'A'  :
        case 'e'  :
        case 'E'  :
        case 'i'  :
        case 'I'  :
        case 'o'  :
        case 'O'  :
        case 'u'  :
        case 'U'  :
                    vowelCount++;
                    break;
    }
  }
  wordCount++;
  printf( "\nCharacter count = %d", characterCount);
  printf( "\nVowel count = %d", vowelCount);
  printf( "\nWord count = %d\n", wordCount);
  return 0;
}
```

Test Run

```
Type in the paragraph and terminate by ENTER key
Programming is the way to instruct computer to do a particular task.
Character count = 68
vowel count = 20
word count = 12
```

3.3.3 *do-while* स्टेटमेंट

do-while स्टेटमेंट *while* स्टेटमेंट जैसे, उन समस्याओं के लिए भी अनुकूल है जहां यह पहले से ज्ञात नहीं है कि कितनी बार एक स्टेटमेंट निष्पादित किया जाएगा।

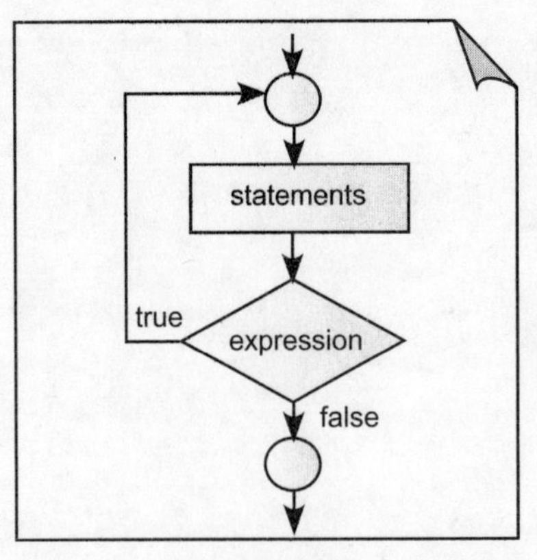

(a) *do-while* स्टेटमेंट का लॉजिक फ्लो कंट्रोल

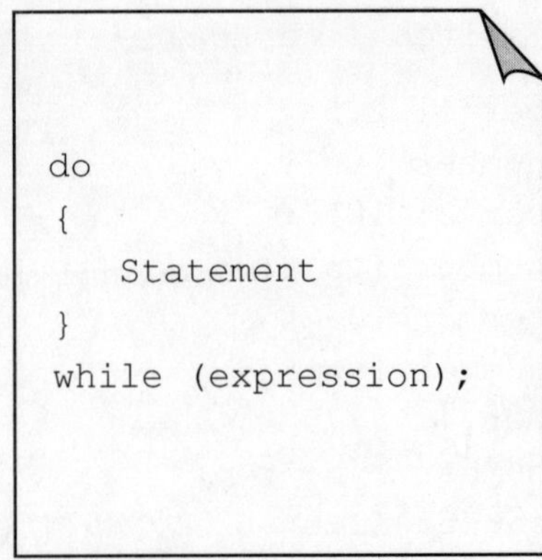

(b) *do-while* स्टेटमेंट का कोड

चित्र 3.9: *do-while* स्टेटमेंट का लॉजिक फ्लो कंट्रोल और कोड

जहाँ व्यंजक एक अचर, चर या व्यंजक है। जब तक व्यंजक का मूल्यांकन 1 होता है, तब तक स्टेटमेंट को बार-बार निष्पादित किया जाता है।

उदाहरण 3.16: *अज्ञात संख्याओं के औसत की गणना करने के लिए एक प्रोग्राम लिखिए।*

Listing 3.16

```
#include<stdio.h>
 int main()
 {
    int n = 0;
    char yesno;
    float number, sum = 0, average;
    do {
       printf( "\nEnter number %d: ", n+1 );
       scanf( "%f", &number );
       n++;
       sum += number;
       printf( "\nAny more number [yn]?: " );
       yesno = getchar();
    }
    while ( ( yesno == 'y' ) || ( yesno == 'Y' )  );
    average = sum / n;

    printf( "\n\nAverage of given numbers = %.2f\n", average );
    return 0;
 }
```

Test Run

```
Enter number 1: 2.5
Any more number [yn]?: y
Enter number 2: 12.0
Any more number [yn]?: y
Enter number 3: 10.25
Any more number [yn]?: y
Enter number 4: 8.75
Any more number [yn]?: y
Enter number 5: 11.0
Any more number [yn]?: n
Average of given numbers = 8.90
```

3.3.4 नेस्टेड *while, do-while* और *for* स्टेटमेंट

जैसे *if* स्टेटमेंट को नेस्टेड किया जा सकता है, वैसे ही इन स्टेटमेंट को भी नेस्टेड किया जा सकता है। बाहरी लूप के प्रत्येक पुनरावृत्ति के लिए आंतरिक लूप को शुरुआत से ही निष्पादित किया जाता है।

कोड के निम्नलिखित खंड लूपिंग स्टेटमेंट के अपने प्रकार के भीतर नेस्टिंग दिखाते हैं।

```
for(i=0;i<m;i++)
{
   :
   for(j=0;j<n;j++)
   {
      :

   }
}
```

```
i=0;
while(i<m)
{
   :
   j=0;
   while(j<n)
   {
      :
      j++;
   }
   i++;
}
```

```
i=0;
do
{
   :
   j=0;
   do
   {
      :
      j++;
   } while(j<n);
   i++;
} while(i<m);
```

सामान्य तौर पर, *for* स्टेटमेंट के अंदर और *while* और *do-while* स्टेटमेंट को नेस्ट करना संभव है, *while* और *do-while* स्टेटमेंट के अंदर *for* स्टेटमेंट को नेस्ट करना संभव है, यानी, सभी प्रकार के नेस्टिंग संयोजनों की अनुमति है।

नेस्टेड लूप के उपयोग को प्रदर्शित करने के लिए, आइए नेस्टेड *for* लूप्स का उपयोग करके कुछ प्रोग्राम विकसित करें।

उदाहरण 3.17: *निम्नलिखित पैटर्न को प्रिंट करने के लिए एक प्रोग्राम लिखें।*

1

2 2

3 3 3

Listing 3.17

```
#include <stdio.h>
 int main()
 {
     int i, j;
     printf("\n");
     for ( i = i; i <= 3; i++ )
     {
         for ( j = 1; j <= i; j++ )
         {
             printf("%4d", i);
         }
         printf("\n");
     }
     return 0;
 }
```

उदाहरण ***3.18:*** *निम्नलिखित पैटर्न को प्रिंट करने के लिए एक प्रोग्राम लिखें।*

3 3 3

2 2

1

Listing 3.18

```
#include <stdio.h>
 int main()
 {
     int i, j;
     printf("\n");
     for ( i = 3; i >= 1; i-- )
     {
         for ( j = 1; j <= i; j++ )
         {
             printf("%4d", i);
         }
         printf("\n");
     }
     return 0;
 }
```

उदाहरण 3.19: *निम्नलिखित पैटर्न को प्रिंट करने के लिए एक प्रोग्राम लिखें।*

1

1 2

1 2 3

Listing 3.19

```
#include <stdio.h>

 int main()
 {
     int i, j;
     printf("\n");
     for ( i = i; i <=3; i++ )
     {
         for ( j = 1; j <= i; j++ )
         {
             printf("%4d", j);
         }
         printf("\n");
     }
     return 0;
 }
```

उदाहरण 3.20: *निम्नलिखित पैटर्न को प्रिंट करने के लिए एक प्रोग्राम लिखें।*

```
*
*  *
*  *  *
```

Listing 3.20

```
#include <stdio.h>

 int main()
 {
     int i, j;
     printf("\n");
     for ( i = i; i <= 3; i++ )
     {
         for ( j = 1; j <= i; j++ )
         {
             printf("    *");
         }
         printf("\n");
     }
     return 0;
 }
```

3.4 जम्पिंग स्टेटमेंट्स

ये स्टेटमेंट प्रोग्राम के एक हिस्से से दूसरे हिस्सें में कंट्रोल ट्रांसफर करते हैं। इस खंड में, हम उनके कार्य को देखेंगे।

3.4.1 *break* स्टेटमेंट

break स्टेटमेंट हमेशा *switch* स्टेटमेंट और लूपिंग स्टेटमेंट के अंदर उपयोग किया जाता है।

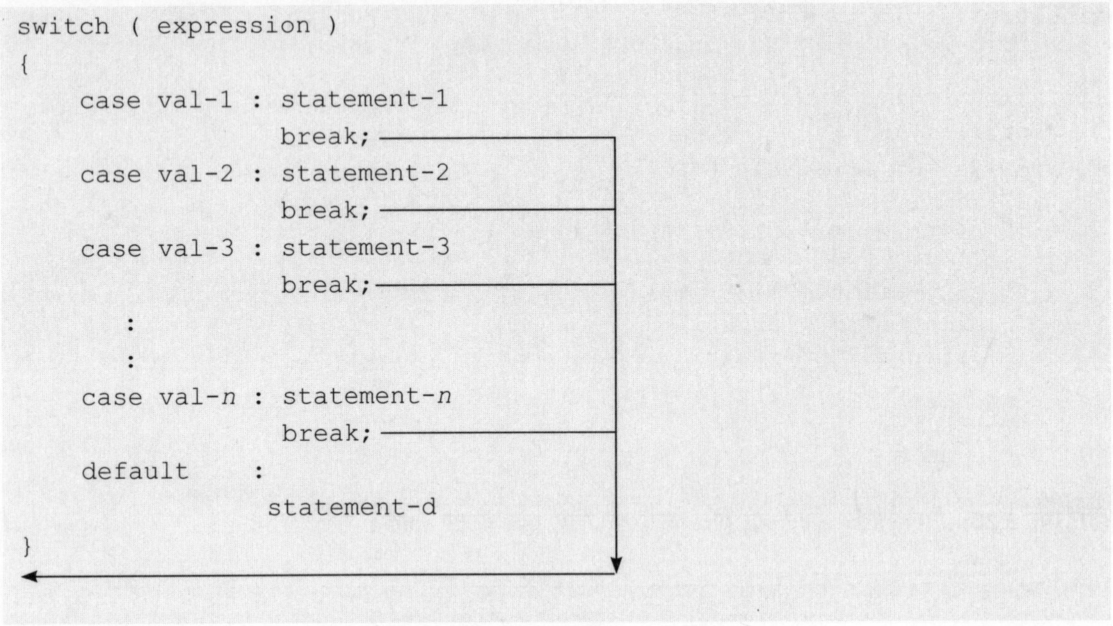

```
switch ( expression )
{
    case val-1 : statement-1
                 break;
    case val-2 : statement-2
                 break;
    case val-3 : statement-3
                 break;
       :
       :
    case val-n : statement-n
                 break;
    default    :
                statement-d
}
```

चित्र 3.10: स्विच स्टेटमेंट में *break* स्टेटमेंट की क्रिया

switch स्टेटमेंट में, इसे अंतिम को छोड़कर हर मामले के अंतिम स्टेटमेंट के रूप में उपयोग किया जाता है। निष्पादित होने पर, यह नियंत्रण को *switch* स्टेटमेंट से बाहर स्थानान्तरित कर देता है और प्रोग्राम का निष्पादन *switch* स्टेटमेंट के बाद स्टेटमेंट से जारी रहता है।

for, while और *do-while* स्टेटमेंट में, यह हमेशा *if* स्टेटमेंट के साथ संयोजन के रूप में प्रयोग किया जाता है। ध्यान दें कि *if* स्टेटमेंट के साथ *break* का उपयोग कभी नहीं किया जाता है यदि यह लूपिंग स्टेटमेंट का हिस्सा नहीं है। जब निष्पादित किया जाता है, तो यह लूपिंग स्टेटमेंट से नियंत्रण स्थानान्तरित करता है और प्रोग्राम का निष्पादित लूपिंग स्टेटमेंट से नियंत्रण स्थानान्तरित करता है और प्रोग्राम का निष्पादन लूपिंग स्टेटमेंट के बाद स्टेटमेंट से जारी रहता है।

```
for(i=0;i<m;i++)
{
   :
   if (expression)
      break;
   :
}
```

```
i=0;
while(i<m)
{
   :
   if (expression)
      break;
   :
}
```

```
i=0;
do
{
   :
   if (expression)
      break;
   :
} while(i<m);
```

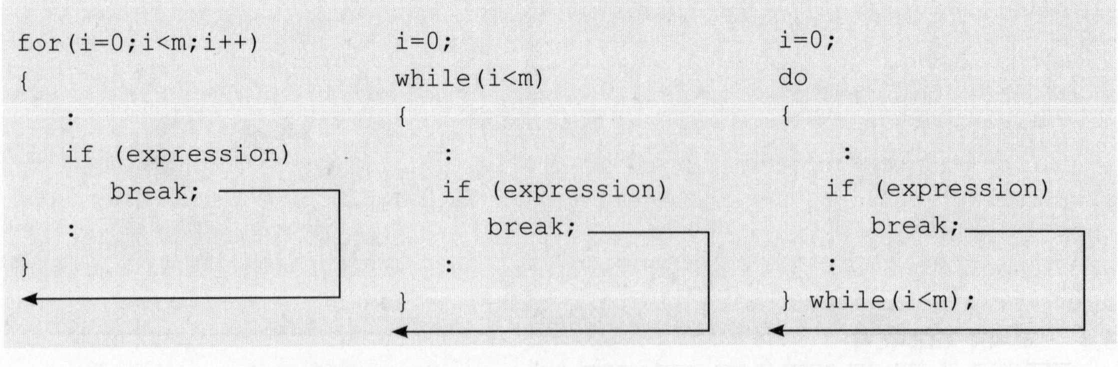

चित्र 3.11. *for, while* और *do-while* स्टेटमेंट में *break* स्टेटमेंट की क्रिया

सरल शब्दों में, हम कह सकते हैं कि निष्पादित होने पर *break* स्टेटमेंट लूप के निष्पादन को समाप्त कर देता है।

उदाहरण 3.21: *एक लूप में break स्टेटमेंट के उपयोग को प्रदर्शित करने के लिए एक प्रोग्राम लिखें।*

Listing 3.21

```
#include <stdio.h>
 int main()
 {
    int i;
    for ( i = 1; i < 10; i++ )
    {
        if ( i % 5 == 0 )
            break;
        printf("%d ", i);
    }
    return 0;
 }
```

Test Run

```
1 2 3 4
```

if स्टेटमेंट के साथ ब्रेक स्टेटमेंट का उपयोग *i* के मान के लिए लूप को समाप्त करता है जो 5 से विभाज्य है।

3.4.2 *continue* स्टेटमेंट

continue स्टेटमेंट हमेशा लूपिंग स्टेटमेंट के अंदर प्रयोग किया जाता है। ऐसी स्थिति हो सकती है जहां हम चाहते हैं कि दिए गए कथन से आगे, लूप के अंतिम कथन तक के शेष कथनों को छोड़ दिया जाए। यह कार्य *continue* स्टेटमेंट का उपयोग करके पूरा किया जाता है।

continue स्टेटमेंट नियंत्रण को लूप के अगले पुनरावृत्ति की शुरुआत में स्थानांतरित करता है इस प्रकार उन स्टेटमेंट को छोड़कर जो अभी तक निष्पादित नहीं हुए हैं। ध्यान दें कि *continue* स्टेटमेंट हमेशा *if* बयान के साथ संयोजन में प्रयोग किया जाता है।

```
for(i=0;i<m;i++)          while(i<m)                do
{                         {                         {
   :                         :                         :
   if (expression)           if (expression)           if (expression)
      continue;                 continue;                 continue;
   :                         :                         :
}                         }                         } while(i<m);
```

चित्र 3.12: *for, while* और *do-while* स्टेटमेंट में *continue* स्टेटमेंट की क्रिया

सरल शब्दों में, हम कह सकते हैं कि निष्पादित होने पर *continue* स्टेटमेंट लूप के वर्तमान पुनरावृत्ति को समाप्त कर देता है।

उदाहरण 3.22: *लूप में continue स्टेटमेंट के उपयोग को प्रदर्शित करने के लिए एक प्रोग्राम लिखें।*

Listing 3.22

```
#include <stdio.h>
int main()
{
   int i;
   for ( i = 1; i < 10; i++ )
   {
      if ( i % 5 == 0 )
         continue;
      printf("%d ", i);
   }
   return 0;
}
```

Test Run

```
1 2 3 4 6 7 8 9
```

if स्टेटमेंट के साथ *continue* स्टेटमेंट का उपयोग लूप के बाकी स्टेटमेंट्स को *i* के मानों के लिए छोड़ देता है जो 5 से विभाज्य है।

लूप्स के लिए उदाहरण

उदाहरण 3.23: *किसी दी गई संख्या और तालिका में पंक्तियों की संख्या के लिए गुणन तालिका मुद्रित करने के लिए एक प्रोग्राम लिखें।*

उदाहरण के लिए, संख्या 5 और पंक्तियों = 3 के लिए, आउटपुट होना चाहिए।

$5 \times 1 = 5$

$5 \times 2 = 10$

$5 \times 3 = 15$

Listing 3.23

```
#include <stdio.h>
int main()
{
   int num, rows, i, j;
   printf( "\nEnter number whose table to print : " );
   scanf( "%d", &num );
   printf( "\nEnter rows to print : " );
   scanf( "%d", &rows );
   for ( i = 1; i <= rows; i++ )
   {
      printf("\n%d x %d = %d", num, i, num*i) ;
   }
   return 0;
}
```

Test Run

```
Enter number whose table to print : 5
Enter rows to print : 3
5 x 1 = 5
5 x 2 = 10
5 x 3 = 15
```

उदाहरण 3.24: *दी गई प्राकृत n एक अभाज्य संख्या है या नहीं यह ज्ञात करने के लिए एक प्रोग्राम लिखिए।*

एक प्राकृत संख्या को अभाज्य संख्या कहा जाता है यदि वह केवल 1 और स्वयं से विभाज्य हो, अर्थात् इसका गुणनखंड नहीं किया जा सकता है। इसके अलावा, इस परिभाषा के अनुसार, 2 को छोड़कर एक सम संख्या, एक अभाज्य संख्या नहीं है।

इसलिए, हमारा परीक्षण मानदंड बन जाता है

1. यदि n, 2 से बड़ा है और सम है तो n एक अभाज्य संख्या नहीं है।
2. यदि चरण 1 पर परीक्षण विफल हो जाता है, तो हम संख्या n को गुणनखंड $k = 3, 5, 7,...$ से विभाजित करने का प्रयास करते हैं। इसलिए, यदि n, k के किसी भी मान से विभाज्य है, तो संख्या n एक अभाज्य संख्या नहीं है।
3. यदि चरण 2 का परीक्षण भी विफल हो जाता है, तो n एक अभाज्य संख्या है।

निम्नलिखित कार्यक्रम इस मानदंड को लागू करता है।

Listing 3.24

```
#include<stdio.h>
#include<math.h>
int main()
{
    int n, k, m;
    printf( "\nEnter a positive integer number: " );
    scanf("%d", &n);
    if ( ( n > 2 ) && ( ( n % 2 ) == 0 ) )
    {
        printf( "\n%d is not a prime number.\n", n );
        return 0;
    }
    m = sqrt( n );
    for ( k = 3; k <= m; k += 2 )
    {
        if ( n % k == 0 )
        {
            printf( "\n%d is not a prime number.\n", n );
            return 0;
        }
    }
    printf( "\n%d is a prime number.\n", n );
    return 0;
}
```

Test Run

```
First Run
   Enter a positive integer number: 43
   43 is a prime number.
Second Run
   Enter a positive integer number: 92
   92 is not a prime number.
```

उदाहरण 3.25: *संख्या 1991 एक पैलिंड्रोम है क्योंकि यह आगे या पीछे पढ़ने पर समान संख्या है। दी गई संख्या पैलिंड्रोम है या नहीं यह जांचने के लिए प्रोग्रा लिखें।*

यहां, हम पहले दी गई संख्या के अंकों को उलट कर एक नई संख्या बनाते हैं और फिर हम दी गई संख्या की उल्टी संख्या से तुलना करते हैं। यदि वे मेल खाते हैं, तो दी गई संख्या पैलिंड्रोम है अन्यथा यह पैलिंड्रोम नहीं है।

Listing 3.25

```
#include<stdio.h>
 int main()
 {
    int sum = 0, digit;
    int number, temp;
    printf( "\nEnter any positive integer number: " );
    scanf( "%d", &number );
    temp = number;

    while ( temp > 0 )
    {
       digit = temp % 10;
       temp /= 10;
       sum = sum * 10 + digit;
    }
    if ( number == sum )
       printf( "\n%d is a palindrome number.\n", number );
    else
       printf( "\n%d is not a palindrome number.\n", number );
    return 0;
 }
```

Test Run

```
First Run
   Enter any positive integer number: 1991
   1991 is a palindrome number.
Second Run
   Enter any positive integer number: 1234
   1234 is not a palindrome number.
```

उदाहरण 3.26: *दी गई प्राकृत संख्या आर्मस्ट्रांग संख्या है या नहीं इसकी जांच के लिए एक प्रोग्राम लिखिए।* आर्मस्ट्रांग संख्या एक 3-अंकीय संख्या है जिसके अंकों के घनों का योग संख्या के बराबर होता है। उदाहरण के लिए, संख्या 153 एक आर्मस्ट्रांग संख्या है जैसे

$$1^3 + 5^3 + 3^3 = 1 + 125 + 27 = 153$$

Listing 3.26

```
#include<stdio.h>
 int main()
 {
   int n, t, s = 0, d;
   printf( "\nEnter 3-digit natural number : " );
   scanf("%d", &n);
   t = n;
   while ( t > 0 )
   {
      d = t % 10;
      s = s + d * d * d;
      t = t / 10;
   }
   if ( s == n )
      printf("\n%d is an Armstrong number.\n", n);
   else
      printf( "\n%d is not an Armstrong number,\n", n);
   return 0;
 }
```

Test Run

First Run

```
   Enter 3-dgit natural number : 153
   153 is an Armstrong number.
```

Second Run

```
   Enter 3-dgit natural number : 135
   135 is not an Armstrong number.
```

उदाहरण 3.27: *एक फिबोनकी अनुक्रम को इस प्रकार परिभाषित किया गया है: अनुक्रम में पहला और दूसरा पद 0 और 1 है। अनुक्रम में पूर्ववर्ती दो शब्दों को जोड़कर बाद के पद पाए जाते हैं। उदाहरण के लिए, फिबोनैकि अनुक्रम के पहले 10 पद हैं*

0 1 1 2 3 5 8 13 21 34

अनुक्रम के पहले *n* पदों को उत्पन्न करने के लिए एक प्रोग्राम लिखें।

Listing 3.27

```
#include<stdio.h>
 int main()
 {
    int prev = 0, curr = 1, next, n, count;
    printf( "\nEnter value for n(>2) : " );
    scanf( "%d", &n );
    printf( "%d  %d", prev, curr );
    count = 2;
    while ( count < n )
    {
        next = prev + curr;
        printf( "%d  ", next );
        count++;
        previ = curr;
        curr = next;
    }
    printf( "\n" );
    return 0;
 }
```

Test Run

```
Enter value for n(>2) : 10
0  1  1  2  3  5  8  13  21  34
```

उदाहरण 3.28: *निम्नलिखित आंकड़ा दो धनात्मक पूर्णांक 25 और 320 के सबसे बड़े सामान्य भाजक (GCD) की गणना करने के तरीके को दर्शाता है।*

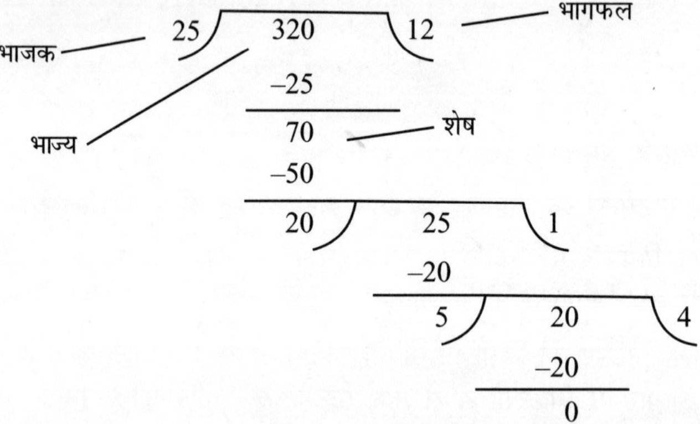

चित्र 3.13: लंबे विभाजन का उपयोग करके जीसीडी के लिए कम्प्यूटेशनल प्रक्रिया का चित्रण

ऊपर दिए गए चित्र से आपने देखा होगा कि क्रमिक विभाजनों में, पिछले भाग का भाजक भाज्य बन जाता है, शेष भाजक बन जाता है और विभाजन फिर से किया जाता है। यह प्रक्रिया तब तक की जाती है जब तक कि रिमाइंडर शून्य न हो जाए और वर्तमान भाजक को दी गई पूर्णांक संख्याओं के CGD के रूप में लिया जाता है।

दो धनात्मक पूर्णांक *m* और *n* का सबसे बड़ा उभयनिष्ठ भाजक (GCD) ज्ञात करने के लिए एक प्रोग्राम लिखें।

Listing 3.28

```
#include<stdio.h>
 void main()
 {
    int m, n, r;
    printf( "\nEnter value for m : " );
    scanf( "%d", &m );
    printf( "Enter value for n : " );
    scanf( "%d", &n );
    while ( 1 )
    {
       r = n % m;
       if ( r == 0 )
       {
          printf( "\nGCD = %d\n", n );
          return;
       }
       n = m;
       m = r;
    }
 }
```

Test Run

```
Enter value for m : 25
Enter value for n : 320
GCD = 5
```

इकाई सारांश

इस अध्याय में हमने सीखा है कि

- नियंत्रण स्टेटमेंट, स्टेटमेंट्स के निष्पादन के क्रम को नियंत्रित करने की अनुमति देता है।
- स्टेटमेंट्स के इस नियंत्रण में वैकल्पिक स्टेटमेंट्स में से एक स्टेटमेंट का चयन करना या कुछ चयनित स्टेटमेंट्स को बार-बार निष्पादित करना शामिल हो सकता है।
- *if-else* और *switch* स्टेटमेंट को डिसीजन मेकिंग स्टेटमेंट के रूप में जाना जाता है क्योंकि वे दिए गए कंडीशन के परिणाम के आधार पर विकल्पों में से एक स्टेटमेंट को चुनने की अनुमति देते हैं।
- *switch* स्टेटमेंट केवल उन स्थितियों के साथ काम करता है जहां एक शर्त अभिन्न मान ले सकती है।
- *for, while* और *do-while* स्टेटमेंट्स को पुनरावृत्त या लूपिंग स्टेटमेंट के रूप में जाना जाता है क्योंकि वे चयनित स्टेटमेंट्स को दोहराने (पुनरावृत्त) की अनुमति देते हैं।
- *for* स्टेटमेंट को उन स्थितियों में प्राथमिकता दी जाती है जहां हम पहले से जानते हैं कि स्टेटमेंट को कितनी बार निष्पादित किया जाना है।

- *while* और *do-while* स्टेटमेंट्स को प्राथमिकता दी जाती है जब स्टेटमेंट्स को निष्पादित करने की संख्या कुछ शर्तों की संतुष्टि पर निर्भर करती है।
- *while* और *do-while* स्टेटमेंट के बीच एकमात्र अंतर है, *do-while* स्टेटमेंट में हमेशा लूप को कम से कम एक बार निष्पादित किया जाता है जबकि *while* में लूप को निष्पादित किया जा सकता है या नहीं भी किया जा सकता है।
- *break* स्टेटमेंट का उपयोग *switch* और सभी लूपिंग स्टेटमेंट के साथ किया जाता है। इसके निष्पादन पर, यह नियंत्रण को ब्लॉक के बाहर स्थानांतरित करता है।
- जब *switch* स्टेटमेंट के साथ प्रयोग किया जाता है, तो *break* स्टेटमेंट स्विच स्टेटमेंट के दायरे से बाहर नियंत्रण लेता है।
- जब लूपिंग स्टेटमेंट के साथ प्रयोग किया जाता है, तो *break* स्टेटमेंट लूप के बाहर नियंत्रण लेता है, यानी, यह लूप के निष्पादन को समाप्त करता है।
- *continue* स्टेटमेंट का उपयोग केवल लूपिंग स्टेटमेंट्स के साथ किया जाता है। इसका निष्पादन इसके बाद के स्टेटमेंट्स को छोड़ देता है, यानी, यह वर्तमान पुनरावृत्ति को समाप्त कर देता है और अगला पुनरावृत्ति नए सिरे से शुरू होता है।

अभ्यास

विषयपरक प्रश्न

1. जब *if* स्टेटमेंट में कोई *else* संबंद्ध नहीं होता है, तो क्या होता है जब कंडीशन का मूल्यांकन शून्य मान पर होता है?
2. *if-else* स्टेटमेंट पर *switch* स्टेटमेंट का क्या फायदा है?
3. नेस्टिंग का क्या अर्थ है?
4. क्या निम्नलिखित प्रोग्राम में कुछ गलत है?

```
void main()
{
    char ch;
    if ( ( ch = getche() ) == 'a' )
        printf("\nYou typed character a\n");
}
```

5. *break* स्टेटमेंट का उपयोग कहाँ किया जाता है और इसका कार्य क्या है?
6. *switch* स्टेटमेंट का उपयोग करके निम्नलिखित कोड खंड को फिर से लिखें:

```
char code;
code = getchar();
if ( code == 'A' )
   printf("\nAccountant\n");
else if ( code == 'C' || code == 'G' )
```

```
        printf("\nGrade IV\n");
    else if ( code == 'F' )
        printf("\nFinancial Advisor\n");
    else
        printf("\nIncorrect code\n");
```

7. *if-else* **स्टेटमेंट्स का उपयोग करके निम्नलिखित कोड खंड को फिर से लिखें:**

```
int month;
scanf("%d", &month);
switch ( month )
{
   case 1 :
   case 3 :
   case 5 :
   case 7 :
   case 8 :
   case 10:
   case 12: printf("\nIt is a month having 31 days\n");
            break;
   case 4 :
   case 6 :
   case 9 :
   case 11: printf("\nIt is a month having 30 days\n");
            break;
   case 2:  printf("\nIt is a month having 28/29 days\n");
   default: printf("\nIncorrect month\n");
}
```

8. *switch* **स्टेटमेंट का उपयोग करके निम्नलिखित कोड खंडों को फिर से लिखें:**

```
if ( ch == 'N' )            if (ch == 'O')
    north++;                    Outstanding++;
if ( ch == 'S' )          else if (ch == 'E')
    south++;                     Excellent++;
if ( ch == 'E' )          else if (ch == 'G')
    east++;                          Good++ ;
if ( ch == 'W' )          else if (ch == 'P')
    west++;                          Poor++;
 else                      else
   unknown++;                    Unknown++ ;
```

9. *if-else* और *switch* के संचालन में कोई दो अंतर लिखिए।
10. *switch* स्टेटमेंट में ब्रेक स्टेटमेंट की अनुपस्थिति का क्या प्रभाव है?
11. क्या होता है यदि *while* स्टेटमेंट की व्यंजक शुरू में गलत है?
12. *while* और *do-while* स्टेटमेंट में क्या अंतर है?
13. *do-while* स्टेटमेंट को *while* स्टेटमेंट के दौरान कब प्राथमिकता दी जाती है?
14. क्या *for* स्टेटमेंट के इंक्रीमेंट पार्ट में मल्टीपल इंक्रीमेंट एक्सप्रेशन हो सकते हैं?
15. *while* स्टेटमेंट को *for* स्टेटमेंट की तुलना में कब प्राथमिकता दी जाती है?
16. ब्रेक स्टेटमेंट का उपयोग कहाँ किया जाता है और इसका कार्य क्या है?
17. *continue* स्टेटमेंट का कार्य क्या है?
18. *break* और कंटिन्यू स्टेटमेंट की कार्यप्रणाली के बीच अंतर करें।

बहुविकल्पी प्रश्न

1. निम्नलिखित कोड पर विचार करें :

```
switch(ch)
{
   case 'a': printf("a");
   case 'b': printf("b");
   default:  printf("error");
}
```

यदि वर्ण चर *ch* को मान 'a' दिया जाता है, तो आउटपुट होगा।

(*a*) a (*b*) ab

(*c*) aberror (*d*) error

2. निम्नलिखित कोड पर विचार करें :

```
int a = 6, b = 6;
  if ( b == 6 || --a )
{
  statement1;
  statement2;
}
```

मान लीजिए स्टेटमेंट 1 और स्टेटमेंट 2 *a* और *b* के मान को संशोधित नहीं करते हैं, तो उपरोक्त कोड को निष्पादित करने के बाद *a* का मान क्या है?

(*a*) 6 (*b*) 5

(*c*) 7 (*d*) Error

3. निम्नलिखित में से कौन सा स्टेटमेंट स्विच स्टेटमेंट के बारे में सही है?
   (*a*) इसमें शून्य या अधिक मामले हो सकते हैं
   (*b*) स्थिर अभिव्यक्ति वैध केस मान हैं
   (*c*) बाद के मामलों के नियंत्रण से बचने के लिए प्रत्येक मामले के स्टेटमेंट ब्लॉक में अंतिम विवरण के रूप में ब्रेक स्टेटमेंट होना चाहिए
   (*d*) उपरोक्त सभी

4. यदि स्विच स्टेटमेंट में डिफॉल्ट स्टेटमेंट को छोड़ दिया जाता है और केस वैल्यू के साथ कोई मेल नहीं होता है, तो
   (*a*) स्विच ब्लॉक में कोई बयान निष्पादित नहीं किया जाता है
   (*b*) स्विच ब्लॉक में सभी बयानों को निष्पादित करें
   (*c*) केवल अंतिम केस ब्लॉक में बयान निष्पादित करें
   (*d*) एक रन टाइम त्रुटि होती है

5. निम्नलिखित प्रोग्राम को संकलित करने और चलाने के प्रयास का परिणाम क्या होगा?

```
#include <stdio.h>
void main()
{
  int c;
  printf( "\nEnter value of c: " );
  scanf( "%d", &c);
  switch(c);
{
case 1 : printf( "\nHello 1\n" );
         break;
case 2 : printf( "\nHello 2\n" );
         break;
default : printf( "\nInvaild value\n" );
         break;
case 3 : printf( "\nHello 3\n" );
         break;
case 4 : printf( "\nHello 4\n" );
}
}
```

   (*a*) प्रोग्राम संकलित करने में विफल रहेगा क्योंकि डिफॉल्ट सभी वैद्य मामलों के बाद ही अंत में प्रकट हो सकता है
   (*b*) प्रोग्राम संकलित और निष्पादित करेगा
   (*c*) प्रोग्राम संकलित करने में विफल हो जाएगा और कंपाइलर सभी मामलों और ब्रेक स्टेटमेंट के लिए "*Misplaced break in function main*" के बाद "*Case outside of switch statement in function main*" के रूप में सिंटैक्स त्रुटि की रिपोर्ट करेगा
   (*d*) उपरोक्त में से कोई नहीं

6. निम्नलिखित कार्यक्रम पर विचार करें।

```
#include <stdio.h>
void main()
{
  int a, b = 10;
  scanf( "%d", &a );
  if ( a = 0 )
    b *= 2;
  else
      b /= 2;
   printf( "%d", b );
}
```

संख्या 6 के उपयोगकर्ता इनपुट के साथ उपरोक्त कार्यक्रम को क्रियान्वित करने का परिणाम क्या होगा?

(*a*) 20 (*b*) 10

(*c*) 5 (*d*) कोई

7. निम्नलिखित में से कौन स्विच स्टेटमेंट में एक मान्य प्रकार का एक्सप्रेशन नहीं है?

(*a*) char (*b*) पूर्णांक

(*c*) फ्लोट (*d*) एनम

8. निम्नलिखित प्रोग्राम का आउटपुट क्या होगा?

```
void main() {
  char val=1;
   if(val--==0)
     printf("TRUE");
  else
     printf("FALSE");
}
```

(*a*) TRUE (*b*) FALSE

(*c*) त्रुटि (*d*) उपरोक्त में से कोई नहीं

9. निम्नलिखित प्रोग्राम का आउटपुट क्या होगा?

```
#define TRUE 1
void main()
{
    if(TRUE)
        printf("1");
        printf("2");
    else
        printf("3");
        printf("4");
}
```

(*a*) त्रुटि (*b*) 1

(*c*) 12 (*d*) 34

10. निम्नलिखित प्रोग्राम का आउटपुट क्या होगा?

```
void main()
{
    int a=10;
    switch(a) {
        case 5+5:
            printf("Hello\n");
        default:
            printf("OK\n");
    }
}
```

(*a*) Hello (*b*) OK
(*c*) Hello OK (*d*) त्रुटि

11. निम्नलिखित प्रोग्राम का आउटपुट क्या होगा?

```
void main()
{
    int a=2;
    switch(a)
    {
        printf("Message\n");
        default:
            printf("Default\n");
        case 2:
            printf("Case-2\n");
     case 3:
            printf("Case-3\n");
    }
    printf("Exit from switch\n");
}
```

(*a*) Case-2 (*b*) Message
(*c*) Message Case-2 (*d*) Case-2 Case-3 Exit from switch

12. निम्नलिखित प्रोग्राम का आउटपुट क्या होगा?

```
void main()
{
     short day=2;
     switch(day)
     {
```

```
            case 2: || case 22:
                printf("%dnd",day);
            break;
            default:
               printf("%dth",day);
            break;
        }
    }
```

(*a*) 2nd (*b*) 22nd

(*c*) त्रुटि (*d*) 2nd 22nd

13. निम्नलिखित प्रोग्राम का आउटपुट क्या होगा?

```
void main()
{
  int a=2;
  switch(a)
  {
    case 1L:
      printf("One\n"); break;
    case 2L:
      printf("Two\n"); break;
    default:
      printf("Else\n"); break;
  }
}
```

(*a*) One (*b*) Two

(*c*) त्रुटि (*d*) Else

14. निम्नलिखित प्रोग्राम का आउटपुट क्या होगा?

```
#define TRUE 1
void main()
{
  switch(TRUE)
  {
      printf("Hello");
  }
}
```

(*a*) हैलो (*b*) कोई आउटपुट नहीं

(*c*) कचरा मूल्य (*d*) त्रुटि

15. निम्नलिखित प्रोग्राम का आउटपुट क्या होगा?

```
void main()
{
    int x;
    float y = 5.5;
    switch(x=y+1)
    {
        case 6: printf("It's Eight."); break;
        default: printf("Oops No choice here.");
    }
}
```

(*a*) Oops No choice here. (*b*) It's Eight. Oops No choice here.

(*c*) It's Eight (*d*) त्रुटि

16. निम्नलिखित कोड पर विचार करें

```
while ( ++i <= n );
```

निम्नलिखित को पूरा करना क्या होगा?

(*a*) n (*b*) $n - 1$

(*c*) $n + 1$ (*d*) $n + 2$

17. निम्नलिखित कोड पर विचार करें। इसका आउटपुट क्या है?

```
for ( i = 1;i <= 5; i++ )
{
    printf( "%d", i += 2 );
}
```

(*a*) 1 2 3 4 5 (*b*) 3 4 5 6 7

(*c*) 3 5 7 9 11 (*d*) 3 6

18. निम्नलिखित में से कौन सा स्टेटमेंट continue कथन के बारे में सत्य नहीं है?

(*a*) इसका उपयोग स्विच स्टेटमेंट के संयोजन के साथ किया जा सकता है

(*b*) यह लूप को समाप्त करता है

(*c*) यह वर्तमान पुर्नरावृत्ति को समाप्त करता है

(*d*) इसका उपयोग सभी लूपिंग स्टेटमेंट के साथ-साथ स्विच स्टेटमेंट के साथ किया जा सकता है

19. निम्नलिखित में से कौन सा स्टेटमेंट स्विच स्टेटमेंट के बारे में सही नहीं है?

(*a*) इसमें शून्य या अधिक मामले हो सकते हैं

(*b*) स्थिर अभिव्यक्ति वैद्य केस मान हैं

(*c*) स्विच स्टेटमेंट में अभिव्यक्ति फ्लोट प्रकार की हो सकती है

(*d*) बाद के मामलों में नियंत्रण से बचने के लिए प्रत्येक मामले के स्टेटमेंट ब्लॉक में अंतिम विवरण के रूप में ब्रेक स्टेटमेंट होना चाहिए

20. continue स्टेटमेंट का प्रयोग किया जाता है।

(*a*) लूप स्टेटमेंट के अगले पुर्नरावृत्ति को जारी रखें

(*b*) लूप स्टेटमेंट के ब्लॉक से बाहर निकलें

(*c*) सबसे बाहरी ब्लॉक से बाहर निकलें, यहां तक कि इसका उपयोग अंतरतम ब्लॉक में भी किया जाता है

(*d*) प्रोग्राम का निष्पादन जारी रखें, यहां तक कि त्रुटि भी होती है

21. निम्नलिखित कार्यक्रम पर विचार करें

```
void main()
{
    int i, j;
    for ( i = 0; j = 10; i < j;  i++, j-- );
        printf( "x" );
}
```

कितनी बार अक्षर 'x' छपेगा?

(*a*) 5 (*b*) 1

(*c*) 10 (*d*) 4

22. निम्नलिखित कार्यक्रम पर विचार करें

```
void main()
{
    unsigned char ch;
    for ( ch = 0; ch <= 256; ch++ )
        printf( "%d = %c", ch, ch );
}
```

लूप के लिए कितनी बार निष्पादित किया जाएगा?

(*a*) 256 (*b*) 255

(*c*) 257 (*d*) असीम रूप से

23. निम्नलिखित प्रोग्राम में कितनी बार जबकि लूप निष्पादित किया जाएगा?

```
void main()
{
   int j = 1;
   while ( j <= 100 );
   {
      printf("\nj = %d, j*j = %d", j, j*j );
    j++;
   }
}
```

(*a*) अनंत बार (*b*) 100 गुना

(*c*) 99 बार (*d*) 101 बार

24. निम्नलिखित प्रोग्राम का आउटपुट क्या होगा?

```
void main()
{
  int i;
   for( i = 0; i < 5; i++ )
    {
      int j = 3;
      printf("%d  ",i*j);
    }
   printf("%d",j);
}
```

(*a*) कार्यक्रम सफलतापूर्वक संकलित और निष्पादित होगा

(*b*) प्रोग्राम संकलित करने में विफल हो जाएगा

(*c*) प्रोग्राम के रूप में आउटपुट देगा 3 12 9 6 3 0

(*d*) उपरोक्त में से कोई नहीं

25. निम्नलिखित प्रोग्राम का आउटपुट क्या होगा?

```
void main()
{
   int i = 0;
   for(;;)
  {
    if ( i++ == 4 ) break;
    continue;
  }
  printf("i = %d",i);
}
```

(*a*) $i = 4$ (*b*) $i = 5$

(*c*) $i = 0$ (*d*) त्रुटि

उत्तरमाला									
1.	(*c*)	**2.**	(*a*)	**3.**	(*d*)	**4.**	(*a*)	**5.**	(*c*)
6.	(*c*)	**7.**	(*c*)	**8.**	(*a*)	**9.**	(*a*)	**10.**	(*c*)
11.	(*d*)	**12.**	(*c*)	**13.**	(*b*)	**14.**	(*b*)	**15.**	(*c*)
16.	(*c*)	**17.**	(*d*)	**18.**	(*d*)	**19.**	(*c*)	**20.**	(*a*)
21.	(*b*)	**22.**	(*d*)	**23.**	(*a*)	**24.**	(*b*)	**25.**	(*b*)

प्रोग्रामिंग समस्याएं

1. किसी अंकगणितीय ऑपरेटर का प्रयोग किए बिना दी गई प्राकृत संख्या EVEN या ODD है या नहीं यह जांचने के लिए एक प्रोग्राम लिखें।
2. *a*, *b* और *c* के रूप में तीन रेखाखंडों के माप को देखते हुए, यह जांचने के लिए एक प्रोग्राम लिखें कि क्या इन रेखाखंडों का उपयोग त्रिभुज बनाने के लिए किया जा सकता है या नहीं।
3. एक त्रिभुज ABC के तीन कोणों की माप को क्रमशः *a*, *b* और *c* डिग्री के रूप में दिया गया है, यह जाँचने के लिए एक प्रोग्राम लिखें कि इन कोणों से त्रिभुज बनाया जा सकता है या नहीं।
4. दिया गया अक्षर स्वर है या व्यंजन, यह जांचने के लिए स्विच स्टेटमेंट का उपयोग करके एक प्रोग्राम लिखें।
5. किसी कोण की माप को डिग्री में और घड़ी की विपरीत दिशा में देखते हुए, कोण का प्रकार ज्ञात करने के लिए एक प्रोग्राम लिखें।
6. तीन बिंदुओं $A(x_1, y_1)$, $B(x_2, y_2)$ और $C(x_3, y_3)$ को देखते हुए, निर्धारित करें कि क्या वे संरेख हैं, अर्थात एक ही रेखा पर स्थित हैं।
7. रेखा AB पर बिंदु (x_1, y_1) और (x_2, y_2) और रेखा CD पर बिंदु (x_3, y_3) और (x_4, y_4) दिए गए हैं, यह निर्धारित करने के लिए एक प्रोग्राम लिखें कि क्या रेखाएं AB और CD एक दूसरे को काटती हैं।
8. किसी निश्चित तिथि पर सप्ताह का दिन ज्ञात करने के लिए एक कार्यक्रम लिखें।
9. दिन/माह/वर्ष दोनों प्रारूप में अपनी जन्मतिथि और आज की तारीख दिए जाने पर अपनी आयु ज्ञात करने के लिए एक कार्यक्रम लिखें।
10. समय को 12 घंटे के सिस्टम से 24 घंटे के सिस्टम में बदलने के लिए एक प्रोग्राम लिखें।
11. समय को 24 घंटे के सिस्टम से 12 घंटे के सिस्टम में बदलने के लिए एक प्रोग्राम लिखें।
12. समय में अंतर खोजने के लिए एक प्रोग्राम लिखें जब प्रारंभ समय और समाप्ति समय दिया गया हो, दोनों समय hh:mm:ss प्रारूप में हैं।
13. *n*th अभाज्य संख्या ज्ञात करने के लिए एक प्रोग्राम लिखें।
14. पहले *n* अभाज्य संख्याओं को प्रिंट करने के लिए एक प्रोग्राम लिखें।
15. फिबोनकी अनुक्रम का *n*वाँ पद ज्ञात करने के लिए एक प्रोग्राम लिखिए।
16. आप जानते हैं कि एक सम संख्या वह संख्या होती है जो 2 से विभाज्य होती है। हालांकि, एक और तरीका है जिसका उपयोग यह जांचने के लिए किया जा सकता है कि दी गई संख्या सम है या नहीं। दृष्टिकोण इकाई अंक का निरीक्षण करके है - यदि इकाई अंक 0, 2, 4, 6, या 8 है, तो संख्या सम है। इसलिए आपको यह जांचने के लिए एक प्रोग्राम लिखना होगा कि दी गई संख्या सम है या नहीं, बिना 2 से भाग किए।

प्रायोगिक कार्य

1. द्विघात समीकरण के मूल ज्ञात करने के लिए एक प्रोग्राम लिखिए।
   उदाहरण 3.8 का संदर्भ लें।
2. दी गई प्राकृत संख्या अभाज्य संख्या है या नहीं इसका परीक्षण करने के लिए एक प्रोग्राम लिखिए।
   उदाहरण 3.24 का संदर्भ लें।
3. यह जांचने के लिए एक प्रोग्राम लिखें कि दी गई प्राकृत संख्या पैलिंड्रोम संख्या है या नहीं।
   उदाहरण 3.25 का संदर्भ लें।
4. यह जांचने के लिए एक प्रोग्राम लिखें कि दी गई तारीख *dd@mm@yyyy* प्रारूप में मान्य है या नहीं।

Listing 3.29

```
/*
    Program to check whether the date given in format dd/mm/yyyy
    is valid or not.
*/

#include<stdio.h>
int main()
{
   int mm, dd, yyyy;
   char ch;
   printf( "\nEnter date in format dd/mm/yyyy : ");
   scanf( "%2d%c%2d%c%4d", &dd, &ch, &mm, &ch, &yyyy );

   if ( mm < 1 || mm > 12 ) {
       printf( "\nDate is Invald.\n");
       return 0;
   }
   if ( mm == 2 ) {
       /* condition to check for leap year  */
       if ( (yyyy%400==0)||( (yyyy%4==0)&&(yyyy%100!=0) ) ) {
           if ( dd > 1 && dd <= 29 )
               printf( "\nDate is valid.\n");
           else
               printf( "\nDate is invald.\n");
       } else {
           if ( dd > 1 && dd <= 28 )
               printf( "\nDate is valid.\n");
           else
               printf( "\nDate is invald.\n");
       }
   } else if ( mm == 4 || mm == 6 || mm == 9 || mm == 11 ) {
       if ( dd > 1 && dd <= 30 )
           printf( "\nDate is valid.\n");
       else
           printf( "\nDate is invald.\n");
   } else {
       if ( dd > 1 && dd <= 31 )
           printf( "\nDate is valid.\n");
       else
           printf( "\nDate is invald.\n");
   }
   return 0;
}
```

Test Run

```
Test Run 1
Enter date in format dd/mm/yyyy : 29/2/2020
Date is valid.
Test Run 2
Enter date in format dd/mm/yyyy : 29/2/2021
Date is invalid.
```

5. आर्मस्ट्रांग के सभी नंबरों को प्रिंट करने के लिए एक प्रोग्राम लिखें।

ध्यान दें कि आर्मस्ट्रांग संख्या 3-अंकीय संख्याएँ हैं। इसलिए, हम 100 (पहली ३-अंकीय संख्या) से शुरू करते हैं और 999 (अंतिम 3-अंकीय संख्या) तक जारी रखते हैं, और रास्ते में प्रत्येक संख्या का परीक्षण करके देखते हैं कि क्या यह आर्मस्ट्रांग संख्या है।

Listing 3.30

```
/*
     Program to find prime numbers in the range m..n.
     Value of m and n will be supplied by user at execution time
 */
 #include<stdio.h>
 int main()
 {
    int i, t, s, d;
    printf( "\nFollowing is list of all Armstrong numbers.\n\n");
    for ( i = 100; i <= 999; i++ )
    {
       t = i;
       s = 0;
       while ( t > 0 )
       {
          d = t % 10;
          s = s + d * d * d;
          t = t / 10;
       }
       if ( s == i )
           printf("%d  ", i);
    }
    printf( "\n");
    return 0;
 }
```

Test Run

```
Test Run 1
Following is list of all Armstrong numbers.
153  370  371  407
```

6. m, n के दायरे में सभी अभाज्य संख्याओं को प्रिंट करने के लिए एक प्रोग्राम लिखें। m और n के मान उपयोगकर्ता द्वारा निष्पादन समय पर प्रदान किए जाएंगे।

Listing 3.31

```
/*
     Program to find prime numbers in the range m..n.
     Value of m and n will be supplied by user at execution time
 */
 #include<stdio.h>
 #include<math.h>
 int main()
 {
    int i, m, n, k, mm;
     printf( "\nProgram to find prime numbers in the range m..n\
n\n");
    printf( "\nEnter value of m(>=2) : ");
    scanf( "%d", &m );
    printf( "\nEnter value of n : ");
    scanf( "%d", &n );

   printf( "\n\nPrime numbers in the range %d..%d are\n\n", m, n);
    for ( i = m; i <= n; i++ )
    {
        if ( ( i > 2 ) && ( ( i % 2 ) == 0 ) )
            continue;

        mm = sqrt(i);
        for ( k = 3; k <= mm; k += 2 )
        {
            if ( i % k == 0 )
                break;
        }
        if ( k > mm )
            printf( "%d  ", i );
    }
    printf( "\n");
    return 0;
 }
```

Test Run

```
Program to find prime numbers in the range m..n
Enter value of m(>=2) : 10
Enter value of n : 50
Prime numbers in the range 10..50 are
11  13  17  19  23  29  31  37  41  43  47
```

अधिक जानिए

कंडीशनल ब्रांचिंग और लूपिंग का विषय प्रोग्रामिंग का मुख्य भाग है। इसलिए, छात्रों से विषय पर अच्छी पकड़ की उम्मीद की जाती है।

शिक्षक से अपेक्षा की जाती है कि वह छात्रों की सक्रिय भागीदारी के साथ तर्क विकसित करने के लिए शुरू की गई समस्या पर चर्चा करे।

शिक्षक को समस्या के समाधान को निर्देशित नहीं करना चाहिए, इसलिए कार्यक्रम, बल्कि यह सुविधा प्रदान करनी चाहिए कि छात्र संदर्भ के रूप में पुस्तकों में सूचीबद्ध कार्यक्रमों का उपयोग करके स्वयं कार्यक्रम विकसित करें।

कार्यक्रम की शुद्धता सुनिश्चित करने के लिए शिक्षक को परीक्षण और डिबगिंग की प्रक्रिया का भी प्रदर्शन करना चाहिए।

संदर्भ एवं अध्ययन हेतु सुझाव

1. R. S. Salaria, Problem Solving & Programming in C, Khanna Book Publishing Co(P) Ltd., New Delhi.
2. E. Balagurusamy, Programming in ANSI C, Tata McGraw Hill, New Delhi.
3. Yashavant Kanetkar, Let Us C, BPB Publications, New Delhi.
4. Byron Gottfried, Programming with C, Schaum's Outlines.
5. https://onlinecourses.nptel.ac.in/noc21_cs01/preview
6. https://ocw.mit.edu/courses/intro-programming/
7. https://www.programiz.com/c-programming
8. https://www.javatpoint.com/c-programming-language-tutorial

4 सारणियाँ

यूनिट विशिष्ट

यह यूनिट सारणियों (Arrays) से संबंधित विषयों पर चर्चा करती है। ये सारणियाँ संख्यात्मक डेटा या वर्ण डेटा की हो सकती हैं। सी भाषा में स्ट्रिंग्स को संभालने के लिए वर्णों की सारणी का उपयोग किया जाता है। यह यूनिट सारणियों और स्ट्रिंग्स के विभिन्न पहलुओं की व्याख्या करती है, और उपयुक्त उदाहरणों के साथ उनके उपयोग को प्रदर्शित करती है।

भूमिका

वास्तविक जीवन की समस्याओं में, वास्तविक स्थितियों में हमें इस तरह के डेटा संग्रह से निपटना पड़ता है जो समरूप या विषम हो सकता है। इसके अलावा, डेटा का संग्रह प्रकृति में संख्यात्मक या गैर-संख्यात्मक हो सकता है।

इसलिए, समरूप डेटा एकत्र करने से संबंधित वास्तविक जीवन की समस्याओं को हल करने के लिए, हमें डेटा को मेमोरी में संग्रहीत करने के लिए उपयुक्त डेटा संरचना की आवश्यकता होती है, और समस्या के समाधान पर पहुंचने के लिए उनके प्रसंस्करण की सुविधा की आवश्यकता होती है।

एक सारणी (ऐरे) एक डेटा संरचना है जो सजातीय डेटा के संग्रह को संग्रहीत करने के साथ-साथ संसाधित करने में बहुत आसान है।

यह इकाई छात्र को सारणियों से संबंधित विभिन्न पहलुओं को समझने और समरूप डेटा संग्रह से संबंधित वास्तविक जीवन की समस्याओं के लिए प्रोग्राम विकसित करने में मदद करेगी।

पूर्व-अपेक्षित ज्ञान

- मूल डेटा प्रकार
- लूप और नेस्टेड लूप
- सशर्त ब्रांचिंग

यूनिट आउटकम्स

इस इकाई के पूर्ण अध्यन करने के बाद, विद्यार्थी निम्न में सक्षम होंगे:

U4-O1: सारणियों की अवधारणा की व्याख्या करने में

U4-O2: सारणियों का इनपुट/आउटपुट घोषित करना, आरंभ करना और निष्पादित करने में

U4-O3: एल्गोरिथम और प्रोग्राम बनाने के लिए सारणियों का उपयोग करने में

U4-O4: मैट्रिक्स से संबंधित समस्याओं को हल करने के लिए सारणियों का उपयोग करने में

U4-O5: स्ट्रिंग्स को वर्णों की एक सारणी के रूप में समझाने में

U4-O6: मानक स्ट्रिंग हैंडलिंग फंक्शंस के उपयोग को प्रदर्शित करने में

यूनिट-4 आउटकम्स	कोर्स आउटकम्स (COs) के साथ अपेक्षित संबंध *(1-कमजोर सहसंबंध; 2-मध्यम सहसंबंध; 3-मजबूत सहसंबंध)*							
	CO-1	**CO-2**	**CO-3**	**CO-4**	**CO-5**	**CO-6**	**CO-7**	**CO-8**
U4-O1	1	–	–	–	–	–	–	–
U4-O2	–	–	1	–	–	–	–	–
U4-O3	–	–	–	–	–	3	–	–
U4-O4	–	–	–	–	–	3	–	–
U4-O5	–	–	1	–	–	–	–	–
U4-O6	–	–	–	–	–	2	–	–

4.1 प्रस्तावना

एक सारणी एक ही नाम से वर्णित सजातीय डेटा तत्वों (यानी, एक ही डेटा प्रकार का) का एक संग्रह है, और एक सारणी के प्रत्येक व्यक्तिगत तत्व को एक सबस्क्रिप्टेड चर द्वारा संदर्भित किया जाता है, जो सारणी नाम को एक सबस्क्रिप्ट या इंडेक्स संलग्न करके (कोष्ठक में) बनाया जाता है।

सबस्क्रिप्ट शब्द का वही अर्थ है जो गणितीय संकेतन में है।

सारणियों के प्रकार

- **एक-आयामी (1-डी) सारणी** - यह एक प्रकार का सारणी है जहां हमें इसके तत्वों तक पहुंचने के लिए केवल एक सबस्क्रिप्ट की आवश्यकता होती है। एक-आयामी सारणी को रैखिक सारणी के रूप में भी जाना जाता है। यह सारणी का सबसे अधिक इस्तेमाल किया जाने वाला प्रकार है।
- **द्वि-आयामी (2-डी) सारणी** - यह एक प्रकार की सारणी है जहां हमें इसके तत्वों तक पहुंचने के लिए दो सबस्क्रिप्ट की आवश्यकता होती है। इस सारणी का उपयोग डेटा को संग्रहीत करने के लिए किया जाता है जहां इसके तत्वों को आयताकार फैशन में व्यवस्थित किया जाता है, यानी पंक्तियों और स्तंभों में। व्यावसायिक शब्दावली में हम इसे एक तालिका कहते हैं, और गणित की शब्दावली में, हम इसे एक मैट्रिक्स कहते हैं।
- **बहु-आयामी सारणियाँ** - यह एक प्रकार की सारणी है जहाँ हमें इसके तत्वों तक पहुँचने के लिए दो से अधिक सबस्क्रिप्ट की आवश्यकता होती है। इस प्रकार के सारणियों का उपयोग जटिल इंजीनियरिंग समस्याओं से संबंधित डेटा को संग्रहीत करने के लिए किया जाता है।

  इस इकाई में, हमारी चर्चा 1-डी और 2-डी तक ही सीमित रहेगी। इसके अलावा, हम उन स्ट्रिंग्स पर भी चर्चा करेंगे जो वर्ण सारणियों का एक विशेष मामला है।

4.2 एक-आयामी सारणी

चित्र 4.1 *marks* नाम की एक-आयामी सारणी के विभिन्न पहलुओं को दर्शाता है, जो 10 छात्रों के अंक संग्रहित करती है।

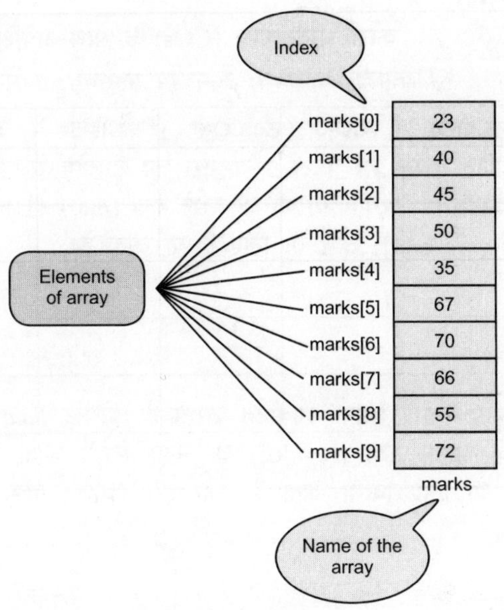

चित्र 4.1: अंक सारणी

4.2.1 घोषणा

एक सारणी का उपयोग करने से पहले उसे घोषित किया जाना चाहिए। सारणी घोषणा कंपाइलर को सारणी का नाम, उसके तत्वों का प्रकार और सारणी में तत्वों का आकार या संख्या बताती है। सारणी का आकार (Array declaration), स्थिर है और कंपाइलेशन समय पर इसका मान होना चाहिए।

एक आयामी सारणी की घोषणा के लिए वाक्य रचना है

```
type arrayName[arraySize];
```

चित्र 4.2 तीन अलग-अलग सारणी घोषणाओं को दिखाता है, एक पूर्णांक के लिए, एक फ्लोटिंग-पॉइंट नंबरों के लिए और एक वर्णों के लिए। सारणियों के तत्वों को इस समय केवल पूर्णता के लिए दिखाया गया है।

marks[0]	56	cgpa[0]	5.0	name[0]	A
marks[1]	76	cgpa[1]	4.5	name[1]	n
marks[2]	54	cgpa[2]	7.0	name[2]	n
marks[3]	77	cgpa[3]	8.0	name[3]	i
marks[4]	50	cgpa[4]	6.5	name[4]	
marks[5]	80	cgpa[5]	7.0	name[5]	S
marks[6]	68	cgpa[6]	5.5	name[6]	u
marks[7]	43	cgpa[7]	6.0	name[7]	d
marks[8]	69	cgpa[8]	8.5	name[8]	\0
marks[9]	80	cgpa[9]	9.0	name[9]	
`int marks[10];`		`float cgpa[10];`		`char name[10];`	
(a)		(b)		(c)	

चित्र 4.2: 1-डी सारणियों की घोषणा

घोषणा स्टेटमेंट

```
int marks[10];
```

int प्रकार के प्रत्येक तत्व के लिए 20 बाइट्स (टर्बो C/C++ कंपाइलर में, जो एक 16-बिट कंपाइलर है) का एक सन्निहित मेमोरी ब्लॉक आवंटित करता है। पहले 2-बाइट्स का उपयोग सारणी के पहले तत्व (marks[0]) के लिए किया जाता है, अगले 2-बाइट्स का उपयोग सारणी के दूसरे तत्व (*marks*[1]) के लिए किया जाता है, और इसी तरह। अंतिम 2-बाइट का उपयोग (*marks*[9]) तत्व के लिए किया जाता है।

घोषणा स्टेटमेंट

```
float cgpa[10];
```

40 बाइट्स का एक सन्निहित मेमोरी ब्लॉक आवंटित करता है, प्रत्येक *float* तत्व के लिए, 4-बाइट्स। पहले 4-बाइट्स का उपयोग सारणी के पहले तत्व (*cgpa*[0]) के लिए किया जाता है, अगले 4-बाइट्स का उपयोग सारणी के दूसरे तत्व (*cgpa*[1]) के लिए किया जाता है, और इसी तरह। अंतिम 4-बाइट तत्व cgpa[9] के लिए उपयोग किए जाते हैं।

घोषणा स्टेटमेंट

```
char name[10];
```

10 बाइट्स का एक सन्निहित मेमोरी ब्लॉक आवंटित करता है, प्रत्येक *char* तत्व के लिए, 1-बाइट का। पहली बाइट का उपयोग सारणी के पहले तत्व (*name*[0]) के लिए किया जाता है, अगले बाइट का उपयोग सारणी के दूसरे तत्व (*name*[1]) के लिए किया जाता है, और इसी तरह। अंतिम बाइट का उपयोग तत्व *name*[9] के लिए किया जाता है।

4.2.2 आरंभीकरण

जिस तरह साधारण चर को घोषणा के साथ आरंभ किया जा सकता है, उसी तरह सारणियों के तत्वों को भी आरंभ किया जा सकता है। सारणी में प्रत्येक तत्व के लिए, हम (Initialized) एक मान प्रदान करते हैं। अंतर केवल इतना है कि मानों को ब्रेसिज में संलग्न किया जाना चाहिए, और यदि एक से अधिक हैं, तो अल्पविराम द्वारा अलग किया जाना चाहिए।

निम्नलिखित उदाहरण एक-आयामी सारणी को प्रारंभ करने के सभी संभावित तरीके प्रदान करते हैं।

निम्नलिखित स्टेटमेंट:

```
int b[10]={12, 0, 14, -4, 7, 8, 10, 11, 9, 15};
```

तत्व *b*[0] को 12, *b*[1]को 0, *b*[2] को 14, *b*[3] को –4, *b*[4] को 7, *b*[5] को 8, *b*[6] 10, *b*[7] को 11, *b*[8] को 9, *b*[9] को 15 से इनिशियलाइज करता है

यदि सारणी को इस तरह प्रारंभ किया गया है

```
int b[] = {12, 0, 14, -4, 7};
```

चूंकि सारणी का आकार निर्दिष्ट नहीं है, संकलक प्रारंभिक सूची में तत्वों की संख्या की गणना करता है और इसे सारणी आकार के रूप में ठीक करता है।

निम्नलिखित घोषणा स्टेटमेंट से आप क्या उम्मीद कर सकते हैं?

```
int b[10] = {1, 2, 3};
```

यह तत्व $b[0]$ को 1, $b[1]$ को 2, $b[2]$ को 3, और शेष सभी तत्वों को 0 से प्रारंभ करता है। हम कह सकते हैं कि आंशिक रूप से प्रारंभिक सारणी में, शेष सभी तत्वों को 0 से प्रारंभ किया जाता है।

निम्नलिखित घोषणा स्टेटमेंट से आप क्या उम्मीद कर सकते हैं?

```
int a[6]={12, 0, 14, -4, 7, 15, -20, 22, 25};
```

संकलक एक त्रुटि संदेश को चिह्नित करेगा क्योंकि आरंभीकरण सूची में घोषित आकार से अधिक तत्व हैं।

4.2.3 तत्वों तक पहुँचना

एक-आयामी सारणी में अलग-अलग तत्वों तक पहुंचने के लिए एकल *index* का उपयोग किया जाता है। *index* एक अभिन्न मूल्य या एक व्यंजक होना चाहिए जो एक अभिन्न मूल्य देता है।

उदाहरण के लिए, चित्र 4.2(*a*) में *marks* सारणी को देखते हुए हम पहले तत्व को इस प्रकार एक्सेस करेंगे

```
marks[0]
```

marks सारणी में सभी तत्वों को संसाधित करने के लिए, निम्न कोड के समान लूप का उपयोग किया जाता है:

```
for (i = 0; i < 10; i++ )
   process ( marks[i] );
```

4.2.4 इनपुट

निम्न घोषणा पर विचार करें

```
int a[50];
```

मान लीजिए, 1D सारणी में तत्वों की वास्तविक संख्या n (<=50) है। उपयोगकर्ता निष्पादन समय पर n के मान की आपूर्ति करेगा।

निम्न खंड दिखाता है कि डेटा को एक-आयामी सारणी में केसे दर्ज किया जाता है।

```
for ( i = 0; i < n; i++ )
 {
   scanf( "%d", &a[i] );
 }
```

निम्नलिखित बातों का ध्यान रखें:

1. हम सूचकांक i, को 0 से शुरू करते हैं और $(n\text{-}1)$ तक जाते हैं।
2. भले ही हम सारणी तत्वों के साथ काम कर रहे हैं, फिर भी *scanf()* फंक्शन कॉल में & ऑपरेटर आवश्यक है।

   सारणी के तत्वों को रिक्त स्थान/क्षैतिज-टैब से अलग करके एक ही पंक्ति में या प्रति पंक्ति एक तत्व दर्ज किया जा सकता है।

4.2.5 आउटपुट

किसी सारणी के तत्वों के मूल्यों को आउटपुट करने के लिए, हम निम्नानुसार लूप का उपयोग करते हैं:

```
for ( i = 0; i < n; i++ ) {
    printf( "%d  ", a[i] );
 }
 printf( "\n" );
```

सभी मान एक पंक्ति पर प्रदर्शित होते हैं, जो दो रिक्त स्थान से अलग होते हैं।

हालाँकि, यदि सभी मान एक पंक्ति में प्रदर्शित नहीं किए जा सकते हैं या तो उनके मूल्यों के परिमाण या मानों की संख्या के कारण, वे बाद की पंक्तियों में प्रदर्शित होते हैं।

लूप के पूरा होने के बाद, *printf()* फंक्शन के एक कॉल कर्सर को अगली पंक्ति में ले जाती है।

निम्नलिखित लूप प्रति पंक्ति एक मान प्रदर्शित करते हैं:

```
for ( i = 0; i < n; i++ ) {
    printf( "\n%d", a[i] );
 } printf( "\n" );
```

1-D सारणियों के उदाहरण

एक-आयामी सारणियों के विभिन्न पहलुओं को समझने के बाद, आइए हम जटिल समस्याओं को संभालने के लिए एक-आयामी सारणियों की शक्ति को प्रदर्शित करने के लिए कुछ उदाहरण प्रोग्राम लिखें।

उदाहरण 4.1: *n(≤50) आकार की एक सारणी दी गई है, जिसके तत्व int प्रकार के हैं। एक प्रोग्राम लिखें जो सारणी के उन तत्वों को आउटपुट करता है जो सम हैं।*

Listing 4.1

```
/*
   Program that outputs those elements of a 1D array that are EVEN
 */

 #include<stdio.h>

 int main()
 {
    int a[50], i, n;
    printf("\nEnter size of array n(<=50) : ");
    scanf("%d", &n);
    printf("\nEnter %d natural numbers as elements of array\n", n);
    for ( i = 0; i < n; i++ )
       scanf("%d", &a[i]);
    printf("\nEVEN elements of array are\n");
    for ( i = 0; i < n; i++ )
    {
       if ( a[i] % 2 == 0 )
           printf("%d  ", a[i]);
    }
    printf("\n");
    return 0;
 }
```

Test Rule

```
Enter size of array n(<=50) : 10
Enter 10 natural numbers as elements of array
10 7 15 14 24 23 77 35 70 12
EVEN elements of the array are
10 14 24 70 12
```

उदाहरण 4.2: *n(≤50) आकार की एक सारणी दी गई है, जिसके तत्व int प्रकार के हैं। सबसे बड़ा तत्व, सबसे छोटा तत्व और 1D सारणी के तत्वों का औसत खोजने के लिए एक प्रोग्राम लिखें।*

Listing 4.2

```
/*
    Program to find the largest element, smallest element,
    and the average of elements of 1D array
*/
#include <stdio.h>
int main()
{
    int a[20];
      int i, j, n, largest, smallest, sum;
    float average;
    printf("\nEnter size of array n(<=20) : ");
    scanf("%d", &n);
    printf("\nEnter %d element of 1D array\n", n);
    for ( i = 0; i < n; i++ )
        scanf("%d", &a[i]);
    /*  code segment to find largest element  */
    largest = a[0];
    for ( i = 1; i < n; i++ ) {
        if ( a[i] > largest )
                largest = a[i];
      }

    /*  code segment to find smallest element  */
    smallest = a[0];
    for ( i = 1; i < n; i++ ) {
        if ( a[i] < smallest )
```

```
                smallest = a[i];
      }
    /*  code segment to find average of elements  */
    sum = 0;
for ( i = 0; i < n; i++ )
            sum = sum + a[i];
average = (float) sum/n;
     /*  code segment to output the results  */
      printf("\nLargest element    = %d", largest );
      printf("\nSmallest element   = %d", smallest );
      printf("\nAverage of elements = %.2f\n", average );
    return 0;
}
```

Test Run

```
Enter size of array n(<=20) : 10
Enter 10 element of 1D array
10 24 33 15 19 21 35 20 40 16
Largest element    = 40
Smallest element   = 10
Average of elements = 23.30
```

उदाहरण 4.3: *एक दशमलव संख्या n दी हुई है। n को उसके समकक्ष बाइनरी नम्बर में बदलने के लिए एक प्रोग्राम लिखें।*

Listing 4.3

```
/*
    Program to convert a decimal number 'n' into its equivalent
    binary number. The program uses 1D array to store remainders during
    the process of conversion and then prints this array in reverse
    order.
 */
 #include <stdio.h>
 int main()
 {
    int a[20];
    int i, j, t, n;
    printf("\nEnter decimal number n : ");
   scanf("%d", &n);
```

```
    t = n;
    i = 0;
    while ( t > 0 )
    {
        a[i] = t % 2;
        i++;
        t = t / 2;
    }
    printf("\nDecimal number %d is equivalent to ", n);
    for ( j = i-1; j >= 0; j-- )
       printf("%d", a[j]);
    printf(" binary.\n");
    return 0;
}
```

Test Run

```
Enter decimal number n : 10
Decimal number 10 is equivalent to 1010 binary.
```

उदाहरण 4.4 : *n(≤50) आकार की एक सारणी दी गई है, जिसके तत्व int प्रकार के हैं। 1D सारणी के आसन्न तत्वों को स्वैप करने के लिए एक प्रोग्राम लिखें।*

Listing 4.4

```
/*
    Program to swap adjacent elements of a 1D array.
    Size of array is even number.
 */
 #include <stdio.h>
 int main()
 {
    int a[20];
      int i, n, t;
    printf("\nEnter size of array n(<=20) : ");
    scanf("%d", &n);
    printf("\nEnter %d element of 1D array\n", n);
    for ( i = 0; i < n; i++ )
        scanf("%d", &a[i]);
   /*  code segment to swap adjacent elements  */
    for ( i = 0; i < n-1; i += 2 ) {
        t = a[i];
             a[i] = a[i+1];
             a[i+1] = t;
      }
```

```
  printf("\nElements of an array after swapping adjacent elements\n");
   for ( i = 0; i < n; i++ )
      printf("%d  ", a[i]);
   printf("\n\n");

   return 0;
}
```

Test Run

```
Enter size of array n(<=20) : 10
Enter 10 element of 1D array
10 24 33 15 19 21 35 20 40 16
Elements of an array after swapping adjacent elements
14 10 15 33 21 19 20 35 16 40
```

4.3 द्वि-आयामी सारणी

जिस सारणी के लिए हमने चर्चा की है उसे एक-आयामी सारणी के रूप में जाना जाता है क्योंकि डेटा केवल एक दिशा (आयाम) में रैखिक रूप से व्यवस्थित होता है। कई अनुप्रयोगों के लिए आवश्यक है कि डेटा को एक से अधिक आयामों में व्यवस्थित किया जाए। एक सामान्य उदाहरण एक मैट्रिक्स (एक तालिका) है, जो एक सारणी है जिसमें पंक्तियों और स्तंभों का समावेश होता है।

चित्र 4.3 4 पंक्तियों और 4 स्तंभों के साथ एक मैट्रिक्स (तालिका) दिखाता है जिसे आमतौर पर दो-आयामी सारणी के रूप में उपयोग किया जाता है।

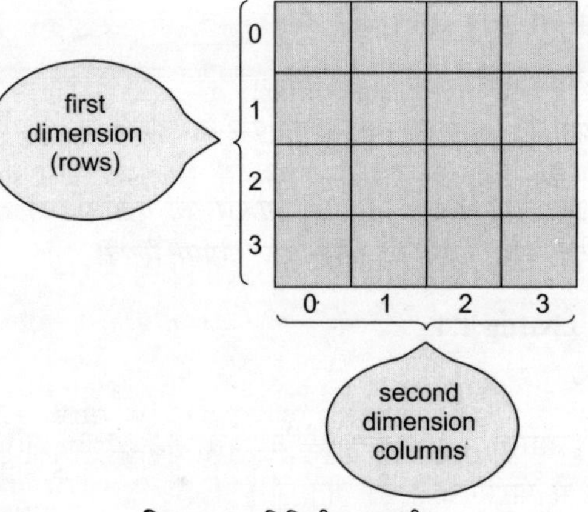

चित्र 4.3: द्विविमीय सारणी

4.3.1 घोषणा

द्वि-आयामी सारणियों को, एक-आयामी सारणियों जैसे, उपयोग करने से पहले घोषित किया जाना चाहिए। घोषणा संकलक को सारणी का नाम, उसके तत्वों का प्रकार और प्रत्येक आयाम का आकार बताता है।

द्वि-आयामी सारणी की घोषणा के लिए वाक्य रचना है

```
type arrayName[RowSize][ColSize];
```

परंपरा के अनुसार, पहला आयाम सारणी में पंक्तियों की संख्या निर्दिष्ट करता है जबकि दूसरा आयाम प्रत्येक पंक्ति में स्तंभों की संख्या निर्दिष्ट करता है।

निम्न घोषणा पर विचार करें

```
int a[3][3];
```

यह घोषणा स्टेटमेंट 18 बाइट्स का एक सन्निहित मेमोरी ब्लॉक आवंटित करता है, प्रत्येक पंक्ति के लिए 6-बाइट्स। 6-बाइट्स का पहला सेट पहली पंक्ति के तत्वों को स्टोर करने के लिए उपयोग किया जाता है, दूसरा

6-बाइट्स का सेट दूसरी पंक्ति के तत्वों को स्टोर करने के लिए उपयोग किया जाता है, और 6-बाइट्स का तीसरा सेट तीसरे के तत्वों को स्टोर करने के लिए उपयोग किया जाता है। प्रत्येक पंक्ति में, पहले 2-बाइट्स का उपयोग पहले कॉलम के तत्व को स्टोर करने के लिए किया जाता है, अगले 2-बाइट्स का उपयोग दूसरे कॉलम के तत्व को स्टोर करने के लिए किया जाता है, और अंतिम 2-बाइट्स का उपयोग तीसरे (अंतिम) के तत्व को स्टोर करने के लिए किया जाता है।

द्वि-आयामी सारणी के तत्वों को पंक्ति-वार संग्रहीत किया जाता है, अर्थात, स्मृति के आवंटित सन्निहित ब्लॉक में, पहली पंक्ति के पहले तत्व संग्रहीत किए जाते हैं, फिर दूसरी पंक्ति के तत्व, और अंत में तीसरी पंक्ति के तत्व, और इसी तरह।

4.3.2 आरंभीकरण

द्वि-आयामी सारणियों को आरंभ करने का एक तरीका नीचे दिखाया गया है:

```
int a[3][3] = { 0, 0, 0, 1, 1, 1, 2, 2, 2, 3, 3, 3 };
```

यह पहली पंक्ति के सभी तत्वों को मान 0 के साथ, दूसरी पंक्ति के तत्वों को मान 1 के साथ, तीसरी पंक्ति के तत्वों को 2 के साथ और चौथी पंक्ति के तत्वों को मान 3 के साथ आरंभ करेगा।

हालांकि उपरोक्त इनिशियलाइजेशन में कोई समस्या नहीं है, यह अत्यधिक अनुशंसा करता है कि नेस्ट ब्रेसिज का उपयोग द्वि-आयामी सारणी की सटीक प्रकृति को दिखाने के लिए किया जाए।

जैसा कि नीचे दिखाया गया है, एरे को बेहतर तरीके से इनिशियलाइज किया गया है:

```
int a[3][3] = { { 0, 0, 0 },
                { 1, 1, 1 },
                { 2, 2, 2 },
                { 3, 3, 3 },
              };
```

उपरोक्त आरंभीकरण प्रक्रिया में, हम प्रत्येक पंक्ति को ब्रेसिज में संलग्न तीन तत्वों के एक-आयामी सारणी के रूप में प्रारंभ करते हैं। तीन पंक्तियों की सारणी में ब्रेसिज का सेट भी होता है। ध्यान दें कि हम कॉलम में तत्वों के बीच अल्पविराम का उपयोग करते हैं और पंक्तियों के बीच भी अल्पविराम का उपयोग करते हैं।

4.3.3 तत्वों तक पहुँच

ith पंक्ति के *jth* तत्व तक पहुँचने के लिए, हम लिखते हैं

```
a[i][j]
```

सभी तत्वों को पंक्ति-वार संसाधित करने के लिए, निम्न कोड के समान नेस्टेड लूप का उपयोग किया जाएगा:

```
for (i = 0; i < 3; i++ )
 {
    for (j = 0; j < 3; j++ )
    {
        process ( a[i][j] );
    }
 }
```

4.3.4 इनपुट

निम्नलिखित खंड दिखाता है कि किस तरह से तत्वों को नेस्टेड लूप का उपयोग करके पंक्ति-वार पढ़ा जा सकता है:

```
for (i = 0; i < 3; i++ )
 {
    for (j = 0; j < 3; j++ )
    {
       scanf( "%d", &a[i][j] );
    }
 }
```

सामान्य तौर पर, यदि द्वि-आयामी सारणी आकार $m \times n$ का है, तो पहला लूप 0 से $(m-1)$ तक होता है और दूसरा लूप 0 से $(n-1)$ तक होता है।

4.3.5 आउटपुट

द्वि-आयामी सारणी के तत्वों के मूल्यों को आउटपुट करने के लिए, हम निम्नानुसार नेस्टेड लूप का उपयोग करते हैं:

```
for ( i = 0; i < 3; i++ )
 {
     for ( j = 0; j < 3; j++ )
     {
        printf( "%d  ", a[i][j] );
     }
     printf( "\n" );
 }
```

उपरोक्त खंड द्वारा द्वि-आयामी सारणी के तत्व पंक्ति-वार आउटपुट होंगे। इस प्रकार, पहला लूप पंक्तियों को नियंत्रित करता है जबकि दूसरा लूप स्तंभों को नियंत्रित करता है।

2-D सारणियों के उदाहरण

उदाहरण 4.5: *क्रम $n \times m$, के मैट्रिक्स A के मैट्रिक्स स्थानान्तरण (Transpose) की गणना करने का प्रोग्राम।*
हम जानते हैं कि यदि हम पंक्तियों को स्तंभों से बदल देते हैं, तो हमें दिए गए मैट्रिक्स का स्थानान्तरण प्राप्त होता है, मान लीजिए कि क्रम संख्या B का है, अर्थात,

$$b_{ij} = a_{ji}$$

Listing 4.5

```
/*
   Program to compute transpose of matrix A(mxn)
 */
 #include<stdio.h>
 int main()
 {
    int a[10][10], b[10][10];
    int n, m, i, j;
   printf( "Enter the size of matrix A as m,n: " );
    scanf( "%d,%d", &m, &n);
```

```
    printf("\nEnter %d elements of matrix A row-wise\n",m*n);
    for ( i = 0 ; i < m; i++ ) {
        for ( j = 0; j < n; j++ ) {
           scanf( "%d", &a[i][j] );
        }
    }
    for ( i = 0 ; i < m ; i++ ) {
        for ( j = 0 ; j < n ; j++ ) {
           b[j][i] = a[i][j];
        }
    }
    printf( "\nTranspose is\n\n" );
    for ( i = 0 ; i < n; i++ ) {
        for ( j = 0; j < m; j++ ) {
           printf( "%5d", b[i][j] );
        }
        printf ( "\n" );
    }
    return 0;
}
```

Test Run

```
Enter the size of matrix A as m,n: 3,3
Enter 9 elements of matrix A row-wise
 1 2 3
 4 5 6
 7 8 9
 Transpose is
   1   4   7
   2   5   8
   3   6   9
```

उदाहरण 4.6: *दो आव्यूहों A और B को जोड़ने का प्रोग्राम, जिनमें से प्रत्येक क्रम $m \times n$ है।*

हम जानते हैं कि दो आव्यूहों को जोड़ने के लिए, हम परिणामी आव्यूह का अवयव प्राप्त करने के लिए संगत तत्वों को जोड़ते हैं, मान लीजिए C क्रम $m \times n$ का अर्थात्,

$$c_{jj} = a_{jj} + b_{jj}$$

Listing 4.6

```
/*
   Program to add matrix A and B, each of order mxn
 */
 #include<stdio.h>
 int main()
 {
```

```
    int a[10][10], b[10][10], c[10][10];
   int n, m, i, j;
   printf( "Enter the size of matrices as m,n: " );
    scanf( "%d,%d", &m, &n);
    printf( "Enter %d elements of matrix A row-wise\n", m*n );
    for ( i = 0 ; i < m; i++ ) {
        for ( j = 0; j < n; j++ ) {
            scanf( "%d", &a[i][j] );
        }
    }
    printf( "Enter %d elements of matrix B row-wise\n", m*n );
    for ( i = 0 ; i < m; i++ ) {
        for ( j = 0; j < n; j++ ) {
            scanf( "%d", &b[i][j] );
        }
    }
    for ( i = 0 ; i < m ; i++ ) {
       for ( j = 0 ; j < n ; j++ ) {
          c[i][j] = a[i][j] + b[i][j];
       }
    }
    printf( "\nSum A+B is\n\n" );
for ( i = 0 ; i < m; i++ ) {
        for ( j = 0; j < n; j++ ) {
          printf( "%4df", c[i][j] );
        }
        printf ( "\n" );
    }
    return 0;
}
```

Test Run

```
Enter size of matrices as m,n: 3,3
 Enter 9 elements of matrix A row-wise
 1 1 1
 1 1 1
 1 1 1
 Enter 9 elements of matrix B row-wise
 2 2 2
 2 2 2
 2 2 2
 Sum A+B is
  3  3  3
  3  3  3
  3  3  3
```

उदाहरण 4.7: *दो आव्यूहों A और B को गुणा करने को प्रोग्राम। आव्यूह A, $m \times n$ आव्यूह कोटि का है और आव्यूह B, $p \times q$ आव्यूह कोटि का है, बशर्ते $n = p$*

जैसा कि हम दो मैट्रिक्स A और B को गुणा करना चाहते हैं, जहां मैट्रिक्स A ऑर्डर $m \times n$ है और मैट्रिक्स B ऑर्डर $p \times q$, है, उत्पाद मैट्रिक्स, मैट्रिक्स C कहें, एंट्री c_{ij} के साथ ऑर्डर $m \times p$ होगा, जो *ith* पंक्ति और *jth* कॉलम में दिखाई देता है, उसे इस प्रकार दिया गया है :

cij = मैट्रिक्स A की *ith* पंक्ति में प्रविष्टियों के उत्पादों का योग

मैट्रिक्स बी के *jth* कॉलम में संबंधित प्रविष्टियां

$$= a_{i0} \times b_{0j} + a_{i1} \times b_{1j} + a_{i2} \times b_{2j} + \text{---} + a_{i(n-1)} \times b_{(n-1)j}$$

$$= \sum_{k=0}^{n-1} a_{ik} b_{kj}$$

Listing 4.7

```
/*
   Program to multiply matrix A of size mxn by matrix B of
   size pxq. The program also checks for the feasibility of product.
 */
 #include<stdio.h>
 int main()
 {
    int a[10][10], b[10][10], c[10][10];
    int n, m, p, q, i, j, k;
    printf( "Enter the size of matrix A as m,n: " );
    scanf( "%d,%d", &m, &n);
    printf( "Enter the size of matrix B as p,q: " );
    scanf( "%d,%d", &p, &q);
    if ( n != p ) {
        printf( "\nMatrix Product AxB is not feasible\n" );
        return 1;
    }
    printf("\nEnter %d elements of matrix A row-wise\n", m*n);
    for ( i = 0 ; i < m; i++ ) {
       for ( j = 0; j < n; j++ ) {
          scanf( "%a", &a[i][j] );
       }
    }
    printf("\nEnter %d elements of matrix B row-wise\n", p*q);
    for ( i = 0 ; i < p; i++ )
    {
```

```
        for ( j = 0; j < q; j++ )
        {
            scanf( "%d", &b[i][j] );
        }
    }
    for ( i = 0 ; i < m ; i++ ) {
        for ( j = 0 ; j < q ; j++ ) {
            c[i][j] = 0;
            for ( k = 0; k < n; k++ ) {
                c[i][j] += a[i][k] * b[k][j];
            }
        }
    }
    printf( "\nProduct AxB is\n\n" );
    for ( i = 0 ; i < m; i++ ) {
        for ( j = 0; j < q; j++ ) {
            printf( "%4d", c[i][j] );
        }
        printf ( "\n" );
    }
    return 0;
}
```

Test Run

```
Enter the size of matrix A as m,n: 3,3
Enter the size of matrix B as p,q: 3,3
Enter 9 elements of matrix A row-wise
 1 1 1
 1 1 1
 1 1 1
Enter 9 elements of matrix B row-wise
 2 2 2
 2 2 2
 2 2 2
Product AxB is
   6   6   6
   6   6   6
   6   6   6
```

4.4 वर्ण सारणियाँ और स्ट्रिंग्स

अब तक सचित्र प्रत्येक सारणी में संख्यात्मक तत्व होते हैं। हालाँकि, हमारे पास वर्णों की एक सारणी भी हो सकती है। वर्णों की एक सारणी का उपयोग करके, हम स्ट्रिंग डेटा संग्रहीत कर सकते हैं। लेकिन याद रखें कि स्ट्रिंग्स सीधे सी भाषा में समर्थित नहीं हैं, हालांकि कभी-कभी हम वर्णों की सारणी को स्ट्रिंग्स के रूप में संदर्भित करते हैं।

सी भाषा में एक स्ट्रिंग वर्णों की एक चर-लंबाई वाली सारणी है जिसे एक शून्य वर्ण ('\0') द्वारा सीमित किया जाता है। आम तौर पर, एक स्ट्रिंग वाले वर्ण केवल प्रिंट करने योग्य वर्णों से चुने जाते हैं; हालाँकि, C भाषा अशक्त (null) वर्ण को छोड़कर किसी भी वर्ण के उपयोग की अनुमति देती है। वास्तव में, स्ट्रिंग्स में स्वरूपण वर्णों, जैसे टैब, प्रारूप विनिर्देशक, आदि का उपयोग करना आम है।

इस खंड में, हम सी भाषा में स्ट्रिंग्स के संचालन से संबंधित विभिन्न पहलुओं पर चर्चा करेंगे।

सी भाषा परिवर्तनीय लंबाई, सीमित तारों का उपयोग करती है। अशक्त वर्ण '\0' का उपयोग परिसीमन वर्ण के रूप में किया जाता है। हालांकि अशक्त वर्ण '\0' दो वर्णों, '\' और '0' के अनुक्रम की तरह दिखता है, लेकिन C भाषा में इसे एकल वर्ण के रूप में माना जाता है।

4.4.1 स्ट्रिंग्स को स्टोर करना

सी भाषा में, एक स्ट्रिंग को वर्णों की एक सारणी में संग्रहीत किया जाता है। इसे अशक्त ('\0') वर्ण द्वारा समाप्त किया जाता है। चित्र 4.4 दिखाता है कि कैसे एक स्ट्रिंग "Hello" को मेमोरी में संग्रहीत किया जाता है। चूंकि एक स्ट्रिंग एक सारणी में संग्रहीत है, सारणी का नाम, और इसलिए string स्ट्रिंग की शुरुआत के लिए एक पॉइंटर है।

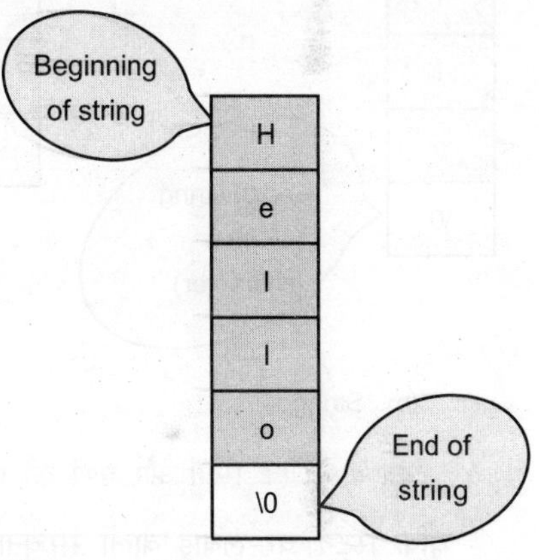

चित्र 4.4: स्ट्रिंग्स को सारणी में स्टोर करना

चित्र 4.5 एक वर्ण के भंडारण और एक वर्ण वाली स्ट्रिंग के बीच के अंतर को दर्शाता है। वर्ण को 1-बाइट के सिंगल स्टोरेज लोकेशन की आवश्यकता होती है जबकि एक-केरेक्टर स्ट्रिंग को 1-बाइट के दो स्टोरेज लोकेशन की आवश्यकता होती है; एक वर्ण के लिए और एक सीमांकक के लिए। आंकड़ा यह भी दिखाता है कि एक खाली स्ट्रिंग कैसे संग्रहीत की जाती है। खाली स्ट्रिंग में केवल अशक्त वर्ण होते हैं।

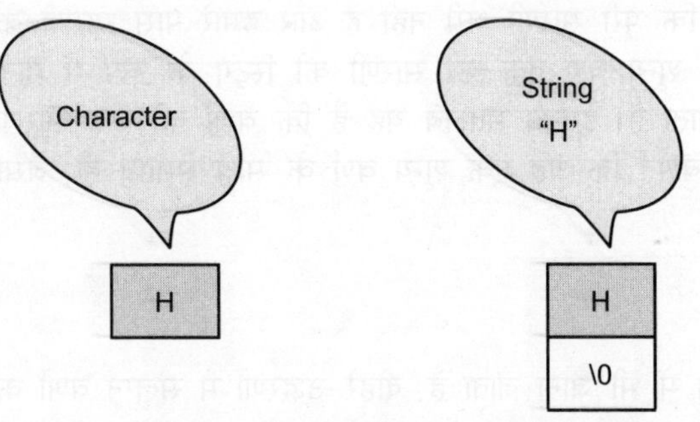

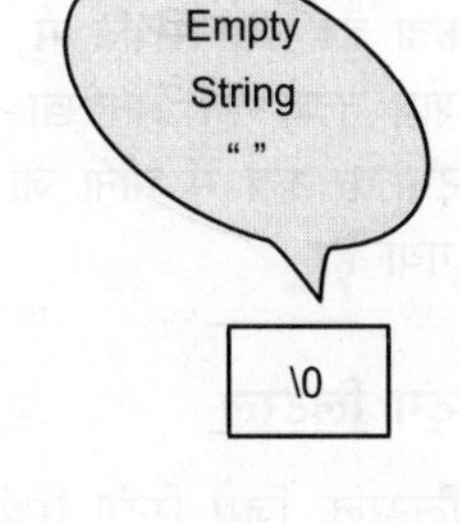

चित्र 4.5: वर्ण और स्ट्रिंग के भंडारण में अंतर

4.4.2 स्ट्रिंग सीमांकक की आवश्यकता

एक स्ट्रिंग को समाप्त करने के लिए हमें वास्तव में एक अशक्त चरित्र की आवश्यकता क्यों है? - आपके दिमाग में प्रश्न आ रहा होगा। इस प्रश्न का उत्तर यह है कि एक स्ट्रिंग एक डेटा प्रकार नहीं है; यह एक सारणी डेटा संरचना है।

इसलिए, एक स्ट्रिंग का कार्यान्वयन तार्किक है, भौतिक नहीं। भौतिक संरचना वह सारणी है जिसमें एक स्ट्रिंग संग्रहीत होती है। चूंकि, स्ट्रिंग अलग-अलग लंबाई की होते हैं, इसलिए भौतिक संरचना के भीतर डेटा के तार्किक अंत की पहचान करने की आवश्यकता होती है।

आइए एक अन्य दृष्टिकोण से एक स्ट्रिंग सीमांकक की आवश्यकता को देखें। यदि डेटा निश्चित लंबाई का है, तो हमें उन्हें संग्रहीत करने के लिए स्ट्रिंग डेटा संरचना की आवश्यकता नहीं है, बल्कि इसे आसानी से एक सारणी में संग्रहीत किया जा सकता है। जब डेटा एक सारणी में संग्रहीत किया जाता है, तो डेटा का अंत हमेशा सारणी के अंतिम तत्व द्वारा इंगित किया जाता है। लेकिन, यदि डेटा निश्चित लंबाई का नहीं है, तो हमें डेटा के अंत को निर्धारित करने के लिए किसी अन्य तरीके की आवश्यकता है। स्ट्रिंग डेटा के अंत को चिह्नित करने के लिए नल वर्ण का उपयोग किया जाता है।

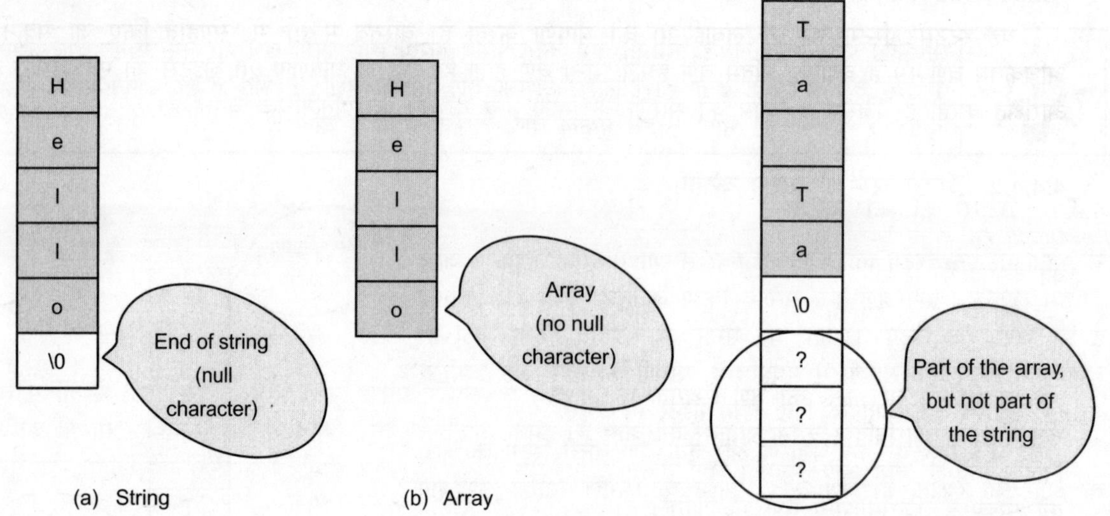

चित्र 4.6: एक स्ट्रिंग और वर्णों की एक सारणी के बीच अंतर

चित्र 4.7: सारणी में स्टोर स्टिंग

चूंकि स्ट्रिंग चर-लंबाई वाली संरचनाएं हैं, इसलिए अधिकतम-लंबाई वाली स्ट्रिंग के लिए पर्याप्त स्थान जिसे हमें स्टोर करना है प्लस वन शून्य वर्ण (सीमांकक) के लिए आरक्षित है।

कई स्थितियों में यह संभव हो सकता है कि पूरी सारणी भरी नहीं है और हमारे पास सारणी के बीच में शून्य वर्ण हो सकता है। उस स्थिति में, शुरूआत से शून्य वर्ण तक की सारणी को स्ट्रिंग के रूप में माना जाता है और सारणी के शेष तत्वों को अनदेखा कर दिया जाता है। इसका मतलब यह है कि वर्णों की एक सारणी के एक भाग को एक स्ट्रिंग के रूप में माना जा सकता है, बशर्ते कि यह एक शून्य वर्ण के साथ समाप्त हो, जैसा कि चित्र 4.7 में दिखाया गया है।

4.4.3 स्ट्रिंग लिटरल

एक स्ट्रिंग लिटरल, जिसे स्ट्रिंग स्थिरांक के रूप में भी जाना जाता है, दोहरे-उद्धरणों में संलग्न वर्णों का एक क्रम है। कुछ स्ट्रिंग लिटरल के उदाहरण निम्नलिखित हैं:

```
"Hello! you are wel come"
 "Hari\'s Book"
 ""
 "A"
```

ध्यान दें कि एम्बेडेड रिक्त स्थान महत्त्वपूर्ण हैं और अंगर सिंगल (') या डबल (") उद्धरण, स्ट्रिंग का हिस्सा हैं, तो उनका उपयोग एस्केप अनुक्रम के साथ किया जाना चाहिए।

4.4.4 स्ट्रिंग चर

एक स्ट्रिंग चर वर्णों की एक सारणी है।

4.4.4.1 स्ट्रिंग चर घोषित करना

एक स्ट्रिंग चर घोषित किया जाना चाहिए, जैसा कि निम्नलिखित स्टेटमेंट में दिखाया गया है:

```
char str[20];
```

यह स्टेटमेंट स्ट्रिंग चर *str* लंबाई 20 की घोषणा करता है। वास्तव में *str* में, संग्रहीत किए जा सकने वाले अधिकतम वर्ण 19 हैं क्योंकि अंतिम वर्ण हमेशा शून्य वर्ण होता है। उपरोक्त घोषणाएं 20 बाइट्स का एक मेमोरी ब्लॉक आरक्षित करती हैं, जिसमें *str* नाम की सारणी के पहले तत्व के पते का प्रतिनिधित्व करता है।

4.4.4.2 स्ट्रिंग चर को प्रारंभ करना

घोषणा के दौरान स्ट्रिंग चर को इनिशियलाइज भी किया जा सकता है। निम्नलिखित घोषणा ऐसे ही एक दृष्टिकोण को दर्शाती है।

```
char mess[] = {'Y', 'o', 'u', ' ', 'a', 'r', 'e', ' ',
                'w', 'e', 'l', ' ', 'c', 'o', 'm', 'e', '\0'};
```

यहां स्ट्रिंग चर *mess* को वर्ण स्थिरांक के अनुक्रम के रूप में प्रारंभ किया गया है। इस शैली में अंतिम वर्ण के रूप में शून्य वर्ण निर्दिष्ट करना प्रोग्रामर का काम है। इसके अतिरिक्त, जैसा कि आप देख सकते हैं, सारणी का आकार निर्दिष्ट नहीं है। क्या आप अनुमान लगा सकते हैं कि मेस का आकार क्या होगा? वास्तव में यह निर्दिष्ट वर्ण स्थिरांक की संख्या है, जिसमें शून्य वर्ण भी शामिल है।

चूंकि स्ट्रिंग्स का उपयोग अक्सर किया जाएगा, सी भाषा स्ट्रिंग्स को प्रारंभ करने के लिए एक छोटा और कुशल दृष्टिकोण प्रदान करती है।

उदाहरण के लिए, उपरोक्त स्टेटमेंट का कार्य इस प्रकार भी पूरा किया जा सकता है:

```
char mess[] = "You are wel come";
```

ध्यान दें कि इस दृष्टिकोण में, कंपाइलर स्वचालित रूप से शून्य वर्ण जोड़ता है।

4.4.5 स्ट्रिंग्स का इनपुट/आउटपुट

एक स्ट्रिंग को पढ़ा और लिखा जा सकता है। सी भाषा स्ट्रिंग डेटा के इनपुट और आउटपुट के लिए लाइब्रेरी फंक्शन *gets()* और *puts()* प्रदान करती है।

Listing 4.8

```
/*
   Program to perform I/O of string data with string I/O functions
*/
#include<stdio.h>
int main()
{
```

```
char str[30];
   printf( "\nEnter string of length <= 29" );
   printf( "\nand terminate with ENTER key\n\n" );
   gets( str );
   printf( "\nYou have entered\n\n" );
   puts( str );
   return 0;
```

Test Run

```
Enter string of length <= 29
and terminate with ENTER key
There is no substitute of hard work.↵
You have entered
There is no substitute of hard work.
```

4.4.6 स्ट्रिंग मैनिपुलेशन फ़ंक्शन

लगभग हर सी कंपाइलर स्ट्रिंग्स मैंनुपूंलेटिंग (Strings Manipulating) के लिए बड़ी संख्या में लाइब्रेरी फ़ंक्शन प्रदान करता है। तालिका 4.1 कुछ अक्सर उपयोग किए जाने वाले स्ट्रिंग फ़ंक्शन को सूचीबद्ध करती है।

तालिका 4.1: अक्सर प्रयुक्त स्ट्रिंग फ़ंक्शन

स्ट्रिंग फ़ंक्शन	किया जाने वाला ऑपरेशन
`strlen (str)`	स्ट्रिंग *str.* की वापसी लंबाई.
`strcat (str1, str2)`	स्ट्रिंग *str1* के साथ स्ट्रिंग *str2* को जोड़ता या जोड़ता है। परिणाम स्ट्रिंग *str1* में संग्रहित है।
`strcpy (str1, str2)`	स्ट्रिंग str2 की सामग्री की स्ट्रिंग str1 में कॉपी करता है।
`strcmp (str1, str2)`	पहली स्ट्रिंग *str1* की दूसरी स्ट्रिंग *str2* से तुलना करता है और मान लौटाता है • <0, यदि स्ट्रिंग *str1* शब्दकोश क्रम में *str2* से पहले आता है • <0, यदि दोनों तार *str1* और *str2* समान है • <0, यदि स्ट्रिंग *str1 str2* की तुलना में शब्दकोश क्रम में बाद में आता है
`strrev (str)`	स्ट्रिंग *str* को उलट देता है।
`strlwr (str)`	स्ट्रिंग *str* में अक्षर को लोअरकेस में कनवर्ट करता है।
`strupr (str)`	स्ट्रिंग *str* में अक्षर को अपरकेस में कनवर्ट करता है।

आइए हम इनमें से कुछ स्ट्रिंग फंक्शस पर एक-एक करके चर्चा करें।

4.4.6.1 *strlen (str)* फंक्शन

यह फंक्शन एक तर्क लेता है जो एक स्ट्रिंग स्थिर या एक चर हो सकता है। यह स्ट्रिंग में मौजूद वर्णों की संख्या की गणना करता है। याद रखें कि शून्य वर्ण '\0' वर्ण का हिस्सा नहीं है; इसका उपयोग केवल स्ट्रिंग के अंत को चिह्नित करने के लिए किया जाता है, इसलिए इसकी गणना नहीं की जाती है।

Listing 4.9

```
/*
   Program to illustrate the use of strlen()function
*/
#include <stdio.h>
#include <string.h>

int main()
{
   char str[30];
   printf( "\nEnter string : " );
   gets (str);
   printf( "Length of string = %d\n", strlen(str) );
   return 0;
}
```

Test Run

```
Enter string : Programming
Length of string = 11
```

4.4.6.2 *strcpy()* फंक्शन

यह फंक्शन दो तर्क लेता है-पहला एक स्ट्रिंग चर है और दूसरा एक स्ट्रिंग स्थिर या एक चर हो सकता है। यह दूसरे तर्कों के वर्ण को पहले तर्क में कॉपी करता है।

Listing 4.10

```
/*
   Program to illustrate the use of strcpy()function
*/
#include <stdio.h>
#include <string.h>
int main()
{
   char str1[30], str2[30];
   printf( "\nEnter string str1 : );
   gets(str1);
   strcpy( str2, str1 );
   printf( "String str2 = %s\n", str2 );
   return 0;
}
```

Test Run

```
Enter string str1 : Hey, how are you?
String str2 = Hey, how are you?
```

4.4.6.3 *strcat()* फंक्शन

यह फंक्शन दो तर्क लेता है - पहला एक स्ट्रिंग चर है और दूसरा एक स्ट्रिंग स्थिरांक या एक चर हो सकता है। यह पहले तर्क के अंत में दूसरे तर्कों के वर्ण को जोड़ता है।

Listing 4.11

```
/*
    Program to illustrate the use of strcat()function
*/
#include <stdio.h>
#include <string.h>
int main()
{
   char str1[30], str2[30];
   printf( "\nEnter string str1 : " );
   gets(str1);
   printf( "\nEnter string str2 : " );
   gets(str2);
   strcat( str1, str2 );
   printf( "String str1 after concatenation with str2 = %s\n", str1 );
   return 0;
}
```

Test Run

```
Enter string str1 : naughty
Enter string str2 : boy
String str1 after concatenation with str2 = naughtyboy
```

4.4.6.4 *strcmp()* फंक्शन

यह फंक्शन दो तर्क लेता है-दोनों स्ट्रिंग चर या स्थिरांक हो सकते हैं। यह एक बार में प्रत्येक के वर्णों की तुलना करता है और तुलना के परिणाम को इंगित करने वाला मान देता है। उदाहरण के लिए, स्टेटमेंट में

```
strcmp ( str1, str2 );
```

लौटाए गए मूल्य का अर्थ वही हो जो तालिका 4.2 में बताया गया है।

तालिका 4.2: *strcmp()* फ़ंक्शन द्वारा लौटाए गए मान की व्याख्या

लौटाए गए मान	अर्थ
< 0	स्ट्रिंग str1 शब्दकोश क्रम में str2 की तुलना में पहले आता है।
= 0	स्टिंग्स str1 और str2 समान (समान) है।
> 0	स्ट्रिंग्स strl1 बाद में str2 की तुलना में शब्दकोश क्रम में आता है।

Listing 4.12

```
/*
    Program to illustrate the use of strcmp()function
*/
#include <stdio.h>
#include <string.h>
int main()
{
   char str1[30], str2[30];
   int value;
   printf( "\nEnter string str1 : " );
   gets(str1);
   printf( "Enter string str2 : " );
   gets(str2);
   value = strcmp( str1, str2 );
   if ( value > 0 ) {
      printf("\n%s comes after %s", str1, str2);
      printf(" in dictionary order\n" );
   } else if ( value < 0 ) {
      printf("\n%s comes before %s", str1, str2);
      printf(" in dictionary order\n" );
   } else
      printf("\nBoth strings are same\n"  );
   return 0;
}
```

Test Run

```
Enter string str1 : software
Enter string str2 : hardware
hardware comes before software in dictionary order
```

4.4.6.5 *strrev()* फंक्शन

यह फंक्शन स्ट्रिंग चर को इसके तर्क के रूप में लेता है। यह स्ट्रिंग में वर्णों के क्रम को उलट देता है।

Listing 4.13

```
/*
    Program to illustrate the use of strrev()function
*/
#include <stdio.h>
#include <string.h>
int main()
{
   char str[50];
   printf( "\nEnter string : " );
   gets(str);
   strrev( str );
   printf( "\nReverse string = %s\n", str );
   return 0;
}
```

Test Run

```
Enter string : programming
Reverse string = gnimmargorp
```

4.4.6.6 *strupr()* फंक्शन

यह फंक्शन स्ट्रिंग चर को इसके तर्क के रूप में लेता है। यह वर्णमाला को एक अपरकेस स्ट्रिंग में परिवर्तित करता है।

Listing 4.14

```
/*  Program to illustrate the use of strupr()function  */
#include <stdio.h>
#include <string.h>
int main()
{
   char str[50];
   printf( "\nEnter string in lowercase : " );
   gets(str);
   strupr( str );
   printf( "\nGiven string in UPPERCASE = %s\n", str );
   return 0;
}
```

Test Run

```
Enter string in lowercase : programming
Given string after conversion to UPPERCASE = PROGRAMMING
```

4.4.6.7 *strlwr()* फंक्शन

यह फंक्शन स्ट्रिंग चर को इसके तर्क के रूप में लेता है। यह वर्णमाला को एक लोअरकेस स्ट्रिंग में परिवर्तित करता है।

Listing 4.15

```
 /*
    Program to illustrate the use of strlwr()function
*/
#include <stdio.h>
#include <string.h>
int main()
{
   char str[50];
   printf( "\nEnter string in UPPERCASE : " );
   gets(str);
   strlwr( str );
   printf( "\nGiven string in Lowercase = %s\n", str );
   return 0;
```

Test Run

```
Enter string in UPPERCASE : PROGRAMMING
Given string in Lowercase = programming
```

4.4.7 स्ट्रिंग्स की सारणी

पिछले खंड में, हमने स्ट्रिंग चर पर चर्चा की जो एक समय में एक स्ट्रिंग मान को स्टोर कर सकते हैं। मान लीजिए हम ऐसे स्ट्रिंग की एक सूची (सारणी) को संभालना चाहते हैं, तो समाधान क्या है? इस प्रश्न का उत्तर वर्णों की द्वि-आयामी सारणी का उपयोग करके पाया जा सकता है। द्वि-आयामी सारणियों में, पहली पंक्ति पहली स्ट्रिंग को संग्रहीत करती है; *(Arrays)* दूसरी पंक्ति स्ट्रिंग को संग्रहीत करती है और इसी तरह।

मान लीजिए, हम 4 व्यक्तियों के नामों की एक सूची को संभालना चाहते हैं, जहां प्रत्येक व्यक्ति का नाम अधिकतम 30 वर्णों का हो सकता है, निम्नलिखित आवश्यक घोषणा होगी।

```
char names[4][31];
```

निम्नलिखित स्टेटमेंट दिखाता है कि किस तरह से स्ट्रिंग्स की सूची को आरंभीकृत किया जा सकता है।

```
char names[4][31] = { "Ram Parkash",
                       "Inder Mohan Singh Sidhu",
                       "Amanpreet",
                       "Rajan"
                     };
```

Listing 4.16

```
/*
    Program to illustrates input/output of array of strings
    represented as two-dimensional array of characters
 */
 #include <stdio.h>
 int main()
 {
 char names[50][31];
 int i, n;
 printf( "Enter number of strings : " );
 scanf( "%d", &n );
    fflush(stdin); /* clear keyboard buffer */
       for ( i = 0; i < n; ++i )
    {
        printf( "Enter string %d: ", i+1 );
        gets( names[i] );
     }
     printf( "\nList of given strings\n\n" );
     for ( i = 0; i < n; ++i )
        puts ( names[i] );
     return 0;
 }
```

Test Run

```
Enter number of strings : 5
Enter string 1 : Hari
Enter string 2 : Santosh
Enter string 3 : Balwinder
Enter string 4 : Ram
Enter string 5 : Sham
List of given strings
Hari
Santosh
Balwinder
Ram
Sham
```

निदर्शी उदाहरण

उदाहरण 4.8: *एक स्ट्रिंग में दिए गए वर्ण की बारंबारता ज्ञात करने के लिए एक प्रोग्राम लिखें।*

Listing 4.17

```
/*
  Program to find the frequency of a given character in a string
*/

#include <stdio.h>
int main()
{
   char str[81], ch;
   int i, count = 0;
   printf("\nEnter a string : ");
   gets(str);
   printf("\nEnter a character to find its frequency : ");
   ch = getchar();
   for (i = 0; str[i] != '\0'; i++)
     {
       if (ch == str[i])
           count++;
   }
   printf("\nFrequency of %c = %d", ch, count);
   return 0;
}
```

Test Run

```
Enter a string : I love programming in C language.
Enter a character to find its frequency : a
Frequency of a = 3
```

उदाहरण 4.9: *एक स्ट्रिंग में स्वर, व्यंजन, अंक और रिक्त-स्थान की संख्या की गणना करने के लिए एक प्रोग्राम लिखें।*

Listing 4.18

```
/*
   Program to count the number of vowels, consonants, digits,
   and white-spaces in a string
*/

#include <stdio.h>
int main()
{
   char str[80];
   int vowels = 0, consonants = 0, digits = 0, spaces = 0;
   int i;
   printf("\nEnter a line of text : ");
   gets(str);
   for (i = 0; str[i] != '\0'; i++)
     {
       if ( str[i] == 'a' || str[i] == 'A' || str[i] == 'e' ||
            str[i] == 'E' || str[i] == 'i' || str[i] == 'I' ||
            str[i] == 'o' || str[i] == 'O' || str[i] == 'O' ||
            str[i] == 'U' ) {
            vowels++;
       } else if ( (str[i] >='a' && str[i]<='z')
                 ||(str[i]>= 'A' && str[i] <= 'Z') ) {
           consonants++;
       } else if ( str[i] >= '0' && str[i] <= '9' ) {
            digits++;
       } else if ( str[i] == ' ' || str[i] == '\t') {
            spaces++;
       }
   }
   printf("\nVowels       = %d", vowels);
   printf("\nConsonants   = %d", consonants);
   printf("\nDigits       = %d", digits);
   printf("\nWhite spaces = %d", spaces);
   return 0;
}
```

Test Run

```
Enter a line of text : I love programming in C language.
Vowels       = 10
Consonants   = 17
Digits       = 0
White spaces = 5
```

उदाहरण 4.10: *एक प्रोग्राम लिखें जो किसी दिए गए वर्ण से शुरू होने वाली एक स्ट्रिंग प्रदर्शित करता है।*

Listing 4.19

```
/*
   Program to display strings which start with a given character
*/
#include <stdio.h>
int main()
{
    char str[20][31], ch;
    int i, n;
    printf( "\nEnter number of strings : " );
    scanf( "%d", &n );
    fflush(stdin);
      for ( i = 0; i < n; ++i )
        gets( str[i] );

    printf("\nEnter a character : ");
    ch = getchar();

    printf( "\nStrings that start with character : %c\n", ch );

      for ( i = 0; i < n; ++i ) {
           if ( ch == str[i][0] )
           puts(str[i]);
    }

    return 0;
}
```

Test Run

```
Enter number of strings : 10
Delhi
Dehradun
Hyderabad
Bangaluru
Dalhousie
Nagpur
Darjiling
Jaipur
Agra
Pune
Enter a character : D
Strings that start with character : D
Delhi
Dehradun
Dalhousie
Darjiling
```

इकाई सारांश

इस अध्याय में हमने सीखा है कि

- एक सारणी किसी दिए गए नाम के तहत समान मानों के संग्रह को संग्रहीत करने के लिए एक डेटा संरचना है।
- एक सारणी के तत्व सन्निहित स्मृति स्थानों में संग्रहीत होते है।
- एक सारणी के तत्वों को सारणी के नाम से एक्सेस किया जाता है और उसके बाद ब्रेकेट के भीतर एक इंडेक्स होता है। प्रत्येक आयाम के लिए एक जोड़ी कोष्ठक का उपयोग किया जाता है।
- उपयोग करने से पहले एक सारणी घोषित की जानी चाहिए। घोषणा संकलक को सारणी के नाम, प्रत्येक तत्व के प्रकार और प्रत्येक आयाम के आकार के बारे में बताती है।
- घोषणा के समय सारणियों को प्रारंभ किया जा सकता है।
- जब किसी सारणी को आंशिक रूप से प्रारंभ किया जाता है, तो शेष तत्व शून्य पर सेट हो जाते हैं।
- एक द्वि-आयामी सारणी पंक्तियों और स्तंभों के साथ एक तालिका (मैट्रिक्स) का प्रतिनिधित्व है।
- एक बहु-आयामी सारणी दो-आयामी सारणी का तीन, चार या अधिक आयामों का विस्तार है।
- सी भाषा स्ट्रिंग डेटा प्रकार का समर्थन नहीं करती है, हालांकि स्ट्रिंग्स को वर्णों की एक सारणी के रूप में नियंत्रित किया जाता है।
- सी भाषा नल-टर्मिनेटेड वेरिएबल लेंथ स्ट्रिंग्स का उपयोग करती है।
- सी भाषा में एक स्ट्रिंग स्थिरांक दोहरे उद्धरण चिह्नों में संलग्न वर्णों का एक क्रम है।
- एक स्ट्रिंग को स्टोर करने के लिए, हमें अधिकतम लंबाई स्ट्रिंग से एक प्लस आकार वाले वर्णों की एक सारणी की आवश्यकता होती है।
- स्ट्रिंग्स की सूची को वर्णों के द्वि-आयामी सारणी का उपयोग करके नियंत्रित किया जाता है।
- स्ट्रिंग्स में फेरबदल करने के लिए फंक्शन की एक समृद्ध लाइब्रेरी है।

अभ्यास

विषयपरक प्रश्न

1. एक सारणी क्या है?
2. क्या सी में एक साथ सारणी घोषित करना और प्रारंभ करना संभव है? यदि हाँ, तो केसे?
3. किसी सारणी के नामकरण के नियम क्या हैं?
4. सारणी के पहले एलीमेंट की सबस्क्रिप्ट क्या है?
5. 100 तत्वों के साथ *data* नामक एक वास्तविक सारणी केसे घोषित की जाएगी? लास्ट एलीमेंट का सबस्क्रिप्ट क्या होगा?
6. क्या एक ही डिक्लेरेशन स्टेटमेंट में एक से अधिक सारणी घोषित करना संभव है?
7. क्या निम्नलिखित सारणी घोषणा सही है? यदि नहीं, तो क्यों?

```
int a(50)
```

8. यदि घोषणा खंड निम्न है

```
#define ROWS  100
float height[ROWS]_
```

   सारणी में डेटा दर्ज करने के लिए निम्न खंड सही है?

```
for ( i = 0; i<= ROWS_ i++ )
    scanf ( "%f", height[i]);
```

9. जब एक सारणी को किसी फंक्शन के तर्क के रूप में पारित किया जाता है, तो वास्तव में क्या पारित किया जाता है?
10. जब एक संपूर्ण सारणी को किसी फंक्शन के तर्क के रूप में पारित किया जाता है, तो फंक्शन सारणी के तत्वों के मानों को बदल सकता है। हम फंक्शन को ऐसा करने से रोकना चाहते हैं, यह कार्य केसे पूरा किया जा सकता है?
11. क्या निम्नलिखित घोषणा में कुछ गलत है? समझाना।

```
int a[3][] = { { 1, 2, 3 }, { 3, 2, 1 }, { 4, 5, 2 } };
```

12. C भाषा में एक स्ट्रिंग को केसे स्टोर किया जाता है?
13. *str* नाम की सारणी के लिए डिक्लेरेशन क्या होगा जिसमें स्ट्रिंग *"C is just like sea"* को स्टोर किया जाना है?
14. "A" और 'A' में क्या अंतर है?
15. निम्नलिखित घोषणा पर विचार करें

```
char name[20];
```

स्ट्रिंग की अधिकतम लंबाई क्या है जिसे ***name*** में सही ढंग से संग्रहीत किया जा सकता है?

16. निम्नलिखित घोषणा पर विचार करें

```
char name[20];
```

name के लिए स्ट्रिंग "Rajan Mehta" निर्दिष्ट करने का निम्न तरीका सही है?

name = "Rajan Mehta";

बहुविकल्पी प्रश्न

1. द्वि-आयामी सारणी के तत्वों को में संग्रहीत किया जाता है
   (*a*) कॉलम प्रमुख क्रम (*b*) पंक्ति प्रमुख क्रम
   (*c*) यादृच्छिक क्रम (*d*) कोई नहीं
2. एक सारणी घोषणा में [] के भीतर का मान निर्दिष्ट करता है
   (*a*) सारणी का आकार (*b*) सबसे बड़ा अनुमत सबस्क्रिप्ट मान
   (*c*) दोनों (*a*) और (*b*) (*d*) उपरोक्त में से कोई नहीं
3. घोषणा "int a [10];" को देखते हुए पहचानें कि निम्नलिखित में से कौन सा गलत है?
   (*a*) *a*[-1] (*b*) *a*[0]
   (*c*) *a*[10] (*d*) ++*a*
4. हमें सारणियों का उपयोग कब करना चाहिए?
   (*a*) जब हमें स्थिरांक रखने की आवश्यकता होती है
   (*b*) जब हमें एक ही प्रकार के डेटा को रखने की आवश्यकता होती है
   (*c*) जब हमें विभिन्न प्रकार के डेटा रखने की आवश्यकता होती है
   (*d*) जब हमें स्वचालित मैमोरी क्लीनअप कार्यक्षमता प्राप्त करने की आवश्यकता होती है।

5. सारणियों के उपयोग से एक प्रोग्राम .... बनता है।

(*a*) समस्याओं के वर्ग को संभालने में सामान्य और सक्षम

(*b*) समझना मुश्किल है

(*c*) कॉम्पैक्ट और कुशल

(*d*) (*a*) और (*c*) दोनों

6. नीचे दिए गए व्यंजकों में 5 के बीच क्या अंतर है?

```
int num[5];
num[5]=10;
```

(*a*) पहला सारणी आकार निर्दिष्ट करता है, दूसरा एक व्यक्तिगत तत्व निर्दिष्ट करता है

(*b*) पहला व्यक्तिगत तत्व निर्दिष्ट करता है, दूसरा आकार निर्दिष्ट करता है

(*c*) दोनों सारणी आकार निर्दिष्ट करते हैं

(*d*) उपरोक्त में से कोई नहीं

7. प्रोग्राम का आउटपुट क्या होगा, यदि सारणी एड्रेस 1200 से शुरू होता है?

```
void main()
{
    int a[5]={ 2,4,6,8,10 };
        printf("%u, %d ", a, sizeof(a) );

}
```

(*a*) 1202, 10 (*b*) 10, 1202

(*c*) 10, 1200 (*d*) 1200, 10

8. एक द्विविमीय सारणी को .... कहा जा सकता है।

(*a*) मैट्रिक्स (*b*) वैक्टर

(*c*) ढेर (*d*) कतार

9. निम्नलिखित प्रोग्राम का आउटपुट क्या होगा?

```
void main()
{
  void fun(int x[]);
  int a[] = {1, 2, 3, 4, 5 };
  fun(a);
  printf("\n%d,%d", a[0], a[1]);
  printf("%d,%d,%d\n", a[2], a[3], a[4]);
}
void fun(int x[])
{
  x[2] = x[2] + 2;
  x[4] = x[4] + 4;
}
```

(*a*) 5, 6, 7, 8, 9 (*b*) 2, 3, 6, 8, 10

(*c*) 3, 4, 5, 6, 7 (*d*) 1, 2, 5, 4, 9

10. निम्नलिखित प्रोग्राम का आउटपुट कौन सा होगा?

```
void main()
{
    int a[5] = { 1, 2 };
    printf("\n%d,%d,%d\n", a[2], a[3], a[4]);
}
```

(*a*) 0, 0, 0 (*b*) 2, 2, 2

(*c*) 1, 1, 1 (*d*) कचरा

11. क्या होगा यदि आप एक सी प्रोग्राम में एक सारणी तत्व के लिए एक मान निर्दिष्ट करते हैं जिसकी सबस्क्रिप्ट सारणी के आकार से अधिाक है?

(*a*) कुछ नहीं होगा और तत्व को एक दिया गया मूल्य मिलेगा

(*b*) कंपाइलर एक सिंटैक्स त्रुटि को चिह्नित करेगा

(*c*) सारणी के अंतिम स्मृति स्थान के तुरंत बाद स्मृति स्थान को अधिलेखित कर दिया जाएगा और इससे सिस्टम क्रैश हो सकता है

(*d*) नए मान को समायोजित करने के लिए सारणी आकार स्वचालित रूप से बढ़ाया जाएगा

12. यदि घोषणा "char sample [80];" है, तो स्ट्रिंग की लंबाई क्या है जिसे Sample द्वारा सही ढंग से दर्शाया जा सकता है?

(*a*) 80 (*b*) 79

(*c*) 81 (*d*) कोई नहीं

13. C में स्ट्रिंग्स के बारे में निम्नलिखित में से कौन सा स्टेटमेंट सत्य है?

(*a*) प्रत्येक स्ट्रिंग को एक शून्य वर्ण ('\0') द्वारा समाप्त किया जाना चाहिए

(*b*) स्ट्रिंग सी में एक आदिम डेटा प्रकार है

(*c*) असाइनमेंट ऑपरेटर '=' का उपयोग करके स्ट्रिंग को दूसरी स्ट्रिंग को असाइन किया जा सकता है

(*d*) उपरोक्त सभी

14. निम्नलिखित प्रोग्राम का आउटपुट क्या होगा?

```
void main()
{
    printf(5+"Fascimile");
}
```

(*a*) त्रुटि (*b*) Fascimile

(*c*) मील (*d*) Fasci

15. निम्नलिखित में से कौन स्ट्रिंग मान "aeiou" के साथ स्वर नामक एक चार सारणी बनाने और आरंभ करने के लिए सही नहीं है?

(*a*) `char vowels[] = { 'a', 'e', 'i', 'o', 'u', '\0' };`

(*a*) `char vowels[] = { 'a', 'e', 'i', 'o', 'u', '\n' };`

(*c*) `char vowels[] = "aeiou";`

(*d*) इनमें से कोई भी नहीं

16. यदि दो स्ट्रिंग *str1* और *str2* समान हैं, तो निम्नलिखित कोड खण्ड में *y* का मान .... होगा।

```
int y;
y = strcmp(str1, str2);
```

(*a*) 1 (*b*) –1
(*c*) 0 (*d*) इनमें से कोई भी नहीं

17. निम्नलिखित में से कौन सा निम्नलिखित प्रोग्राम का सही आउटपुट है?

```
#include <string.h>
void main() {
    char str[] = "Spider\0man\0";
    printf("%d", strlen(str));
}
```

(*a*) 6 (*b*) 10
(*c*) 11 (*d*) 13

18. निम्नलिखित में से कौन सा निम्नलिखित प्रोग्राम का सही आउटपुट है?

```
void main()
{
    char str[] = "Sales\0man";
    puts(str);
}
```

(*a*) बिक्री (*b*) आदमी
(*c*) विक्रेता (*d*) त्रुटि

19. निम्नलिखित प्रोग्राम का आउटपुट क्या होगा?

```
int main()
{
    printf("%d", strcmp("ABC","abc"));
    return 0;
}
```

(*a*) 0 (*b*) 1
(*c*) –1 (*d*) त्रुटि

20. मल्टीवर्ड स्ट्रिंग को पढ़ने के लिए निम्नलिखित में से कौन सा फंक्शन अधिक उपयुक्त है?

(*a*) scanf() (*b*) gets()
(*c*) getchar() (*d*) getstring()

उत्तरमाला									
1.	(*b*)	**2.**	(*a*)	**3.**	(*d*)	**4.**	(*b*)	**5.**	(*d*)
6.	(*a*)	**7.**	(*d*)	**8.**	(*a*)	**9.**	(*d*)	**10.**	(*a*)
11.	(*c*)	**12.**	(*b*)	**13.**	(*a*)	**14.**	(*c*)	**15.**	(*b*)
16.	(*c*)	**17.**	(*a*)	**18.**	(*a*)	**19.**	(*c*)	**20.**	(*b*)

प्रोग्रामिंग समस्याएं

1. एक प्रोग्राम लिखें जो एक सारणी को स्वीकार करता है, पहले तत्व को अंतिम तत्व के साथ, दूसरे तत्व को दूसरे अंतिम तत्व के साथ इंटरचेंज करता है और इसी तरह और अंत में नए सारणी को प्रिंट करता है।
2. 1 और 10 के बीच n पूर्णांकों के एक सेट को पढ़ने के लिए एक प्रोग्राम लिखें और सेट में प्रत्येक पूर्णांक के प्रकट होने की संख्या की गणना करें। पूर्णांकों को आवृत्ति के क्रम में प्रिंट करें, सबसे पहले उच्चतम आने वाली पूर्णांक।
3. एक डिपार्टमेंट स्टोर चेन में $m\,(\leq 10)$ स्टोर हैं और प्रत्येक स्टोर में समान $n\,(\leq 15)$ विभाग हैं। स्टोर चेन की साप्ताहिक बिक्रकी को *SALES* में संग्रहीत किया जाता है। प्रोग्राम लिखिए जो
   - प्रत्येक स्टोर की कुल साप्ताहिक बिक्री को प्रिंट करता है।
   - प्रत्येक विभाग की कुल साप्ताहिक बिक्री को प्रिंट करता है।
   - स्टोर चेन की कुल साप्ताहिक बिक्री को प्रिंट करता है।
4. एक प्रोग्राम लिखें जो n आकार के किसी सारणी a की k वें स्थान में d तत्व सम्मिलित करता है।
5. एक प्रोग्राम लिखें जो n आकार वाले किसी सारणी के kवें स्थान से किसी तत्व को हटाता है।
6. एक सारणी से डुप्लिकेट तत्वों को हटाने के लिए एक प्रोग्राम लिखें।
7. $m \times n$ कोटि के मैट्रिक्स A को देखते हुए, सम तत्वों की अधिकतम संख्या वाली पंक्ति को खोजने के लिए एक प्रोग्राम लिखें।
8. एक प्रोग्राम लिखें जो उपयोगकर्ता को एक वाक्य दर्ज करने के लिए कहता है और फिर वाक्य में शब्दों को विभाजित करता है और उन्हें एक तालिका में रखता है।
9. एक प्रोग्राम लिखें जो उपयोगकर्ता से शब्दों की सूची मांगता है और सूची को उल्टे क्रम में प्रिंट करता है।
10. मान लीजिए कि आप एक संख्या का अनुवाद अंकों की एक स्ट्रिंग में करते हैं, प्रत्येक अंक के लिए एक शब्द, उसके बाद एक रिक्त स्थान। उदाहरण के लिए, संख्या 407 एक अंक स्ट्रिंग "*Four Zero Seven*" बन जाती है: एक सकारात्मक संख्या को स्वीकार करने के लिए एक प्रोग्राम लिखें और उसके अंक स्ट्रिंग का प्रिंट आउट लें।
11. एक प्रोग्राम लिखें जो एक राशि को अंकों में स्वीकार करता है और उसे शब्दों में प्रिंट करता है। उदाहरण के लिए, 12500 की राशि के लिए इसे *Twelve Thousand Five Hundred Only* स्ट्रिंग का उत्पादन करना चाहिए।
12. एक क्रमबद्ध सारणी में तीसरा सबसे बड़ा तत्व खोजने के लिए एक प्रोग्राम लिखें।

प्रायोगिक कार्य

1. आपको x नाम एक 1D सारणी दी गई हैं, जो $n\,(\leq 50)$ प्रेक्षणों के साथ कुछ सर्वेक्षणों के डेटा को संग्रहीत करती हैं। डेटा के माध्य, विचरण और मानक विचलन की गणना करने के लिए एक प्रोग्राम लिखें।

   माध्य, विचरण और मानक विचलन की गणना करने के सूत्र हैं :

$$\text{mean } (\bar{x}) = \frac{\sum_{i=1}^{n} x_i}{n} \quad \text{variance} = \frac{\sum_{i=1}^{n} (x_i - \bar{x})^2}{n} \quad \text{standrad deviation} = \sqrt{\text{variance}}$$

Listing 4.20

```
/*
   Program to find mean, variance, and standard deviation
*/

#include <stdio.h>
#include <math.h>
int main()
{
   float x[50];
   int  i, n;
   float mean, variance, std_deviation, sum, d;
   printf("\nEnter value for n : ");
   scanf("%d", &n);
   printf("\nEnter %d values\n", n);
   for ( i = 0; i < n; i++ ) {
       scanf("%f", &x[i]);
   }
   /*  Compute the sum of all elements */
   sum = 0;
   for ( i = 0; i < n; i++ ) {
       sum = sum + x[i];
       sum = sum + x[i];
   }
   /*  Compute mean (average) */
   mean = sum / n;
   /*  Compute  variance  */
   sum = 0;
   for ( i = 0; i < n; i++ ) {
       d = x[i]-mean;
       sum = sum + d * d;
   }
   variance = sum / n;
   /*  Compute  standard deviation  */
   std_deviation = sqrt(variance);
   /*  print results of computations, rounded to 2 decimals   */
   printf("Mean = %.2f\n", mean);
   printf("Variance = %.2f\n", variance);
   printf("Standard deviation = %.2f\n", std_deviation);
}
```

Test Run

```
Enter value for n : 10
Enter 10 values
12.5
10
15
25.75
30
22
16
19
24
11
Mean = 18.52
Variance = 41.06
Standard deviation = 6.41
```

2. मैट्रिक्स $A\ (m \times n)$ और $B\ (m \times n)$ को जोड़ने के लिए एक प्रोग्राम लिखें।

उदाहरण 4.6 **का संदर्भ लें।**

3. मैट्रिक्स $A\ (m \times n)$ को $B\ (p \times q)$ से गुणा करने के लिए एक प्रोग्राम लिखें।

उदाहरण 4.7 **का संदर्भ लें।**

4. यह जांचने के लिए एक प्रोग्राम लिखें कि दिया गया शब्द पैलिंड्रोम है या नहीं।

एक शब्द एक पैलिंड्रोम है यदि दोनों सिरों से समान रूप से पढ़ा जाता है। उदाहरण ऐसे शब्द हैं। *"nitin", "radar", "madam", "refer"*, आदि।

यह देखने के लिए कि क्या यह पैलिंड्रोम है, किसी शब्द का परीक्षण करने के लिए, एक तरीका यह है कि स्ट्रिंग को उलटने के लिए *strrev()* लाइब्रेरी फंक्शन का उपयोग किया जाए, और फिर मूल स्ट्रिंग की उल्टी स्ट्रिंग के साथ तुलना की जाए। यदि दोनों समान हैं, तो शब्द पैलिंड्रोम है अन्यथा शब्द पैलिंड्रोम नहीं है।

Listing 4.21

```
/*
    Program to check whether given word is palindrome or not,
    Using library function strrev()
*/
#include<stdio.h>
#include<string.h>
int main()
{
    char str[30], temp[30];
    printf("\nEnter any word : ");
    gets(str);
    strcpy(temp, str);
    strrev(temp);
    printf("\nGiven word = %s\n", str);
```

```
    printf("\n%s after reversing = %s\n", str, temp);
    if ( strcmp(str, temp) == 0 )
        printf("\n%s is a palindrome word.\n", str);
    else
        printf("\n%s is not a palindrome word.\n", str);

    return 0;
}
```

Test Run

First Run

```
Enter any word : nitin
Given word = nitin
nitin after reversing = nitin
nitin is a palindrome word.
```

Second Run

```
Enter any word : never
Given word = never
never after reversing = reven
never is not a palindrome word.
```

दूसरा तरीका यह है कि हम दो इंडैक्स वेरिएबल लेते हैं, *i* और *j* कहते हैं, *i* को पहले कैरेक्टर के इंडैक्टस के साथ इंनिशियलाइज़ किया जाता है और *j* को वर्ड के लास्ट कैरेक्टर के इंडेक्स के साथ इनिशियलाइज़ किया जाता है।

हम $i < j$ तक पुनरावृत्ति करते हैं और प्रत्येक पुनरावृत्ति में, हम पहले बेमेल को खोजने के लिए अनुक्रमणिका *i* और अनुक्रमणिका *j* पर वर्ण की तुलना करते हैं। यदि कोई बेमेल पाया जाता है, तो शब्द पैलिंड्रोम नहीं है। इसके अलावा, प्रत्येक पुनरावृत्ति में, सूचकांक *i* को बढ़ाया जाता है और सूचकांक *j* को घटाया जाता है। यदि कोई बेमेल नहीं पाया जाता है और स्थिति $i = j$ तक पहुँच जाती है, तो यह इंगित करेगा कि दिया गया शब्द एक पैलिंड्रोम है।

Listing 4.22

```
 /*
    Program to check whether given word is palindrome or not,
    without using any string manipulation function
*/

#include<stdio.h>
#include<string.h>
int main()
{
```

```
    char str[30];
    int i = 0, j, n = 0;
    printf("\nEnter any word : ");
    gets(str);
    /*  to get length of word in variable 'n'   */
    while ( str[n] != '\0' )
        n++;
    i = 0;      /* index of first character  */
    j = n-1;    /* index of last character   */
    while ( i < j )
    {
        if ( str[i] != str[j] ) {
            printf("\n%s is not a palindrome word.\n", str);
            return 0;
        }
        i++;
        j--;
    }
    printf("\n%s is a palindrome word.\n", str);
    return 0;
}
```

Test Run

First Run

```
Enter any word : madam
madam is a palindrome word.
```

Second Run

```
Enter any word : india
india is not a palindrome word.
```

अधिक जानिए

सारणियों का विषय प्रोग्रामिंग भाषा के महत्वपूर्ण पहलुओं में से एक है। कई वास्तविक जीवन की समस्याएं हैं जिनके लिए डेटा के बड़े संग्रह को संभालने की आवश्यकता होती है, सारणी कंप्यूटर प्रोग्राम में ऐसे डेटा को स्टोर करने के लिए आदर्श डेटा संरचनाएं हैं।

शिक्षक से अपेक्षा की जाती है कि वह सी भाषा में सारणियों की अवधारणा, सारणियों की आवश्यकता और सारणियों के संचालन से संबंधित विभिन्न पहलुओं को समझेगा।

शिक्षक को वास्तविक जीवन की स्थितियों से उदाहरण लेकर और उन्हें हल करने के लिए सी प्रोग्राम बनाकर सारणियों के उपयोग का प्रदर्शन करना चाहिए।

संदर्भ एवं अध्ययन हेतु सुझाव

1. R. S. Salaria, Problem Solving & programming in C, Khanna Book Publishing Co(P) Ltd., New Delhi.
2. E. Balagurusamy, Programming in ANSI C, Tata McGraw Hill, New Delhi.
3. Yashavant Kanetkar, Let Us C, BPB Publications, New Delhi.
4. Byron Gottfried, Programming with C, Schaum's Outlines.
5. https://onlinecourses.nptel.ac.in/noc21_cs01/preview
6. https://ocw.mit.edu/courses/intro-programming/
7. https://www.programiz.com/c-programming
8. https://www.javatpoint.com/c-programming-language-tutorial

5 मूल एल्गोरिथम

यूनिट विशिष्ट

यह यूनिट सर्चिंग, सॉर्टिंग और किसी समीकरण का हल ज्ञात करने की प्रक्रिया से संबंधित विषयों पर चर्चा करती है। विभिन्न सर्चिंग और सॉर्टिंग के कार्य को इस यूनिट में उपयुक्त उदाहरणों के साथ समझाया गया है। साथ ही समद्वि भाजन विधि द्वारा समीकरण का हल ज्ञात करने की प्रक्रिया को भी समझाया गया है।

भूमिका

वास्तविक जीवन में ऐसी कई स्थितियाँ होती हैं जहाँ हमें किसी विशेष सूचना की सर्च करनी पड़ती है। यदि सूचना व्यवस्थित नहीं है, तो सूचना के प्रत्येक आइटम की जांच करना ही एकमात्र तरीका है या हो सकता है कि वह आइटम हमें मिले ही नहीं। हालाँकि, यदि सूचना को किसी विशेष क्रम में व्यवस्थित किया जाता है, तो हम कुशल एल्गोरिथम का उपयोग करके किसी भी वस्तु को बहुत जल्दी सर्च सकते हैं।

यह इकाई छात्रों को वांछित क्रम में सूचनाओं को व्यवस्थित (क्रमबद्ध) करने की विभिन्न तकनीकों और सूचना के किसी दिए गए आइटम को सर्च की विभिन्न तकनीकों को समझने में मदद करती है।

इसके अतिरिक्त, यह इकाई यह भी बताती है कि हम किसी समीकरण के मूल केसे ज्ञात कर सकते हैं।

पूर्व-अपेक्षित ज्ञान

- सशर्त ब्रांचिंग
- लूप/पुनरावृत्ति
- सारणियाँ

यूनिट आउटकम्स

इस इकाई के पूर्ण अध्यन करने के बाद, विद्यार्थी निम्न में सक्षम होंगे:

U5-O1: विभिन्न सर्चिंग एल्गोरिथम को समझाने और कार्यान्वित करने में

U5-O2: विभिन्न सॉर्टिंग एल्गोरिथम को समझाने और कार्यान्वित करने में

U5-O3: किसी समीकरण के मूल ज्ञात करने की विधि को समझाने और कार्यान्वित करने में

यूनिट-5 आउटकम्स	कोर्स आउटकम्स (COs) के साथ अपेक्षित संबंध *(1-कमजोर सहसंबंध; 2-मध्यम सहसंबंध; 3-मजबूत सहसंबंध)*							
	CO-1	CO-2	CO-3	CO-4	CO-5	CO-6	CO-7	CO-8
U5-O1	3	3	–	–	–	3	–	–
U5-O2	3	3	–	–	–	3	–	–
U5-O3	3	3	–	–	–	1	–	–

5.1 सर्चिंग एल्गोरिथम

सर्चिंग एक सारणी में दिए गए तत्व के स्थान को खोजने की प्रक्रिया है। सर्चिंग को सफल कहा जाता है यदि दिया गया तत्व सारणी में मौजूद पाया जाता है; अन्यथा असफल।

सर्चिंग अभियान के दो तरीके हैं:

- रैखिक सर्च
- बाइनरी सर्च

एल्गोरिथम को चुनना, आम तौर पर सारणी तत्वों के संगठन पर निर्भर करता है। यदि तत्व यादृच्छिक क्रम में हैं, तो रैखिक सर्च तकनीक का उपयोग करना होगा, और यदि सारणी तत्वों को क्रमबद्ध किया जाता है, तो बाइनरी सर्च तकनीक का उपयोग करना बेहतर होता है। इन दो सर्च तकनीकों का वर्णन अगले खंडों में किया गया है।

5.1.1 रैखिक सर्च

सारणी *a* के बारे में कोई जानकारी नहीं होने पर, दिए गए तत्व *item* की सर्च करने का एकमात्र तरीका *item* की तुलना एक-एक करके प्रत्येक तत्व से करना है। यह विधि, जो *item* का पता लगाने के लिए क्रमिक रूप से आगे बढ़ती है, रैखिक सर्च (Linear Search) या अनुक्रमिक सर्च कहलाती है।

Listing 5.1

```
/*
 *   Program to demonstrate the use of linear search technique
 *   to search a given element in an un-sorted array
 */
 #include <stdio.h>
int main()
 {
int a[50], i, n, item, flag;
printf("\nEnter size of array n(<=50) : " );
scanf("%d", &n );
printf("\nEnter %d elements of array\n", n);
for ( i = 0; i < n; i++ )
scanf( "%d", &a[i] );
printf( "\nEnter element to search : " );
scanf( "%d", &item );
flag = 0;
for ( i = 0; i < n; i++ )
    {
if( item == a[i] )      /* match found  */
       {
flag = 1;
break;
       }
    }
if ( flag == 1 )
printf( "\nElement found at index: %d\n", i );
else
printf( "\nElement not found...\n" );
return 0;
 }
```

Test Run 1

```
Enter size of array n(<=50) : 10
Enter 10 elements of array
12 5 18 9 11 10 25 36 22 100
Enter element to search : 11
Element found at index: 4
```

Test Run 2

```
Enter size of array n(<=50) : 10
Enter 10 elements of array
12 5 18 9 11 10 25 36 22 100
Enter element to search : 55
Element not found...
```

जटिलता विश्लेषण (Complexity Analysis)

सर्वोत्तम संभव स्थिति में, *item* पहले स्थान पर हो सकता है। इस मामले में, केवल एक तुलना के साथ सर्च अभियान सफलतापूर्वक समाप्त हो जाता है। हालांकि, सबसे खराब स्थिति तब होती है जब या तो *item* अंतिम स्थिति में मौजूद होता है या सारणी से गायब होता है। पहले मामले में, सर्च n तुलनाओं के साथ सफलता के साथ समाप्त हो जाती है। बाद के मामले में, सर्च n तुलनाओं के साथ विफलता में समाप्त हो जाती है। इस प्रकार, हम पाते हैं कि सबसे खराब स्थिति में रैखिक सर्च को $O(n)$ ऑपरेशन की आवश्यकता होती है।

5.1.2 बाइनरी सर्च

मान लीजिए कि सारणी A के तत्वों को आरोही क्रम (यदि तत्व संख्याएँ हैं) या शब्दकोश क्रम (यदि तत्व स्ट्रिंग हैं) में क्रमबद्ध किया गया है। तब सर्वोत्तम सर्च एल्गोरिथम, जिसे बाइनरी सर्च (Binary Search) कहा जाता है, का उपयोग दिए गए तत्व के स्थान को खोजने के लिए किया जाता है।

हम अपने दैनिक जीवन में इस दृष्टिकोण का उपयोग करते हैं। उदाहरण के लिए, मान लीजिए कि हम किसी कंप्यूटर डिक्शनरी में *modem* शब्द का अर्थ खोजना चाहते हैं। जाहिर है, हम पेज दर पेज सर्च नहीं करते हैं। हम बीच में से शब्दकोश खोलते हैं यह निर्धारित करने के लिए कि शब्द *modem* कौन से आगे भाग में है। फिर बाद की सर्च के लिए एक आधा भाग छोड़ दिया जाता है, और हम दूसरे आधे में खोजते हैं। यह प्रक्रिया तब तक जारी रहती है जब तक या तो हमें आवश्यक शब्द नहीं मिल जाता या वह शब्द शब्दकोश में ना हो, जो इस तथ्य से संकेत देगा कि अंत हमारे पास केवल एक पृष्ठ रह जाएगा।

उदाहरण 5.1: *बाइनरी सर्च तकनीक के कार्य को स्पष्ट करने के लिए, निम्नलिखित क्रमबद्ध सारणी a पर 7 तत्वों के साथ विचार करें*

3, 10, 15, 20, 35, 40, 60

और हम तत्व को 15 खोजना चाहते हैं।

सारणी a के बारे में कोई जानकारी नहीं होने पर, दिए गए तत्व आइटम की खोज करने का एकमात्र तरीका आइटम की तुलना एक-एक करके प्रत्येक तत्व से करना है। यह विधि, जो आइटम का पता लगाने के लिए क्रमिक रूप से आगे बढ़ती है, रैखिक सर्च या अनुक्रमिक सर्च कहलाती है।

हल:

सारणी *a*	[0]	*a*[1]	*a*[2]	*a*[3]	*a*[4]	*a*[5]	*a*[6]
	3	10	15	20	35	40	60

हम शुरू करने के लिए लेते हैं $beg = 0, end = 6$, और मध्य तत्व के स्थान की गणना करें

$$mid = (beg + end) / 2 = (0 + 6) / 2 = 3$$

Since *a*[*mid*], *i.e.*, $a[3] \neq 15$, and $beg <= end$ हम अगला पुनरावृत्ति शुरू करते हैं।

As $a[mid] = 20 > 15$, इसलिए, हम लेते हैं $end = mid - 1 = 3 - 1 = 2$, जबकि *beg* अपरिवर्तित रहती है। मध्य तत्व की गणना स्थान

$$mid = (beg + end) / 2 = (0 + 2) / 2 = 1$$

Since *a*[*mid*], *i.e.*, $a[1] \neq 15$, and $beg <= end$ हम अगला पुनरावृत्ति शुरू करते हैं।

As $a[mid] = 10 < 15$, इसलिए, हम लेते हैं $beg = mid + 1 = 1 + 1 = 2$, जबकि अंत अपरिवर्तित रहता है।

Since beg = end, मध्य तत्व के स्थान की गणना करें

$$mid = (beg + end) / 2 = (2 + 2) / 2 = 2$$

Since *a*[*mid*], *i.e.*, $a[2] = 15$, सर्च सफलता पर समाप्त होती है। तत्व इंडेक्स 2 पर पाया जाता है।

Listing 5.2

```
/*
/*
 *   Program to demonstrate the use of binary search technique
 *   to search a given element in a sorted array
 */
 #include <stdio.h>
int main()
 {
int a[50], i, n, item, beg, end, mid, flag;
printf("\nEnter size of array n(<=50) : " );
scanf("%d", &n );
printf("\nEnter %d elements of array in ascending order\n", n);
for ( i = 0; i < n; i++ )
scanf( "%d", &a[i] );
printf( "\nEnter element to search : " );
scanf( "%d", &item );
flag = 0;
beg = 0;
end = n - 1;
while ( beg < end )
    {
mid = ( beg + end ) / 2;
if( item == a[mid] ) {       /* match found   */
flag = 1;
break;
       }
if( item < a[mid] )
```

```
end = mid - 1;
else
beg = mid + 1;
    }
if ( flag == 1 )
printf( "\nElement found at index: %d\n", mid );
else
printf( "\nElement not found...\n" );
return 0;
 }
```

Test Run 1

```
Enter size of array n(<=50) : 10↵
Enter 10 elements of array in ascending order
5 9 10 11 12 18 25 36 44 100
Enter element to search : 44
Element found at index: 8
```

Test Run 2

```
Enter size of array n(<=50) : 10
Enter 10 elements of array in ascending order
5 9 10 11 12 18 25 36 44 100
Enter element to search : 35
Element not found...
```

जटिलता विश्लेषण

प्रत्येक पुनरावृत्ति में, सर्च को सारणी के आधे हिस्से तक घटा दिया जाता है। इसलिए, सारणी में n तत्वों के लिए, $\log_2 n$ पुनरावृत्तियां होंगी। इस प्रकार, द्विआधारी सर्च की जटिलता $O(\log_2 n)$ है। यह जटिलता तत्व की स्थिति के बावजूद समान होगी, भले ही वह सारणी में मौजूद न हो।

5.2 सॉर्टिंग एल्गोरिथ्म

सॉर्टिंग तत्वों को कुछ तार्किकक्रम में व्यवस्थित करने की प्रक्रिया है। संख्यात्मक मानों के मामले में यह तार्किक क्रम आरोही या अवरोही हो सकता है या अल्फान्यूमेरिक मानों के मामले में शब्दकोश क्रम हो सकता है।

हम इस प्रक्रिया का उपयोग अपनी नियमित गतिविधियों में लगभग प्रतिदिन करते हैं। उदाहरण के लिए, हम अपने क्लास नोट्स को तारीख के बढ़ते क्रम में व्यवस्थित करते हैं ताकि बाद में उन्हें तुरंत संदर्भित किया जा सके। इस तरह कई स्थितियां हैं, जिन्हें आप गिन सकते हैं।

इस खंड में, हम निम्नलिखित सॉर्टिंग एल्गोरिथम पर चर्चा करेंगे:

- बबल सॉर्ट
- इंसर्शन सॉर्ट
- चयन सॉर्ट

हम इन सभी एल्गोरिथम की चर्चा के लिए a नामक (n आकार) एक सारणी पर विचार करेंगे, जिसके तत्व *int* प्रकार के हैं।

5.2.1 बबल सॉर्ट

बबल सॉर्ट (Bubble Sort) विधि को एक सारणी को सॉर्ट करने के लिए (n–1) पास की आवश्यकता होती है। प्रत्येक पास में, प्रत्येक तत्व $a[i]$ की तुलना $a[i + 1]$ से की जाती है, $a = 0$ to $[n–k]$ के लिए, जहां k पास संख्या है, और यदि वे क्रम से बाहर हैं, अर्थात, यदि $a[i] > a[i + 1]$ उनकी अदला-बदली की जाती है। इस से सब से बड़ा तत्व हिल जाएगा या बबल बन जाएगा।

पहले पास के अंत के बाद, सारणी में सबसे बड़ा तत्व (n–1)th जी वें स्थान पर रखा जाएगा, और प्रत्येक क्रमिक पास पर, अगला सब से बड़ा तत्व स्थिति (n–2), (n–3), ..., 1 क्रमशः पर रखा जाएगा।।

अधिक स्पष्टता के लिए, निम्नलिखित चरणों की सावधानी पूर्वक जाँच करें।

Pass 1:

Step 1. If $a[0] > a[1]$ then swap $a[0]$ and $a[1]$.
Step 2. If $a[1] > a[2]$ then swap $a[1]$ and $a[2]$.
⋮
Step n–1. If $a[n–2] > a[n–1]$ then swap a$[n–2]$ and $a[n–1]$.

Pass 2:

Step 1. If $a[0] > a[1]$ then swap $a[0]$ and $a[1]$.
Step 2. If $a[1] > a[2]$ then swap $a[1]$ and $a[2]$.
⋮
Step n–2. If $a[n–3] > a[n–2]$ then swap a$[n–3]$ and $a[n–2]$.

Pass *k*:

Step 1. If $a[0] > a[1]$ then swap $a[0]$ and $a[1]$.
Step 2. If $a[1] > a[2]$ then swap $a[1]$ and $a[2]$.
⋮
Step n–k. If $a[n–k+1] > a[n–k]$ then swap a$[n–k+3]$ and $a[n–k]$.

Pass *n*–1:

Step 1. If $a[0] > a[1]$ then swap $a[0]$ and $a[1]$.
(n–1) पास के बाद, सारणी को आरोही क्रम में क्रमबद्ध किया जाएगा।

उदाहरण 5.2: *बबल सॉर्ट विधि की कार्यप्रणाली को स्पष्ट करने के लिए, निम्नलिखित सारणी को आरोही क्रम में सॉर्ट करें।*

12 40 3 2 15

हल: ध्याद दें कि दिए गए पास का आउटपुट अगले पास के लिए इनपुट बन जाता है। सॉर्ट प्रक्रिया स्वयं व्याख्यात्मक है। प्रत्येक पास में, एकतत्व, जिसे छायांकित दिखाया गया है, अपनी अंतिम स्थिति तक पहुँच जाता है।

$a[0]$	$a[1]$	$a[2]$	$a[3]$	$a[4]$
12	40	3	2	15

Pass-1:

$a[0]$	$a[1]$	$a[2]$	$a[3]$	$a[4]$
(12)	(40)	3	2	15

(a) Compare $a[0]$ and $a[1]$. Since $a[0] < a[1]$ (12 < 40), no action is taken.

$a[0]$	$a[1]$	$a[2]$	$a[3]$	$a[4]$
12	(40)	(3)	2	15

(*b*) Compare $a[1]$ and $a[2]$. Since $a[1] > a[2]$ $(40 > 3)$, swap these elements.

$a[0]$	$a[1]$	$a[2]$	$a[3]$	$a[4]$
12	3	(40)	(2)	15

(*c*) Compare $a[2]$ and $a[3]$. Since $a[2] > a[3]$ $(40 > 2)$, swap these elements.

$a[0]$	$a[1]$	$a[2]$	$a[3]$	$a[4]$
12	3	2	(40)	(15)

(*d*) Compare $a[3]$ and $a[4]$. Since $a[3] > a[4]$ $(40 > 15)$, swap these elements.

$a[0]$	$a[1]$	$a[2]$	$a[3]$	$a[4]$
12	3	2	15	40

इस प्रकार, पहले पास के बाद, सबसे बड़ा तत्व, 40, अपनी अंतिम स्थिति में चला गया है। हालांकि, बाकी नंबर, जिन्होंने अपनी स्थिति बदल ली है, अभी तक सॉर्ट करने के लिए हीं नहीं गए हैं। छायांकित भाग उन तत्वों को दिखाता है जिन्हें क्रमबद्ध किया गया है।

शेष पासों के लिए, केवल तुलना और स्वैप, यदि आवश्यक हो, दिखाए जाते हैं।

Pass-2:

$a[0]$	$a[1]$	$a[2]$	$a[3]$	$a[4]$	Action
(12)	(3)	2	15	40	Swap
3	(12)	(2)	15	40	Swap
3	2	(12)	(15)	40	No swap
3	2	12	15	40	

दूसरे पास के बाद, दूसरा सबसे बड़ा तत्व, 15, अपनी अंतिम स्थिति में आ गया है।

Pass-3:

$a[0]$	$a[1]$	$a[2]$	$a[3]$	$a[4]$	Action
(3)	(2)	12	15	40	Swap
2	(3)	(12)	15	40	No swap
2	3	12	15	40	

तीसरे पास के बाद, तीसरा सबसे बड़ा तत्व, 12, अपनी अंतिम स्थिति में आ गया है।

Pass-4:

$a[0]$	$a[1]$	$a[2]$	$a[3]$	$a[4]$	Action
2	3	12	15	40	No swap
2	3	12	15	40	

चौथे पास के बाद, चौथा सबसे बड़ा तत्व, 3, अपनी अंतिम स्थिति में आ गया है। इस प्रकार, सारणी पूरी तरह से 4 पास में क्रमबद्ध है।

उपरोक्त सॉर्ट प्रक्रिया को भी नीचे दिखाए अनुसार देखा जा सकता है:

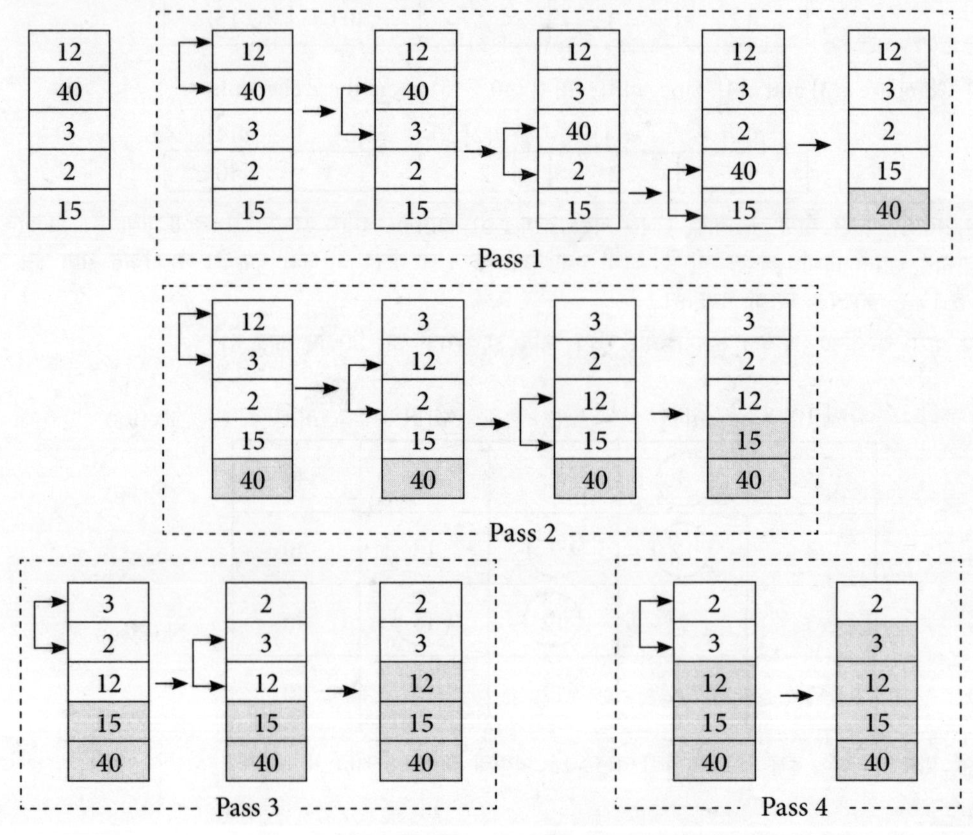

चित्र 5.1: बबल सॉर्ट विधि का चित्रण

जटिलता विश्लेषण

$(n-1)$ पास होने के बाद, सारणी को आरोहीक्रम में क्रमबद्ध किया जाएगा। जैसा कि आपने देखा होगा, पहले पास के लिए $(n-1)$ तुलना की आवश्यकता होती है, दूसरे पास के लिए $(n-2)$, …, kth पास की आवश्यकता होती है $(n-k)$ और अंतिम पास के लिए केवल एक तुलना की आवश्यकता होती है। इसलिए, कुल तुलना हैं

$$f(n) = (n-1) + (n-2) + (n-3) + \ldots + (n-k) + \ldots + 3 + 2 + 1 = n(n-1)/2 = O(n^2)$$

Listing 5.3

```
/*
 *   Program to demonstrate the use of Bubble sort method
 *   to sort a given array in ascending order
 */
 #include <stdio.h>
int main()
 {
int a[50], i, j, n, temp;
printf("\nEnter size of array n(<=50) : " );
scanf("%d", &n );
printf("\nEnter %d elements of array\n", n);
for ( i = 0; i < n; i++ )
scanf( "%d", &a[i] );
for ( i = 0; i < n-1; i++ )
    {
for ( j = 0; j < n-i-1; j++ )
        {
if ( a[j] > a[j+1] ) {
temp = a[j];
a[j] = a[j+1];
a[j+1] = temp;
           }
        }
    }
printf( "\nArray after sorting...\n\n" );
for ( i = 0; i < n; i++ )
printf( "%d ", a[i] );
printf( "\n" );
return 0;
 }
```

Test Run

```
Enter size of array n(<=50) : 10
Enter 10 elements of array
5 12 10 15 22 18 2 -10 7 16
Array after sorting...
-10 2 5 7 10 12 15 16 18 22
```

5.2.2 चयन सॉट

एक सारणी को सॉर्ट करने के लिए चयन सॉर्ट (Selection Sort) विधि को भी $(n-1)$ पास की आवश्यकता होती है। पहले पास में, तत्वों $a[0], a[1], a[2], \ldots, a[n-1]$ में से सबसे छोटा तत्व खोजें और पहले तत्व के साथ स्वैप करें, यानी $a[0]$ दूसरे पास में, तत्वों में $a[1], a[2], a[3], \ldots, a[n-1]$ में से सबसे छोटा तत्व खोजें और $a[1]$ के साथ स्वैप करें। और इसी तरह।

अधिक स्पष्टता के लिए, निम्नलिखित चरणों की सावधानी पूर्वक जाँच करें:

Pass 1:

- संपूर्ण सारणी में सबसे छोटे तत्व का *loc* ज्ञात करें, अर्थात् $a[0], a[1], a[2], \ldots, a[n-1]$
- $a[0]$ & $a[loc]$ को इंटरचेंज करें $a[0]$ सॉर्ट हो गया है।

Pass 2:

- उपसारणी $a[1], a[2], a[3]$ में सबसे छोटे तत्व का *loc* ज्ञात करें।
- $a[1]$ और $a[loc]$ को इंटरचेंज करें। फिर तत्व $a[0]$ और $a[1]$ सॉर्ट हो गए हैं, क्योंकि $a[0] \leq a[1]$

⋮

Pass *k*:

- उपसारणी $a[k], a[k+1], a[k+2], \ldots, a[n-1]$ में सबसे छोटे तत्व की *loc* का पता लगाएं।
- $a[k]$ और $a[loc]$ को इंटरचेंज करें। फिर तत्व $a[0], a[1], a[2], \ldots, a[k]$ सॉर्ट हो गए हैं।

⋮

Pass *n*–1:

- छोटे तत्वों $a[n-2], a[n-1]$ के *loc* का पता लगाएं।
- $a[n-2]$ और $a[loc]$ को इंटरचेंज करें। फिर तत्व $a[0], a[1], a[2], \ldots, a[n-1]$ सॉर्ट हो गए हैं।

$(n-1)$ पास होने के बाद, सारणी को आरोही क्रम में सॉर्ट किया जाएगा।

उदाहरण 5.3: *चयन सॉर्ट विधि के कार्य को स्पष्ट करने के लिए, निम्नलिखित सारणी a पर 7 तत्वों के रूप में विचार करें:*

20, 35, 40, 100, 3, 10, 15

हल: प्रत्येक पुनरावृत्ति *i* में, हम सारणी के अवर्गीकृत भाग में सबसे छोटे तत्व का स्थान *loc* पाते हैं। यदि $loc \neq i$ तो *i* और *loc* तत्वों की अदला-बदली की जाती है।

Given Array *a*

a[0]	a[1]	a[2]	a[3]	a[4]	a[5]	a[6]
20	35	40	100	3	10	15

Pass 1: $i = 0$, $loc = 4$

a[0]	a[1]	a[2]	a[3]	a[4]	a[5]	a[6]
20	35	40	100	3	10	15

Interchange elements $a[0]$ & $a[4]$, *i.e.*, 20 & 3 to obtain following array.

Pass 2: $i = 1$, $loc = 5$

a[0]	a[1]	a[2]	a[3]	a[4]	a[5]	a[6]
3	35	40	100	20	10	15

Interchange elements $a[1]$ & $a[5]$, *i.e.*, 35 & 10 to obtain following array.

Pass 3: $i = 2$, $loc = 6$

a[0]	a[1]	a[2]	a[3]	a[4]	a[5]	a[6]
3	10	40	100	20	35	15

Interchange elements $a[2]$ & $a[6]$, *i.e.*, 40 & 15 to obtain following array.

Pass 4: $i = 3$, $loc = 4$

a[0]	a[1]	a[2]	a[3]	a[4]	a[5]	a[6]
3	10	15	100	20	35	40

Interchange elements $a[3]$ & $a[4]$, *i.e.*, 100 & 20 to obtain following array.

Pass 5: $i = 4$, $loc = 5$

a[0]	a[1]	a[2]	a[3]	a[4]	a[5]	a[6]
3	10	15	20	100	35	40

Interchange elements $a[4]$ & $a[5]$, *i.e.*, 100 & 35 to obtain following array.

Pass 6: $i = 5$, $loc = 6$

a[0]	a[1]	a[2]	a[3]	a[4]	a[5]	a[6]
3	10	15	20	35	100	40

Interchange elements $a[5]$ & $a[6]$, *i.e.*,100 & 40 to obtain following sorted array.

a[0]	a[1]	a[2]	a[3]	a[4]	a[5]	a[6]
3	10	15	20	35	40	100

चित्र 5.2: चयन सॉर्ट विधि का चित्रण

छायांकित भाग प्रत्येक पुनरावृत्ति के बाद के लिए क्रमबद्ध सारणी के भाग को दिखाता है। प्रत्येक पुनरावृत्ति में, क्रमबद्ध भाग के दाईं ओर एक तत्व जोड़ा जाता है।

चयन सॉर्ट एल्गोरिथ्म को लागू करने के लिए, हमें तत्वों $a[k-1], a[k+1], a[k+2], \ldots, a[n-1]$, के बीच सबसे छोटे तत्व के स्थान *loc* को खोजने के लिए एक रूटीन की आवश्यकता होती है *k*th पास के दौरान।

Listing 5.4

```
/*
*   Program to demonstrate the use of selection sort method
*   to sort a given array in ascending order
*/
#include <stdio.h>
int main()
{
   int a[50], i, j, n, temp, min, loc;
   printf("\nEnter size of array n(<=50) : " );
   scanf("%d", &n );
   printf("\nEnter %d elements of array\n", n);
   for ( i = 0; i < n; i++ )
      scanf( "%d", &a[i] );
   for ( i = 0; i < n-1; i++ )
   {
      min = a[i];
      loc = i;
      for ( j = i+1; j < n; j++ )
      {
```

```
            if ( a[j] < min ) {
               min = a[j];
               loc = j;
            }
         }
         if ( loc != i ) {
            temp = a[i];
            a[i] = a[loc];
            a[loc] = temp;
         }
      }
   printf( "\nArray after sorting...\n\n" );
   for ( i = 0; i < n; i++ )
      printf( "%d ", a[i] );
   printf( "\n" );
   return 0;
}
```

Test Run

```
Enter size of array n(<=50) : 6
Enter 6 elements of array
12 5 10 15 22 18
Array after sorting...
5 10 12 15 18 22
```

जटिलता विश्लेषण

जैसा कि आपने देखा होगा, पहले पास के लिए सबसे छोटे तत्व के स्थान *loc* का पता लगाने के लिए $(n-1)$ तुलना की आवश्यकता होती है, दूसरे पास के लिए $(n-2), \ldots, k$th पास की आवश्यकता होती है $(n-k)$ और अंतिम पास के लिए केवल एक तुलना की आवश्यकता है।

इसलिए कुल तुलना हैं

$$f(n) = (n-1) + (n-2) + (n-3) + \ldots + (n-k) + \ldots + 3 + 2 + 1$$
$$= n(n-1)/2 = O(n)^2$$

5.2.3 इंसर्शन सॉर्ट

यह एल्गोरिथम ब्रिज प्लेयर्स के साथ बहुत लोकप्रिय है जब वे पहली बार अपने कार्ड्स को सॉर्ट करते हैं।

इस प्रक्रिया में, हम एक विशेष मान लेते हैं और फिर इसे क्रमबद्ध उप सूची में उपयुक्त स्थान पर डालें, अर्थात, kth पुनरावृत्ति के दौरान तत्व $a[k]$ को उसके उचित में डाला जाता है क्रमबद्ध उप सरणी में जगह $a[1], a[2], a[3], \ldots, a[k-1]$

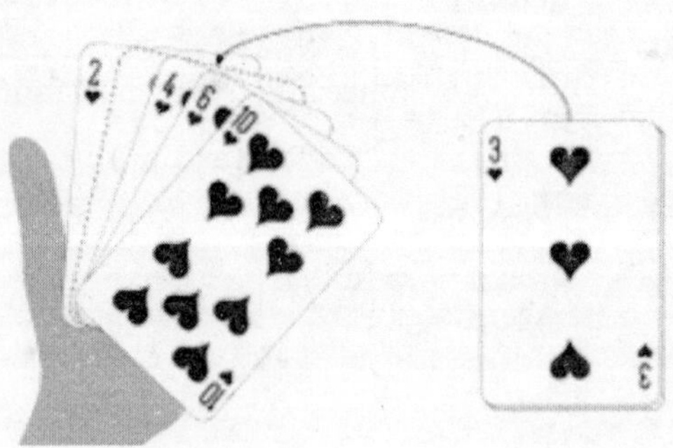

यह कार्य $a[k]$ की तुलना $a[k-1], a[k-2], a[k-3]$, और इसी तरह से पहले तक किया जाता है। तत्व $a[j]$ जैसे कि $a[j] \le a[k]$ पाया जाता है। फिर प्रत्येक तत्व $a[k-1], a[k-2], \ldots, a[j+1]$ एक स्थिति ऊपर ले जाया जाता है, और फिर तत्व $a[k]$ को सरणी में $(j+1)$ स्थिति में डाला जाता है।

अधिक स्पष्टता के लिए, निम्नलिखित चरणों की सावधानीपूर्वक जाँच करें।

Pass 1: $a[1]$ को $a[2]$ के पहले या बाद में डाला जाता है ताकि $a[0]$ को $a[1]$ को क्रमबद्ध किया जा सके।

Pass 2: $a[2]$ को $a[0]$ से पहले या $a[0]$ और $a[1]$ के बीच या $a[1]$ के बाद डाला जाता है ताकि तत्व $a[0], a[1], a[2]$ को क्रमबद्ध किया जा सके।

Pass 3: $a[3]$ को $a[0]$ से पहले या $a[0]$ और $a[1]$ के बीच या $a[2]$ के बाद डाला जाता है ताकि तत्व $a[0], a[1], a[2], a[3]$, को क्रमबद्ध किया जा सके।

⋮

Pass *k*: $a[k]$ क्रमबद्ध उपसारणी $a[0], a[1], a[2], \ldots, a[k-1]$ में उचित स्थान पर डाला जाता है। ताकि सम्मिलन के बाद, तत्व $a[0], a[1], a[2], \ldots, a[k-1]$ को क्रमबद्ध किया जा सके।

⋮

Pass *n*–1: $a[n-1]$ क्रमबद्ध उपसारणी $a[0], a[1], a[2], \ldots, a[n-2]$, में उचित स्थान पर डाला गया है। ताकि सम्मिलन के बाद, तत्व $a[0], a[1], a[2], \ldots, a[n-1]$ को क्रमबद्ध किया जा सके।

इस प्रकार $(n-1)$ पास होने के बाद, सारणी को आरोही क्रम में सॉर्ट करते हैं।

उदाहरण 5.4: *इंसर्शन सॉर्ट* (Insertion Sort) *विधि के कार्य को स्पष्ट करने के लिए, निम्नलिखित सारणी a पर 7 तत्वों के रूप में विचार करें:*

35, 20, 40, 100, 3, 10, 15

हल: दिया गया सारणी *a*

$a[0]$	$a[1]$	$a[2]$	$a[3]$	$a[4]$	$a[5]$	$a[6]$
35	20	40	100	3	10	15

Pass 1:

$a[0]$	$a[1]$	$a[2]$	$a[3]$	$a[4]$	$a[5]$	$a[6]$
35	20	40	100	3	10	15

Since $a[1] < a[0]$, insert element $a[1]$ before $a[0]$ giving the following array.

Pass 2:

$a[0]$	$a[1]$	$a[2]$	$a[3]$	$a[4]$	$a[5]$	$a[6]$
20	35	40	100	3	10	15

Since $a[2] > a[1]$, no action is performed.

Pass 3:

$a[0]$	$a[1]$	$a[2]$	$a[3]$	$a[4]$	$a[5]$	$a[6]$
20	35	40	100	3	10	15

Since $a[3] > a[2]$, again no action is performed.

Pass 4:

a[0]	a[1]	a[2]	a[3]	a[4]	a[5]	a[6]
20	35	40	100	3	10	15

Since *a*[4] is less than *a*[3], *a*[2], *a*[1] as well as *a*[0], therefore insert *a*[4] before *a*[0], giving the following array.

Pass 5:

a[0]	a[1]	a[2]	a[3]	a[4]	a[5]	a[6]
3	20	35	40	100	10	15

Since *a*[5] is less than *a*[4], *a*[3], *a*[2], and *a*[1], therefore insert *a*[5] before *a*[1], giving the following array.

Pass 6:

a[0]	a[1]	a[2]	a[3]	a[4]	a[5]	a[6]
3	10	20	35	40	100	15

Since *a*[6] is less than *a*[5], *a*[4], *a*[3], and *a*[2], therefore insert *a*[6] before *a*[2], giving the following sorted array.

a[0]	a[1]	a[2]	a[3]	a[4]	a[5]	a[6]
3	10	15	20	35	40	100

चित्र 5.3: इंसर्शन सॉर्ट विधि का चित्रण

Listing 5.5

```
/*  Program to demonstrate the use of insertion sort method
 *   to sort a given array in ascending order
 */
 #include <stdio.h>
 void main()
 {
    int a[50], i, j, k, n, temp;
    printf("\nEnter size of array n(<=50) : " );
    scanf("%d", &n );
    printf("\nEnter %d elements of array\n", n);
    for ( i = 0; i < n; i++ )
       scanf( "%d", &a[i] );
    for ( k = 1; k < n; k++ ) {
       temp = a[k];
       j = k - 1;
       while ( ( temp < a[j] ) && ( j >= 0 ) ) {
           a[j+1] = a[j];
           j--;
       }
       a[j+1] = temp;
    }
    printf( "\nArray after sorting...\n\n" );
    for ( i = 0; i < n; i++ )
        printf( "%d ", a[i] );
    printf( "\n" );
 }
```

Test Run

```
Enter size of array n(<=50) : 7
Enter 7 elements of array
5 12 10 15 22 18 16
Array after sorting...
5 10 12 15 16 18 22
```

5.3 समीकरण का मूल ज्ञात करना

सामान्यत: किसी समीकरण के मूल ज्ञात करने की दो प्रकार की विधियाँ होती हैं।

प्रत्यक्ष विधियाँ

प्रत्यक्ष विधियाँ एक समीकरण के मूल को सीमित चरणों में देती हैं। इसके अलावा, ये विधियां एक ही समय में सभी मूल देने में सक्षम हैं।

उदाहरण के लिए, द्विघात समीकरण के मूल

$ax^2 + bx + c = 0$ where $a \neq 0$

दिए गए हैं

$$x_{1,2} = \frac{-b \pm \sqrt{b^2 - 4ac}}{2a}$$

पुनरावृत्त विधियाँ

पुनरावृत्त विधियाँ, जिन्हें परीक्षण और त्रुटि विधियों के रूप में भी जाना जाता है, क्रमिक सन्निकटन (*trial and error*) के विचार पर आधारित हैं। वे जड़ से एक या अधिक प्रारंभिक सन्निकटन के साथ शुरू करते हैं और उचित सटीकता के साथ समाधान प्राप्त होने तक चरणों के एक निश्चित अनुक्रम को दोहराते हुए सन्निकटन का एक क्रम प्राप्त करते हैं। पुनरावृत्त विधियाँ, आम तौर पर, एक समय में एक मूल देती हैं।

मैन्युअल रूप से समीकरणों को हल करने के लिए पुनरावृत्त विधियां बहुत बोझिल और समय लेने वाली हैं। हालांकि, वे निम्नलिखित कारणों से कंप्यूटर पर उपयोग के लिए सबसे उपयुक्त हैं:

1. पुनरावृत्ति विधियों को संक्षिप्त रूप से कम्प्यूटेशनल एल्गोरिथम के रूप में व्यक्त किया जा सकता है।
2. एल्गोरिथम तैयार करना संभव है जो समान समस्याओं के वर्ग को संभाल सकता है। उदाहरण के लिए, डिग्री n के बहुपद समीकरण को हल करने के लिए एक एल्गोरिथम विकसित किया जा सकता है।
3. प्रत्यक्ष विधियों की तुलना में पुनरावृत्त विधियों में राउंड-ऑफ त्रुटियां नगण्य हैं।

एक समीकरण का मूल ज्ञात करने के लिए लोकप्रिय पुनरावृति विधियाँ निम्नलिखित हैं।

- द्विभाजन विधि
- रेगुला-फाल्सी विधि
- सेकेंट विधि
- न्यूटन-रैफसन विधि
- क्रमिक सन्निकटन की विधि

हम $f(x) = 0$ प्रकार के समीकरण का मूल ज्ञात करने के लिए द्विभाजन विधि के बारे में जानेंगे

इस खंड में

द्विभाजन विधि सबसे सरल पुनरावृत्ति विधियों में से एक है। आरंभ करने के लिए, दो प्रारंभिक सन्निकटन, मान लीजिए x_1 और x_2 इस प्रकार लिए गए हैं कि $f(x_1) \times f(x_2) < 0$, जो सुनिश्चित करता है कि मूल x_1 और x_2 के बीच स्थित है। अगला x-मान, मान लीजिए x_3 अंतराल के मध्य-बिंदु $[x_1, x_2]$ के रूप में परिकलित किया जाता है।

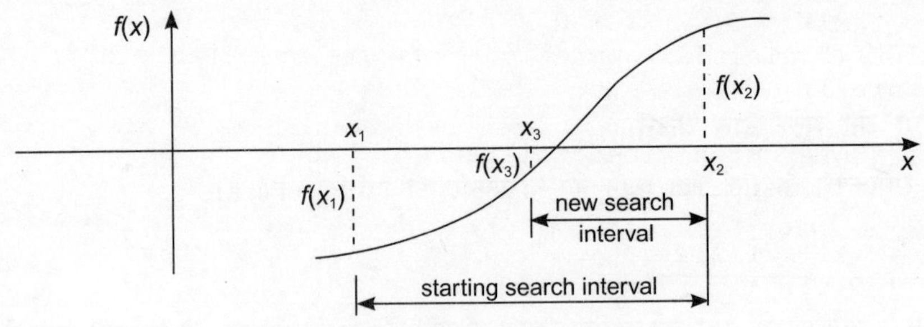

चित्र 5.4: द्विभाजन विधि द्वारा मूल सन्निकटन

तीन संभावनाएं उत्पन्न हो सकती हैं:

(*i*) यदि $f(x_3) = 0$ है, तो हमारे पास x_3 पर एक मूल है।

(*ii*) यदि $f(x_1)$ और $f(x_3)$ विपरीत चिह्न के हैं, तो मूल अंतराल (x_1, x_3) में स्थित है। इस प्रकार x_2 को x_3 से बदल दिया जाता है, और नया अंतराल, जो वर्तमान अंतराल का आधा है, को फिर से विभाजित किया जाता है।

(*ii*) यदि $f(x_1)$ और $f(x_3)$ एक ही चिन्ह के हैं, तो मूल अंतराल (x_3, x_2) में स्थित है। इस प्रकार x_1 को x_3 से बदल दिया जाता है, और नया अंतराल फिर से द्विभाजित हो जाता है।

इसलिए इस अंतराल द्विभाजन प्रक्रिया को दोहराकर हम एक नए सर्च अंतराल में मूल को घेरते रहते हैं, जो प्रत्येक पुनरावृत्ति में आधा हो जाता है।

यह पुनरावृत्ति चक्र समाप्त हो जाता है जब सर्च अंतराल निर्धारित सहिष्णुता (रूट में अनुमत त्रुटि) से छोटा हो जाता है। इसलिए, यदि आवश्यक जड़ में एप्सिलॉन निर्धारित सहिष्णुता है, तो पुनरावृत्ति चक्र समाप्त हो जाता है जब पूर्ण त्रुटि एप्सिलॉन से कम या उसके बराबर हो जाती है, अर्थात,

$$|x_1 - x_2| \le epsilon$$

हम अंतिम सर्च अंतराल के मध्य-बिंदु को मूल के वांछित सन्निकटन के रूप में लेते हैं।

Listing 5.6

```
/*
 *   Program to implement Bisection method to find one of the
 *   root of equation x^3 - 4x - 9 = 0
 */
#include<stdio.h>
#include<stdlib.h>
#include<math.h>
double f( double x )
{
   return pow((double)x,(double)3.0)-4*x-9;
}
```

```
int main()
 {
    float x1, x2, epsilon, x3;
    printf("Enter first point of the search interval : ");
    scanf("%f", &x1);
    printf("Enter second point of the search interval : ");
    scanf("%f", &x2);
    if ( ( f(x1) * f(x2) ) > 0 ) {
       printf("\nInitial approximations are unsuitable\n");
       return 1;
    }
    printf("Enter prescribed tolerance : ");
    scanf("%f", &epsilon);
    do {
       x3 = (x1+x2)/2;
       if ( f(x1) * f(x3) < 0 )
            x2 = x3;
       else
            x1 = x3;
    }
    while( fabs((double)(x1-x2)) > epsilon);
    printf("\nApproximate root = %8.4f\n", x3);
    return 0;
 }
```

Test Run 1

```
Enter first point of the search interval : 2.5
Enter second point of the search interval : 2.6
Initial approximations are unsuitable
```

Test Run 2

```
Enter first point of the search interval : 2.6
Enter second point of the search interval : 2.8
Enter prescribed tolerance : 0.0001
Approximate root = 2.7065
```

इकाई सारांश

इस अध्याय में हमने सीख है कि

- सर्च एक सारणी में दिए गए तत्व के स्थान को खोजने की प्रक्रिया है।
- विभिन्न सर्च तकनीकों में रैखिक सर्च और बाइनरी सर्च शामिल हैं।
- यदि सारणी अन-सॉर्ट की गई है, तो किसी तत्व को खोजने का एकमात्र विकल्प रैखिक सर्च है। हालाँकि, यदि सारणी को क्रमबद्ध किया जाता है, तो बाइनरी सर्च एक बेहतर विकल्प है।
- सॉर्ट तत्वों को कुछ तार्किक क्रम में व्यवस्थित करने की प्रक्रिया है।
- विभिन्न सॉर्ट तकनीकों में बबल सॉर्ट, चयन और इंसर्शन सॉर्ट शामिल हैं।
- अन्य विधियों में, द्विभाजन विधि प्रकार $f(x) = 0$ के बहुपद समीकरण के समय मूल ज्ञात करने की सबसे सरल विधि में से एक है।

अभ्यास

विषयपरक प्रश्न

1. सर्च क्या है?
2. उपयुक्त उदाहरण के साथ रैखिक सर्च विधि का वर्णन करें।
3. बाइनरी सर्च विधि का उपयुक्त उदाहरण सहित वर्णन कीजिए।
4. सॉर्ट क्या है? सॉर्ट की क्या आवश्यकता है?
5. उपयुक्त उदाहरण के साथ बबल सॉर्ट विधि का वर्णन करें।
6. चयन सॉर्ट विधि का उपयुक्त उदाहरण सहित वर्णन कीजिए।
7. इंसर्शन सॉर्ट विधि का उपयुक्त उदाहरण सहित वर्णन कीजिए।
8. किसी समीकरण का मूल ज्ञात करने के लिए समद्विभाजन विधि का वर्णन कीजिए।
9. दिए गए सारणी के तत्वों को 12, 7, 13, 9, 10, 77, 2, 8 के रूप में दिया गया है। बबल सॉर्ट विधि के पहले पास के बाद तत्वों की व्यवस्था क्या होगी?
10. एक सारणी के तत्वों को 11, 70, 13, 99, 5, 17, 21, 38 के रूप में दिया गया है। चयन सॉर्ट विधि के तीन पास के बाद तत्वों की व्यवस्था क्या होगी?
11. दिए गए सारणी के तत्वों को 12, 7, 11, 92, 13, 71, 21, 38 के रूप में दिया गया है। इंसर्शन सॉर्ट विधि के चार पास के बाद तत्वों की व्यवस्था क्या होगी?
12. एक क्रमबद्ध सारणी के तत्वों को 12, 7, 11, 92, 13, 71, 21, 38 के रूप में दिया गया है। तत्वों 71 और 100 को सर्च के लिए चरणों का वर्णन करें।
13. एक क्रमबद्ध सारणी के तत्वों को 82, 70, 61, 52, 43, 31, 24, 18 के रूप में दिया गया है। तत्वों 24 और 99 को सर्च के लिए चरणों का वर्णन करें।

बहु विकल्पीय प्रश्न

1. किसी सारणी में किसी एक आइटम को सर्च के लिए रैखिक लिए सबसे खराब स्थिति क्या है?
   (*a*) स्थिर समय (*b*) लॉगरिदमिक समय
   (*c*) रैखिक समय (*d*) द्विघात समय
2. बाइनरी सर्च के लिए सारणी में एक आइटम सर्च के लिए सबसे खराब स्थिति क्या है?
   (*a*) स्थिर समय (*b*) लॉगरिदमिक समय
   (*c*) रैखिक समय (*d*) द्विघात समय
3. किसी सारणी पर कौन-सी अतिरिक्त आवश्यकता है, ताकि किसी प्रविष्टि का पता लगाने के लिए बाइनरी सर्च का उपयोग किया जा सके?
   (*a*) सारणी तत्वों को एक ढेर heap बनाना चाहिए (*b*) सारणी में कम से कम 2 प्रविष्टियां होनी चाहिए
   (*c*) सारणी को क्रमबद्ध किया जाना चाहिए (*d*) सारणी का आकार दो की घात होना चाहिए
4. एक सारणी सूची का उपयोग करके लागू किए गए एक आइटम को सर्च का सबसे अच्छा तरीका .... के साथ है।
   (*a*) रैखिक सर्च (*b*) बाइनरी सर्च
   (*c*) याहच्छिक सर्च (*d*) प्रत्यक्ष सर्च

5. बिग ओ नोटशन का उपयोग करते हुए, बाइनरी सर्च के लिए आवश्यक तुलनाओं की संख्या है।

(*a*) $O(\log_2 n)$ (*b*) $O(n)$

(*c*) $O(n^2)$ (*d*) $O(n\log_2 n)$

6. n तत्वों के एक चयन प्रकार में, एल्गोरिथ्म के पूर्ण निष्पादन में कितनी बार, अधिकतम स्वैप फंक्शन को कॉल कि जाता है?

(*a*) 1 (*b*) n–1

(*c*) $n\log_2 n$ (*d*) n^2

7. मान लिजिए कि 100 वस्तुओं के एक चयन प्रकार ने मुख्य लूप के 42 पुनरावृत्तियों को पूरा किया है। अब कितने तत्वों के अपने अंतिम स्थान पर होने की गारंटी है?

(*a*) 21 (*b*) 41

(*c*) 42 (*d*) 43

8. मान लिजिए कि हम आठ पूर्णांकों की एक सारणी को आरोही क्रम में सॉर्टिंट एल्गोरिथम का उपयोग करके सॉर्ट कर रहे हैं। एल्गोरिथम के मुख्य लूप के चार पुनरावृत्तियों के बाद, सारणी तत्वों को यहां दिखाया गया है:

52 54 55 57 58 51 53 56

कौन सा कथन सही है?

(*a*) एल्गोरिथम या तो चयन प्रकार या इंसर्शन प्रकार हो सकता है

(*b*) एल्गोरिथम चयन प्रकार हो सकता है, लेकिन यह इंसर्शन प्रकार नहीं है

(*c*) एल्गोरिथम चयन प्रकार नहीं है, लेकिन यह इंसर्शन प्रकार हो सकता है

(*d*) एल्गोरिथम न तो चयन प्रकार है और न ही इंसर्शन प्रकार है

9. मान लिजिए कि हम दस पूर्णांकों की एक सारणी को आरोही क्रम में सॉर्टिंग एल्गोरिथम का उपयोग करके सॉर्ट कर रहे हैं। एल्गोरिथम के मुख्य लूप के चार पुनरावृत्तियों के बाद, सारणी तत्वों को यहां दिखाया गया है:

11 22 33 42 55 50 66 87 98 80

कौन सा कथन सही है?

(*a*) एल्गोरिथम या तो चयन प्रकार या इंसर्शन प्रकार हो सकता है

(*b*) एल्गोरिथम चयन प्रकार हो सकता है, लेकिन यह इंसर्शन प्रकार नहीं है

(*c*) एल्गोरिथम चयन प्रकार नहीं है, लेकिन यह इंसर्शन हो सकता है

(*d*) एल्गोरिथम न तो चयन प्रकार है और न ही इंसर्शन प्रकार है

10. निम्नलिखित में से कौन सा एल्गोरिथम अपने प्रदर्शन को बेहतर बनाने के लिए संशाधित किया जा सकता है?

(*a*) चयन प्रकार (*b*) बबल सॉर्ट

(*c*) इंसर्शन प्रकार (*d*) उपरोक्त में से कोई नहीं

उत्तरमाला									
1.	(*c*)	**2.**	(*b*)	**3.**	(*c*)	**4.**	(*a*)	**5.**	(*a*)
6.	(*b*)	**7.**	(*c*)	**8.**	(*c*)	**9.**	(*b*)	**10.**	(*b*)

प्रोग्रामिंग समस्याएं

1. दिए गए तत्वों को अवरोही क्रम में क्रमबद्ध करने पर बाइनरी सर्च का उपयोग करके किसी तत्व को सर्च का क्या प्रोग्राम है।
2. आपको अपनी कक्षा के विद्यार्थियों के नामों की सूची दी गई है। आपकी पसंद के सॉर्टिंग एल्गोरिथम का उपयोग करके शब्दकोश क्रम में नामों को क्रमबद्ध करने का क्या प्रोग्राम है।
3. अपने नाम के अक्षरों को उल्टे शब्दकोश क्रम में क्रमबद्ध करने के लिए एक प्रोग्राम लिखें।
4. बबल सॉर्ट पद्धति का उपयोग करके संख्याओं की सूची को अवरोही क्रम में क्रमबद्ध करनें के लिए एक प्रोग्राम लिखें। एल्गोरिथ्म में क्षमता शामिल करें कि यदि सभी चरणों को समाप्त करने से पहले सूची को क्रमबद्ध किया जाता है, तो एल्गोरिथ्म को रोकना होगा।

प्रायोगिक कार्य

प्रयोगशाला के हिस्से के रूप में सर्च और सॉर्टिंग के लिए उपरोक्त प्रोग्रामों के अलावा, संख्यात्मक तरीकों को हल करने के लिए प्रयोगशाला के प्रोग्राम भी हैं जिनमें संख्यात्मक भेदभाव और एकीकरण शामिल है।

इन प्रोग्रामों का वर्णन आगे किया गया है।

1. संख्यात्मक विभेदन (Numerical Differentiation)

विज्ञान और इंजीनियरिंग में कई समस्याओं में विभिन्न प्रकार के कार्यों के विभेदीकरण का उपयोग शामिल है। यदि कोई फलन गणितीय रूप में व्यक्त किया जाता है, तो उसका व्युत्पन्न विश्लेषणात्मक विधियों द्वारा आसानी से प्राप्त किया जा सकता है।

लेकिन कई स्थितियों में स्वतंत्र चर x के मान और आश्रित चर y के संगत मान सारणीबद्ध रूप में उपलब्ध होते हैं।

उस स्थिति पर विचार करें, जहां एक एथलीट द्वारा 100 मीटर की दौड़ के लिए दौड़ के दौरान समय के एक फलन के रूप में तय की गई दूरी निम्नलिखित तालिका में दी गई है:

समय (Secs.) :	0	1	2	3	4	5	6	7	8	9	10
दूरी (Mts.) :	0	2.5	10	20	30.5	50	54	65.5	77.2	88.5	10

यहाँ कई प्रश्न पूछे जा सकते हैं, उदाहरण के लिए:

1. 5 सेंकड के बाद बाद एथलीट की गति क्या थी?
2. टेप के पास पहुंचते ही एथलीट की गति क्या थी?
3. 88 सेकंड के बाद एथलीट का त्वरण क्या था?

आम तौर पर, गति और त्वरण की गणना विश्लेषणात्मक रूप से की जाती है। मान लीजिए y एथलीट द्वारा x सेकंड में तय की गई दूरी को दर्शाता है, तो

$$\text{गति} = \frac{dy}{dx} \qquad \text{त्वरण} = \frac{d^2y}{dx^2}$$

लेकिन उपरोक्त उदाहरण में y और x के बीच गणितीय संबंध ज्ञात नहीं है। इसलिए, विश्लेषणात्मक विधियों का उपयोग करना संभव नहीं है। हालाँकि, हम तालिका में दिए गए डेटा का उपयोग $\frac{dy}{dx}$ और $\frac{d^2y}{dx^2}$

मानों का अनुमान लगाने के लिए कर सकते हैं। ऐसी गणना करने वाली तकनीक को संख्यात्मक विभेदन के रूप में जाना जाता है।

सारणीबद्ध बिंदुओं में से किसी एक पर पहले व्युत्पन्न का संख्यात्मक मान प्राप्त करने का सामान्य सूत्र है

$$\left.\frac{dy}{dx}\right|_{x=x_k} = \frac{1}{h}\sum_{j=1}^{n-k}\left[(-1)^{j+1}\frac{d_{kj}}{j}\right]$$

जहां d_{kj}, Δ^j_k का प्रतिनिधित्व करता है (*j*th त क्रम आगे अंतर सारणीबद्ध बिंदु पर $x = x_k$) और *n* बिंदुओं पर सारणीबद्ध फंक्शन के लिए ऑर्डर $(n-1) \times (n-1)$ के मैट्रिक्स डी द्वारा दर्शाए गए आगे अंतर तालिका का तत्व है।

तालिका 5.1: आगे अंतर तालिका

i	x_i	y_i	Δy_i	$\Delta^2 y_i$	$\Delta^3 y_i$
1	x_1	x_1	$\Delta y_1 = y_2 - y_1$	$\Delta^2 y_1 = \Delta y_2 - \Delta y_1$	$\Delta^3 y_1 = \Delta^2 y_2 - \Delta^3 y_1$
2	x_2	x_2	$\Delta y_2 = y_3 - y_2$	$\Delta^2 y_2 = \Delta y_3 - \Delta y_2$	
3	x_3	x_3	$\Delta y_3 = y_4 - y_3$		
4	x_4	x_4			

जैसा कि हम उपरोक्त तालिका से देख सकते हैं कि एक फंक्शन के लिए फॉरवर्ड डिफरेंशियल टेबल चार समान रूप से एक मैट्रिक्स डी आकार 3 size 3 पर सारणीबद्ध बिंदुओं का प्रतिनिधित्व कर सकती है। सामान्य तौर पर, *n* समान दूरी वाले बिंदुओं पर सारणीबद्ध किसी फंक्शन के लिए आगे की अंतर तालिका को आकार के मैट्रिक्स $(n-1)\times(n-1)$ द्वारा दर्शाया जा सकता है जहां पजी बिंदु $(\Delta^2 y_i)$ पर रजी ऑर्डर फॉरवर्ड अंतर द्वारा दर्शाया जाता है मैट्रिक्स d_{ij} का तत्व *D*। ध्यान दें कि कॉलम 1 से $(n-i)$, में केवल तत्व, पंक्तियों के लिए $i = 1, 2, 3, \ldots, n-1$, रुचि के हैं।

उदाहरण 5.5: *निम्नलिखित तालिका दी गई है:*

x :	0.50	0.75	1.00	0.25	1.50
$x = f(x)$:	0.13	0.42	1.00	1.95	2.35

$f^1(0.75)$ प्राप्त करना है

हल: दिए गए आँकड़ों के लिए अग्र अंतर तालिका है

i	x_i	y_i	Δy_i	$\Delta^2 y_i$	$\Delta^3 y_i$	$\Delta^4 y_i$
1	0.50	0.13	0.29	0.29	0.08	−1.00
2	0.75	0.42	0.58	0.37	−0.92	
3	1.00	1.00	0.95	−0.55		
4	1.25	1.95	0.40			
5	1.50	2.35				

चूंकि $h = 0.25$ और व्युत्पन्न $x = 0.75$ (यानी, $k = 2$) पर वांछित है। सूत्र को तीसरे पद तक विस्तारित करने पर, हम प्राप्त करते हैं।

$$\left.\frac{dy}{dx}\right|_{x=0.75} = \frac{1}{h}\left[d_{21} - \frac{d_{22}}{2} + \frac{d_{23}}{3}\right]$$

$$= \frac{1}{0.25}\left[0.58 - \frac{0.37}{2} + \frac{-0.92}{3}\right] = \frac{1}{0.25}[0.58 - 0.185 - 0.307] = 0.352$$

Listing 5.7

```
/*
 *  Program to compute first derivative of the tabulated function
 */
 #include<stdio.h>
 int main()
 {
    float x[10], y[10], d[10][10], a, sum, derivative, h, term;
    int i, j, k, n, sign;
    printf("Enter number of table points n(<=10) : ");
    scanf("%d", &n);
    printf("Enter interval size : ");
    scanf("%f", &h);
    printf("Enter %d pair of values as x,y\n", n);
    for ( i = 1; i <= n; i++ )
          scanf("%f,%f", &x[i], &y[i]);
    printf("Enter tabulated point where to find derivative : ");
    scanf("%f", &a);
    if ( (a < x[1]) || (a > x[n]) )
    {
          printf("\nValue lies outside range\n");
          return 1;
    }
    i = 1;
    while ( a != x[i] )
       i++;
    k = i;
    for ( j = 1; j <= (n-1); j++ )
    {
         for ( i = 1; i <= (n-j); i++ )
       {
            if ( j == 1 )
               d[i][j] = y[i+1] - y[i];
            else
               d[i][j] = d[i+1][j-1] - d[i][j-1];
         }
    }
    sum = 0.0;
    sign = 1;
    for ( j = 1; j <= (n-k); j++ )
    {
```

Test Run

```
Enter number of table points n(<=10) : 5
Enter interval size : 0.25
Enter 5 pair of values as x,y
0.5,0.13
0.75,0.42
1.0,1.0
1.25,1.95
1.5,2.35
Enter tabulated point where to find derivative : 0.75
Value of derivative = 0.352
```

2. संख्यात्मक एकीकरण (Numerical Integration)

संख्यात्मक एकीकरण फंक्शन के संख्यात्मक मानों के एक सेट से एक निश्चित अभिन्न के मूल्य की गणना करने की प्रक्रिया है। यदि किसी फलन को गणितीय व्यंजक के रूप में परिभाषित किया जाता है, तो उसका समाकलन आमतौर पर कलन की तकनीकों का उपयोग करके निर्धारित किया जाता है, ऐसे समाधान बंद रूप समाधान कहलाते हैं।

अक्सर, ऐसे फलन जो तालिकाओं के रूप में उपलब्ध होते हैं और चरों के बीच कोई गणितीय संबंध ज्ञात नहीं होते हैं।

ऐसी सभी स्थितियों में, समाकलन के मान संख्यात्मक तकनीक द्वारा प्राप्त किए जा सकते हैं जिसका उद्देश्य निश्चित समाकलों के अनुमानित मूल्यांकन के लिए प्रभावी प्रक्रिया प्रदान करना है।

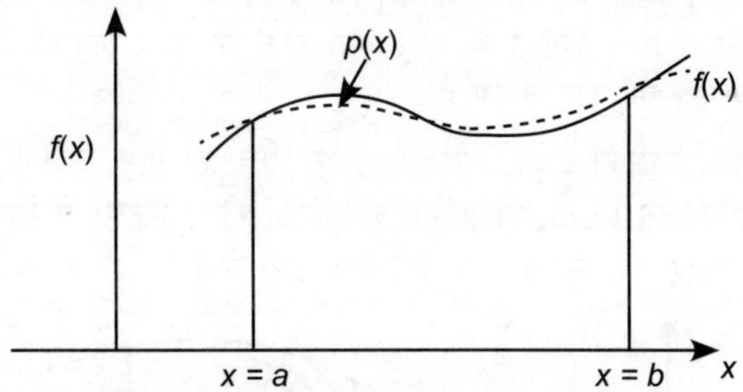

चित्र 5.5: फलन $f(x)$ के लिए बहुपद $p(x)$ का अनुमान लगाना

व्यवहार में, फंक्शन $f(x)$ के लिए दिए गए मानों का सेट, डेटा की निम्न तालिका

x :	a	x_1	x_2	x_3	...	b
$f(x)$:	$f(a)$	$f(x_1)$	$f(x_2)$	$f(x_3)$	...	$f(b)$

अभिन्न $\int_a^b f(x)dx$ के मूल्य की गणना करने के लिए प्रयोग किया जाता है।

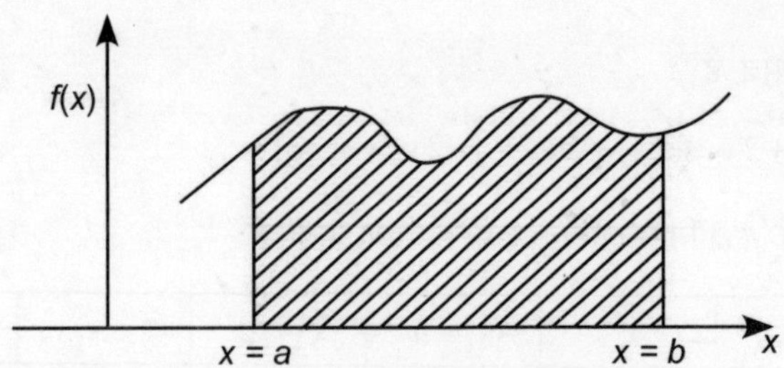

चित्र 5.6: छायांकित क्षेत्र द्वारा निरूपित निश्चित समाकलन

किसी फलन का निश्चित समाकल वक्र $y = f(x)$ के नीचे का क्षेत्र है जो $x = a$ और $x = b$ सीमाओं के बीच घिरा है, किसी फलन के समाकलन की गणना की समस्या छायांकित क्षेत्र को सर्च की समस्या तक कम हो जाती है चित्र 5.6 में दिखाया गया है।

संख्यात्मक एकीकरण सर्च के लिए उपयोग की जाने वाली लोकप्रिय विधियों में शामिल हैं:

- समलम्बाकार नियम
- सिम्पसन का 1/3 नियम
- सिम्पसन का 3/8वां नियम

हम एक फलन के संख्यात्मक एकीकरण को सर्च के लिए एक उदाहरण के रूप में समलम्बाकार नियम पर विचार करेंगे।

समलम्बाकार नियम (Trapezoidal Rule)

समलम्बाकार नियम एक समान चौड़ाई के समलम्ब चतुर्भुज बनाने के लिए वक्र पर क्रमिक बिंदुओं को जोड़कर एक वक्र के नीचे के क्षेत्र का अनुमान लगाता है, और फिर वक्र के नीचे अनुमानित क्षेत्र प्राप्त करने के लिए इन समलम्बाकार क्षेत्र के नीचे के क्षेत्र का योग करता है।

फलन $f(x)$ पर विचार करें, जिसका $x = a$ और $x = b$ के बीच का ग्राफ चित्र 5.7 में दिखाया गया है। वक्र के नीचे के क्षेत्र के लिए एक सन्निकटन $[a, b]$ को प्रत्येक चौड़ाई h की n स्ट्रिप्स में विभाजित करके प्राप्त किया जाता है, और छायांकित क्षेत्र द्वारा दिखाए गए अनुसार एक ट्रेपेजॉइड द्वारा प्रत्येक पट्टी के क्षेत्र का अनुमान लगाया जाता है।

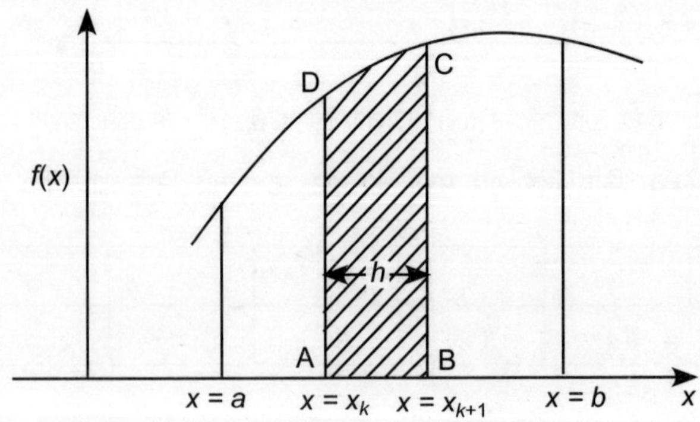

चित्र 5.7: समलम्बाकार नियम द्वारा क्षेत्रफल का अनुमान

समलम्बाकार नियम का सूत्र है

$$I = \frac{h}{2}[y_1 + 2y_2 + 2y_3 + 2y_4 + .. + 2y_n + y_{n+1}]$$

यह मानते हुए कि फलन $f(x)$ निम्नलिखित रूप में दिया गया है:

x	x_1	$x_1 + h$	$x_1 + 2h$	...	$x_1 + 2h$
$y = f(x)$	$f(a)$	$f(x_1)$	$f(x_2)$	...	y_{n+1}

उदाहरण 5.6: *फलन $f(x)$ इस प्रकार दिया गया है*

x	0	0.1	0.2	0.3	0.4	0.5	0.6	0.7	0.8	0.9	1.0
x	1	1.2	1.4	1.6	1.8	2.0	2.2	2.4	2.6	2.8	3.0

$x = 0$ और $x = 1.0$ के बीच $f(x)$ के समाकलन की गणना कीजिए।

हल: दिया गया $h = 0.1$ और $n = 10$

समलम्बकार नियम का सूत्र है

$$I = \frac{h}{2}[y_1 + 2(y_2 + y_3 + y_4 + y_5 + y_6 + y_7 + y_8 + y_9 + y_{10}) + y_{11}]$$

$y_i's$ और h के मानों को प्रतिस्थापित करने पर, हम प्राप्त करते हैं।

$$I = \frac{0.1}{2}[1 + 2 \times (1.2 + 1.4 + 1.6 + 1.8 + 2.0 + 2.2 + 2.4 + 2.6 + 2.8) + 3.0]$$

Listing 5.8

```
/*  Program to implement Trapezoidal rule for tabulated function  */
#include<stdio.h>
int main()
{
   int i, n;
   float x[20], y[20], h, sum, integral;
   printf("Enter number of intervals n(<=20) : ");
   scanf("%d", &n);
   printf("Enter size of interval : ");
   scanf("%f", &h);
   printf("Enter %d pair of values as x,y \n", n+1);
   for ( i = 1; i <= (n+1); i++ )
       scanf("%f,%f", &x[i], &y[i]);
   sum = ( y[1] + y[n+1] )/2;
   for ( i = 2; i <= n; i++ )
       sum = sum + y[i];
   integral = h * sum;
   printf("\nValue of the integral = %7.2f\n", integral);
   return 0;
}
```

Test Run

```
Enter number of intervals n(<=20) : 10
Enter size of interval : 0.1
Enter 11 pair of values as x,y
0,1
0.1,1.2
0.2,1.4
0.3,1.6
0.4,2.0
0.5,2.2
0.6,2.4
0.7,2.6
0.8,2.8
0.9,3.0
1.0,1.2
Value of the integral = 2.00
```

अधिक जानिए

शिक्षक से यह अपेक्षा की जाती है कि वह इन विधियों को उदाहरणों की सहायता से समझाए, और सुविधा प्रदान करे जो स्वयं ही हल करने में सक्षम हो। एक बार जब वे चर्चा की गई विभिन्न विधियों को समझ लेते हैं, तो उन्हें स्वयं प्रोग्राम बनाने के लिए प्रोत्साहित किया जाना चाहिए।

संदर्भ के रूप में विकसित प्रोग्राम को लेने के लिए छात्रों का मार्गदर्शन करें। पुस्तक में प्रोग्राम देने का उद्देश्य चम्मच से दूध पिलाने को प्रोत्साहित करना नहीं है बल्कि अच्छी प्रोग्रामिंग शैली का प्रदर्शन करना है।

संदर्भ एवं अध्ययन हेतु सुझाव

1. R. S. Salaria, Problem Solving & programming in C, Khanna Book Publishing Co(P) Ltd., New Delhi.
2. E. Balagurusamy, Programming in ANSI C, Tata McGraw Hill, New Delhi.
3. Yashavant Kanetkar, Let Us C, BPB Publications, New Delhi.
4. Byron Gottfried, Programming with C, Schaum's Outlines.
5. https://onlinecourses.nptel.ac.in/noc21_cs01/preview
6. https://ocw.mit.edu/courses/intro-programming/
7. https://www.programiz.com/c-programming
8. https://www.javatpoint.com/c-programming-language-tutorial

6 फंक्शन

यूनिट विशिष्ट

यह यूनिट फंक्शनों से संबंधित विषयों पर चर्चा करती है। फंक्शनों का उपयोग एक प्रोग्रामर को जटिल समस्याओं को छोटे आकार की स्वतंत्र उप समस्याओं में विभाजित करने की अनुमति देता है जिन्हें अलग से हल किया जा सकता है और उनके समाधान को दी गई जटिल समस्या का समाधान प्राप्त करने के लिए संश्लेषित किया जा सकता है। यह यूनिट फंक्शनों के विभिन्न पहलुओं की व्याख्या करती है और उपयुक्त उदाहरणों के साथ उनके उपयोग को प्रदर्शित करती है।

भूमिका

वास्तविक जीवन में, हमें कई समस्याओं से निपटना पड़ सकता है जिनका आकार और जटिलता अधिक होती है। इन समस्याओं को एक ही बार में हल करना बहुत थकाऊ और त्रुटि पूर्ण हो सकता है। ऐसी समस्याओं को हल करने का सबसे अच्छा तरीका यह है कि उन्हें उप-समस्याओं में विभाजित किया जाए जो एक-दूसरे से स्वतंत्र हों और स्वतंत्र रूप से बहुत आसानी से हल की जा सकें। एक बार प्रत्येक उप-समस्या हल हो जाने के बाद, इन उप-समस्याओं के समाधान को पूरी समस्या का समाधान प्राप्त करने के लिए संश्लेषित किया जा सकता है।

इसी तरह एक जटिल प्रोग्राम को स्वतंत्र फंक्शनों में विभाजित किया जा सकता है। इन फंक्शनों को एक दूसरे से स्वतंत्र रूप से विकसित किया जा सकता है और बाद में एक संपूर्ण प्रोग्राम बनाने के लिए एकीकृत किया जा सकता है।

यह इकाई विद्यार्थियों को फंक्शनों से संबंधित विभिन्न पहलुओं को समझने में मदद करेगी।

पूर्व-अपेक्षित ज्ञान

- सशर्त ब्रांचिंग
- लूप और नेस्टेड लूप
- सारणियाँ और स्ट्रिंग

यूनिट आउटकम्स

इस इकाई के पूर्ण अध्यन करने के बाद, विद्यार्थी निम्न में सक्षम होंगे:

U6-O1 फंक्शनों की उपयोगिता की व्याख्या करने में

U6-O2 विभिन्न प्रकार के फंक्शनों की व्याख्या करने में

U6-O3 स्थानीय डेटा और वैश्विक डेटा की अवधारणा की व्याख्या करने में

U6-O4: किसी फंक्शन को घोषित करने, परिभाषित करने और कॉल करने से संबंधित सभी पहलुओं की व्याख्या करने में

U6-O5: किसी फंक्शन में तर्क पारित करने के विभिन्न तरीकों की व्याख्या करने में

U6-O6: वास्तविक जीवन की समस्याओं को हल करने के लिए मॉड्यूलर प्रोग्राम विकसित करने में

यूनिट-6 आउटकम्स	कोर्स आउटकम्स (COs) के साथ अपेक्षित संबंध *(1-कमजोर सहसंबंध; 2-मध्यम सहसंबंध; 3-मजबूत सहसंबंध)*							
	CO-1	CO-2	CO-3	CO-4	CO-5	CO-6	CO-7	CO-8
U6-O1	1	–	–	–	1	–	–	–
U6-O2	–	–	–	–	1	–	–	–
U6-O3	–	–	–	–	1	–	–	–
U6-O4	–	–	2	–	2	–	–	–
U6-O5	–	–	2	–	2	–	–	–
U6-O6	–	–	–	–	3	–	–	–

6.1 प्रस्तावना

अब तक हमने जिन प्रोग्रामों की चर्चा की है, वे बहुत ही सरल और सीधे हैं। वे उन समस्याओं को हल कर सकते थे जिन्हें बिना अधिक प्रयास के समझा जा सकता था। जैसे-जैसे हम बड़ी और अधिक जटिल समस्याओं की ओर बढ़ते हैं, आप पाएंगे कि ऐसी समस्याओं के सभी पहलुओं को समझना संभव नहीं है और इसलिए प्रोग्रामों को कुछ स्वतंत्र फंक्शनों में विभाजित किया जा सकता है।

इस इकाई में, हम फंक्शनों से संबंधित विभिन्न पहलुओं के बारे में जानेंगे।

6.2 फंक्शन क्या है?

एक फंक्शन निष्पादन की एक स्वतंत्र इकाई है जो एक प्रोग्राम के ढांचे के भीतर कुछ विशिष्ट कार्य करता है।

यह इस अर्थ में स्वतंत्र है कि फंक्शनों के लिए स्थानीय चर घोषित करने के लिए इसकी अपनी घोषणाएं हैं और निर्देशों का अपना सेट है जो फंक्शन द्वारा पूरा किए जाने वाले कार्य को परिभाषित करता है।

प्रत्येक सी प्रोग्राम एक या अधिक फंक्शनों से बना होता है। यदि यह केवल एक फंक्शन से बना है, तो यह मुख्य फंक्शन होगा। प्रोग्राम का निष्पादन हमेशा मुख्य प्रोग्राम से शुरू होता है। हालांकि, एक प्रोग्राम में फंक्शनों की संख्या पर कोई प्रतिबंध नहीं है। आवश्यक कार्यों की संख्या के संबंध में निर्धारण कारक उस समस्या का आकार और जटिलता होगी जिसका प्रोग्राम बनाया जा रहा है।

जब हम एक सी प्रोग्राम चलाते हैं, तो ऑपरेटिंग सिस्टम मुख्य फंक्शन को कॉल करता है, और फिर नियंत्रण मुख्य फंक्शन को पास किया जाता है। मुख्य फंक्शन किसी भी फंक्शन को कॉल कर सकता है, और मुख्य के अलावा एक फंक्शन दूसरे फंक्शन को कॉल कर सकता है।

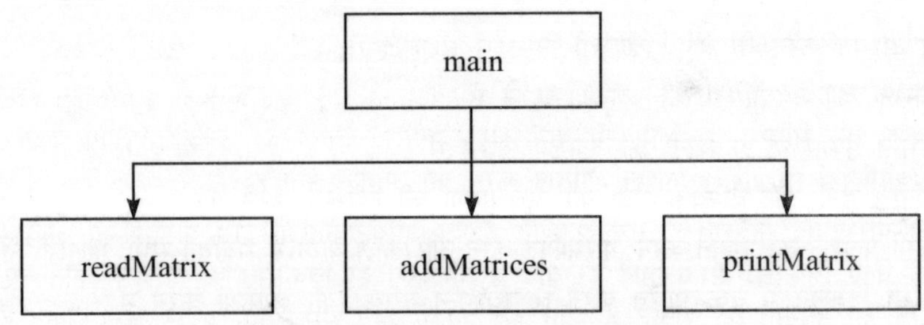

चित्र 6.1: बहुक्रिया प्रोग्राम का श्रेणीबद्ध संगठन

जैसा कि चित्र 6.1 में दिखाया गया है, प्रोग्राम में मुख्य फंक्शन सहित चार फंक्शन हैं, *addMatrices* दो मैट्रिक्स जोड़ने के लिए प्रोग्राम का इच्छित फंक्शन हैं। *readMatrix* किसी दिए गए मैट्रिक्स के इनपुट को निष्पादित करने के लिए कार्य करता है, और इसे दो मैट्रिक्स जैसे $A_{m \times n}$ और $B_{m \times n}$ को इनपुट करने के लिए मुख्य फंक्शन द्वारा दो बार बुलाया जाएगा।

फिर फंक्शन *addMatrices* को कॉल किया जाएगा जो मैट्रिक्स $A_{m \times n}$ और $B_{m \times n}$ का जोड़ करेगा और परिणामस्वरूप एक और मैट्रिक्स $C_{m \times n}$ को मुख्य फंक्शन पर वापस कर देगा।

अंत में, मुख्य फंक्शन *printMatrix* फंक्शन को $C_{m \times n}$ मैट्रिक्स के आउटपुट को निष्पादित करने के लिए कॉल करेगा।

6.3 फंक्शनों के प्रयोग के लाभ

फंक्शनों के उपयोग से कई फायदे जुड़े हुए हैं। कुछ प्रमुख फायदे हैं

1. फंक्शनों का उपयोग बड़ी और जटिल समस्याओं को छोटे, सरल और प्रबंधनीय भागों में विभाजित करके प्रबंधित करने की अनुमति देता है।
2. फंक्शन का उपयोग कोड का पुनः उपयोग करने का एक तरीका प्रदान करता है जो एक प्रोग्राम से अधिक बार आवश्यक होता है।

   एक उदाहरण के रूप में, मान लें कि एक प्रोग्राम को प्रोग्राम के पांच अलग-अलग हिस्सों में संख्याओं की श्रृंखला के औसत की गणना करने की आवश्यकता होती है। हर बार डेटा अलग होता है। हम औसत पांच बार गणना करने के लिए कोड लिख सकते हैं, लेकिन इसके लिए बहुत प्रयास करना होगा। फंक्शन के रूप में एक बार कोड लिखना और फिर डेटा के विभिन्न सेटों को पास करके औसत की गणना करने के लिए इसे पांच बार कॉल करना बहुत आसान है।
3. फंक्शनों का उपयोग डेटा की रक्षा कर सकता है। यह स्थानीय डेटा की अवधारणा का उपयोग करके किया जाता है। स्थानीय डेटा में फंक्शन में वर्णित डेटा होता है। यह डेटा केवल फंक्शन के लिए उपलब्ध होता है और वह भी तब जब फंक्शन निष्पादित हो रहा हो।
4. प्रोग्राम में शामिल विभिन्न फंक्शनों को समानांतर में विकसित और परीक्षण किया जा सकता है, और इस प्रकार प्रोग्राम के कुल विकास समय को कम किया जा सकता है।

6.4 फंक्शनों के प्रकार

फंक्शनों की दो श्रेणियां निम्नलिखित हैं:

- लाइब्रेरी फंक्शंस ये ऐसे फक्शन हैं जो पूर्व-लिखित, संकलित हैं, और उनका मशीन कोड उपलब्ध है जो सिस्टम लाइब्रेरी फाइलें हैं। लिंकिंग प्रक्रिया के दौरान आपके प्रोग्राम में संदर्भित लाइब्रेरी फंक्शंस का मशीन कोड आपके लिंकर द्वारा जोड़ा जाता है।

  ध्यान दें कि लाइब्रेरी फंक्शंस सी भाषा का हिस्सा नहीं हैं; वे उन विक्रेताओं द्वारा प्रदान किए जाते हैं जिन्होंने उपयोगकर्ता की सुविधा के लिए सी कंपाइलर विकसित किया है। उनका उपयोग करने के लिए आपको उपयुक्त शीर्षलेख (*header*) फाइल शामिल करने की आवश्यकता है।
- उपयोक्ता-परिभाषित फंक्शन ये ऐसे फंक्शन हैं जो उपयोगकर्ताओं द्वारा प्रोग्राम की आवश्यकताओं को पूरा करने के लिए विकसित किए जाते हैं। यदि वे पहले से ही विकसित हैं, तो हम अपने नए प्रोग्राम में उनके स्रोत कोड का उपयोग कर सकते हैं, और इस प्रकार बहुत समय और प्रयास बचा सकते हैं।

इस इकाई में, हमारी चर्चा मुख्य रूप से उपयोगकर्ता-परिभाषित फंक्शनों पर है।

6.5 स्थानीय डेटा और वैश्विक डेटा की अवधारणा

किसी फंक्शन में घोषित औपचारिक तर्क और चर फंक्शन के बाहर अज्ञात हैं। वह कारक जो यह निर्धारित करता है कि कौन सा फंक्शन एक चर को पहचानता है और कौन सा नहीं चर की दृश्यता कहलाता है। एक स्थानीय चर उस फंक्शन के लिए दृश्यमान होगा जिसमें इसे घोषित किया गया है, लेकिन दूसरों को नहीं।

इसके विपरीत, एक वैश्विक चर शुरुआत में घोषित किया जाता है, यानी मुख्य फंक्शन से पहले। यह सभी फंक्शनों के लिए दृश्यमान है और प्रोग्राम समाप्त होने तक मौजूद है।

6.6 उपयोगकर्ता-परिभाषित फंक्शन

हालांकि उपलब्ध सभी सी कंपाइलर लाइब्रेरी फंक्शंस का एक समृद्ध संग्रह प्रदान करते हैं, फिर भी प्रोग्राम की आवश्यकता के अनुसार जो वास्तविक जीवन की समस्या का एक सॉफ्टवेयर समाधान प्रदान करता है, आवश्यकताओं के लिए विशिष्ट फंक्शनों को बनाने की आवश्यकता है।

सी भाषा उपयोगकर्ता-परिभाषित फंक्शनों के सभी पहलुओं से निपटने के लिए सभी विशिष्टताओं को प्रदान करती है, जिन पर हम आगे चर्चा करने जा रहे हैं।

सी में उपयोगकर्ता द्वारा परिभाषित फंक्शन निम्नलिखित पांच श्रेणियों में आते हैं:

- ऐसे फंक्शन जो कोई तर्क नहीं लेते हैं और कोई मान नहीं लौटाते हैं।
- ऐसे फंक्शन जो तर्क लेते हैं लेकिन कोई मान नहीं लौटाते हैं।
- ऐसे फंक्शन जो कोई तर्क नहीं लेते हैं लेकिन एक मान लौटाते हैं।
- ऐसे फंक्शन जो तर्क लेते हैं और एक मान भी लौटाते हैं।
- ऐसे फंक्शन जो कई मान लौटाते हैं

6.7 फंक्शनों की घोषणा और परिभाषित करना

सी में प्रत्येक चर की तरह, प्रत्येक फंक्शन को भी घोषित और परिभाषित करने की आवश्यकता होती है।

6.7.1 एक फंक्शन की घोषणा

फंक्शन डिक्लेरेशन में केवल एक फंक्शन हेडर होता है; इसमें कोई कोड नहीं है। फंक्शन हेडर में तीन भाग होते हैं: रिटर्न प्रकार, फंक्शन का नाम और औपचारिक तर्क सूची। एक अर्धविराम फंक्शन हेडर का अनुसरण करता है।

```
returnType function(formal argument list);
```

चित्र 6.2: फंक्शन घोषणा के लिए सिंटैक्स

फंक्शन डिक्लेरेशन फंक्शन की पूरी तस्वीर देता है जिसे बाद में परिभाषित करने की आवश्यकता होती है।

फंक्शन डिक्लेरेशन को फंक्शन प्रोटोटाइप के रूप में भी जाना जाता है। यदि फंक्शन में कोई तर्क नहीं है, तो हम कोष्ठक में शून्य लिखते हैं। यदि फंक्शन में दो या अधिक तर्क हैं, तो प्रत्येक को अल्पविराम से अलग किया जाता है।

निम्नलिखित फंक्शन डिक्लेरेशन

```
int larget(int a, int b, int c);
```

कंपाइलर को बताता है कि फंक्शन का रिटर्न प्रकार *int* है, फंक्शन का नाम *largest* है, और इसमें *int* प्रकार के तीन तर्क हैं, तर्कों के नाम महत्वपूर्ण नहीं हैं।

यहां तक कि निम्नलिखित फंक्शन डिक्लेरेशन

```
int larget(int, int, int);
```

समान रूप से अच्छा है और पहले की घोषणा के उद्देश्य को पूरा करता है

6.7.2 किसी फंक्शन को परिभाषित करना

फंक्शन परिभाषा में दो भाग होते हैं; फंक्शन हेडर और फंक्शन बॉडी।

Function Header

```
returnType functionName(formal argument list)
```

```
{
   // Local declarations
   . . .
   // statements
   . . .
}
```

Function Body

चित्र 6.3: फंक्शन परिभाषा के लिए सिंटैक्स

फंक्शन हेडर

फंक्शन हेडर में तीन भाग होते हैं: रिटर्न प्रकार, फंक्शन का नाम और औपचारिक तर्क सूची। फंक्शन हेडर के अंत में अर्धविराम का उपयोग नहीं किया जाता है।

जब कुछ भी वापस नहीं किया जाता है, तो वापसी प्रकार शून्य का उपयोग किया जाता है।

औपचारिक तर्क सूची उस चर की घोषणा करती है जो कॉलिंग फंक्शन से डेटा प्राप्त करेगा और इसमें वेरिएबल भी हो सकता है जिसका उपयोग डेटा को कॉलिंग फंक्शन पर वापस भेजने के लिए किया जा सकता है।

अर्धविराम को छोड़कर, फंक्शन प्रोटोटाइप और फंक्शन हेडर का मिलान होना चाहिए।

फंक्शन बॉडी

फंक्शन बॉडी में स्थानीय घोषणाएँ और निर्देश होते हैं जो फंक्शन द्वारा पूरा किए जाने वाले कार्य को परिभाषित करते हैं। निकाय स्थानीय घोषणाओं से शुरू होता है जो निर्देशों के बाद फंक्शन द्वारा आवश्यक चर निर्दिष्ट करता है।

आइए सरल कार्यों को करने के लिए कुछ कार्यों को घोषित करने और परिभाषित करने के लिए कुछ उदाहरण लेते हैं।

उदाहरण 6.1: *Maximum नाम के एक फंक्शन को घोषित और परिभाषित करे जो int प्रकार के तीन तर्क लेता है, और उनमें से सबसे बड़ा देता है।*

घोषणा

```
int maximum(int x, int y, int z);
```

परिभाषा

```
int maximum(int x, int y, int z)
 {
     if ( ( x > y ) && ( x > z ) )
        return x;
     else if ( y > z )
        return y;
     else
        return z;
 }
```

उपरोक्त फंक्शन तक तर्क इस प्रकार भी लिखा जाता है।

```
int maximum(int x, int y, int z)
 {
     int big;
     big = x;
     if ( y > big )
        big  = y;
     if ( z > big )
        big  = z;
     return big;
 }
```

उदाहरण 6.2: *isEven नाम के एक फंक्शन को घोषित और परिभाषित करें जो int प्रकार एक एकल तर्क n लेता है, और 1 देता है यदि n सम है, वरना 0 देता है।*

घोषणा

```
int isEven(int n)
 {
     if ( n % 2 == 0 )
        return 1;
     else
        return 0;
 }
```

उपरोक्त फंक्शन तक तर्क इस प्रकार भी लिखा जाता है।

```
int isEven(int n)
 {
    return ( n % 2 ? 1 : 0 );
 }
```

उदाहरण 6.3: *sumOfDigits नाम के एक फंक्शन को घोषित और परिभाषित करें जो कि int प्रकार एक एकल तर्क n लेता है, और n के अंकों का योग देता है।*

घोषणा

```
int sumOfDigits(int n);
```

परिभाषा

```
int sumOfDigits(int n)
 {
     int i, s = 0, d ;
     while ( n > 0 )
     {
        d = n % 10;
        s = s + d;
        n = n / 10;
     }
     return s;
 }
```

6.8 किसी फंक्शन को कॉल करना

लाइब्रेरी फंक्शंस की तरह, उपयोगकर्ता द्वारा परिभाषित कार्यों को केवल इसके नाम से बुलाया जाता है, जिसमें वास्तविक तर्क, यदि कोई हो, कोष्ठक के भीतर संलग्न है।

हालाँकि, कोष्ठक को फंक्शन नाम का पालन करना चाहिए, भले ही फंक्शन को पारित करने के लिए कोई वास्तविक तर्क न हो।

वास्तविक तर्क, यदि कोई हो, औपचारिक तर्कों के साथ संख्या, प्रकार और क्रम के अनुरूप होने चाहिए। जब फंक्शन का नाम सामने आता है, तो नियंत्रण को कॉल किए गए फंक्शन में स्थानांतरित कर दिया जाता है। औपचारिक तर्कों को वास्तविक तर्कों से बदल दिया जाता है और फंक्शन का निष्पादन किया जाता है। जब रिटर्न स्टेटमेंट निष्पादित किया जाता है या अंतिम स्टेटमेंट ने अपना निष्पादन समाप्त कर दिया है, तो नियंत्रण को कॉलिंग फंक्शन पर वापस स्थानांतरित कर दिया जाता है।

यदि फंक्शन कोई मान नहीं लौटा रहा है, तो फंक्शन कॉल एक स्टैंडअलोन निर्देश के रूप में दिखाई देगा। यदि फंक्शन एक मान लौटा रहा है, तो फंक्शन कॉल असाइनमेंट स्टेटमेंट में, अंकगणितीय अभिव्यक्ति में या सशर्त कथन या *printf()* फंक्शन में भी दिखाई दे सकता है।

उदाहरण 6.1 से 6.3 में परिभाषित कार्यों को निम्नलिखित संभावित तरीकों से बुलाया जा सकता है।

```
big = maximum(a, b, c);
 if ( isEven(n) == 1 )
    printf( "\n%d is an Even number.\n" );
 else
    printf( "\n%d is an Odd number.\n" );
 printf( "\nSum of digits of %d = %d\n", n, sumOfDigits(n) );
```

6.9 रिटर्न स्टेटमेंट

रिटर्न स्टेटमेंट का सिंटैक्स है

```
return;                    or          return (exp);
```

जहां *exp* एक स्थिरांक, चर या व्यंजक हो सकता है। *exp* के आसपास कोष्ठक का उपयोग वैकल्पिक है। पहले फॉर्म का उपयोग रिटर्न *void* प्रकार के साथ परिभाषित कार्यों के रूप में किया जाता है।

रिटर्न स्टेटमेंट दो उद्देश्यों को पूरा करता है:

- रिटर्न स्टेटमेंट का निष्पादन फंक्शन के निष्पादन को समाप्त करता है और फंक्शन से वापस कॉलिंग फंक्शन पर नियंत्रण स्थानांतरित करता है।
- जो कुछ भी रिटर्न स्टेटमेंट का अनुसरण कर रहा है उसे कॉलिंग फंक्शन के मान के रूप में वापस कर दिया जाता है।

रिटर्न स्टेटमेंट को फंक्शन का आखिरी स्टेटमेंट नहीं होना चाहिए। इसे फंक्शन में कहीं भी इस्तेमाल किया जा सकता है। जैसे ही इसे निष्पादित किया जाता है, नियंत्रण कॉलिंग फंक्शन पर वापस आ जाएगा। इसके अलावा, एक फंक्शन में किसी भी संख्या में रिटर्न स्टेटमेंट हो सकते हैं।

रिटर्न स्टेटमेंट की मुख्य सीमा है यह केवल एक मान लौटा सकता है। यदि आप चाहते हैं कि आपका फंक्शन कॉलिंग फंक्शन में दो या दो से अधिक मान लौटाए, तो आपको अन्य साधनों का उपयोग करना होगा।

6.10 फंक्शन के लिए तर्क पारित करना

किसी फंक्शन को डेटा पास करने के लिए प्रयुक्त तंत्र तर्क सूची के माध्यम से होता है, जहां व्यक्तिगत तर्कों को वास्तविक तर्क कहा जाता है। ये तर्क फंक्शन नाम के बाद कोष्ठक में संलग्न हैं। वास्तविक तर्कों को फंक्शन परिभाषा में निर्दिष्ट औपचारिक तर्कों के साथ संख्या, प्रकार और क्रम के अनुरूप होना चाहिए। वास्तविक तर्क स्थिरांक, चर, सारणी नाम या व्यंजक हो सकते हैं।

किसी फंक्शन में तर्क पारित करने के दो दृष्टिकोण हैं:

- मूल्य द्वारा कॉल
- संदर्भ द्वारा कॉल

आइए एक-एक करके इनका वर्णन करें।

6.10.1 मूल्य द्वारा कॉल

इस दृष्टिकोण में, फंक्शन कॉल में वास्तविक तर्कों का उपयोग किया जाता है। वास्तविक तर्क एक चर, एक स्थिरांक या एक व्यंजक हो सकता है।

जब फंक्शन को कॉल किया जाता है, तो वास्तविक तर्कों के मानों को संबंधित औपचारिक तर्कों से बदल दिया जाता है, और फिर नियंत्रण को फंक्शन में स्थानांतरित कर दिया जाता है।

फंक्शन के स्थानीय चर बनाए जाते हैं और उसके बाद फंक्शन को परिभाषित करने वाले कथन निष्पादित होते हैं। यदि कॉल किए गए फंक्शन को मान वापस करना है, तो इसे रिटर्न स्टेटमेंट के माध्यम से वापस कर दिया जाता है।

मूल्य तंत्र द्वारा कॉल का उपयोग करके तर्क पारित करने के बारे में निम्नलिखित बिंदुओं पर ध्यान दिया जाना चाहिए:

1. वास्तविक तर्क स्थिरांक, चर या व्यंजक हो सकते हैं।
2. जब नियंत्रण को कॉलिंग फंक्शन से कॉल किए गए फंक्शन में स्थानांतरित किया जाता है, तो स्थानीय चर के लिए मेमोरी आवंटित की जाती है, और फंक्शन बॉडी में स्टेटमेंट निष्पादित होते हैं।
3. जैसे ही कॉल किया गया फंक्शन अपना निष्पादन समाप्त करता है, इसके स्थानीय चर के लिए आवंटित मेमोरी को डी-आवंटित किया जाता है, और अंत में नियंत्रण को कॉलिंग फंक्शन में वापस स्थानांतरित कर दिया जाता है।
4. औपचारिक तर्कों में किए गए किसी भी परिवर्तन का वास्तविक तर्कों पर कोई प्रभाव नहीं पड़ेगा, क्योंकि फंक्शन केवल तर्कों की स्थानीय प्रति का उपयोग करेगा।

निम्नलिखित फंक्शन परिभाषा मान द्वारा तर्क पारित करने के तंत्र को दर्शाती है।

```
void swap( int a, int b )
 {
    int temp;
    temp = a;
    a = b;
    b = temp;
 }
```

उपरोक्त फंक्शन को इस प्रकार कहा जाएगा

```
swap(x,y);
```

जहां कॉलिंग फंक्शन में x और y वास्तविक तर्क हैं।

Listing 6.1

```
/*
    Program to illustrate the passing of arguments by value.
    It calls a function swap() that swaps/interchanges
    values of arguments.
 */
 #include <stdio.h>
 void swap(int a, int b);  /* function prototype */
 int main()
 {
    int x, y;
    printf("\nEnter value for x : ");
    scanf("%d", &x);
    printf("\nEnter value for y : ");
    scanf("%d", &y);
    printf("\nBefore calling swap function\n");
```

```
    printf("\nValue of x = %d, Value of y = %d\n", x, y);
    swap(x,y);  /* function call   */
    printf("\nAfter returning from swap function\n");
    printf("\nValue of x = %d, Value of y = %d\n", x, y);

    return 0;
}
void swap( int a, int b )
{
    int temp;
    printf("\nValues received from the main function\n");
    printf("\nValue of a = %d, Value of b = %d\n", a, b);
    temp  = a;
    a = b;
    b = temp;
    printf("\nValues of local copy after swapping\n");
    printf("\nValue of a = %d, Value of b = %d\n", a, b);

}
```

Test Run

```
Enter value for x : 10
Enter value for y : 12
Before calling swap function
Value of x = 10, Value of y = 12
Values received from the main function
Value of a = 10, Value of b = 12
Values of local copy after swapping
Value of a = 12, Value of b = 10
After returning from swap function
Value of x = 10, Value of y = 12
```

आपने देखा होगा कि औपचारिक तर्कों में किए गए किसी भी परिवर्तन का वास्तविक तर्कों पर कोई प्रभाव नहीं पड़ता है।

6.10.2 संदर्भ द्वारा कॉल

इस दृष्टिकोण में, फंक्शन कॉल में वास्तविक तर्कों के पते का उपयोग किया जाता है। वास्तविक तर्क केवल चर हो सकते हैं।

औपचारिक तर्कों को उन प्रकारों के पॉइंटर्स के रूप में घोषित किया जाता है जो वास्तविक तर्कों के डेटा प्रकारों से मेल खाते हैं।

जब फंक्शन को कॉल किया जाता है, तो वास्तविक तर्कों के पते को संबंधित औपचारिक तर्कों से प्रतिस्थापित किया जाता है जो पॉइंटर्स होते हैं, और फिर नियंत्रण को फंक्शन में स्थानांतरित कर दिया जाता है।

फंक्शन के स्थानीय चर बनाए जाते हैं और उसके बाद फंक्शन को परिभाषित करने वाले कथन निष्पादित होते हैं। यदि कॉल किए गए फंक्शन को मान वापस करना है, तो इसे रिटर्न स्टेटमेंट के माध्यम से वापस कर दिया जाता है।

संदर्भ तंत्र द्वारा कॉल का उपयोग करके तर्क पारित करने के बारे में निम्नलिखित बिंदुओं पर ध्यान दिया जाना चाहिए:

1. वास्तविक तर्क केवल चर हो सकते हैं।
2. जब नियंत्रण को कॉलिंग फंक्शन से कॉल किए गए फंक्शन में स्थानांतरित किया जाता है, तो स्थानीय चर के लिए मेमोरी आवंटित की जाती है, और फंक्शन बॉडी में स्टेटमेंट निष्पादित होते हैं।
3. जैसे ही कॉल किया गया फंक्शन अपना निष्पादन समाप्त करता है, इसके स्थानीय चर के लिए आवंटित मेमोरी को डी-आवंटित किया जाता है, और अंत में नियंत्रण को कॉलिंग फंक्शन में वापस स्थानांतरित कर दिया जाता है।
4. औपचारिक तर्कों में किए गए किसी भी परिवर्तन का वास्तविक तर्कों पर तत्काल प्रभाव पड़ेगा, क्योंकि फंक्शन पॉइंटर्स के माध्यम से वास्तविक तर्कों पर काम करेगा।

निम्नलिखित फंक्शन संदर्भ (पता) द्वारा तर्क पारित करने के तंत्र को दिखाता है।

```
void swap( int *a, int *b )
 {
    int temp;
    temp  = *a;
    *a = *b;
    *b = temp;
 }
```

उपरोक्त फंक्शन को इस प्रकार एक्सेस किया जाएगा

```
swap(&x,&y);
```

जहां कॉलिंग फंक्शन में x और y वास्तविक तर्क हैं।

Listing 6.2

```
/*
    Program to illustrate the passing of arguments by reference.
    It calls a function swap() that interchanges values of arguments.
 */

 #include <stdio.h>
 void swap(int *a, int *b);  /* function prototype */

 int main()
 {
    int x, y;
    printf("\nEnter value for x : ");
    scanf("%d", &x);
```

```
   printf("\nEnter value for y : ");
   scanf("%d", &y);
   printf("\nBefore calling swap function\n");
   printf("\nValue of x = %d, Value of y = %d\n", x, y);
   swap(&x,&y);  /* function call   */
   printf("\nAfter returning from swap function\n");
   printf("\nValue of x = %d, Value of y = %d\n", x, y);
   return 0;
}
void swap( int *a, int *b )
{
   int temp;
   printf("\nValues received from the main function\n");
   printf("\nValue of *a = %d, Value of *b = %d\n", *a, *b);
   temp  = *a;
   *a = *b;
   *b = temp;
   printf("\nValues of local copy after swapping\n");
```

Test Run

```
Enter value for x : 10
Enter value for y : 12
Before calling swap function
Value of x = 10, Value of y = 12
Values received from the main function
Value of *a = 10, Value of *b = 12
Values of local copy after swapping
Value of *a = 12, Value of *b = 10
After returning from swap function
Value of x = 12, Value of y = 10
```

आपने देखा होगा कि औपचारिक तर्कों में किया गया कोई भी परिवर्तन वास्तविक तर्कों में वापस परिलक्षित होता है।

संदर्भ द्वारा कॉल का उपयोग करके तर्कों के पारित होने को प्रदर्शित करने के लिए अगला प्रोग्राम एक और उदाहरण है।

Listing 6.3

```
/* Program that calls function example() to find the average of
    two numbers, largest & smallest of these numbers. The
    average is retuned via return statement while largest and
    smallest numbers are returned via formal arguments
 */
 #include <stdio.h>
 /* function prototype  */
```

```
float example(float x, float y, float *big, float *small);
int main()
{
   float x, y, avg, larger, smaller;
   printf("\nEnter value for x : ");
   scanf("%f", &x);
   printf("\nEnter value for y : ");
   scanf("%f", &y);
   avg = example(x,y,&larger,&smaller); /*  function call  */
   printf("\nAverage of %.2f and %.2f is %.2f\n", x, y, avg);
   printf("\nLarger number is %.2f\n", larger);
   printf("\nSmaller number is %.2f\n", smaller);
   return 0;
}
/*
   Function to compute the average of two numbers and find the
   largest and smallest of these numbers
*/
float example(float x, float y, float *big, float *small)
{
    float average;
    average = ( x + y ) / 2;
    if ( x > y ) {
       *big = x;
       *small = y;
    } else {
       *big = y;
       *small = x;
    }
    return average;
}
```

Test Run

```
Enter value for x : 10.5
Enter value for y : 12.5
Average of 10.50 and 12.50 is 11.50
Larger number is 12.50
Smaller number is 10.50
```

6.10.3 मूल्य द्वारा कॉल और संदर्भ द्वारा कॉल के बीच तुलना

तालिका 6.1 प्रोटोटाइप परिभाषा और फंक्शन कॉल के संबंध में अंतर के प्रमुख बिंदुओं पर प्रकाश डालती है।

तालिका 6.1: मूल्य द्वारा कॉल और संदर्भ द्वारा कॉल के बीच तुलना भाग-1

मूल्य द्वारा कॉल	संदर्भ द्वारा कॉल
Function Prototype: `void swap(int a, int b);`	Function Prototype: `void swap(int *a, int *b);`

Function Definition:
`void swap(int a, int b)`
`{`
`int temp;`
`temp = a;`
`a = b;`
`b = temp;`
`}`
	Function Definition:
	`void swap(int *a, int *b)`
	`{`
	`int temp;`
	`temp = *a;`
	`*a = *b;`
	`*b = temp;`
	`}`

Function Call: `swap(x, y);`	Function Call: `swap(&x, &y);`

तालिका 6.2 वास्तविक तर्कों की प्रकृति, औपचारिक तर्कों की प्रकृति और वास्तविक तर्कों पर औपचारिक तर्कों के किसी भी परिवर्तन/संशोधन के प्रभाव के संबंध में मतभेदों के प्रमुख बिंदुओं पर प्रकाश डालती है।

तालिका 6.2: मूल्य द्वारा कॉल और संदर्भ द्वारा कॉल के बीच तुलना भाग-2

मूल्य द्वारा कॉल	संदर्भ द्वारा कॉल
वास्तविक तर्क स्थिरांक, चर या भाव हो सकते हैं।	वास्तविक तर्क केवल चर हो सकते हैं।
औपचारिक तर्क साधारण चर हैं।	औपचारिक तर्क सूचक चर हैं।
औपचारिक तर्कों में वास्तविक तर्कों के मूल्यों को प्रतिस्थापित किया जाता है।	औपचारिक तर्कों में वास्तविक तर्कों के पते प्रतिस्थापित किए जाते हैं।
औपचारिक तर्कों में किए गए किसी भी परिवर्तन का वास्तविक तर्कों पर कोई प्रभाव नहीं पड़ेगा, क्योंकि फंक्शन केवल तर्कों की स्थानीय प्रति का उपयोग करेगा।	सूचक चरों में किए गए किसी भी परिवर्तन का वास्तविक तर्कों पर तत्काल प्रभाव पड़ेगा, क्योंकि फंक्शन पते के माध्यम से वास्तविक तर्कों पर काम करेगा।

6.10.4 एक-आयामी सारणी को तर्क के रूप में पारित करना

ध्यान दें कि किसी सारणी के सभी तत्वों के मानों को किसी फंक्शन में पास करने के बजाय, केवल सारणी का पता पास किया जाता है। जैसा कि आप जानते हैं, सी में, एक सारणी का नाम आधार पता है, यानी, सारणी के पहले तत्व का पता।

```
/*  main function     */
#include <stdio.h>
void fun( int x[], int m );
void main()
{
   int a[10], n;
   /*  other local declarations */

   func(a, n); /* function call */
   /*  other statements          */
}
```

```
/*  function definition    */
void fun( int x[], int m )
{
   /*  local declarations */
   /*  other statements   */
}
```

चित्र 6.4: फंक्शन के तर्क के रूप में एक-आयामी सारणी पास करना

क्योंकि सारणी का नाम वास्तव में इसका पता है, इसलिए, सारणी नाम पास करने से फंक्शन को कॉल करने वाले फंक्शन में सारणी को वापस संदर्भित करने की अनुमति मिलती है।

Listing 6.4

```
/* Program to demonstrate the passing of an array as an argument  */
 #include <stdio.h>
 int largest( int x[], int n );      /*  function prototype */
 int main(void)
 {
    int a[10]={12,15,20,17,25,50,11,10,8,13};
    int i;
    printf( "Largest element of array = %d\n", largest(a,10));
    return 0;
 }
 /* function that returns largest element of the array   */
 int largest( const int x[], int n )
 {
    int big, i;
    big = x[0];
    for ( i = 1; i < n; i++ ) {
       if ( x[i] > big )
          big = x[i];
    }
    return big;
 }
```

Test Run

```
Largest element of array = 50
```

6.10.5 दो-आयामी सारणी को तर्क के रूप में पारित करना

जब हम किसी फंक्शन में द्वि-आयामी सारणी पास करते हैं, तो हम सारणी नाम का उपयोग करते हैं जैसा कि हमने एक-आयामी सारणी के साथ किया था। कॉल किए गए फंक्शन हेडर में तर्क सूची में औपचारिक तर्क को इंगित करना चाहिए कि सारणी के दो आयाम हैं। यह कोष्ठक के दो सेटों को शामिल करके किया जाता है, प्रत्येक आयाम के लिए एक। ब्रैकेट की पहली जोड़ी खाली हो सकती है लेकिन ब्रैकेट की दूसरी जोड़ी में हमें उस आकार को निर्दिष्ट करने की आवश्यकता होती है जो वास्तविक सारणी के संबंधित आयाम के आकार के बराबर हो। फंक्शन कॉल के दौरान, केवल सारणी का मूल पता पास किया जाता है।

```
/*  main function   */
#include <stdio.h>
void fun(int x[][4], int m, int n);
void main()
{
   int a[4][4];
   /*  other local declarations   */
   func(a,m,n); /* function call */
   /*  other statements           */
}
```

```
/*  function definition    */
void fun(int x[][4], int m, int n)
{
   /*  local declarations  */
   /*  other statement     */
}
```

चित्र 6.5: संपूर्ण द्वि-आयामी सारणी को पास करना

Listing 6.5

```
/*
   Program to add matrix A(mxn) and matrix B(mxn).
   This program uses function to read, add and display matrices.
*/
#include<stdio.h>
#define ROWS 10
#define COLS 10
/* function declarations */
void readMatrix(int a[][COLS], int m, int n);
void printMatrix(int a[][COLS], int m, int n);
void addMatrices(int a[][COLS], int b[][COLS], int c[][COLS],
                 int m, int n);
int main()
{
    int a[ROWS][COLS], b[ROWS][COLS], c[ROWS][COLS];
    int n, m;
    char ch;
    printf( "Enter size of matriices as mxn: " );
    scanf( "%d%c%d", &m, &ch, &n);
```

```
    readMatrix(a,m,n);          /* input matrix A(mxn) */
    readMatrix(b,m,n);          /* input matrix B(mxn) */
    addMatrices(a,b,c,m,n);  /* add matrix A(mxn) & matrix B(mxn) */
    printf( "\nSum A+B is\n\n" );
    printMatrix(c,m,n);        /* output matrix C(mxn) */
    return 0;
}
/* function that reads a matrix A(mxn)  */
void readMatrix(int a[][COLS], int m, int n)
{
   int i, j;
   printf("\nEnter %d elements of matrix A row-wise\n", m*n );
   for ( i = 0 ; i < m; i++ ) {
      for ( j = 0; j < n; j++ ) {
         scanf( "%d", &a[i][j] );
      }
   }
}
/* function that displays a matrix 'a' of order mxn  */
void printMatrix(int a[][COLS], int m, int n)
{
    int i, j;
    for ( i = 0 ; i < m; i++ ) {
       for ( j = 0; j < n; j++ ) {
           printf( "%4d", a[i][j] );
       }
       printf ( "\n" );
    }
}
/*
   function that adds A(mxn) & b(mxn), and
   stores the sum in matrix c(mxn)
*/
void addMatrices(int a[][COLS], int b[][COLS], int c[][COLS],
                 int m, int n)
{
    int i, j;
    for ( i = 0 ; i < m; i++ )
    {
        for ( j = 0 ; j < n; j++ )
        {
            c[i][j] = a[i][j] + b[i][j];
        }
    }
}
```

Test Run

```
Enter size of matrices as mxn : 3x3
Enter 9 elements of matrix A row-wise
 1 3 2
 4 5 1
 6 5 8
Enter 9 elements of matrix A row-wise
 7 3 5
 2 7 3
 4 2 1
Sum A+B is
 8   6  7
 6  12  4
10   7  9
```

6.10.6 किसी स्ट्रिंग को तर्क के रूप में पास करना

सारणियों के लिए सबस्क्रिप्टेड नोटेशन का उपयोग करके एक स्ट्रिंग को फंक्शन के तर्क के रूप में पारित किया जा सकता है। फंक्शन परिभाषा में, औपचारिक पैरामीटर को वर्णों की एक सारणी के रूप में घोषित किया जाता है। निम्न प्रोग्राम एक फंक्शन के लिए एक स्ट्रिंग के पारित होने को दिखाता है।

Listing 6.6

```
/* Program to illustrates passing of a string to a function  */
 #include<stdio.h>
 #include<string.h>
 void fun( char temp[] );      /*  function prototype  */
 int main()
 {
    char str[] = "Sample string";
    fun(str);
    return 0;
 }
 void fun( char temp[] )
 {
    printf( "String passed to fun : " );
    puts( temp );
    printf( "and its length is : %d\n", strlen(temp) );
 }
```

Test Run

```
String passed to fun : Sample string
and its length is : 13
```

निदर्शी उदाहरण

कार्यों को परिभाषित करने के लिए, आइए कुछ और उदाहरणों पर विचार करें।

उदाहरण 6.1: *एक धनात्मक पूर्णांक संख्या n* का भाज्य ज्ञात करने के लिए एक फलन, मान लीजिए *int factorial (int n)* लिखिए। भाज्य फलन की इस परिभाषा का प्रयोग करते हुए, परिभाषित द्विपद गुणांक ^nc_r की गणना करने के लिए एक प्रोग्राम लिखें।

$$^nc_r = \frac{n!}{r!(n-r)!}$$

Listing 6.7

```
/*  Program to compute Binomial coefficient  */
 #include <stdio.h>
 int factorial(int n);  /*  function prototype  */
 int main()
 {
     int ncr, n, r;
     printf( "\nEnter value of n: " );
     scanf( "%d", &n );
     printf( "\nEnter value of r: " );
     scanf( "%d", &r );
     ncr = factorial(n)/(factorial(r)*factorial(n□r));
     printf( "\nValue of ncr = %d\n" , ncr);
     return 0;
 }

/*  Function to compute factorial of a +ve integer number  */
 int factorial(int n)
 {
    int prod = 1, i;
    for ( i = 1; i <= n; i++ )
       prod = prod * i;
    return prod;
 }
```

Test Run

```
Enter value of n: 5
Enter value of r: 3
Value of ncr = 10
```

यह प्रोग्राम क्रमशः *n, r, (n–r)* तर्क के साथ फैक्टोरियल फंक्शन को तीन बार कॉल करता है, और फिर इन मानों का उपयोग करके द्विपद गुणांक की गणना करता है।

उदाहरण 6.4: *एक फलन लिखिए, मान लीजिए कि int computeHCF(int m, int n),, जो m और n का HCF लौटाता है। इस परिभाषा का प्रयोग करते हुए दिए गए दो धनात्मक पूर्णांकों m और n के HCF की गणना करने के लिए एक पूरा प्रोग्राम लिखिए।*

Listing 6.8

```
/*
    Program to compute HCF of two given positive integers (m and n)
*/
#include <stdio.h>
int computeHCF( int m, int n );    /*  function prototype */
int main()
{
    int m, n, hcf;
    printf( "\nEnter value of m: " );
    scanf( "%d", &m );
    printf( "\nEnter value of n: " );
    scanf( "%d", &n );
    hcf = computeHCF(m,n);
    printf( "\nValue of HCF = %d\n" , hcf);
    return 0;
}

/* Function to compute HCF of two positive integer numbers */
int computeHCF( int m, int n )
{
   int r;
   while ( 1 )
   {
      r = m % n;
      if ( r == 0 )
         return n;
      m = n;
      n = r;
   }
}
```

Test Run

```
Enter value of m: 125
Enter value of n: 35
Value of HCF = 5
```

उदाहरण 6.5: *एक फंक्शन लिखें, मान लें कि int smallDigit(int n), जो संख्या n में सबसे छोटा अंक देता है। इसके उपयोग को प्रदर्शित करने के लिए किसी प्रोग्रोम में इस फंक्शन का उपयोग करें।*

Listing 6.9

```
/*
    Program to find smallest digit in a positive integer number
 */
 #include <stdio.h>
 int smallestDigit(int n);     /* function prototype */

 int main()
 {
     int n;

     printf( "\nEnter positive integer number : " );
     scanf( "%d", &n );
     printf( "\nSmallest digit in %d is %d\n", n, smallestDigit(n));
     return 0;
 }
 /* function that returns smallest digit in a positive integer number */
 int smallestDigit(int n)
 {
     int sd = 9;
     int d;
     while ( n > 0 )
     {
        d = n % 10;
        if ( d < sd )
                sd = d;
        n = n / 10;
     }
     return sd;
 }
```

Test Run

```
Enter positive integer number : 23145
Smallest digit in 23145 is 1
```

उदाहरण 6.6: *एक फंक्शन लिखें, मान लें कि int isPrime (int n), जो मान 1 देता है यदि n अभाज्य संख्या है अन्यथा 0 देता है। इस फंक्शन का उपयोग किसी प्रोग्राम में यह जांचने के लिए करें कि दी गई प्राकृतिक अभाज्य संख्या है या नहीं।*

Listing 6.10

```
/*
    Program to test whether the given natural number is
    prime number or not.
*/
#include<stdio.h>
#include<math.h>
int isPrime(int n);  /*  function prototype  */
int main()
{
   int n;
   printf( "\nEnter a positive integer number: " );
   scanf("%d", &n);
   if ( isPrime(n) == 1 )
      printf( "\n%d is a prime number.\n", n );
   else
      printf( "\n%d is not a prime number.\n", n );
   return 0;
}

/*
    definition of function that tests whether the given positive
    integer number 'n' is prime number
*/
int isPrime(int n)
{
   int k, m;
   if ( ( n > 2 ) && ( ( n % 2 ) == 0 ) ) {
      return 0;
   }
   m = sqrt( n );
   for ( k = 3; k <= m; k += 2 )
   {
       if ( n % k == 0 )
       {
           return 0;
       }
   }
   return 1;
}
```

Test Run

First Run

```
Enter a positive integer number: 43
43 is a prime number.
```

Second Run

```
Enter a positive integer number: 92
92 is not a prime number.
```

इकाई सारांश

इस अध्याय में हमने सीखा है कि

- सॉफ्टवेयर के आकार और जटिलता के कारण उत्पन्न होने वाली कई समस्याओं को मॉड्यूलर डिजाइन दृष्टिकोण का उपयोग करके कुशलता से नियंत्रित किया जा सकता है।
- प्रत्येक फंक्शन अपने आप में पूर्ण और स्वतंत्र होता है।
- प्रत्येक फंक्शन ने जटिल समस्या के एक पहलू को संभाला है।
- रिटर्न स्टेटमेंट का उपयोग करके फंक्शन से मूल्य वापस किया जा सकता है।
- एक फंक्शन किसी भी प्रकार का मान लौटा सकता है। इसमें पॉइंटर्स भी शामिल हैं।
- तर्कों को किसी फंक्शन में या तो मूल्य दृष्टिकोण द्वारा कॉल का उपयोग करके या संदर्भ दृष्टिकोण द्वारा कॉल का उपयोग करके पारित किया जा सकता है।
- एक फंक्शन प्रोटोटाइप, जैसे वैरिएबल डिक्लेरेशन, एक डिक्लेरेशन है जो रिटर्न प्रकार, नाम और औपचारिक तर्कों के प्रकार को निर्दिष्ट करता है।

अभ्यास

विषयपरक प्रश्न

1. उपयोगकर्ता द्वारा परिभाषित फंक्शन और लाइब्रेरी फंक्शन के बीच क्या अंतर है?
2. फंक्शन का निष्पादन कब समाप्त किया जाता है?
3. किसी फंक्शन में कितने तर्क पारित किए जा सकते हैं?
4. औपचारिक तर्कों और वास्तविक तर्कों के बीच संबंध के संबंध में नियम क्या हैं?
5. किसी फंक्शन को केसे लागू किया जाता है?
6. किसी फंक्शन को कितनी बार कॉल किया जा सकता है?
7. निम्नलिखित फंक्शन परिभाषा में क्या गलत है?

```
testFunction( int k ) {
   float temp = 5.25;
   temp = k / 2.0;
   return temp;
}
```

8. निम्नलिखत फंक्शन परिभाषा में त्रुटिंया, यदि कोई हों, खोजें:

```
void fun( int x, int y ) {
   int z;
   /*  some statement  */
   return z;
}
```

9. निम्नलिखत फंक्शन परिभाषा में त्रुटिंया, यदि कोई हों, खोजें:

```
void fun( int x, y ) {
   int z;
   /*  some statement  */
   return;
}
```

10. निम्नलिखित फंक्शन परिभाषा में त्रुटियां, यदि कोई हों, खोजें:

```
int fun1( int x, int y ) {
    int z;
    /*  some statement  */
    int fun2( int t ) {
        return (t-2);
    }
    /*  some more statements  */
    return z;
}
```

11. निम्नलिखित प्रोग्राम का आउटपुट क्या होगा?

```
void main() {
    float r = 5.0, c;
    float func( float t );          /* function prototype    */
    c = func( r );
    printf( "\nValue returned by function" );
    printf( " = %d\n", c);
}
float func( float t ) {
    float temp;
    temp = t * t / 2;
    return 5.0;
}
```

12. निम्नलिखित फंक्शन घोषणाओं में त्रुटियां, यदि कोई हों, खोजें:

(*a*) `int diff(int x, y);`
(*b*) `void fun(void, void);`
(*c*) `float diff(float, float);`
(*d*) `int test(float x, int y)`

प्रोग्रामिंग समस्याएं

1. एक फंक्शन लिखें, जैसे कि *int sumOfDigits(int number),* जो एक धनात्मक पूर्णांक संख्या के अंकों का योग देता है।
2. एक फंक्शन लिखें, जैसे कि *float absValue(float value),* जो कई प्रकार के *float* का निरपेक्ष मान देता है।
3. एक फंक्शन लिखें, जैसे कि *int round(float x),* जो *x* के मान को निकटतम पूर्णांक मान पर लौटाता है।
4. एक फंक्शन लिखें, जैसे कि *sumOfN(int n, int m),* जो *mth* पूर्णांक से शुरू होने वाले *n* पूर्णांकों के योग की गणना करता है, अर्थात, *i.e.,* $m + (m + 1) + (m + 2) + \ldots + (m + n - 1)$.
5. एक फंक्शन लिखें, जैसे कि *int isPrime(int n),* जो 1 देता है यदि संख्या *n* अभाज्य है अन्यथा 0 देता है।
6. एक संख्या पैलिंड्रोम होती है यदि वह आगे या पीछे पढ़ने पर समान संख्या हो। उदाहरण के लिए, संख्याएँ 1991, 1001 और 1221 पैलिंड्रोम संख्याएँ। एक फंक्शन लिखें, जैसे कि *int isPalindrome(unsigned int k),* जो मान 1 देता है यदि संख्या *k* पैलिंड्रोम है अन्यथा 0 देता है।

7. एक धनात्मक पूर्णांक संख्या IJK को सुव्यवस्थित कहा जाता है यदि I < J < K उदाहरण के लिए, संख्या 138 को सुव्यवस्थित कहा जाता है क्योंकि संख्या (1, 3, 8) में अंक बाएं से दाएं बढ़ते हैं, यानी, 1 <3 <8 संख्या 365 अच्छी तरह से व्यवस्थित नहीं है क्योंकि 6 5 से बड़ा है। एक फंक्शन लिखें, जैसे कि *int isWellOrdered(unmsigned int k),* जो मान 1 लौटाता है यदि *k* एक सुव्यवस्थित संख्या है और अन्यथा 0 देता है।
8. एक फंक्शन लिखें, जैसे कि *int largestDigit(int x),* जो संख्या *x* में सबसे बड़ा अंक देता है।
9. एक फंक्शन लिखें, जैसे कि *int UnitDigit(int n),* जो तर्क *n* में दर्शाई गई संख्या का इकाई अंक देता है।
10. एक फंक्शन लिखें, जैसे कि *int isLeapYear(int year),* जो मान 1 लौटाता है यदि तर्क वर्ष एक लीप वर्ष का प्रतिनिधित्व करता है अन्यथा 0 देता है।
11. एक फंक्शन लिखें, जैसे कि *int isValidDate (int dd, int mm, int yyyy)* जो दिनांक मान्य होने पर मान 1 देता है अन्यथा 0 देता है।
12. एक फंक्शन लिखें, जैसे कि *int isTrianglePosible (int a, int b, int c),* जो मान 1 देता है यदि त्रिभुज को *a, b,* और *c* का उपयोग करके पारित किया जा सकता है अन्यथा 0 देता है।
13. एक फंक्शन लिखें, जैसे कि *int countDigits (int n),* जो द में अंकों की संख्या लौटाता है, यानी संख्या *n* का आकार।

बहु विकल्पीय प्रश्न

1. कार्यों के बारे में निम्नलिखित में से कौन सा कथन गलत है?
   (*a*) एक प्रोग्राम इकाई में एक से अधिक कार्यों की अनुमति है।
   (*b*) एक फंक्शन दूसरे फंक्शन को कॉल कर सकता है।
   (*c*) एक फंक्शन खुद को कॉल कर सकता है।
   (*d*) ऑपचारिक तर्क सूची में स्थिरांक दिखाई दे सकते हैं।
2. निम्नलिखित में से कौन-सा फंक्शन का उपयोग करने का एक वैध कारण नहीं है?
   (*a*) वे एक कोड को दोहराने से कम मेमारी का उपयोग करते हैं।
   (*b*) वे विभिन्न प्रोग्राम गतिविधियों को अलग रखते हैं।
   (*c*) वे तेज निष्पादित हैं।
   (*d*) वे प्रोग्राम के अन्य हिस्सों से चर सुरक्षित रखते हैं।
3. फंक्शन का डिफॉल्ट रिटर्न प्रकार क्या है?
   (*a*) void (*b*) int
   (*c*) float (*d*) char
4. प्रोग्राम का निष्पादन से शुरू होता है
   (*a*) मुख्य ( ) फंक्शन (*b*) फंक्शन जो पहले परिभाषित किया गया है
   (*c*) फंक्शन जो अंतिम परिभाषित किया गया है (*d*) कंपाइलर पर निर्भर करता है।
5. सी भाषा तर्कों को पारित करने की अनुमति देती है
   (*a*) केवल मूल्य द्वारा कॉल करें (*b*) केवल संदर्भ द्वारा कॉल करें
   (*c*) (*a*) और (*b*) दोनों (*d*) कंपाइलर पर निर्भर करता है

6. निम्नलिखित प्रोग्राम पर विचार करें

```
swap(int i, int j)
{
    i = i + j;
    j = i - j;
    i = i - j;
}
void main()
{
     int i = 5, j = 10;
     swap(i, j);
     printf( "\n%d, %d", i, j );
}
```

जब हम प्रोग्राम को कंपाइल और रन करने का प्रयास करेंगे तो क्या होगा?

(*a*) प्रोग्राम संकलित करने में विफल रहेगा क्योंकि *main()* और *swap()* कार्यों में समान चर नामों का उपयोग नहीं किया जा सकता है।

(*b*) प्रोग्राम संकलित करने में विफल हो जाएगा क्योंकि स्वैप फंक्शन का रिटर्न प्रकार निर्दिष्ट नहीं है।

(*c*) प्रोग्राम 5, 10 के रूप में आउटपुट देने के लिए संकलित और निष्पादित करेगा।

(*d*) प्रोग्राम 10, 5 के रूप में आउटपुट देते हुए संकलित और निष्पादित करेगा।

7. सही कथन की पहचान करें।

(*a*) एक प्रोग्राम में एक फंक्शन को एक से अधिक बार परिभाषित किया जा सकता है।

(*b*) एक फंक्शन को दूसरे फंक्शन परिभाषा में परिभाषित नहीं किया जा सकता है।

(*c*) सभी फंक्शन एक ही फाइल में होने चाहिए।

(*d*) फंक्शन मुख्य फंक्शन में बुलाए जाने के क्रम में प्रकट होना चाहिएै।

8. निम्नलिखित फंक्शन परिभाषा पर विचार करें, और सही कथन की पहचान करें:

```
myFunction( a + b, c, d, 5 )
int a, b, c, d;
{
      int sum;
      sum = a + b +  c + d + 5;
      return sum;
}
```

(*a*) फंक्शन संकलित करने में विफल रहेगा क्योंकि औपचारिक तर्क के रूप में अभिव्यक्ति की अनुमति नहीं है।

(*b*) फंक्शन संकलित करने में विफल रहेगा क्योंकि औपचारिक तर्क के रूप में स्थिरांक की अनुमति नहीं है।

(*c*) फंक्शन संकलित करने में विफल हो जाएगा क्योंकि फंक्शन का रिटर्न प्रकार छोड़ा गया है।

(*d*) (*a*) और (*b*) दोनों

9. निम्नलिखित में से कौन फंक्शन हेडर का एक भाग है?

(*a*) फंक्शन का नाम

(*b*) रिटर्न प्रकार

(*c*) तर्क सूची

(*d*) उपरोक्त सभी

10. निम्नलिखित में से कौन एक पूर्ण फंक्शन है?

(*a*) `int fun();`

(*b*) `int fun(int x) { return x+1; }`

(*c*) `void fun(int) { print("Hello"); }`

(*d*) `void fun(x) { print("hello"); }`

उत्तरमाला									
1.	(*d*)	**2.**	(*c*)	**3.**	(*b*)	**4.**	(*a*)	**5.**	(*c*)
6.	(*c*)	**7.**	(*b*)	**8.**	(*d*)	**9.**	(*d*)	**10.**	(*b*)

प्रायोगिक कार्य

1. निम्नलिखित उपयोगकर्ता-परिभाषित कार्यों का उपयोग करके $n(\leq 50)$ तत्व के साथ *a* नामक सारणी के सबसे बड़े तत्व, सबसे छोटे तत्व और औसत तत्वों को खोजने के लिए एक प्रोग्राम लिखें

(*a*) सारणी के सबसे बड़े तत्व को खोजने के लिए फंक्शन, सबसे बड़ा *(int a [], int n)* ढूंढें, कहें

(*b*) सारणी के सबसे छोटे तत्व को खोजने के लिए फंक्शन, सबसे छोटा *(int a [], int n)* ढूंढें, कहें

(*c*) सारणी के तत्वों के औसत को खोजने के लिए फंक्शन, फ्लोट ढूंढें औसत *(int a [], int n)* कहें

Listing 6.11

```
/*
   Program to find the largest element, smallest element, and
   average of elements of array using functions
*/

#include<stdio.h>

/*  function prototypes  */
int findLargest(int a[], int n);
int findSmallest(int a[], int n);
float findAverage(int a[], int n);

int main()
{
   int a[50];
   int i, n;
   printf("\nEnter size of array n(<=50) : ");
   scanf("%d", &n);
   printf("\nEnter %d elements of array\n\n");
   for ( i = 0; i < n; i++ )
   {
      scanf("%d", &a[i]);
   }
```

```
    printf("\nSmallest element     = %d", findSmallest(a,n));
    printf("\nLargest element      = %d", findLargest(a,n));
    printf("\nAverage of elements = %.2f", findAverage(a,n));
    return 0;
 }
int findLargest(int a[], int n)
 {
    int i, max;
    max = a[0];
    for ( i = 1; i < n; i++ ) {
        if ( a[i] > max )
            max = a[i];
    }
    return max;
 }

 int findSmallest(int a[], int n)
 {
    int i, min;
    min = a[0];
    for ( i = 1; i < n; i++ ) {
        if ( a[i] < min )
            min = a[i];
    }
    return max;
 }

 float findAverage(int a[], int n)
 {
    int i, sum;
    float avg;
    sum = 0;
    for ( i = 0; i < n; i++ ) {
        sum = sum + a[i];
    }
    avg = (float)sum/n;
    return avg;
 }
```

Test Run

```
Enter size of array n(<=50) : 10
Enter 10 elements of array
25 20 40 32 10 15 45 50 30 24
Smallest element     = 10
Largest element      = 50
Average of elements = 29.10
```

2. एक फंक्शन लिखें, मान लें कि *int isPrime(int n),* जो मान 1 देता है यदि *n* अभाज्य संख्या है अन्यथा 0 देता है। रिकर्सन का उपयोग करके पहले *m* अभाज्य संख्याओं को मुद्रित करने के लिए इस फंक्शन का उपयोग करें।

Listing 6.12

```
/*
    Program to print first 'm' prime numbers using a function
 */
 #include<stdio.h>
 #include<math.h>
 int isPrime(int n);  /*  function prototype  */
 int main()
 {
    int m, num = 2, count = 0;
    printf( "\nEnter value for m : " );
    scanf("%d", &m);
    printf( "\nFirst %d prime number are\n\n", m );
    while ( count < m )
    {
        if ( isPrime(num) == 1 ) {
            count++;
            printf( "%d  ", num );
        }
        num++;
    }
    printf( "\n" );
    return 0;
 }

 /*
     definition of function that tests whether the given positive
     integer number 'n' is prime number
 */
 int isPrime(int n)
 {
    int k, m;
    if ( ( n > 2 ) && ( ( n % 2 ) == 0 ) )
    {
       return 0;
    }
    m = sqrt( n );
    for ( k = 3; k <= m; k += 2 )
    {
        if ( n % k == 0 )
        {
            return 0;
        }
    }
    return 1;
 }
```

Test Run

```
Enter value for m : 10
First 10 prime number are
2  3  5  7  11  13  17  19  23  29
```

3. एक फंक्शन लिखें, मान लें कि *int isPrime(int n),* जो मान 1 देता है यदि *n* अभाज्य संख्या है अन्यथा 0 देता है। रिकर्सन का उपयोग करके पहले *m* अभाज्य संख्याओं को मुद्रित करने के लिए इस फंक्शन का उपयोग करें।

Listing 6.13

```
/*
    Program to find Product of two numbers without using function
 */

 #include <stdio.h>

 /*  function prototype  */
 int product(int a, int b);

 int main()
 {
    int m, n, result;

    printf("\nEnter first number : ");
    scanf("%d", &m);
    printf("\nEnter second number : ");
    scanf("%d", &n);

    result = product(m, n);
    printf("\nProduct of %d and %d = %d\n", m, n, result);
    return 0;
 }

 /*  definition of functio that returns product of two numbers  */
 int product(int a, int b)
 {
    int temp = 0;
    while (b != 0)
    {
        temp += a;
        b--;
    }
    return temp;
 }
```

Test Run

```
Enter first number : 15
Enter second number : 12
Product of 15 and 12 = 180
```

अधिक जानिए

जैसा कि आप जानते हैं कि फंक्शंस का उपयोग डेवलपर को बड़े और जटिल प्रोग्राम को हल करने के लिए प्रोग्राम बनाने में सक्षम बनाता है जो कोड के लिए आसान, डीबग करने में आसान और संशोधित करने में आसान होते हैं।

शिक्षक से अपेक्षा की जाती है कि वह छात्रों के बीच कार्यों के उपयोग के लाभों और कार्यों के विकास से संबंधित विभिन्न पहलुओं के बारे में समझ विकसित करे।

शिक्षक को वास्तविक जीवन की स्थितियों से उदाहरण लेकर और उन्हें हल करने के लिए सी प्रोग्राम बनाकर कार्यों के उपयोग का प्रदर्शन करना चाहिए।

संदर्भ एवं अध्ययन हेतु सुझाव

1. R. S. Salaria, Problem Solving & programming in C, Khanna Book Publishing Co(P) Ltd., New Delhi.
2. E. Balagurusamy, Programming in ANSI C, Tata McGraw Hill, New Delhi.
3. Yashavant Kanetkar, Let Us C, BPB Publications, New Delhi.
4. Byron Gottfried, Programming with C, Schaum's Outlines.
5. https://onlinecourses.nptel.ac.in/noc21_cs01/preview
6. https://ocw.mit.edu/courses/intro-programming/
7. https://www.programiz.com/c-programming
8. https://www.javatpoint.com/c-programming-language-tutorial

7 रिकर्सन

यूनिट विशिष्ट

यह यूनिट रिकर्सन (Recursion) से संबंधित विषयों पर चर्चा करती है। रिकर्सन गणित और कंप्यूटर विज्ञान की महत्वपूण र्ा अवधारणाओं में से एक है और वास्तविक जीवन की कई समस्याओं को हल करने में इसका व्यापक रूप से उपयोग किया जाता है। यह यूनिट रिकर्सन के विभिन्न पहलुओं की व्याख्या करती है और उपयुक्त उदाहरणों के साथ उनके उपयोग को प्रदर्शित करती है।

भूमिका

वास्तविक जीवन में, कई समस्याओं के पुनरावर्ती समाधान के साथ-साथ रिकर्सिव समाधान भी हो सकते हैं। फिर महत्वपूर्ण प्रश्न उठता है कि किसे वरीयता दी जाए। रिकर्सन का उपयोग करने का मुख्य कारण एक एल्गोरिथ्म को सरल बनाना है, जिसे अधिकांश लोग आसानी से समझ सकते हैं। यहां यह ध्यान रखना महत्वपूर्ण है कि रिकर्सन (इसके लाभ के बजाय) का उद्देश्य हमारे कोड को पढ़ने में आसान बनाना और तर्क करना आसान बनाना है। हालांकि, यह जानना महत्वपूर्ण है कि रिकर्सन एक ऐसा तंत्र नहीं है जिसका उपयोग हम प्रदर्शन के लिए अपने कोड को अनुकूलित करने के लिए कर सकते हैं - यदि कुछ भी हो; यह समान रूप से लिखे गए समकक्ष फंक्शन की तुलना में प्रदर्शन पर प्रतिकूल प्रभाव डाल सकता है।

याद रखने के लिए एक संक्षिप्त के लिए, हम कह सकते हैं कि "रिकर्सिव कार्य डेवलपर्स के लिए सुगमता का अनुकूलन करते हैं; पुनरावृत्त कार्य कंप्यूटर के लिए प्रदर्शन को अनुकूलित करते हैं।"

रिकर्सन की उपयोगिता को महसूस किया जा सकता है और इसकी सराहना की जा सकती है जब हम वास्तव में एक वास्तविक जीवन परिदृश्य जैसा दिखने वाला कोड लिखने का प्रयास करते हैं।

यह इकाई छात्र को रिकर्सिव कार्यों का उपयोग करके सी में रिकर्सन और इसके कार्यान्वयन से संबंधित विभिन्न पहलुओं को समझने में मदद करेगी।

पूर्व-अपेक्षित ज्ञान

- सशर्त ब्रांचिंग
- उपयोगकर्ता द्वारा परिभाषित फंक्शन
- सारणियाँ

यूनिट आउटकम्स

इस इकाई के पूर्ण अध्यन करने के बाद, विद्यार्थी निम्न में सक्षम होंगे:

U7-O1: रिकर्सन की अवधारणा की व्याख्या करने में

U7-O2: बेस केस और रिकर्सिव स्टेप की अवधारणा की व्याख्या करने में

U7-O3: चयनित रिकर्सिव समस्याओं के लिए रिकर्सिव फंक्शन को परिभाषित करना, उनका उपयोग करना और प्रदर्शित करने में

U7-O4: क्विक सॉर्ट एल्गोरिथम को समझाने और लागू करने में

U7-O5: मर्ज सॉर्ट एल्गोरिथम को समझाने और लागू करने में

U7-O6: वास्तविक जीवन की समस्याओं को हल करने के लिए रिकर्सिव फंक्शन का उपयोग करके मॉड्यूलर प्रोग्राम विकसित करने में

यूनिट-7 आउटकम्स	कोर्स आउटकम्स (COs) के साथ अपेक्षित संबंध (*1-कमजोर सहसंबंध; 2-मध्यम सहसंबंध; 3-मजबूत सहसंबंध*)						
	CO-1	**CO-2**	**CO-3**	**CO-4**	**CO-5**	**CO-6**	**CO-7**
U7-O1	1	–	–	–	–	–	–
U7-O2	1	–	–	–	–	–	–
U7-O3	–	–	–	–	2	–	–
U7-O4	–	–	–	–	–	–	3
U7-O5	–	–	–	–	–	–	3
U7-O6	–	–	–	–	–	–	3

7.1 प्रस्तावना

रिकर्सन प्रोग्राम के विकास में एक शक्तिशाली अवधारणा है जिसमें एक फंक्शन किसी समस्या को हल करने के लिए स्वयं को संदर्भित करने की क्षमता रखता है। यह नियंत्रण तकनीक, जिसे रिकर्सन कहा जाता है, कंप्यूटर विज्ञान में एक महत्वपूर्ण अवधारणा है और विभिन्न प्रकार की समस्याओं के समाधान के लिए सुविधाजनक है, जो कि *for-While* और do-while जैसे पुनरावृत्त लूप के निर्माणों के उपयोग से करना मुश्किल होता है।

कई वास्तविक जीवन की समस्याओं को हल करने में रिकर्सन का व्यापक रूप से उपयोग किया जाता है।

रिकर्सन फंक्शन को लगभग सभी आधुनिक उच्च स्तरीय प्रोग्रामिंग भाषा जैसे सी/सी++/सी#/जावा/पायथन में सीधे कार्यान्वित किया जा सकता है।

यह इकाई रिकर्सन फंक्शन का परिचय देती है और विभिन्न उदाहरण के माध्यम से उनके उपयोग को दर्शाती है।

7.2 रिकर्सिव फंक्शन

एक रिकर्सिव फंक्शन एक ऐसा फंक्शन है जिसकी परिभाषा स्वयं पर आधारित होती है, अर्थात, जो स्वयं को कॉल करता है।

एक रिकर्सिव फंक्शन को बेस केस और रिकर्सिव चरण के संदर्भ में परिभाषित किया गया है।

1. **बेस केस:** फंक्शन में दिए गए इनपुट के साथ परिणाम की तुरंत गणना की जाती है, यानी, तर्क *(Argument)* का मान होता है, जिसके लिए फंक्शन स्वयं को कॉल नहीं करता है।

   दूसरे शब्दों में, बेस केस "सरल" संभावित समस्या का समाधान है।

संख्याओं की सूची में अधिकतम मान ज्ञात करने के उदाहरण पर विचार करें। किसी सूची में अधिकतम मान या तो पहली संख्या है या शेष संख्याओं में से सबसे बड़ी संख्या है।

समस्या में बेस केस यह है कि सूची में केवल एक संख्या थी, और परिभाषा के अनुसार, यदि केवल एक संख्या है, तो यह सबसे बड़ी है।

2. **रिकर्सिव चरण:** परिणाम की गणना फंक्शन के लिए एक या अधिक रिकर्सिव कॉलों की सहायता से की जाती है, लेकिन तर्क (ओं) के साथ जो आकार में किसी भी तरह कम हो जाता है, यानी, बेस केस के करीब।

   संख्याओं की सूची में अधिकतम मान ज्ञात करने के उपरोक्त उदाहरण में, रिकर्सिव चरण संख्याओं की शेष सूची में अधिकतम मान ज्ञात करना है, अर्थात, कम आकार की सूची (पहले के आकार से 1 कम)।

   आइए हम रिकर्सिव फंक्शन के कुछ प्रसिद्ध उदाहरण लेते हैं।

7.2.1 फैक्टोरियल फंक्शन

एक धनात्मक संख्या n का भाज्य (फैक्टोरियल), जिसे $n!$ लिखा जाता है, 1 से n तक के धनात्मक पूर्णांकों का गुणनफल होता है:

$n! = 1 \times 2 \times 3 \times ... \times (n - 2) \times (n - 1).n$ *where as* $0! = 1$

इस प्रकार, फैक्टोरियल फंक्शन के पुनरावृत्त संस्करण की परिभाषा को इस प्रकार लिखा जा सकता है

$$n! = \begin{cases} 1 & \text{if } n = 0 \\ \prod_{i=1}^{n} i & \text{if } n > 0 \end{cases}$$

उपरोक्त परिभाषा से, हमारे पास है

$$0! = 1$$
$$1! = 1$$
$$2! = 1 \times 2 = 2$$
$$3! = 1 \times 2 \times 3 = 6$$
$$4! = 1 \times 2 \times 3 \times 4 = 24$$
$$5! = 1 \times 2 \times 3 \times 4 \times 5 = 120$$ और इसी तरह।

उसका अवलोकन करो

$4! = 4 \times 3! = 4 \times 6 = 24$ and $5! = 5 \times 4! = 5 \times 24 = 120$

और यह प्रत्येक धनात्मक पूर्णांक n के लिए सत्य है; अर्थात्

$n! = n \times (n - 1)!$

इस प्रकार, फैक्टोरियल फंक्शन को इस प्रकार परिभाषित किया जा सकता है

$$n! = \begin{cases} 1 & \text{if } n = 0 \\ n \times n - 1)! & \text{if } n > 0 \end{cases}$$

$n!$ की यह परिभाषा रिकर्सिव है, क्योंकि यह स्वयं को संदर्भित करता है जब यह $(n - 1)$. का उपयोग करता है।

Listing 7.1

```
/*
    Program to print the factorials of first 'n' natural numbers
    using recursive function
*/

#include <stdio.h>
int factorial( int n );          /*  function prototype   */
int main()
{
   int i, n;
   printf( "\nEnter value of n: " );
   scanf( "%d", &n );
   for ( i = 1; i <= n; i++ ) {
      printf( "\n%d! = %d", i, factorial(i) );
   }
   return 0;
}
/*
   Recursive function to compute factorial of a number
*/
int factorial( int n )
{
  if ( n == 0 )
     return 1;
  else
     return ( n * factorial( n - 1 ) );
}
```

Test Run

```
Enter value of n: 6
 1! = 1
 2! = 2
 3! = 6
 4! = 24
 5! = 120
 6! = 720
```

7.2.2 फिबोनैकी संख्याएं

एक बहुत ही महत्वपूर्ण अनुक्रम, फिबोनैकी (Fibonacci) अनुक्रम, जिसे आमतौर पर $F_0, F_1, ..., F_n$] द्वारा दर्शाया जाता है। इस प्रकार है:

$$0, 1, 1, 2, 3, 5, 8, 13, ...$$

अर्थात्, $F_0 = 0$ और $F_1 = 1$ और बाद के पद दो पूर्ववर्ती पदों का योग हैं।

उदाहरण के लिए, उपरोक्त क्रम में अगला पद है

$$8 + 13 = 21$$

फिबोनैकी संख्या F_n के लिए एक औपचारिक रिकर्सिव परिभाषा है:

$$fib(n) = \begin{cases} n & \text{if } n \leq 1 \\ fib(n-1) + fib(n-2) & \text{if } n > 1 \end{cases}$$

ध्यान दें कि फिबोनैकी संख्याओं की रिकर्सिव परिभाषा फैक्टोरियल फंक्शन की रिकर्सिव परिभाषाओं से इस अर्थ में भिन्न है कि यह स्वयं को दो बार संदर्भित करता है।

Listing 7.2

```
/*
    Program to print first 'n' terms of Fibonacci sequence
    using recursive functions
*/

#include <stdio.h>

int fib( int n );        /*  function prototype   */

int main()
{
   int i, m;
   printf( "\nEnter value of m: " );
   scanf( "%d", &m );
   for ( i = 0; i < m; i++ )
   {
      printf( "%d ", fib(i) );
   }
   return 0;
}

/*
    Recursive function to compute Fibonacci number 'n'
*/

int fib( int n )
{
  if ( n <= 1 )
     return n;
  else
     return ( fib(n - 1) + fib(n - 2) );
}
```

Test Run

```
Enter value of m: 8
 0   1   1   2   3   5   8   13
```

7.2.3 एकरमैन फंक्शन

m और n के सभी गैर-ऋणात्मक मानों के लिए एकरमैन (Ackermann) फंक्शन को रिकर्सिव रूप से परिभाषित किया गया है:

$$A(m,n)=\begin{cases} n+1 & \text{if } m=0 \\ A(m-1,1) & \text{if } n=0 \\ A(m-1,A(m,n-1)) & \text{Otherwise} \end{cases}$$

Listing 7.3

```
/*
    Program to compute Ackermann function
 */

#include <stdio.h>

int ackermann(int m, int n);      /*  function prototype   */

int main()
{
   int m, n;
   printf( "\nEnter value of m : " );
   scanf( "%d", &m );
   printf( "\nEnter value of n : " );
   scanf( "%d", &n );
   printf( "\nA(%d,%d) = %d\n", m, n, akermann(m,n) );
   return 0;
}


/*  function definition to compute ackermann function A(m,n)   */
int ackermann(int m, int n)
{
  if ( m == 0 )
      return (n+1);
  else if ( n == 0 )
     return ackermann(m-1, 1);
  else
     return ackermann(m-1, ackermann(m,n-1));
}
```

Test Run

```
Enter value of m : 1
Enter value of n : 3
A(1,3) = 5
```

7.3 क्विक सॉर्ट एल्गोरिथम

क्विकसॉर्ट (Quicksort) एक सॉर्टिंग एल्गोरिथ्म है जो "*विभाजित और जीत*" के विचार का उपयोग करता है। यह एल्गोरिथम पिवट (Pivot) नामक तत्व को ढूंढता है, जो सारणी को दो हिस्सों में इस तरह विभाजित करता है कि बाएं उप सारणी में तत्व इससे कम हैं और दाएं उप सारणी में तत्व विभाजन तत्व से अधिक हैं। फिर इन दो उप सारणियों को अलग -अलग क्रमबद्ध किया जाता है। यह प्रक्रिया बेस केस के साथ प्रकृति में रिकर्सिव है - सारणी में तत्वों की संख्या 1 से अधिक नहीं है।

मान लीजिए कि चर start और end सारणी के पहले और अंतिम तत्व की अनुक्रमणिका का प्रतिनिधित्व करता है, क्विक सॉर्ट को रिकर्सिव रूप से निम्न रूप से परिभाषित किया जा सकता है

```
If ( start < end ) then
    Partition the array into two halves
    Quicksort the left half
    Quicksort the right half
 Endif
```

पिवट तत्व के चयन के तरीके के आधार पर क्विकसॉर्ट एल्गोरिथ्म के कुछ बदलाव निम्नलिखित हैं:

- पिवट के रूप में पहला तत्व
- पिवट के रूप में अंतिम तत्व
- पिवट के रूप में रैन्डम तत्व
- मध्यिका पिवट के रूप में

हम अपने दृष्टांत में अंतिम तत्व को पिवट के रूप में मानेंगे।

शुरू करने के लिए, हम सेट करते हैं

```
plndex = start
 pivot = a[end]
```

अब, हम इंडेक्स वेरिएबल *i* का उपयोग करके start से (end-1) तक पुनरावृत्ति करते हैं और प्रत्येक पुनरावृत्ति में निम्नलिखित करते हैं :

```
          If (aa[i] < pivot) then
          swap a[i] and a[plndex]
          Increment plandex
          Endif
and, finally
          swap a[plnxdex] and  a [end]
```

निम्नलिखित फंक्शन विभाजन के कार्य को पूरा करता है।

```
int partition(int a[], int start, int end)
{
   int i, temp;
   int pIndex = start;
   int pivot  = a[end];
   for( i = start; i < end; i++ )
   {
      if ( a[i] < pivot )
      {
          temp = a[i];
          a[i] = a[pIndex];
          a[pIndex] = temp;
          pIndex++;
      }
   }
   temp = a[end];
   a[end] = a[pIndex];
   a[pIndex] = temp;

   return pIndex;
}
```

उदाहरण 7.1: *विभाजन प्रक्रिया को स्पष्ट करने के लिए, निम्नलिखित सारणी पर विचार करें :*

25 10 30 15 20 28

हल : दिए गए सारणी में, *start = 0, end = 5*

यहां अंतिम तत्व (22) को पिवट के रूप में लिया गया है।

आरंभ करने के लिए, हम *pIndex = start, i = start* लेते हैं।

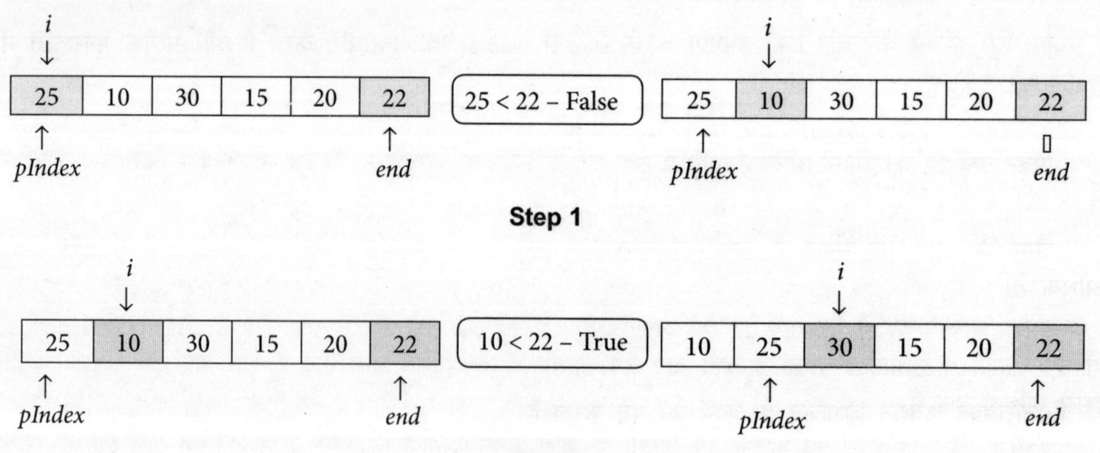

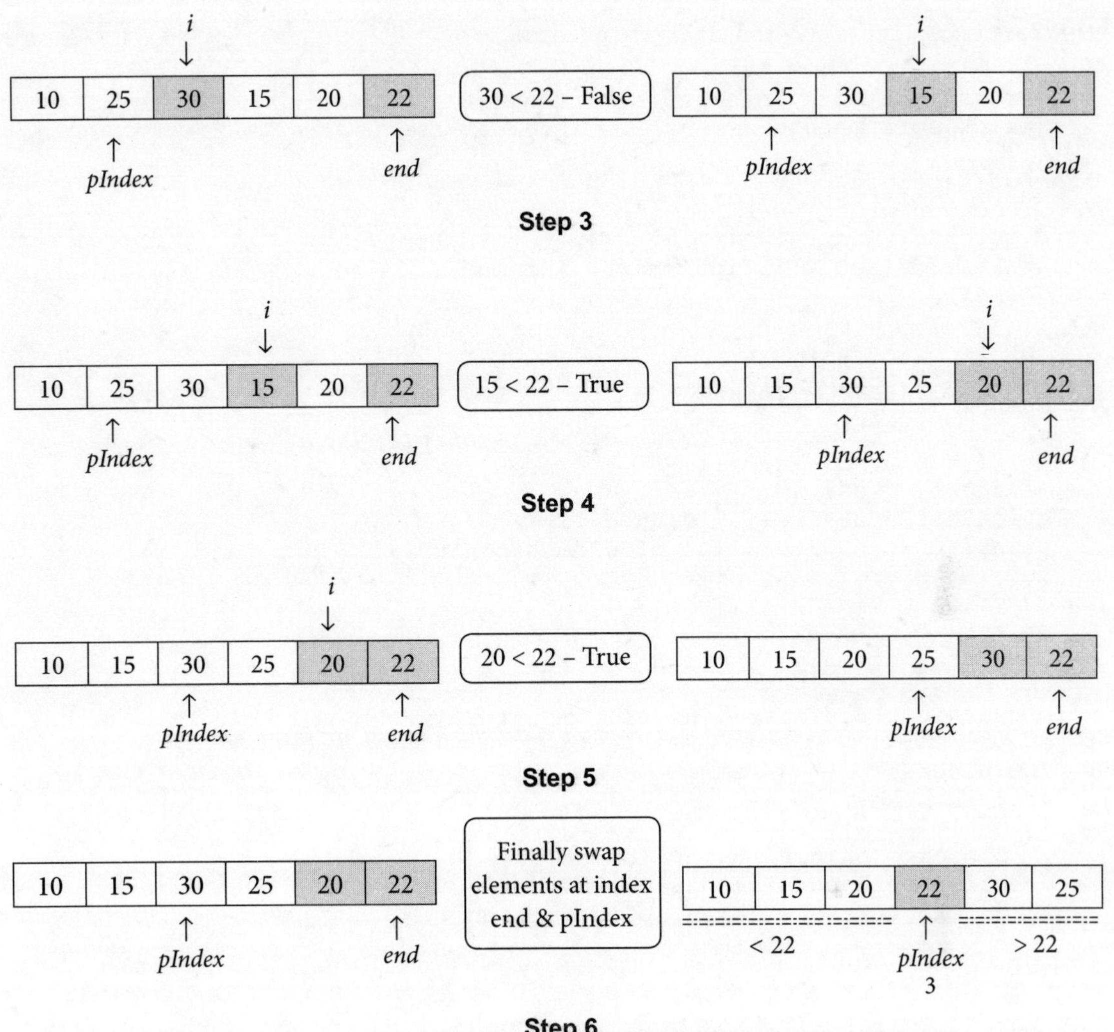

चित्र 7.1: सारणी के विभाजन का चित्रण

पिवट तत्व 22 को अपनी अंतिम स्थिति में रखा गया है और यह सारणी को दो उप सारणियों में विभाजित करता है:

10 15 15 और 30 25

जैसा कि आप देख सकते हैं, बाएं उप सारणी में तत्व 22 से छोटे हैं, और दाएं उप सारणी में तत्व 22 से अधिक हैं।

इसका मतलब यह है कि तत्व 22 को अपनी अंतिम स्थिति में सही ढंग से रखा गया है और यह शेष तत्वों को दो उप सारणी में विभाजित करता है जहां बाएं उप सारणी में तत्व इससे कम होते हैं और दाएं उप सारणी में तत्व इससे अधिक होते हैं।

उपरोक्त विभाजन चरण को प्रत्येक उप सारणी के साथ दोहराया जाता है जिसमें 2 या अधिक तत्व होते हैं। चूंकि, हम एक समय में एक उप सारणी पर काम कर सकते हैं, इसलिए हमें दूसरे उप सारणी का ट्रैक रखने में सक्षम होना चाहिए। यह कार्य या तो स्टैक का स्पष्ट रूप से (पुनरावृत्त कार्यान्वयन) या परोक्ष रूप से (रिकर्सिव कार्यान्वयन) का उपयोग करके पूरा किया जाता है। दोनों कार्यान्वयन इस खंड में दिए गए हैं।

Listing 7.4

```
/*
    Program to sort an array of integers in ascending order using
    Quick sort method
 */
 #include<stdio.h>
 /*  function prototypes  */
 void quickSortRecursive(  int a[], int lb, int ub );
 int partition(int a[], int start, int end);
 int main()
 {
    int i, n, a[20];
    printf( "\nEnter size of array n(<=20) : " );
    scanf( "%d", &n );
    printf( "\nEnter %d integer elements of array\n\n", n );
    for ( i = 0; i < n; i++ )
       scanf( "%d", &a[i] );
    quickSortRecursive( a, 0, n-1 );
    printf( "\n\nSorted list of elements\n\n" );
    for ( i = 0; i < n; i++ )
       printf( "%d ", a[i] );
    printf( "\n");
 } /*---- end of main function ----*/

 void quickSortRecursive( int a[], int lb, int ub )
 {
    int pIndex;
    if ( lb < ub )
    {
       pIndex = partition( a, lb, ub);
       quickSortRecursive( a, lb, pIndex-1 );
       quickSortRecursive( a, pIndex+1, ub );
    }
 }

 int partition(int a[], int start, int end)
 {
    int i, temp;
    int pIndex = start;
    int pivot  = a[end];
   for(i = start; i < end; i++)
   {
      if (a[i] < pivot)
      {
          temp = a[i];
          a[i] = a[pIndex];
          a[pIndex] = temp;
          pIndex++;
      }
   }
```

```
temp = a[end];
    a[end] = a[pIndex];
    a[pIndex] = temp;
    return pIndex;
}
```

Test Run

```
Enter size of array n(<=20) : 6
Enter 6 integer elements of array
25 10 30 15 20 28
Sorted list of elements
10 15 20 25 28 30
```

7.4 मर्ज सॉर्ट एल्गोरिथम

मर्ज (Merge) सॉर्ट एक अन्य सॉर्टिंग एल्गोरिथम है जो"विभाजित और जीत"के विचार का उपयोग करता है। यह एल्गोरिथम सारणी को दो हिस्सों में विभाजित करता है, उन्हें अलग-अलग सॉर्ट करता है, और फिर उन्हें मर्ज करता है।

यह प्रक्रिया बेस केस के साथ रिकर्सिव है - सारणी में तत्वों की संख्या सिर्फ 1 है।

मान लीजिए कि चर *beg* और *end* क्रमश: सारणी के पहले और अंतिम तत्व के सूचकांक का प्रतिनिधित्व करते हैं, मर्ज सॉर्ट को रिकर्सिव रूप से निम्न रूप से परिभाषित किया जा सकता है

```
If ( beg < end ) then
    Divide the list into two halves
    Mergesort the left half
    Mergesort the right half
    Merge the two-sorted halves into one sorted list
 Endif
```

उदाहरण 7.2: मर्ज सॉर्ट विधि की कार्यप्रणाली को स्पष्ट करने के लिए, निम्नलिखित सारणी *a* पर 7 तत्वों के रूप में विचार करें :

33, 26, 35, 29, 18, 10, 24

समाधान: विलय का पहला चरण सारणी को दो उप सारणियों में विभाजित करना है। इस प्रकार हम सारणी को विभाजित करते हैं

33, 26, 35, 29 और 18, 10, 24

और पहले बाएं उप सारणी पर विचार करें। इसे फिर से दो उप सारणियों में विभाजित किया गया है:

33, 26 और 35, 29

इनमें से प्रत्येक उप सारणी के लिए, हम फिर से वही विधि लागू करते हैं, इनमें से प्रत्येक को एक तत्व के उप सारणी में विभाजित करते हैं। आकार एक के उप सारणियों, निश्चित रूप से, कोई छँटाई की आवश्यकता नहीं है। अंत में, हम एक क्रमबद्ध सारणी प्राप्त करने के लिए उप सारणियों को मर्ज करना शुरू करते हैं।

उप सारणियाँ 33 और 26 मर्ज किए गए सारणी 26, 33 और उप सारणियाँ 35 और 29 मर्ज करके क्रमबद्ध सारणी 2 9, 35 देते हैं।

अगले चरण में, हम आकार दो के इन दो-सॉर्ट किए गए उप सारणियों को मर्ज करते हैं ताकि आकार चार का एक क्रमबद्ध सारणी प्राप्त हो सके

26, 29, 33, 35

अब दिए गए सारणी के बाएं आधे हिस्से को क्रमबद्ध किया गया है, हम दाहिने आधे हिस्से पर भी यही कदम उठाते हैं। सबसे पहले, हम इसे दो उप सारणियों में विभाजित करते हैं:

18, 10 और 24

इनमें से पहला आकार एक के दो उप सारणियों में बांटा गया है, जो 10, 18 देने के लिए विलय कर दिए गए हैं। दूसरे उप सारणी, 24 का आकार एक है, इसलिए किसी सॉर्टिंग की आवश्यकता नहीं है। अब इन्हें क्रमबद्ध सारणी देने के लिए विलय कर दिया गया है

10, 18, 24,

अंत में, आकार चार और तीन के क्रमबद्ध उप सरणियों को देने के लिए विलय कर दिया जाता है

10, 18, 24, 26, 29, 33, 35

जैसा कि चित्र 7.2 में दिखाया गया है, उपरोक्त छँटाई प्रक्रिया को भी देखा जा सकता है।

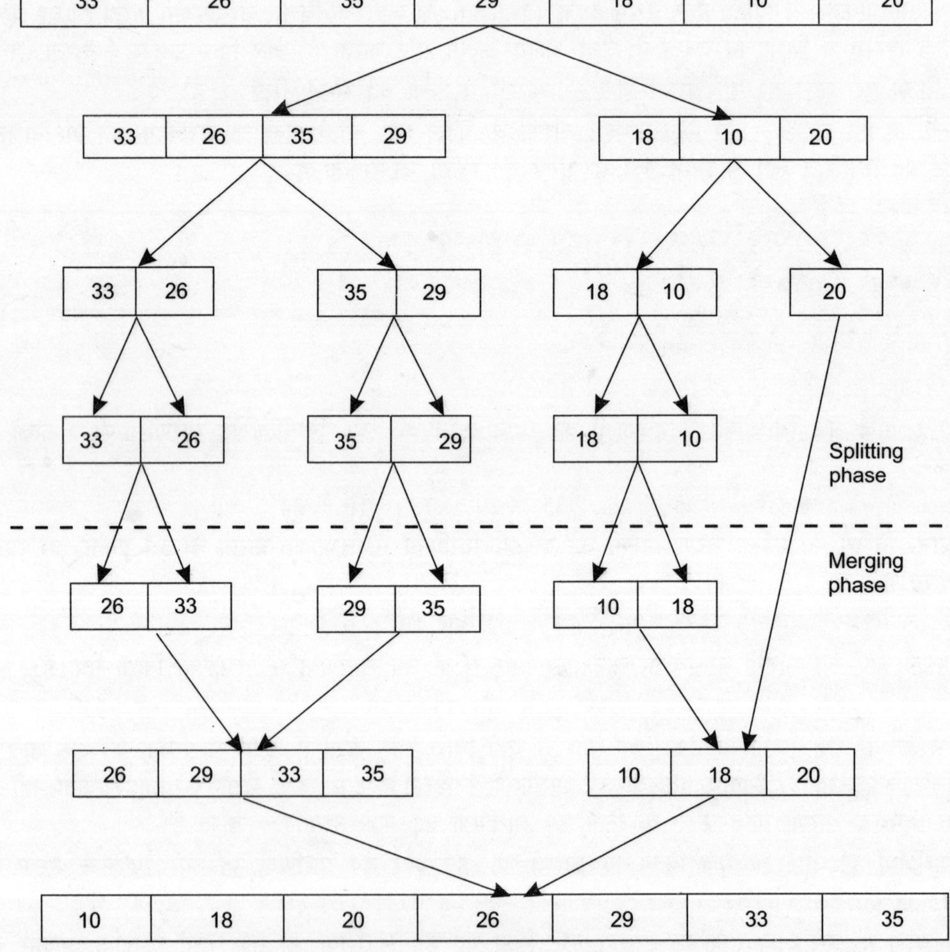

चित्र 7.2. मर्ज सॉर्ट के क्रमिक चरणों का चित्रण

Listing 7.5

```
/*
   Program to sort an array of integers in ascending order using
   merge sort method
*/
#include<stdio.h>
/*----  function prototype  ----*/
void mergeSortMethod(int a[], int beg, int end );
void mergingSorteosQubArrays(int a[], int lb, int lr, int rb, int
rr);

int main()
{
   int i, n, a[20];
   printf( "\nEnter size of array n(<=20) : " );
   scanf( "%d", &n );
   printf( "\nEnter %d integer elements of array\n\n", n );
   for ( i = 0; i < n; i++ )
      scanf( "%d", &a[i] );
   mergeSortMethod( a, 0, n-1 );
   printf( "\n\nSorted list of elements\n\n" );
   for ( i = 0; i < n; i++ )
   {
      printf( "%d ", a[i] );
   }
   printf( "\n");
} /*---- end of main function ----*/

void mergeSortMethod( int a[], int beg, int end )
{
   int mid;
   if ( beg < end )
   {
       mid = ( beg + end ) / 2;
         mergeSortMethod( a, beg, mid );
         mergeSortMethod( a, mid+1, end );
         mergingSorteosQubArrays( a, beg, mid, mid+1, end );
   }
}
void mergingSorteosQubArrays(int a[], int lb, int lr, int  rb, int
rr)
{
 int na, nb, nc, k, c[MAX];
```

```
na = lb;
nb = rb;
    nc = lb;
    while ( ( na <= lr ) && ( nb <= rr ) )
    {
       if ( a[na] < a[nb] )
            c[nc] = a[na++];
         else
            c[nc] = a[nb++];
         nc++;
    }
    if ( na > lr ) {
       while ( nb <= rr )
          c[nc++] = a[nb++];
    } else {
       while ( na <= lr )
            c[nc++] = a[na++];
    }
    for ( k = lb; k <= rr; k++ )
       a[k] = c[k];
 }
```

Test Run

```
Enter size of array n(<=20) : 7
Enter 7 integer elements of array
33 26 35 29 18 10 20
Sorted list of elements
10 18 20 26 29 33 35
```

7.5 रिकर्सन, पुनरावृत्ति या . . .?

जब किसी समस्या को हल करने के कई तरीके होते हैं, तो स्पष्ट सवाल यह उठता है कि "कौन सा चुना जाना चाहिए?"

किसी विशेष तरीके का चयन करने के लिए पूर्व-निर्धारित नियमों का कोई सेट नहीं है; हालाँकि, हमें निम्नलिखित मुद्दों पर विचार करना चाहिए:

- लिया गया प्रसंस्करण समय ।
- कंप्यूटर मेमोरी उपयोग ।
- प्रोग्राम को विकसित करने में लगने वाला समय।
- प्रोग्राम को डिबग करने में लगने वाला समय।
- प्रोग्राम को बनाए रखने का समय।

सामान्यत:, एक रिकर्सिव समाधान 3, 4 और 5 श्रेणियों में अच्छा प्रदर्शन करते हैं। क्योंकि रिकर्सिव समाधान सरल और छोटे होते हैं, बाद में कार्यक्रमों को संशोधित करने के लिए आवश्यक समय गैर-पुनरावर्ती समाधान के लिए आवश्यक समय से कम होता है। एक ही समस्या के लिए, अगर यह मौजूद है तो ।

दूसरी ओर, सामान्य तौर पर, रिकर्सिव समाधान प्रसंस्करण समय और उनके लिए आवश्यक कंप्यूटर मेमोरी की मात्रा के उपयोग में अच्छा प्रदर्शन नहीं करते हैं।

तालिका 7.1 पुनरावृत्ति और पुनरावृत्ति की तुलना के प्रमुख बिंदुओं पर प्रकाश डालती है

तालिका 7.1: तुलना: रिकर्सन बनाम पुनरावृत्ति

मानदंड	रिकर्सन	पुनरावृत्ति
कार्यान्वयन का तरीका	स्वयं के लिए फंक्शन कॉल का उपयोग करना	लूप का उपयोग करना
अवस्था	स्टैक में संग्रहित तर्क मान (मानों) द्वारा परिभाषित	नियंत्रण चर के मूल्य द्वारा परिभाषित
प्रगति	फंक्शन स्टेट बेस केस की ओर अभिसरण करता है।	नियंत्रण चर का मान अंतिम मान की ओर बढ़ता है।
समापन	बेस केस पहुंच गया है	नियंत्रण चर स्थिति को संतुष्ट करता है।
कोई समाप्ति नहीं	बेस केस को निर्दिष्ट करने में कुछ गलती के कारण अनंत रिकर्सिव कॉल हो सकते हैं और परिणामस्वरूप फंक्शन स्वयं को कॉल करता रहता है, जिससे सिस्टम क्रैश हो सकता है।	असाइनमेंट, इंक्रीमेंट या टर्मिनेटिंग कंडीशन में गलती के कारण अनंत लूप और इसके परिणामस्वरूप प्रोग्राम को अंतहीन रूप से निष्पादित किया जाएगा
कोड आकार	बहुत छोटा हो जाता है।	बड़ा हो जाता है।
निष्पादन	निष्पादन धीमा है।	निष्पादन तेज है।

निदर्शी उदाहरण

1. *रिकर्सन का प्रयोग करते हुए प्रथम n प्राकृत संख्याओं का योग ज्ञात करने के लिए एक प्रोग्राम लिखिए।*

   प्रथम n प्राकृत संख्याओं का योग ज्ञात करने का फंक्शन, मान लीजिए कि FinosQum(n)] को रिकर्सिव रूप से परिभाषित किया जा सकता है

$$\text{findSum}(n) = \begin{cases} 1 & \text{if } n = 1 \\ n + \text{findSum}(n-1) & \text{if } n > 1 \end{cases}$$

Listing 7.6

```
/*
   Program to find the sum of first 'n' natural numbers
   using recursion
 */
 #include<stdio.h>
 int finosQum(int n);   /*  function prototype  */
 int main()
 {
    int n, sum;
    printf("\nEnter value for n : ");
    scanf("%d", &n);
```

```
sum = finosQum(n);
    printf("\nSum of first %d natural numbers = %d\n\n", n, sum);
    return (0);
 }
 /*
     definition of recursive function that returns
     sum of first 'n' natural numbers
 */
 int finosQum(int n)
 {
    if ( n == 1 )
       return 1;
    else
       return ( n + finosQum(n-1) );
 }
```

Test Run

```
Enter value for n : 10
Sum of first 10 natural numbers = 55
```

2. *रिकर्सन का उपयोग करके सकारात्मक घातांक (x^n) की गणना करने के लिए एक प्रोग्राम लिखें। सकारात्मक घातीय फंक्शन (x^n) को रिकर्सिव रूप से परिभाषित किया जा सकता है*

$$x^n = \begin{cases} 1 & \text{if } n = 0 \\ x \times x^{n-1} & \text{if } n > 0 \end{cases}$$

Listing 7.7

```
/*
    Program to find the value of the positive exponential power
    function using recursion
 */
 #include<stdio.h>
 float power(float x, int n);  /*  function prototype  */
 int main()
 {
    int n;
    float x;
    printf("\nEnter value for x : ");
    scanf("%f", &x);
    printf("\nEnter value for n : ");
    scanf("%d", &n);
    printf("\nValue of power function = %.2f\n\n", power(n));
    return (0);
 }
 /*
```

```
definition of recursive function that returns value
    positive exponential power function (x^n)
 */
 float power(float x, int n)
 {
    if ( n == 0 )
       return 1;
    else
       return ( x * power(x,n-1) );
 }
```

Test Run

```
Enter value for x : 5.25
Enter value for n : 2
Value of power function = 27.56
```

3. *रिकर्सन का उपयोग करते हुए प्राकृत संख्याओं m और n का सबसे बड़ा उभयनिष्ठ भाजक (GCD) ज्ञात करने के लिए एक प्रोग्राम लिखें।*

   GCD फंक्शन को रिकर्सिव रूप से परिभाषित किया जा सकता है

$$\gcd(m,n) = \begin{cases} n & \text{if } m\%n = 0 \\ \gcd(n, m\%n) & \text{if } m\%n \neq 0 \end{cases}$$

Listing 7.8

```
  /*
    Program to compute GCD of natural numbers m and n
    using recursion
 */

 int gcd( int m, int n );    /*  function prototype */

 void main()
 {
    int m, n;
    printf( "\nEnter value of m : " );
    scanf( "%d", &m );
    printf( "\nEnter value of n : " );
    scanf( "%d", &n );
    printf( "\nValue of GCD(%d,%d) = %d\n", m, n, gcd(mn,n) );
 }

 /*
    definition of recursive function that returns GCD of
    natural numbers 'm' and 'n'
```

```
*/
 int gcd( int m, int n )
 {
    if ( m % n == 0 )
       return n;
    else
       return gcd( n, m % n );
 }
```

Test Run

```
Enter value of m: 35
Enter value of n: 125
Value of GCD(35,125) = 5
```

4. *रिकर्सन का उपयोग करके दी गई दशमलव संख्या n को उसके समकक्ष बाइनरी संख्या में बदलने के लिए एक प्रोग्राम लिखें।*

Listing 7.9

```
/*
   Program to convert decoml number to equivalent binary number
   function using recursion
*/
#include<stdio.h>
void convert(int n);  /*  function prototype  */
int main()
{
   int n;
   printf("\nEnter decimal number : ");
   scanf("%d", &n);
   printf("\nBinary equivalent of %d = ",n);
   convert(n);
   printf("\n");
   return (0);
}
/*
    definition of recursive function that convert
    decimal number to binary
*/
void convert(int n)
{
   if ( n > 0 )
   {
      convert(n/2);
      printf("%d", n%2);
```

Test Run

```
decimal number : 105
Binary equivalent of 105 = 1101001
```

इकाई सारांश

अध्याय में हमने सीखा है कि

- प्रोग्राम के विकास में रिकर्सन एक शक्तिशाली अवधारणा है।
- एक फंक्शन जो स्वयं को कॉल करता है उसे रिकर्सिव फंक्शन के रूप में जाना जाता है।
- रिकर्सिव फंक्शन को सीधे सी में लागू किया जा सकता है।
- रिकर्सिव फंक्शन के लोकप्रिय उदाहरणों में भाज्य और फिबोनैकी संख्याएं शामिल हैं।
- क्विकसॉर्ट एक सॉर्टिंग एल्गोरिथ्म है जो विभाजित और जीत के विचार का उपयोग करता है। यह पिवट नामक तत्व को ढूंढता है, जो सारणी को दो हिस्सों में इस तरह विभाजित करता है कि बाएं उप सारणी में तत्व इससे कम हैं और दाएं उप सारणी में तत्व विभाजन तत्व से अधिक हैं। फिर इन दो उपसारणियों को अलग-अलग क्रमबद्ध किया जाता है।
- मर्ज सॉर्ट एक अन्य सॉर्टिंग एल्गोरिथ्म है जो विभाजित और जीत के विचार का उपयोग करता है। यह एल्गोरिथम सारणी को दो हिस्सों में विभाजित करता है, उन्हें अलग-अलग सॉर्ट करता है, और फिर उन्हें मर्ज करता है।
- रिकर्सिव समाधान आमतौर पर प्रोग्राम को विकसित करने और डिबग करने में कम समय लेते हैं, और पुनरावृत्त समाधानों की तुलना में बनाए रखना आसान होता है।
- दूसरी ओर, रिकर्सिव समाधान अधिक संसाधन समय लेते हैं और पुनरावृत्त समाधानों की तुलना में अधिक मेमोरी की खपत करते हैं।

अभ्यास

विषयपरक प्रश्न

1. रिकर्सन क्या है?
2. एक रिकर्सिव फंक्शन को सुपरिभाषित कब कहा जाता है?
3. बेस केस से आप क्या समझते हैं?
4. रिकर्सिव फंक्शन की तुलना पुनरावृत्त फलन से केसे की जाती है?
5. क्या रिकर्सिव फंक्शन को पुनरावृत्त फलन में बदलना संभव है? यदि हां, तो उदाहरण दें।
6. क्या पुनरावृत्त फलन को रिकर्सिव फंक्शन में बदलना संभव है? यदि हां, तो उदाहरण दें।
7. क्विकसॉर्ट एल्गोरिथम की कार्यप्रणाली का संक्षेप में वर्णन करें।
8. मर्ज सॉर्ट एल्गोरिथम की कार्यप्रणाली का संक्षेप में वर्णन करें।
9. रिकर्सन की तुलना पुनरावृत्ति से कैसे की जाती है?

बहु विकल्पीय प्रश्नोत्तर

1. निम्नलिखित में से कौन-सी समस्या रिकर्सन का उपयोग करके हल नहीं की जा सकती है?
   (*a*) एक संख्या का फैक्टोरियल (*b*) *n*th फिबोनैकी संख्या
   (*c*) एक स्ट्रिंग की लंबाई (*d*) बेस केस के बिना समस्याएं
2. रिकर्सन में, वह स्थिति जिसके लिए फंक्शन स्वयं कॉल करना बंद कर देगा .... है।
   (*a*) सबसे अच्छा मामला (*b*) सबसे खराब स्थिति
   (*c*) बेस केस (*d*) ऐसी कोई शर्त नहीं है

3. निम्नलिखित में से कौन सा कथन सत्य है?
   (*a*) रिकर्सन हमेशा पुनरावर्तन से बेहतर होता है
   (*b*) रिकर्सन पुनरावृत्ति की तुलना में अधिक मेमोरी का उपयोग करता है
   (*c*) रिकर्सन पुनरावृत्ति की तुलना में कम मेमोरी का उपयोग करता है
   (*d*) रिकर्सन की तुलना में पुनरावृत्ति हमेशा बेहतर और सरल होती है
4. क्या होगा जब नीचे दिए गए कोड को निष्पादित किया जाएगा?

```
void fun()
{
   fun();
}
int main()
{
   fun();
   return 0;
}
```

   (*a*) कोड सफलतापूर्वक निष्पादित किया जाएगा और कोई आउटपुट उत्पन्न नहीं होगा
   (*b*) कोड सफलतापूर्वक निष्पादित किया जाएगा और यादृच्छिक आउटपुट उत्पन्न होगा
   (*c*) कोड एक संकलन समय त्रुटि दिखाएगा
   (*d*) कोड कुछ समय के लिए चलेगा और स्टैक ओवरफ्लो होने पर रुक जाएगा
5. निम्नलिखित कोड का आउटपुट क्या है?

```
void fun(int n)
{
    if(n == 0)
    return;
    printf("%d ",n);
    fun(n-1);
}
int main()
{
    fun(10);
    return 0;
}
```

   (*a*) 10 (*b*) 1
   (*c*) 1098...10 (*d*) 1098...1
6. निम्नलिखित कोड के लिए आधार मामला क्या है?

```
void fun(int n)
{
     if (n == 0)
     return;
     printf("%d ",n);
     fun(n-1);
}
int main()
{
     fun(10);
     return 0;
}
```

   (*a*) return (*b*) printf("%d ", n)
   (c) if(n == 0) (*d*) fun(n-1)

7. निम्नलिखित C कोड का आउटपुट क्या होगा?

```
#include<stdio.h>
int main()
{
     printf("Hello");
     main();
     return 0;
}
```

(*a*) हैलो एक बार मुद्रित होता है
(*b*) हैलो अनंत बार
(*c*) हैलो बिल्कुल नहीं है
(*d*) 0 वापस आ गया है

8. निम्नलिखित C कोड का आउटपुट क्या होगा?

```
fun(int x)
{
     int b;
     if(x==1)
          return 1;
     else
          b=x*fun(x-1);
          return b;
}
int main()
{
     int n;
     n=fun(4);
     printf("%d",n);
     return 0;
}
```

(*a*) 24
(*b*) 4
(*c*) 12
(*d*) 10

9. निम्नलिखित C कोड का आउटपुट क्या होगा?

```
int fun(int x)
{
     if(x==2)
               return 2;
     else
     {
          printf("+");
          fun(x-1);
     }
}
int main()
{
     int n,i;
     n=fun(6);
     printf("%d",n);
     return 0;
}
```

(*a*) ++++2
(*b*) +++++2
(*c*) +++++
(*d*) 2

10. निम्नलिखित सी कोड निष्पादित होने पर कितनी बार 'a' मुद्रित होता है?

```
int fun(int b)
{
    if(b==0)
        return 0;
    else
    {
        printf("a");
        fun(b--);
    }
}
int main()
{
 int a;
 a=fun(10);
  printf("%d",a);
  return 0;
}
```

(*a*) 1 बार (*b*) 20 बार

(*c*) 0 बार (*d*) अनंत बार की संख्या

11. निम्नलिखित C कोड का आउटपुट क्या होगा?

```
int f(int n)
{
    if(n>0)
        return(n+f(n-2));
}
main()
{
    int n=10;
    int f(int n);
    printf("%d",f(n));
```

(*a*) 10 (*b*) 80

(*c*) 30 (*d*) त्रुटि

12. निम्नलिखित छद्म कोड का आउटपुट ज्ञात कीजिए यदि $x = 4$ और $y = 5$ है :

```
int fun(int x, int y)
{
    if(x > 1)
        fun(x - 2, y + 2);
    printf("%d", y);
}
```

(*a*) 4 5 6 (*b*) 7 6 5

(*c*) 9 7 5 (*d*) 5 7 9

13. $n = 2$ के लिए निम्नलिखित स्यूडोकोड का आउटपुट क्या होगा?

```
int fun ( int n)
{
 if ( n == 4 )
      return n;
   else
      return 2*fun(n+1);
}
```

(*a*) 2 (*b*) 16

(*c*) 8 (*d*) 4

14. इनपुट $n = 134$ के लिए निम्नलिखित स्यूडोकोड का आउटपुट क्या होगा?

```
   int fun (int n)
{
   static int a = 0;
   if ( n > 0 ) {
      a = a + 1;
      fun(n/10);
   }
   else
      return a;
}
```

(*a*) 8 (*b*) 3

(*c*) 2 (*d*) 431

15. निम्नलिखित C प्रोग्राम का आउटपुट क्या होगा?

```
 int f( int x )
{
if ( x <= 0 )
return 1;
return f(x-1) + x;
}
int main()
{
printf("%d", f(5) );
return 0;
}
```

(*a*) 12 (*b*) 16

(*c*) 15 (*d*) 11

16. निम्नलिखित फंक्शन $n = 25$ के लिए क्या प्रिंट करता है?

```
void fun(int n)
{
     if (n == 0)
    return;
  printf("%d", n%2);
 fun(n/2);
}
```

(*a*) 11001 (*b*) 11111

(*c*) 00000 (*d*) 10011

17. निम्नलिखित C रिकर्सिव फलन fun (x, y) पर विचार करें। fun (4,3) का मूल्य क्या है?

```
int fun(int x, int y)
{
  if (x == 0)
      return y;
  return fun(x - 1,  x + y);
}
```

(*a*) 13 (*b*) 12
(*c*) 10 (*d*) 9

18. निम्नलिखित सी फंक्शन $n = 25$ के लिए क्या प्रिंट करता है?

```
void fun(int n)
{
    if (n == 0)
        return;
    fun(n/2);
    printf("%d", n%2);
}
```

(*a*) 11001 (*b*) 11111
(*c*) 00000 (*d*) 10011

19. सही आउटपुट चुनें।

```
int rec(int num)
{
     return (num) ? num%10 + rec(num/10):0;
}
int main()
{
     printf("%d",rec(4567));
     return 0;
}
```

(*a*) 4 (*b*) 12
(*c*) 22 (*d*) 21

20. सही आउटपुट चुनें।

```
int doSomething(int a, int b)
{
 if (b==1)
     return a;
 else
     return a + doSomething(a,b-1);
}
int main()
{
          int k;
          k = doSomething(2,3);
    printf("%d", k);
    return 0;
}
```

(*a*) 4 (*b*) 6
(*c*) 5 (*d*) 7

उत्तरमाला									
1.	(*d*)	**2.**	(*c*)	**3.**	(*b*)	**4.**	(*d*)	**5.**	(*d*)
6.	(*c*)	**7.**	(*b*)	**8.**	(*a*)	**9.**	(*a*)	**10.**	(*d*)
11.	(*c*)	**12.**	(*c*)	**13.**	(*b*)	**14.**	(*b*)	**15.**	(*b*)
16.	(*d*)	**17.**	(*a*)	**18.**	(*a*)	**19.**	(*c*)	**20.**	(*b*)

प्रोग्रामिंग समस्याएं

1. एक रिकर्सिव फंक्शन लिखें जो पहले n प्राकृत संख्या को उल्टे क्रम में प्रिंट करता है। उदाहरण के लिए, यदि $n = 10$, आउटपुट 10 9 8 7 6 5 4 3 2 1 होना चाहिए।
2. किसी सारणी का सबसे बड़ा अवयव ज्ञात करने के लिए रिकर्सिव फंक्शन लिखिए।
3. एक सारणी के तत्वों के क्रम को उलटने के लिए एक रिकर्सिव फंक्शन लिखें।
4. दो प्राकृत संख्याओं का सबसे बड़ा उभयनिष्ठ भाजक ज्ञात करने के लिए एक रिकर्सिव फंक्शन लिखिए।
5. दो प्राकृत संख्याओं का गुणनफल ज्ञात करने के लिए एक रिकर्सिव फंक्शन लिखिए।
6. किसी प्राकृत संख्या का भाज्य ज्ञात करने के लिए रिकर्सिव फंक्शन लिखिए।
7. एक प्राकृत संख्या के अंकों का योग ज्ञात करने के लिए एक रिकर्सिव फंक्शन लिखिए।
8. दशमलव संख्या को बाइनरी संख्या में कनवर्ट करने के लिए एक रिकर्सिव फंक्शन लिखें।

प्रायोगिक कार्य

1. रिकर्सन का उपयोग करते हुए एक प्राकृत संख्या n का भाज्य ज्ञात करने के लिए एक प्रोग्राम लिखिए।

   Listing 7.1 का संदर्भ लें

2. रिकर्सन का उपयोग करते हुए nवीं फिबोनैकी संख्या ज्ञात करने के लिए एक प्रोग्राम लिखें।

   Listing 7.2 का संदर्भ लें

3. रिकर्सन का उपयोग करके दशमलव संख्या को उसके समकक्ष बाइनरी नंबर में बदलने के लिए एक प्रोग्राम लिखें।

   Listing 7.9 का संदर्भ लें

अधिक जानिए

रिकर्सन का विषय समस्या समाधान में एक और महत्वपूर्ण विषय है और कई वास्तविक जीवन की समस्याओं को हल करने के लिए व्यापक रूप से उपयोग किया जाता है।

शिक्षक से रिकर्सन की अवधारणाओं के बारे में समझ विकसित करने और छात्रों की भागीदारी के साथ पुनरावर्ती फंक्शन का उपयोग करके समस्या को हल करने की अपेक्षा की जाती है।

संदर्भ एवं अध्ययन हेतु सुझाव

1. R. S. Salaria, Problem Solving & programming in C, Khanna Book Publishing Co(P) Ltd., New Delhi.
2. E. Balagurusamy, Programming in ANSI C, Tata McGraw Hill, New Delhi.
3. Yashavant Kanetkar, Let Us C, BPB Publications, New Delhi.
4. Byron Gottfried, Programming with C, Schaum's Outlines.
5. https://onlinecourses.nptel.ac.in/noc21_cs01/preview
6. https://ocw.mit.edu/courses/intro-programming/
7. https://www.programiz.com/c-programming
8. https://www.javatpoint.com/c-programming-language-tutorial

8 संरचनाएं

यूनिट विशिष्ट

यह यूनिट संरचनाओं से संबंधित विषयों पर चर्चा करती है। संरचनाओं का उपयोग किसी इकाई से संबंधित डेटा को संग्रहीत करने के लिए किया जाता है, जहां इकाई एक कर्मचारी, ग्राहक, वाहन या पुस्तक हो सकती है। यह यूनिट संरचनाओं के विभिन्न पहलुओं की व्याख्या करती है और उपयुक्त उदाहरणों के साथ उनके उपयोग को प्रदर्शित करती है।

भूमिका

वास्तविक जीवन की समस्याएं में हमें डेटा के इस तरह के संग्रह से निपटना पड़ सकता है जहां अलग-अलग डेटा आइटम विभिन्न डेटा प्रकारों से संबंधित हो सकते हैं। उदाहरण के लिए, एक शैक्षणिक संस्थान में, छात्रों की जानकारी संग्रहीत करने की आवश्यकता होती है जिसमें रोल नंबर, नाम, पिता का नाम, माता का नाम, जन्म तिथि, ईमेल-आईडी, मोबाइल नंबर, पता, प्रत्येक सेमेस्टर प्रत्येक विषय के अंकों का विवरण, शुल्क विवरण आदि शामिल हो सकता है। । ये डेटा आइटम विभिन्न डेटा प्रकारों से संबंधित हैं जैसे कि पूर्णांक, लंबा पूर्णांक, स्ट्रिंग, फ्लोट, आदि।

इसलिए, हमें इस तरह के डेटा संग्रह को एक इकाई के रूप में रखने के लिए एक तंत्र की आवश्यकता है, और इस प्रश्न का उत्तर संरचना (structure) है।

यह इकाई छात्रों को संरचनाओं के विभिन्न पहलुओं को समझने और वास्तविक जीवन की समस्याओं को हल करने के लिए संरचनाओं का उपयोग करके प्रोग्राम विकसित करने में मदद करेगी।

पूर्व-अपेक्षित ज्ञान

- मूल डेटा प्रकार
- सशर्त शाखा
- लूपिंग
- सारणियाँ और स्ट्रिंग
- फंक्शन

यूनिट आउटकम्स

इस इकाई के पूर्ण अध्यन करने के बाद, विद्यार्थी निम्न में सक्षम होंगे:

U8-O1: संरचना की अवधारणा की व्याख्या करने में

U8-O2: एक संरचना को परिभाषित करने के विभिन्न तरीकों की व्याख्या करने में

U8-O3: संरचना चर की घोषणा और शुरुआत करने में

U8-O4: संरचनाओं की सारणी की घोषणा और शुरुआत करने में

U8-O5: संरचनाओं का उपयोग कर वास्तविक जीवन की समस्याओं के लिए प्रोग्राम विकसित करने

यूनिट-8 आउटकम्स	कोर्स आउटकम्स (COs) के साथ अपेक्षित संबंध (1-कमजोर सहसंबंध; 2-मध्यम सहसंबंध; 3-मजबूत सहसंबंध)							
	CO-1	CO-2	CO-3	CO-4	CO-5	CO-6	CO-7	CO-8
U8-O1	-	-	-	-	-	1	-	-
U8-O2	-	-	-	-	-	2	-	-
U8-O3	-	-	-	-	-	2	-	-
U8-O4	-	-	-	-	-	2	-	-
U8-O5	-	-	-	-	-	3	-	-

8.1 प्रस्तावना

आप एक संरचना को निकट संबंधित वस्तुओं की एक सारणी के रूप में सोच सकते हैं। हालांकि, सारणियों के विपरीत, एक संरचना संबंधित डेटा आइटम का एक संग्रह है जो विभिन्न डेटा प्रकारों से संबंधित हो सकता है। डेटा आइटम जो एक संरचना बनाते हैं, सन्निहित मेमोरी स्थानों पर कब्जा कर लेते हैं, उसी तरह जैसे एक सारणी के तत्व सन्निहित मेमोरी स्थानों में संग्रहीत होते हैं।

जटिल डेटा को अधिक सार्थक तरीके से व्यवस्थित करने के लिए संरचनाओं का उपयोग किया जा सकता है।

मान लीजिए हम किसी संगठन में कर्मचारियों की जानकारी संग्रहीत करना चाहते हैं। इस जानकारी में कर्मचारी का नाम (केरैक्टर सारणी), विभाग कोड (पूर्णांक संख्या), वेतन (अस्थायी-बिंदु संख्या), आदि शामिल हो सकते हैं। और हम चाहते हैं कि हमारा प्रोग्राम एक सारणी के तत्वों के रूप में उनसे निपटे।

एक संभावित दृष्टिकोण कई सारणियों का उपयोग करना है - नामों के लिए एक वर्ण सारणी, विभाग कोड के लिए एक पूर्णांक सारणी, वेतन के लिए एक फ्लोटिंग-पॉइंट सारणी और आगे। और एक सामान्य सूचकांक का उपयोग करके हम किसी विशेष कर्मचारी के लिए जानकारी तक पहुँच सकते हैं। फिर भी यह दृष्टिकोण इस तथ्य को अस्पष्ट करता है कि हम एक इकाई से संबंधित डेटा आइटम से निपट रहे हैं, हमारे उदाहरण में एक कर्मचारी।

इस तरह की समस्या को हल करने के लिए, सी भाषा एक विशेष डेटा प्रकार प्रदान करती है: संरचना। जैसा कि पहले ही उल्लेख किया गया है, आप एक संरचना के बारे में सोच सकते हैं जो एक इकाई में एक साथ रखे गए विभिन्न डेटा प्रकारों के डेटा आइटम के समूह के रूप में है। हमारे उदाहरण में, संरचना में कर्मचारी का नाम, विभाग संख्या, वेतन आदि शामिल होगा।

संरचनाओं के कुछ और उदाहरण यहां दिए गए हैं

संरचनाओं के नाम	संभावित घटक डेटा आइटम
Date	day, month, year
Time	hours, minutes, seconds
Book	title, author, publisher, price
Address	name, house number, locality, city, state, pincode
Student	roll number, name, father's name, grade
Customer	name, address, mobile no
Inventory	item code, description, quantity, unit price
Employee	employee id, name, address, mobile no

इस इकाई में हम संरचनाओं से जुड़े विभिन्न पहलुओं के बारे में जानेंगे।

8.2 संरचना को परिभाषित करना

सी भाषा में संरचना को परिभाषित करने के दो तरीके हैं: टैग की गई संरचना और टाइप-परिभाषित संरचना

टैग की गई संरचना

किसी संरचना को परिभाषित करने का पहला तरीका टैग की गई संरचना का उपयोग करना है। टैग की गई संरचना को घोषित करने का सिंटैक्स है

```
struct STUDENT
{
   . . .
   Field list
   . . .
};
```

(*a*) Format

```
struct STUDENT
{
    int rollNo;
    char name[20];
    char fname[20];
    char grade;
};
```

(*b*) Example

चित्र 8.1: टैग की गई संरचना को परिभाषित करना

टैग की गई संरचना कीवर्ड *struct* से शुरू होती है। परिभाषा में अगला तत्व *tag* है। *tag* संरचना के लिए पहचानकर्ता है, और इसका उपयोग चर, कार्यों के तर्क (arguments of the functions) और कार्यों के लिए वापसी प्रकार घोषित करने के लिए किया जाएगा।

यदि हम समापन ब्रेस के बाद अर्धविराम के साथ संरचना परिभाषा समाप्त करते हैं, तो कोई चर घोषित नहीं किया जाता है। इस मामले में, संरचना केवल एक प्रकार का टेम्पलेट है जिसमें कोई संबद्ध संग्रहण नहीं है।

टाइप-परिभाषित संरचना

संरचना को परिभाषित करने का अधिक शक्तिशाली तरीका टाइप डेफिनिशन *typedef* का उपयोग करना है। टाइप-डिफा. इंड स्ट्रक्चर घोषित करने के लिए सिंटैक्स है

```
typedef struct
{
   . . .
   Field list
   . . .
} TYPE;
```

(*a*) Format

```
typedef struct
{
    int rollNo;
    char name[20];
    char fname[20];
    char grade;
} STUDENT;
```

(*b*) Example

चित्र 8.2: टाइप-परिभाषित संरचना की घोषणा

टाइप-डिफाइंड संरचना निम्नलिखित पहलुओं में टैग की गई संरचना से भिन्न होती है:

- *struct* कीवर्ड से पहले *typedef* कीवर्ड का इस्तेमाल किया जाता है।
- *struct* कीवर्ड के बाद आइडेंटिफायर अनिवार्य नहीं है जैसा कि टैग्ड स्ट्रक्चर के मामले में होता है।
- समापन ब्रेस के बाद और अर्धविराम से पहले पहचानकर्ता की आवश्यकता होती है।
- जैसा कि हम बाद में देखेंगे, वेरिएबल को टैग की गई संरचना की घोषणा के साथ घोषित किया जा सकता है जबकि यह टाइप-डिफाइंड संरचनाओं के साथ नहीं हो सकता है।

एक टाइप की परिभाषा, *typedef* एक नया प्रकार बनाकर डेटा प्रकार को एक नाम देती है जिसका उपयोग कहीं भी किसी प्रकार की अनुमति के लिए किया जा सकता है। प्रकार परिभाषा के लिए वाक्य रचना है

```
typedef dataType IDENTIFIER;
```

जहां डेटा टाइप या तो बिल्ट-इन डेटा टाइप या यूजर-डिफाइंड डेटा टाइप होता है, और IDENTIFIER, आमतौर पर अपरकेस में, डेटा टाइप के लिए नया और सुविधाजनक नाम होता है। *typedef* कीवर्ड कंपाइलर को IDENTIFIER को डेटा टाइप के समानार्थी के रूप में पहचानने के लिए कहता है।

संरचनाओं की परिभाषाओं के कुछ और उदाहरण निम्नलिखित हैं:

```
struct date
{
int day;
int month;
int year;
};
```

```
struct Time
{
int hours;
int minutes;
int seconds;
};
```

```
struct Book
{
char title[25];
char author[25];
char
publisher[15];
float price;
};
```

```
struct Customer
{
char name[25];
char
address[80];
long mobile_no;
};
```

```
struct Inventory
{
char
item_code[25];
char desc[25];
int qty;
float unit_price;
};
```

```
struct Address
{
char name[25];
int house_no;
char locality[25];
char city[15];
long pincode;
};
```

8.3 संरचना चर घोषित करना

एक बार एक संरचना परिभाषित हो जाने के बाद, हम घोषणाओं का उपयोग करके चर घोषित कर सकते हैं। आमतौर पर, परिभाषा को प्रोग्राम के वैश्विक क्षेत्र (global area) में रखा जाता है, अर्थात, मुख्य ( ) फंक्शन से पहले, ताकि यह प्रोग्राम के सभी कार्यों के लिए दृश्यमान हो। दूसरी ओर, चर, आमतौर पर फंक्शन के स्थानीय क्षेत्र (local area) में या फंक्शन हेडर में तर्क सूची (argument list) में घोषित किए जाते हैं। निम्नलिखित कथन संरचना चर घोषित करने के तरीके को दर्शाता है।

टैग की गई संरचना के लिए, वेरिएबल को घोषित किया जाता है

```
struct STUDENT aStudent;
```

टाइप-डिफाइंड स्ट्रक्चर के लिए, वेरिएबल को घोषित किया जाता है

```
STUDENT bStudent;
```

दोनों घोषणाओं की तुलना करके, आप पाएंगे कि टाइप-डिफाइंड संरचना चर की घोषणाओं में आसान है क्योंकि आपको स्ट्रक्चर कीवर्ड का उपयोग करने की आवश्यकता नहीं है। यदि प्रोग्राम में कई स्थानों पर परिवर्तनशील घोषणाओं की आवश्यकता होती है तो यह काफी समय और प्रयास-बचत वाला हो सकता है।

आगे ध्यान दें कि, टैग की गई संरचना के मामले में, परिवर्तनीय घोषणा को इसकी परिभाषा के साथ जोड़ा जा सकता है जैसा कि नीचे दिखाया गया है।

```
struct EMPLOYEE
 {
   int   code;
   char  name[25];
   char  department[15];
   float salary;
 } aEmployee, bEmployee;
```

आमतौर पर, निम्नलिखित कारणों से चर घोषित करने के इस दृष्टिकोण की अनुशंसा नहीं की जाती है:

1. चूंकि संरचना की परिभाषा वैश्विक क्षेत्र में रखी गई है, और इसलिए चर भी वैश्विक होंगे।
2. यदि हम इस दृष्टिकोण का उपयोग करके स्थानीय चर घोषित करना चाहते हैं, तो हमें संरचना की परिभाषा को स्थानीय दायरे में रखना पड़ सकता है, जिससे संरचना की परिभाषा अन्य कार्यों के लिए अदृश्य हो जाती है।

8.4 संरचनाओं को आरंभ करना

सरल चर और सारणियों की तरह, संरचना चर को भी घोषणा के समय प्रारंभ किया जा सकता है। उपयोग किया गया प्रारूप काफी हद तक सारणी को प्रारंभ करने के लिए उपयोग किया जाता है।

निम्नलिखित खंड इसे दर्शाता है:

```
typedef struct
 {
   int   rollno;
   char  name[25];
   int   age;
   float height;
 } STUDENT;

 STUDENT aStudent = { 1000, "Surbhi", 18, 5.6 };
```

8.5 संरचना तत्वों तक पहुंच

Dot operator "." का उपयोग करके संरचना चर के व्यक्तिगत संरचना तत्वों तक पहुँचा जा सकता है। इस डॉट ऑपरेटर को *membership operator* भी कहा जाता है।

संरचना तत्व तक पहुँचने का सिंटैक्स इस प्रकार है

```
sname.vname
```

जहां sname संरचना चर का नाम है, और vname डेटा फील्ड का नाम है।

निम्नलिखित कथनों पर विचार करें

```
struct Student
 {
   int  rollno;
   char name[25];
   char fname[25];
   char grade;
 };

 Student aStudent;
```

स्ट्रक्चर वेरिएबल एस्टूडेंट के अलग-अलग तत्वों को नीचे दिखाए अनुसार एक्सेस किया जाएगा:

```
aStudent.rollno     // reference to element rollno
aStudent.name       // reference to element name
aStudent.fname      // reference to element fname
aStudent.grade      // reference to element grade
```

8.6 संरचनाओं का आवंटन

एक संरचना एक इकाई है जिसे समग्र रूप से माना जा सकता है। केवल एक ही ऑपरेशन है जो संपूर्ण रूप से संरचना पर किया जा सकता है कि एक संरचना को असाइनमेंट ऑपरेटर का उपयोग करके उसी प्रकार की दूसरी संरचना में असाइन/कॉपी किया जा सकता है।

निम्नलिखित कथनों पर फिर से विचार करें

```
typedef struct
 {
   int   rollno;
   char  name[25];
   int   age;
   float height;
 } STUDENT;

 STUDENT aStudent, bStudent;
```

निम्नलिखित असाइनमेंट स्टेटमेंट:

```
sname.vname
```

aStudent को संरचना bStudent की सामग्री असाइन करता है।

यह सारणियों की तुलना में संरचनाओं की एक अनूठी विशेषता है, जहां एक सारणी को उसी प्रकार के दूसरे सारणी में कॉपी करने के लिए, हमें तत्व-दर-तत्व की प्रतिलिपि बनाने के लिए एक लूप सेट करना होगा।

जब आप इसके बारे में सोचते हैं तो यह एक अद्भुत क्षमता होती है। जब आप एक संरचना को दूसरे को असाइन करते हैं, तो संरचना के सभी मान संबंधित संरचना तत्वों को असाइन किए जाते हैं। सारणियों के लिए इस तरह से सरल असाइनमेंट स्टेटमेंट का उपयोग नहीं किया जा सकता है। यानी एक ऐरे को दूसरे ऐरे को असाइन करने के लिए हमें एलीमेंट बाय एलीमेंट असाइन करना होता है।

8.7 संरचना को पढ़ना और लिखना

हम संरचना तत्व से डेटा को उसी तरह पढ़ और लिख सकते हैं जैसे हम साधारण चर के साथ करते हैं।

उदाहरण के लिए, aStudent संरचना के तत्व, हम निम्नलिखित कथनों का उपयोग करके, aStudent संरचना में कीबोर्ड और स्थान से अंत:क्रियात्मक रूप से डेटा पढ़ सकते हैं

```
printf("\nEnter roll number of the student : ");

scanf("%d", &aStudent.rollno);

printf("\nEnter name of the student : ");

scanf("%d", aStudent.name);

printf("\nEnter age of the student : ");

scanf("%d", &aStudent.age);

printf("\nEnter height of the student : ");

scanf("%d", &aStudent.height);
```

ध्यान दें कि scanf() फंक्शन में, अभिव्यक्ति

```
&aStudent.rollno
```

कंपाइलर द्वारा व्याख्या की जाती है

```
&aStudent.rollno
```

ऑपरेटर (&) के पते पर सीधे चयन ऑपरेटर की उच्च प्राथमिकता के कारण, और यही वास्तव में आवश्यक है।

Listing 8.1

```
/*
    Program to demonstrate input/output of structures
*/
#include<stdio.h>
#include<sting.h>
struct EMPLOYEE
{
   int code;
   char name[25];
   char department[15];
   float salary;
};

int main()
{
   struct EMPLOYEE aEmployee;
   printf("Enter employee's code: " );
   scanf( "%d", &aEmployee.code );
   fflush(stdin);
   printf("Enter employee's name: " );
   gets( aEmployee.name );
   printf("Enter employee's department: " );
   gets( aEmployee.department );
   printf("Enter employee's salary: " );
   scanf("%f", &aEmployee.salary );
   printf("\n\nParticulars of employee as" );
   printf(" entered by user\n" );
   printf("\nEmployee's code: %d", aEmployee.code );
   printf("\nEmployee's name: %s", aEmployee.name );
   printf("\nEmployee's department: %s",aEmployee.department);
   printf("\nEmployee's salary: %.2f\n", aEmployee.salary );
   return 0;
}
```

Test Run

```
Enter employee's code: 826
Enter employee's name: Rajesh Kumar
Enter employee's department: Computer Science
Enter employee's salary: 20000
Particulars of employee as entered by user
Employee's code: 826
Employee's name: Rajesh Kumar
Employee's department: Computer Science
```

8.8 संरचनाओं की सारणियाँ

कई व्यावहारिक स्थितियों में, हमें संरचनाओं की सारणी (Array of structures) बनाने की आवश्यकता होती है। उदाहरण के तौर पर, हमें कक्षा में छात्रों के समूह के साथ काम करने के लिए छात्रों की एक सारणी बनाने की जरूरत है। छात्रों के डेटा को संरचनाओं की एक सारणी में रखकर, हम छात्र के डेटा को जल्दी और कुशलता से संसाधित कर सकते हैं।

छात्रों के डेटा को संग्रहीत करने के लिए संरचनाओं की एक सारणी निम्नानुसार घोषित की जाएगी

```
STUDENT students[50];
```

8.8.1 संरचनाओं की सारणी के तत्वों तक पहुंचना

संरचनाओं की एक सारणी में एक संरचना के अलग-अलग तत्वों को संरचना चर नाम का संदर्भ देकर, उसके बाद सूचकांक, प्रत्यक्ष चयन ऑपरेटर, और वांछित संरचना तत्व के साथ समाप्त किया जाता है।

एक कक्षा के छात्रों के हमारे उदाहरण में, *ith* छात्र का नाम निम्नानुसार पहुँचा जा सकता है:

```
students[i].name;
```

8.8.2 संरचनाओं की सारणी का आरंभीकरण

किसी भी अन्य सारणी की तरह, संरचनाओं की एक सारणी को भी आरंभ किया जा सकता है। चूंकि सारणी संरचनाओं का प्रत्येक तत्व एक अलग संरचना है, हमें प्रत्येक संरचना के तत्वों को ब्रेसिज के एक अलग सेट में शामिल करने की आवश्यकता है जैसा कि दिखाया गया है:

```
STUDENT students[50] = { { 1000, "Monika",{56,76,85,69}, 'A' },
                         { 1001, "Ram", {50,66,70,60}, 'B' },
                                  :
                         { 1049, "Raju", {65,62,68,59}, 'B' },
                       };
```

निम्नलिखित प्रोग्राम संरचनाओं की एक सारणी के इनपुट, प्रोसेसिंग और आउटपुट को दिखाता है।

Listing 8.2

```
/*
   Program to illustrate processing of array of structures by
   storing list of students in memory, and computes their grades
 */
 #include <stdio.h>
 typedef struct {
    int  rollno;
    char sname[25];
    int  marks[4];
    char grade;
 } STUDENT;
 int main()
 {
```

```
STUDENT students[50];
    int totalMarks, i, j, n;
    printf( "\n\nEnter number of students in a class : " );
    scanf( "%d", &n );
    for ( i = 0; i < n; i++ )
    {
       printf("\nParticulars of student #%d\n\n", i+1);
       printf( "Enter students' roll number : " );
       scanf("%d", &students[i].rollno );
       printf( "\nEnter students' name : " );
       gets( students[i].sname );
       printf( "\nEnter students marks in four subjects\n\n" );
       for ( j = 0; j < 4; j++ )
          scanf("%d", &students[i].marks[j] );
    }
    for ( i = 0; i < n; i++ )
    {
       totalMarks = 0;
       for ( j = 0; j < 4; j++ )
             totalMarks += students[i].marks[j];
       if ( totalMarks > 75 )
             students[i].grade = 'A';
       else if ( totalMarks > 60 )
             students[i].grade = 'B';
       else if ( totalMarks > 50 )
             students[i].grade = 'C';
       else if ( totalMarks > 40 )
             students[i].grade = 'D';
       else
             students[i].grade = 'F';
    }
    printf("\nPerformance of students\n\n");
    printf("%-10s", "Roll No.");
    printf("%-30s", "Name");
    printf("%6s\n", "Grade");
    for ( i = 0; i < n; i++ )
    {
       printf("%-10d", students[i].rollno);
       printf("%-30s", students[i].sname);
       printf("%4c\n", students[i].grade);
    )
    return 0;
 }
```

Test Run

```
Enter number of students in a class : 3
Particulars of student #1
Enter students' roll number : 1000
Enter students' name : Ram Kumar
Enter students marks in four subjects
98 99 89 88
Particulars of student #2
Enter students' roll number : 1001
Enter students' name : Mohit Kumar
Enter students marks in four subjects
65 55 45 60
Particulars of student #3
Enter students' roll number : 1002
Enter students' name : Jaspreet Singh
Enter students marks in four subjects
41 44 45 50
Performance of students
SNo.          Student's Name    Grade
  1                     Sonu      A
  2                   bhollu      C
  3                 jaspreet      D
```

8.9 फंक्शन के लिए संरचना पारित करना

पूरी तरह से उपयोगी होने के लिए, हमें फंक्शन के लिए संरचनाओं को तर्क के रूप में पारित (Pass) करने और उन्हें फंक्शन से वापस करने में सक्षम होना चाहिए।

```
typedef struct {
   int day;
   int month;
   int year;
} DATE;
void printDate (DATE);
void main()
{
   DATE aDate = { 10, 6, 2008 };
   int x;
   printDate(aDate);
   /*  more statements    */
}
```

```
/*  function definition  */
void printDate(DATE tDate )
{

    /*  local declarations */
    /*  other statements   */

}
```

चित्र 8.3: फंक्शन के लिए संरचना पारित करना

Listing 8.3

```
/*
   Program to illustrate the passing of a structure to a function
*/
#include <stdio.h>
typedef struct
{
   int day;
   int month;
   int year;
} DATE;
void printDate( DATE aDate );        /*  function declaration  */
void main()
{
   DATE tDate = { 10, 6, 2008 }; /* initialize a structure  */
   printDate( tDate );               /*  function call            */
}
void printDate( DATE aDate )
{
  printf( "\nDate in format dd/mm/yyyy: %02d/%02d/%2d\n",
           aDate.day, aDate.month, aDate.year );
}
```

Test Run

```
Date in format dd/mm/yyyy: 10/06/2008
```

8.10 संरचना लौटाने वाला फंक्शन

एक फंक्शन संरचना प्रकार का मान भी वापस (Return) कर सकता है जैसा कि नीचे दिखाया गया है।

```
typedef struct
{
   int day;
   int month;
   int year;
} DATE;
DATE getDate(void);
void main()
{
   DATE aDate;
   int x;
   aDate = getDate();
   /*  more statement    */
}
```

```
/*  function definition    */
DATE getDate(void)
{
   DATE tDate;
   /*  local declaration  */
   /*  more statements    */
   return tDate;
}
```

चित्र 8.4: एक संरचना लौटाने वाला फंक्शन

Listing 8.4

```
/*
   Program to illustrate function returning a structure
*/
#include <stdio.h>
typedef struct
{
   int day;
   int month;
   int year;
} DATE;
DATE getDate( void );        /*  function declaration   */
void main()
{
   DATE tDate;
   printf( "Enter date in format dd/mm/yyyy : " );
   tDate = getDate();
   printf( "\nDate entered by you: %02d/%02d/%2d\n",
          tDate.day, tDate.month, tDate.year );
}

DATE getDate( void )
{
   DATE xDate;
   scanf( "%d/%d/%d", &xDate.day, &xDate.month, &xDate.year );
   return xDate;
}
```

Test Run

```
Enter date in format dd/mm/yyyy: 10/6/2008
Date entered by you: 10/06/2008
```

निदर्शी उदाहरण

उदाहरण 8.1: *निम्नलिखित घोषणा को देखते हुए:*

```
struct STUDENT
{
  int  rollNo;
  char name[31];
  int   marks;
};
```

एक छात्र की जानकारी का प्रतिनिधित्व करने के लिए।

इस संरचना का उपयोग करते हुए, एक फंक्शन लिखें जो छात्रों की एक सूची, एक सारणी के रूप में, इसके तर्क के रूप में लेता है, और उन्हें छात्रों द्वारा प्राप्त अंकों के अवरोही क्रम में क्रमबद्ध करता है।

उपरोक्त संरचना और फंक्शन का उपयोग करते हुए, एक प्रोग्राम लिखें जो n छात्रों के लिए डेटा पढ़ता है और उन्हें छात्रों द्वारा सुरक्षित अंकों के अवरोही क्रम में प्रदर्शित करता है।

Listing 8.5

```
 /*
   Program to the given information of students in
   descending order of the marks secured by them
*/
#include <stdio.h>
typedef struct
{
  int  rollno;
  char name[20];
  int  marks;
} STUDENT;
int main()
{
  STUDENT st[50], temp;
  int i, j, n;
  printf( "\nEnter number of students : " );
  scanf( "%d", &n );
  for ( i = 0; i < n; i++ )
  {
     printf("\nParticulars of student #%d\n\n", i+1);
     printf( "Enter students' roll number : " );
     scanf("%d", &st[i].rollno );
     fflush(stdin);
     printf( "Enter students' name : " );
     gets(st[i].name );
     printf( "Enter students' marks : " );
     scanf("%d", &st[i].marks );
  }
  for ( i = 1; i < n; i++ )
  {
      for ( j = 0; j < n-i; j++ )
      {
            if ( st[j].marks < st[j+1].marks )
          {
```

```
temp = st[j];
                st[j] = st[j+1];
                st[j+1] = temp;
              }
        }
    }
   printf("\nStudent's Information after sorting\n\n");
   printf("%-10s", "Roll No.");
   printf("%-20s", "Name");
   printf("%6s\n\n", "Marks");
  for ( i = 0; i < n; i++ )
   {
      printf("%-10d", st[i].rollno);
      printf("%-20s", st[i].name);
      printf("%4d\n", st[i].marks);
   }
   return 0;
 }
```

Test Run

```
Enter number of students : 5
Particulars of student #1
Enter students' roll number : 1000
Enter students' name : Ravi
Enter students' marks : 80

Particulars of student #2

Enter students' roll number : 1001
Enter students' name : Shankar
Enter students' marks : 79

Particulars of student #3

Enter students' roll number : 1002
Enter students' name : Ankit
Enter students' marks : 65
Particulars of student #4

Enter students' roll number : 1003
Enter students' name : Rupinder
Enter students' marks : 75
```

```
Particulars of student #5

Enter students' roll number : 1004
Enter students' name : Mehak
Enter students' marks : 88

Student's Information after sorting

Roll No.        Name                Marks
  1004          Mehak                88
  1000          Ravi                 80
  1001          Shankar              79
  1003          Rupinder             75
  1002          Ankita               65
```

उदाहरण 8.2: *स्ट्रक्चर्स का उपयोग करके इंच-फीट सिस्टम में दी गई दो दूरियों को जोड़ने के लिए एक प्रोग्राम लिखे।*

Listing 8.6

```
/*
   Program to add two distances given in inch-feet system
   using structures and functions
*/

#include <stdio.h>

typedef struct
{
   int feets;
   int inches;
} Distance;

/*  function prototypes  */
Distance getInput(void);
Distance addDistances(Distance d1, Distance d2);
void printDistance(Distance d);

int main()
{
   Distance d1, d2, d3;

   printf("\nEnter the first distance in feets and inches\n");
   d1 = getInput();
   printf("\nEnter the second distance in feets and inches\n");
```

```
   d2 = getInput();
   d3 = addDistances(d1, d2);
   printf("\nSum of given distances\n\n");
   printDistance(d3);
   return 0;
}
Distance getInput()
{
   Distance temp;
   printf("\n\tEnter feets : ");
   scanf("%d", &(temp.feets));
   printf("\n\tEnter inches : ");
   scanf("%d", &(temp.inches));
   return temp;
}
Distance addDistances(Distance d1, Distance d2)
{
   Distance temp;
   temp.feets = d1.feets + d2.feets;
   temp.inches = d1.inches + d2.inches;
   if ( temp.inches >= 12 )
   {
      temp.feets += 1;
      temp.inches -= 12;
   }
   return temp;
}
void printDistance(Distance d)
{
   printf("\n\tFeets = %d", d.feets);
   printf("\n\tInches = %d", d.inches);
}
```

Test Run

```
Enter the first distance in feets and inches
Enter feets : 4
Enter inches : 8
Enter the second distance in feets and inches
Enter feets : 5
Enter inches : 7
Sum of given distances
    Feets = 10
    Inches = 3
```

उदाहरण 8.3: *एक सम्मिश्र संख्या (Complex number) को मॉडल करने के लिए संरचना का उपयोग करें। इस संरचना का उपयोग करके निम्नलिखित कार्यों को पूरा करने के लिए फंक्शन लिखें।*

- एक फंक्शन जो कीबोर्ड से पढ़ी गई संरचना को लौटाता है।
- एक फंक्शन जो कॉल बाय वैल्यू मैकेनिज्म का उपयोग करके दो संरचनाओं को अपने तर्क के रूप में लेता है और उनकी राशि वापस करता है।
- एक फंक्शन जो कॉल बाय वैल्यू मैकेनिज्म का उपयोग करके एकल संरचना को अपने तर्क के रूप में लेता है और इसे प्रिंट करता है।

अपने काम को प्रदर्शित करने के लिए प्रोग्राम में इन कार्यों का उपयोग करें।

Listing 8.7

```
/*
   Program to demonstrate operations on complex number using
   structure & functions
*/

#include <stdio.h>

typedef struct
{
   float real;
   float imag;
} COMPLEX;

COMPLEX input(void);         /*  function declarations  */
void output(COMPLEX);
COMPLEX add(COMPLEX, COMPLEX);
COMPLEX multiply(COMPLEX, COMPLEX);

int main()
{
   COMPLEX n1, n2, n3, n4;
   printf("\nProgram to add two complex numbers\n\n");
   printf("\nEnter the first complex number\n");
   n1 = input();
   printf("\nEnter the second complex number\n");
   n2 = input();
   n3 = add(n1,n2);
   printf("\nSum of the given complex numbers\n\n");
   output(n3);
   n4 = multiply(n1,n2);
   printf("\nProduct of the given complex numbers\n\n");
   output(n4);
   return 0;
```

```
  }
COMPLEX input(void)
{
   COMPLEX t;
   printf("\nEnter real part : ");
   scanf("%f", &t.real);
   printf("Enter imaginary part : ");
   scanf("%f", &t.imag);
   return t;
}
void output(COMPLEX t)
{
   printf("Real part : %.2f", t.real);
   printf("\nImaginary part : %.2f", t.imag);
}
COMPLEX add(COMPLEX a, COMPLEX b)
{
   COMPLEX t;
   t.real = a.real + b.real;
   t.imag = a.imag + b.imag;
   return t;
}
COMPLEX multiply(COMPLEX a, COMPLEX b)
      {
   COMPLEX t;
   t.real = a.real * b.real - a.imag * b.imag;
   t.imag = a.real * b.imag + a.imag * b.real;
   return t;
}
```

Test Run

```
Program to add two complex numbers
Enter the first complex number
Enter real part : 1.0
Enter imaginary part : 2.5
Enter the second complex number
Enter real part : 2.5
Enter imaginary part : -1.5
Sum of the given complex numbers
Real part : 3.50
Imaginary part : 1.00
Product of given complex numbers
Real part : 6.25
Imaginary part : 4.75
```

इकाई सारांश

अध्याय में हमने सीखा है कि

- एक संरचना संबंधित तत्वों का एक संग्रह है, जो एक ही नाम वाले विभिन्न प्रकार के हो सकते हैं।
- संरचना के प्रत्येक तत्व को एक क्षेत्र कहा जाता है।
- संरचना घोषित करने के दो तरीके हैं: टैग की गई संरचना और प्रकार-परिभाषित संरचना (*togged structure* and *type-defined structure*)
- एक संरचना को तब आरंभ किया जा सकता है जब उसे घोषित और परिभाषित किया जाता है। अल्पविराम से अलग किए गए मानों की सूची ब्रेसिज की जोड़ी में संलग्न है।
- हम सीधे चयन, डॉट ऑपरेटर (.) का उपयोग करके संरचना के क्षेत्रों तक पहुंच सकते हैं।
- सारणियों और स्ट्रिंग के विपरीत, एक संरचना को असाइनमेंट ऑपरेटर का उपयोग करके किसी अन्य संरचना को सौंपा जा सकता है।
- एक संरचना को किसी फंक्शन के तर्क के रूप में पारित किया जा सकता है।
- एक फंक्शन एक संरचना वापस कर सकता है।

अभ्यास

विषयपरक प्रश्न

1. संरचनाओं का उपयोग करने का मुख्य कारण क्या है?
2. एक संरचना एक सारणी से केसे भिन्न है?
3. संरचना टैग क्या है और इसका उद्देश्य क्या है?
4. संरचना को परिभाषित करने के विभिन्न तरीके क्या हैं? प्रत्येक मामले में उदाहरण दीजिए।
5. क्या निम्नलिखित में कोई त्रुटि है?

```
struct Time
{
   int hrs;
   int mts;
   int secs;
}
time t1;
```

6. निम्नलिखित में क्या गलत है, यदि कोई हो?

```
struct Time
{
   int hrs =10;
   int mts = 20;
   int secs = 35;
} t1, t2, t3;
```

7. निम्नलिखित में त्रुटियों, यदि कोई हों, की पहचान करें:

```
struct
{
   int hrs;
   int mts;
   int secs;
} time;
time t1, t2, t3;
```

8. निम्नलिखित प्रोग्राम का आउटपुट दें:

```
#include <stdio.h>
struct MyBox {
   int Length, Breadth, Height;
};
void Dimension( MyBox M )
{
   printf("\n%d x %d x %d\n",M.Length,M.Breadth,M.Height);
}
void main()
{
  MyBox B1 = { 12, 20, 8 }, B2, B3;
  ++B1.Height;
  Dimension(B1);
  B3 = B1;
  ++B3.Length;
  B3.Breadth++;
  Dimension(B3);
  B2 = B3;
  B2.Height += 5;
  B2.Length--;
  Dimension(B2);
```

बहु विकल्पीय प्रनोत्तर

1. एक संरचना है

(*a*) स्केलर डेटा प्रकार
(*b*) व्युत्पन्न डेटा प्रकार
(*c*) आदिम डेटा प्रकार
(*d*) उपयोग-परिभाषित डेटा प्रकार

2. संरचनाओं के बारे में निम्नलिखित में से कौन सा कथन सत्य है?
   (*a*) संरचना के तत्व विभिन्न प्रकार के होने चाहिए।
   (*b*) सभी मामलों में संरचना टैग अनिवार्य है।
   (*c*) संरचना प्रकार के एक चर की घोषणा करते समय, आपको टैग नाम से पहले कीवर्ड संरचना को उपसर्ग करना होगा।
   (*d*) स्टार (*) ऑपरेटर का उपयोग करके संरचना तत्व का उपयोग किया जाता है।
3. एक संरचना एक डेटा प्रकार है जिसमें
   (*a*) प्रत्येक तत्व का एक ही प्रकार होना चाहिए।
   (*b*) तत्व एक अलग प्रकार के हो सकते हैं।
   (*c*) प्रत्येक तत्व सूचक प्रकार का होना चाहिए।
   (*d*) उपरोक्त में से कोई नहीं
4. निम्नलिखित घोषणा पर विचार करें।

```
struct ex {
    char cVvar;
    int iVar;
    long lVar;
};
```

   आकार के ऑपरेटर द्वारा पूर्व में क्या मूल्य वापस किया जाएगा?
   (*a*) 4 (*b*) 7
   (*c*) 1 (*d*) 6
5. संरचित डेटा प्रकार बनाने के लिए प्रयुक्त कीवर्ड है
   (*a*) structure (*b*) structr
   (*c*) struct (*d*) struc
6. स्ट्रक्चर मेंबर को एक्सेस करने के लिए इस्तेमाल किया जाने वाला ऑपरेटर है
   (*a*) * (*b*) .
   (*c*) & (*d*) []
7. कथन पर विचार करें: एक संरचना का आकार हमेशा उसके सदस्यों के योग के बराबर होता है।
   (*a*) वैध
   (*b*) नहीं कह सकता
   (*c*) अमान्य
   (*d*) संकलक निर्भर

8. कथन पर विचार करें: एक संरचना का आकार हमेशा उसके सदस्यों के योग के बराबर होता है।

```
#include<stdio.h>
struct st
{
    int x;
    static int y;
};

int main()
{
printf("%d", sizeof(struct st));
return 0;
}
```

(*a*) 4 (*b*) 8

(*c*) रनटाइम त्रुटि (*d*) कंपाइलर समय त्रुटि

9. निम्नलिखित में से कौन सा ऑपरेटर संरचना चर पर लागू किया जा सकता है?

(*a*) == (*b*) =

(*c*) > (*d*) +

10. **"s.b = 10"** जैसे कोड की उपस्थिति एक ___________ को इंगित करती है।

(*a*) साधारण चर का नाम (*b*) डबल डेटा प्रकार

(*c*) संरचना (*d*) वाक्यविन्यास त्रुटि

11. निम्नलिखित प्रोग्राम का आउटपुट क्या होगा?

```
struct Test
{
    char str[20];
};
void main()
{
    struct Test st1, st2;
    strcpy(st1.str, "C Quiz");
    st2 = st1;
    st1.str[0] = 'S';
    cout << st2.str;
}
```

(*a*) सी प्रश्नोत्तरी (*b*) एस प्रश्नोत्तरी

(*c*) रनटाइम त्रुटि (*d*) संकलन समय त्रुटि

12. यदि आप किसी फंक्शन में स्ट्रक्चर वेरिएबल पास करते हैं तो वास्तव में क्या पास होता है?

(*a*) संरचना चर का संदर्भ (*b*) संरचना चर की प्रतिलिपि

(*c*) संरचना चर का प्रारंभिक पता (*d*) संरचना पर का अंतिम पता

13. निम्नलिखित सी कोड के एचटीई के आउटपुट पर टिप्पणी करें।

```
struct temp {
  int a;
  int b;
  int c;
};
main()
{
  struct temp p[] = {{1, 2, 3}, {4, 5, 6}, {7, 8, 9}};
}
```

(*a*) आकार की संरचना की एक सारणी बनाता है (*b*) आकार की संरचना की एक सारणी बनाता है

(*c*) संरचना के सदस्यों को अवैध असाइनमेंट (*d*) एक बहुआयामी सारणी की अवैध घोषणा

14. निम्नलिखित में से कौन एक संरचना सदस्य नहीं हो सकता है?

(*a*) ऐरे (*b*) संरचना

(*c*) स्ट्रिंग (*d*) समारोह

15. निम्नलिखित में से कौन एक उचित रूप से परिभाषित संरचना है?

(*a*) struct {int a;}

(*b*) struct a_struct {int a;};

(*c*) struct a_struct int a;

(*d*) struct a_struct {int a;}

उत्तरमाला									
1.	(*d*)	**2.**	(*c*)	**3.**	(*b*)	**4.**	(*b*)	**5.**	(*c*)
6.	(*b*)	**7.**	(*a*)	**8.**	(*d*)	**9.**	(*b*)	**10.**	(*c*)
11.	(*a*)	**12.**	(*b*)	**13.**	(*a*)	**14.**	(*d*)	**15.**	(*b*)

प्रोग्रामिंग समस्याएं

1. लंबाई को यार्ड, फीट और इंच में स्टोर करने के लिए दूरी नामक एक संरचना तैयार करें। इस संरचना का उपयोग करते हुए, एक प्रोग्राम लिखें जो इन संरचनाओं द्वारा दर्शाए गए उपयोगकर्ता से दो माप स्वीकार करता है और इन मापों के बीच पूर्ण अंतर को प्रिंट करता है।

2. एक छात्र के बारे में डेटा संग्रहीत करने के लिए *student* नाम की एक संरचना डिजाइन करें जिसमें निम्न. लिखित तत्व शामिल हैं – *int* प्रकार का *rollno, name* an array of type *char* of size 20, *college* an array of type *char* of size 40, और *score* of type *float* मान लें कि 100 से अधिक छात्र नहीं हैं। छात्रों के बारे में डेटा इनपुट करने के लिए एक प्रोग्राम लिखें, और छात्रों की योग्यता के अनुसार संग्रहीत डेटा को आउटपुट करें।

3. निम्नलिखित घोषणा पर विचार करें:

```
struct EMPLOYEE
{
   int code;
   char name[31];
   float salary;
};
```

यह देखते हुए कि एक संगठन में (<50) कर्मचारी हैं। एक प्रोग्राम लिखें जो उच्चतम वेतन वाले कर्मचारी के विवरण को आउटपुट करता है।

4. घंटे, मिनट और सेकंड के रूप में तीन क्षेत्रों वाले 12 घंटे सिस्टम में टाइम को मॉडल करने *Time* नामक एक संरचना बनाएं। *elapsedTime* नामक एक फंक्शन लिखें जो दो तर्क लेता है, *start time* और *end time* फंक्शन को दो तर्कों के बीच बीता हुआ समय युक्त एक समय संरचना वापस करनी चाहिए। उपरोक्त फंक्शन का परीक्षण करने के लिए एक प्रोग्राम लिखें।

5. Cartesian प्रणाली में समतल में एक बिंदु को उसके निर्देशांक x और y द्वारा निरूपित किया जा सकता है। हम नीचे दिखाए गए अनुसार तलमें एक बिंदु का प्रतिनिधित्व करने के लिए एक संरचना बना सकते हैं:

```
struct POINT
{
    int x;
    int y;
};
```

एक फंक्शन लिखें जो एक बिंदु का प्रतिनिधित्व करने वाली संरचना को स्वीकार करता है और एक पूर्णांक मान 1, 2, 3 या 4 देता है जो उस चतुर्थांश को दर्शाता है जिसमें बिंदु स्थित है। उपरोक्त फंक्शन का परीक्षण करने के लिए एक प्रोग्राम लिखें।

6. एक संरचना को परिभाषित करें जिसमें तीन सदस्य हों - देश का नाम, राजधानी का नाम और प्रति व्यक्ति आय (*the name of country] name of the capital] and per capita income*)- इस संरचना का उपयोग करते हुए, देशों को उनकी प्रति व्यक्ति आय के घटते क्रम में उनकी राजधानियों के साथ सूचीबद्ध करने के लिए एक प्रोग्राम लिखें।

प्रायोगिक कार्य

1. समय का प्रतिनिधित्व करने के लिए एक संरचना का उपयोग करके एक डिजिटल घड़ी (24 घंटे के प्रारूप में) का अनुकरण करने के लिए एक प्रोग्राम लिखें।

Listing 8.8

```
#include <stdio.h>
/* typedefined structure to represent clock time */
typedef struct {
        int hh;
        int mm;
   int ss;
} CLOCK;
int main()
{
```

```
   CLOCK myClock = { 12, 40, 55 };
    int i;
    printf("\nPress any key to stop the clock\n");
    while ( !kbhit() )
         {
       /*  increment clock  */
       (myClock.ss)++;
       if ( myClock.ss == 60 ) {
          myClock.ss = 0;
          (myClock.mm)++;
          if ( myClock.mm == 60 ) {
             myClock.mm = 0;
             (myClock.hh)++;
             if ( myClock.hh == 24 ) {
                 myClock.hh = 0;
             }
          }
              }
              /*  show clock  */
       printf("%02d:%02d:%02d\n",
               myClock.hh, myClock.mm, myClock.ss);
     }
   return 0;
}
```

Test Run

```
Press any key to stop the clock
12:40:56
12:40:57
12:40:58
12:40:59
12:41:00
12:41:01
12:41:02
```

2. समय का प्रतिनिधित्व करने के लिए एक संरचना का उपयोग करके प्रारंभ समय और स्टॉप टाइम (12 घंटे के प्रारूप में) के बीच अंतर खोजने के लिए एक प्रोग्राम लिखें।

Listing 8.9

```
 #include <stdio.h>
typedef struct {
  int hh;
  int mm;
  int ss;
} TIME;

/*  function prototype  */
TIME differenceTime( TIME t1, TIME t2);

int main()
{
   TIME startTime, stopTime, diffTime;
   printf("Enter the start time in format hh mm ss : ");
    scanf("%d %d %d", &startTime.hh, &startTime.mm, &startTime.
ss);
   printf("Enter the stop time in format hh:mm:ss : ");
   scanf("%d %d %d", &stopTime.hh, &stopTime.mm, &stopTime.ss);
   /*  functiona call  */
   diffTime = differenceTime(startTime, stopTime);
   printf("\nTime Difference: %d:%d:%d\n", diffTime.hh,
            diffTime.mm,
            diffTime.ss);
   return 0;
}
/* function that return difference between time periods */
TIME differenceTime( TIME t1, TIME t2)
{
   TIME temp;
   if ( t1.ss > t2.ss ) {
--t2.mm;
      t2.ss += 60;
   }
   temp.ss = t2.ss - t1.ss;
   if ( t1.mm > t2.mm ) {
      --t2.hh;
      t2.mm += 60;
   }
temp.mm = t2.mm - t1.mm;
   temp.hh = t2.hh - t1.hh;
   return temp;
}
```

Test Run

```
Enter the start time in format: hh mm ss : 5 20 30
Enter the stop time in format: hh mm ss : 7 15 10
Time Difference: 1:54:40
```

अधिक जानिए

संरचना एक उपयोगकर्ता परिभाषित प्रकार है। ऐसी कई समस्याएँ हैं जहाँ मूल प्रकार से प्राप्त मूल प्रकार और सारणियाँ वास्तविक जीवन की समस्याओं का मॉडल बनाने में सक्षम नहीं हैं। उस स्थिति में हमें एक नया डेटा प्रकार बनाने की आवश्यकता होती है, जिसे उपयोगकर्ता-परिभाषित प्रकार कहा जाता है, जो कि सी में एक संरचना है।

अधिकांश वास्तविक जीवन के अनुप्रयोगों में जिन्हें वास्तविक जीवन में संस्थाओं के बारे में जानकारी दर्ज करने की आवश्यकता होती है, संरचना का उपयोग ही एकमात्र तरीका है। यह वास्तविक जीवन की समस्याओं को हल करने में संरचनाओं के महत्व को दर्शाता है।

शिक्षक से अपेक्षा की जाती है कि वह संरचनाओं की अवधारणाओं की समझ विकसित करे और संभवत: वास्तविक जीवन से उपयुक्त उदाहरण लेकर संरचनाओं के उपयोग का प्रदर्शन करे।

संदर्भ एवं अध्ययन हेतु सुझाव

1. R. S. Salaria, Problem Solving & programming in C, Khanna Book Publishing Co(P) Ltd., New Delhi.
2. E. Balagurusamy, Programming in ANSI C, Tata McGraw Hill, New Delhi.
3. Yashavant Kanetkar, Let Us C, BPB Publications, New Delhi.
4. Byron Gottfried, Programming with C, Schaum's Outlines.
5. https://onlinecourses.nptel.ac.in/noc21_cs01/preview
6. https://ocw.mit.edu/courses/intro-programming/
7. https://www.programiz.com/c-programming
8. https://www.javatpoint.com/c-programming-language-tutorial

9 पॉइंटर्स

यूनिट विशिष्ट

यह यूनिट पॉइंटर्स से संबंधित विषयों पर चर्चा करती है। पॉइंटर्स सी भाषा के महत्वपूर्ण विषयों में से एक का प्रतिनिधित्व करते हैं। पॉइंटर्स के विवेकपूर्ण उपयोग से सी भाषा की वास्तविक शक्ति का फायदा उठाया जा सकता है। यह यूनिट पॉइंटर्स के विभिन्न पहलुओं की व्याख्या करती है और उपयुक्त उदाहरणों के साथ उनके उपयोग को प्रदर्शित करती है।

भूमिका

सामान्य परिस्थितियों में, प्रत्येक सी प्रोग्राम को डेटा के भंडारण और प्रोग्राम निर्देशों के लिए मेमोरी आवंटित की जाती है। दोनों के भंडारण के लिए आवश्यक मेमोरी की मात्रा कंपाइलेशन के समय निर्धारित की जाती है, और यह निश्चित है और प्रोग्राम के निष्पादन के दौरान इसे बदला नहीं जा सकता है।

व्यावहारिक रूप से, निर्देश के लिए आवश्यक मेमोरी हर बार प्रोग्राम को निष्पादित करने पर स्थिर रहती है, हालांकि, डेटा का आकार एक समस्या के उदाहरण से दूसरे में भिन्न हो सकता है। डेटा के अलग-अलग आकार, डेटा की गतिशील प्रकृति के इस मुद्दे को केवल प्रोग्राम के डेटा आइटम्स की घोषणा में संशोधन करके और प्रोग्राम को फिर से बनाकर हल किया जा सकता है। यदि आपके पास स्रोत कोड तक पहुंच नहीं है, तो यह तरीका काम नहीं करेगा।

पॉइंटर्स इस समस्या को संभालने के लिए एक बेहतर विकल्प प्रदान करते हैं, क्योंकि पॉइंटर का उपयोग करके, निष्पादन समय पर वास्तविक आवश्यकता के अनुसार डेटा आइटम के लिए मेमोरी आवंटित की जा सकती है।

इसके अलावा, पॉइंटर्स का उपयोग निम्नलिखित परिस्थितियों में लाभ प्रदान करता है:

- किसी फंक्शन के लिए कुशलतापूर्वक तर्क पारित करना।
- कॉल किया गया फंक्शन तर्कों के माध्यम से कॉलिंग फंक्शन में एक से अधिक मान लौटा सकता है।
- प्रोग्राम इंस्टॉल की गई मेमोरी के किसी भी मेमोरी लोकेशन के साथ-साथ कनेक्टेड किसी भी डिवाइस को एक्सेस कर सकता है जो एड्रेस करने योग्य है।
- जटिल वास्तविक जीवन की समस्याओं के मॉडल के लिए जटिल डेटा संरचनाओं का निर्माण।

संक्षेप में, हम कह सकते हैं कि पॉइंटर्स C भाषा की सबसे विशिष्ट और रोमांचक विशेषताओं में से एक हैं। यह भाषा को शक्ति और लचीलापन प्रदान करता है।

यह इकाई विद्यार्थियों को पॉइंटर्स से संबंधित विभिन्न पहलुओं को समझने और वास्तविक जीवन की समस्याओं को कुशलता से हल करने के लिए पॉइंटर्स का उपयोग करके प्रोग्राम विकसित करने में मदद करेगी।

पूर्व-अपेक्षित ज्ञान

- मूल डेटा प्रकार
- ऑपरेटर्स
- सारणियाँ और स्ट्रिंग
- फंक्शन
- संरचनाएं

यूनिट आउटकम्स

इस इकाई के पूर्ण अध्यन करने के बाद, विद्यार्थी निम्न में सक्षम होंगे:

U9-O1: पॉइंटर्स की दुनिया को समझने में, सी भाषा की अवनति विशेषता में से एक है

U9-O2: पॉइंटर्स की घोषणा और प्रारंभ करने में

U9-O3: एक पॉइंटर डीरेफ्रेंसिंग द्वारा डेटा का उपयोग करने में

U9-O4: पॉइंटर्स पर अनुमत कार्रवाई की व्याख्या करने में

U9-O5: एक फंक्शन के लिए तर्क पारित करने में पॉइंटर्स की उपयोगिता की व्याख्या करने में

U9-O6: गतिशील मेमोरी आवंटन की अवधारणा की व्याख्या करने में

U9-O7: विभिन्न समस्याओं को हल करने के लिए पॉइंटर्स का उपयोग करके कुशल प्रोग्राम लिखने में

यूनिट-9 आउटकम्स	कोर्स आउटकम्स (COs) के साथ अपेक्षित संबंध *(1-कमजोर सहसंबंध; 2-मध्यम सहसंबंध; 3-मजबूत सहसंबंध)*							
	CO-1	**CO-2**	**CO-3**	**CO-4**	**CO-5**	**CO-6**	**CO-7**	**CO-8**
U9-O1	–	–	1	–	–	–	–	–
U9-O2	–	–	1	–	–	–	–	–
U9-O3	–	–	1	–	–	–	–	–
U9-O4	–	–	–	–	–	2	–	–
U9-O5	–	–	–	–	2	–	–	–
U9-O6	–	–	–	–	–	2	–	–
U9-O7	–	–	–	–	–	3	–	–

9.1 प्रस्तावना

पॉइंटर्स C भाषा की सबसे महत्वपूर्ण विशेषताओं में से एक हैं। पॉइंटर्स, ज्यादातर लोगों द्वारा, सी में सबसे कठिन विषयों में से एक के रूप में माना जाता है। मैं आपको स्पष्ट रूप से बता दूं, यह एक तथ्य से अधिक एक मिथक है। मैं यह कहना पसंद करूंगा कि पॉइंटर्स सी भाषा के सबसे नाजुक पहलुओं में से एक हैं, और आप जानते हैं; नाजुक चीजों को सावधानीपूर्वक संभालने की जरूरत है। इसलिए, पॉइंटर्स को सावधानीपूर्वक हैंडलिंग की आवश्यकता होती है।

पॉइंटर्स का उपयोग करने के कई कारण हैं; उनमें से कुछ की गणना नीचे की गई है:

- पॉइंटर किसी फंक्शन या प्रोग्राम को फंक्शन या प्रोग्राम के प्रीव्यू के बाहर एक वेरिएबल (हम मेमोरी लोकेशन कहते हैं) तक पहुंचने की अनुमति देता है। पॉइंटर का उपयोग करके, आपका प्रोग्राम कंप्यूटर की मेमोरी में किसी भी मेमोरी लोकेशन तक पहुंच सकता है।
- रिटर्न स्टेटमेंट का उपयोग करने के बाद से, एक फंक्शन कॉलिंग फंक्शन के लिए केवल एक मान को वापस पास कर सकता है, पॉइंटर्स फंक्शन को एक से अधिक मान को मेमोरी स्थानों में लिखकर वापस पास करने की अनुमति देता है जो कॉलिंग फंक्शन के लिए सुलभ हैं।
- पॉइंटर्स से सारणियों और संरचनाओं का उपयोग अधिक कुशल तरीके से किया जा सकता है।

- पॉइंटर्स के बिना, जटिल डेटा संरचनाएं बनाना असंभव होगा, जैसे *linked lists, trees and graphs.*
- मेमोरी के बारे में ऑपरेटिंग सिस्टम के साथ संवाद करने के लिए। उदाहरण के लिए, ऑपरेटर *new* एक नए पॉइंटर का उपयोग करके फ्री मेमोरी ब्लॉक का स्थान देता है और ऑपरेटर *delete* ऑपरेटिंग सिस्टम को पॉइंटर द्वारा इंगित मेमोरी ब्लॉक देता है।
- कुल मिलाकर, हम कह सकते हैं कि सी भाषा की वास्तविक शक्ति पॉइंटर्स के विवेकपूर्ण उपयोग में निहित है। इसलिए, C के प्रत्येक पाठक को पॉइंटर्स का उपयोग करने की कला सीखनी चाहिए और उसमें महारत हासिल करनी चाहिए।
- इस इकाई में हम C भाषा में पॉइंटर्स से संबंधित विभिन्न पहलुओं के बारे में जानेंगे।

9.2 पॉइंटर्स का विचार

कंप्यूटर की मेमोरी को बाइट्स या शब्दों के एक रेखीय संग्रह के रूप में व्यवस्थित किया जाता है। इंटेल प्रोसेसर के लिए, मेमोरी बाइट-ऑर्गनाइज्ड होती है जबकि अधिकांश गैर-इंटेल प्रोसेसर के लिए, मेमोरी वर्ड-ऑगनाइज्ड होती है। बाइट-ऑर्गनाइज्ड मेमोरी में, प्रत्येक मेमोरी लोकेशन एक बाइट होती है, जबकि वर्ड-आर्गनाइज्ड में, प्रत्येक मेमोरी लोकेशन एक शब्द का होता है। प्रत्येक मेमोरी लोकेशन को एक यूनिक नंबर दिया जाता है जिसे लोकेशन नंबर या एड्रेस कहा जाता है। चित्र 9.1 मेमोरी संगठन (Memory Organization) की योजना को दर्शाता है।

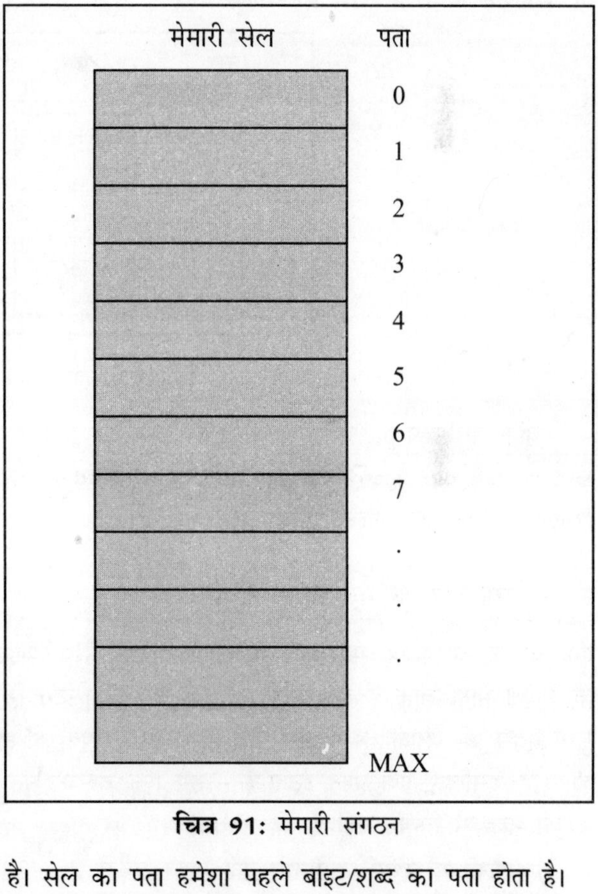

हम जानते हैं कि एक बाइट 8 बिट के बराबर होता है, जबकि एक शब्द दो या दो से अधिक बाइट्स से मिलकर बना हो सकता है। एक शब्द प्रोसेसर की क्षमता को ऑपरेंड के आकार के संदर्भ में मापता है जिसे वह एकल ऑपरेशन में संसाधित कर सकता है (यानी जोड़, घटाना, गुणा करना, विभाजित करना, तुलना करना आदि)। जब हम कहते हैं कि एक प्रोसेसर 16-बिट प्रोसेसर है, तो इसका शब्द आकार 16-बिट्स (2 बाइट्स) है और यह 16-बिट ऑपरेंड को सिंगल ऑपरेशंस में प्रोसेस कर सकता है। बड़े आकार के ऑपरेंड के लिए, इसे अधिक संचालन की आवश्यकता होती है।

मेमारी सेल
पता
0
1
2
3
4
5
6
7
.
.
.
MAX

चित्र 91: मेमारी संगठन

एक मेमोरी सेल या तो एक बाइट/शब्द या अधिक समीपस्थ बाइट्स/शब्दों का होता है। प्रत्येक सेल एक निश्चित समय में एक मान स्टोर कर सकता है। सेल का पता हमेशा पहले बाइट/शब्द का पता होता है।

जब आप किसी प्रोग्राम को चलाने के लिए कमांड देते हैं, तो ऑपरेटिंग सिस्टम पहले कंप्यूटर (मेन) मेमोरी में अपेक्षित आकार का एक फ्री ब्लॉक ढूंढता है, और फिर प्रोग्राम को उस ब्लॉक में लोड करता है। उस ब्लॉक में भी, आमतौर पर प्रोग्राम का कोड एक हिस्से में और प्रोग्राम का डेटा ब्लॉक के दूसरे हिस्से में लोड होता है। प्रत्येक डेटा

ऑपरेंड एक सेल में संग्रहीत होता है और सिस्टम इन पतों के साथ प्रत्येक चर को जोड़ता है। यह चित्र 9.2 में दिखाया गया है।

डेटा ऑपरेंड तक पहुँचने के लिए या तो हम वेरिएबल नाम का उपयोग करते हैं या मेमोरी सेल के पते का उपयोग करते हैं। चूंकि ये पते केवल सकारात्मक पूर्णांक संख्याएं हैं, इसलिए इन्हें मेमोरी में संग्रहीत कुछ चरों को भी सौंपा जा सकता है, जैसे कि कोई अन्य चर। ऐसे चर जिनमें पते होते हैं, पॉइंटर्स (pointers) कहलाते हैं। एक पॉइंटर, इसलिए, एक चर के अलावा और कुछ नहीं है जिसमें मेमोरी में किसी अन्य चर का पता होता है।

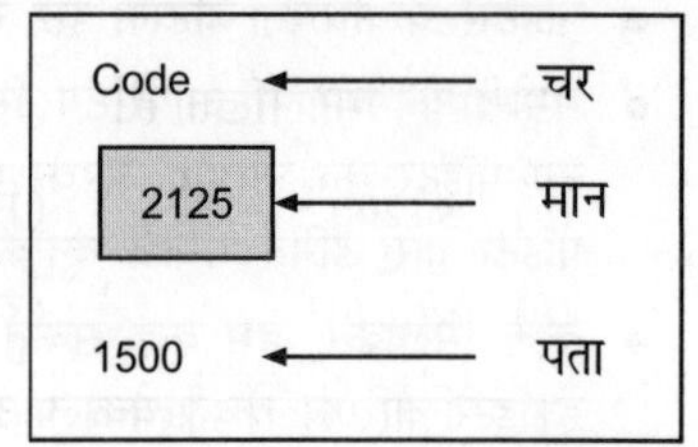

चित्र 9.2: मेमोरी में एक चर का प्रतिनिधित्व

चूंकि पॉइंटर एक वेरिएबल है, इसका मान मेमोरी में दूसरे एड्रेस में भी स्टोर होता है। मान लीजिए कि हम वेरिएबल कोड का पता एक वेरिएबल *ptr* को असाइन करते हैं। चित्र 9.3 में दिखाए गए अनुसार चर *ptr* और कोड के बीच की कड़ी को देखा जा सकता है।

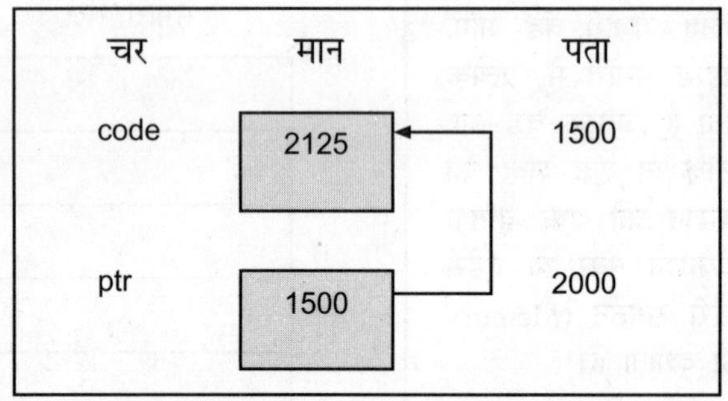

चित्र 9.3: एक चर के रूप में पॉइंटर

चूँकि वेरिएबल *ptr* का मान वेरिएबल कोड का पता है, हम वेरिएबल *ptr* के मान का उपयोग करके वेरिएबल कोड के मान तक पहुंच सकते हैं। इसलिए, हम कहते हैं कि वेरिएबल *ptr* वेरिएबल कोड को इंगित करता है, और इसलिए *ptr* को नाम पॉइंटर मिलता है।

9.3 एक चर के पते तक पहुंचना

एक चर का वास्तविक पता एक प्रणाली पर निर्भर है। कंपाइलेशन और लिंकिंग के दौरान, पते को कुछ आधार पते के सापेक्ष माना जाता है (आमतौर पर 0). जब ऑपरेटिंग सिस्टम प्रोग्राम को एक फ्री ब्लॉक में लोड करता है, तो सभी एड्रेस फ्री ब्लॉक के पहले मेमोरी लोकेशन के पते के सापेक्ष बदल जाते हैं। इसलिए, हम एक चर का पता नहीं जानते हैं। इसलिए, एक प्रश्न उठता है - हम एक चर का पता कैसे निर्धारित कर सकते हैं? यह *address of* operator & की मदद से किया जाता है।

निम्नलिखित कथन पर विचार करें

```
ptr = &code;
```

यह वेरिएबल *ptr* को संख्या 1500 (वेरिएबल *code* का पता) निर्दिष्ट करेगा।

निम्नलिखित प्रतिबंधों का पालन किया जाना चाहिए:

1. ऑपरेटर का पता केवल चर या सारणी तत्व के साथ उपयोग किया जा सकता है। ऑपरेटर के पते का अवैध उपयोग निम्नलिखित हैं:

   (*a*) &1200 (स्थिरांक व्यंजक की ओर इशारा करते हुए)

   (*b*) &(*a*/*b*) (व्यंजक की ओर इशारा करते हुए)

2. पॉइंटर वेरिएबल को केवल ऑपरेटर के पते के उपयोग के साथ या किसी अन्य संगत पॉइंटर वेरिएबल का मान निर्दिष्ट करके प्रारंभ किया जा सकता है। पॉइंटर वेरिएबल *ptr* को इनिशियलाइज करने का निम्न तरीका अवैध है:

```
ptr = 1500;
```

   हालाँकि, संख्या 1500 चर कोड का पता होता है।

9.4 एक पॉइंटर घोषित करना

एक पॉइंटर चर घोषित करना एक मानक चर की घोषणा के समान है लेकिन पॉइंटर चर का नाम * प्रतीक के साथ उपसर्ग है।

एक पॉइंटर चर घोषित करने के लिए वाक्य रचना

```
datatype *pointerVariableName
```

उदाहरण के लिए, कथन

```
int *ptr;
```

एक पॉइंटर चर *ptr* घोषित करें जिसका उपयोग किसी भी पूर्णांक चर के पते को संग्रहीत करने के लिए किया जा सकता है।

9.5 किसी पॉइंटर को पता सौंपना

एक बार एक पॉइंटर घोषित हो जाने के बाद, इसे एक चर का पता सौंपा जाना चाहिए। मानक चर की तरह, एक पॉइंटर चर घोषित होने के बाद एक कचरा मूल्य (garbage value) लेगा। इसलिए, उपयोग करने से पहले, एक पॉइंटर चर को एक चर का पता सौंपा जाना चाहिए।

पॉइंटर वेरिएबल को एड्रेस असाइन करने का सिंटैक्स

```
pointerVariableName = &variableName;
```

उदाहरण के लिए, कथन

```
int a, *ptr;
```

a को एक सामान्य पूर्णांक चर घोषित करता है और *ptr* एक पूर्णांक पॉइंटर चर है।

पॉइंटर वेरिएबल *ptr* को वेरिएबल *a* का पता निर्दिष्ट करने के लिए, हम निम्नलिखित कथन का उपयोग करते हैं:

```
ptr = &a;
```

यहाँ हम कहते हैं कि पॉइंटर वेरिएबल *ptr*, वेरिएबल *a* की ओर इशारा कर रहा है।

9.6 पॉइंटर का उपयोग कर चर को एक्सेस करना

एक बार जब एक पॉइंटर वेरिएबल को एक वेरिएबल का पता सौंपा जाता है, तो सवाल बना रहता है – पॉइंटर वेरिएबल का उपयोग करके वेरिएबल के वैल्यू को केसे एक्सेस किया जाए। यह पॉइंटर चर के साथ * उपसर्ग करके किया जाता है।

एक पॉइंटर चर का उपयोग कर चर तक पहुँचने के लिए वाक्यविन्यास

```
*pointerVariableName
```

Listing 9.1

```
/*
   Program to illustrate the use of pointer variable
 */

 #include<stdio.h>

 int main()
 {
    int *ptr, x = 10;
    ptr = &x;
    printf("Value of variable x = %d\n", x );
    printf("Value of variable pointed to by ptr = %d\n",*ptr );
    printf("Address of variable x = %u\n", ptr );
    return 0;
 }
```

Test Run

```
Value of variable x = 10
Value of variable pointed to by ptr = 10
Address of variable x = 65524
```

9.7 पॉइंटर्स अंकगणित

सी भाषा पॉइंटर्स अंकगणित के अपने दृष्टिकोण में बहुत सुसंगत है। पॉइंटर्स, सारणियाँ और पॉइंटर अंकगणित का एकी. करण C भाषा की ताकत में से एक है। इस खंड में, हम पॉइंटर्स पर अनुमत विभिन्न ऑपरेशनों का संक्षेप में वर्णन करेंगे।

पॉइंटर्स पर निम्नलिखित संचालन की अनुमति है।

1. **एक पॉइंटर चर में एक संख्या का जोड़ :** मान लीजिए p एक पॉइंटर चर है जो पूर्णांक प्रकार के तत्व की ओर इशारा करता है, तो कथन

```
p++;     or      ++p;
```

p के मान को 2 के गुणनखंड से बढ़ा देता है, जिससे कि यह निम्न स्थान की ओर इशारा करता है जिसमें पूर्णांक प्रकार का एक और मान होता है। यह वृद्धि कारक वर्ण के लिए 1, दीर्घ पूर्णांक और फ्लोट के लिए 4 और लंबी फ्लोट के लिए 8 होगा। कथन

```
p += i;
```

जहाँ i या तो एक धनात्मक पूर्णांक स्थिरांक है या धनात्मक मान वाला एक पूर्णांक चर है, p को इस प्रकार बढ़ाता है कि यह उस स्थान से परे ith स्थान को इंगित करता है जिस पर वह वर्तमान में इंगित कर रहा है।

2. **एक पॉइंटर चर से किसी संख्या का घटाव :** मान लीजिए p एक पॉइंटर चर है जो पूर्णांक प्रकार के तत्व की ओर इशारा करता है, तो कथन

```
p--;     or      --p;
```

जहाँ i या तो एक धनात्मक पूर्णांक स्थिरांक है या धनात्मक मान वाला पूर्णांक चर है, p को इस प्रकार घटाता है कि यह उस स्थान से पहले ith स्थान को इंगित करता है जिस पर वह वर्तमान में इंगित कर रहा है।

3. **एक पॉइंटर चर को दूसरे से घटाना :** एक पॉइंटर चर को दूसरे से घटाया जा सकता है बशर्ते दोनों बिंदु समान डेटा प्रकार पर हों। दोनों का अंतर संबंधित तत्वों को अलग करने वाले बाइट्स की संख्या को इंगित करता है।

इन अंकगणितीय संक्रियाओं के अलावा, पॉइंटर चरों की एक दूसरे के साथ तुलना की जा सकती है, बशर्ते वे संगत हों, अर्थात, समान डेटा प्रकार के चरों को इंगित करें।

पॉइंटर्स पर निम्नलिखित अंकगणितीय संचालन की अनुमति नहीं है।

- दो पॉइंटर चरों का जोड़।
- एक पॉइंटर चर का एक संख्या से गुणा।
- एक पॉइंटर चर का एक संख्या से विभाजन।

9.8 फंक्शन तर्क के रूप में पॉइंटर्स

अध्याय 6 में, हमने उल्लेख किया था कि किसी फंक्शन के तर्कों को कॉल बाय वैल्यू या कॉल बाय एड्रेस मैकेनिज्म का उपयोग करके पारित किया जा सकता है। जब हम कॉल बाय वैल्यू मैकेनिज्म का उपयोग करते हैं, तो फंक्शन के औपचारिक तर्कों को सरल चर के रूप में घोषित किया जाता है। निष्पादन समय पर वास्तविक तर्कों के मूल्यों को औपचारिक तर्कों में कॉपी किया जाता है (औपचारिक तर्क फंक्शन के लिए स्थानीय होते हैं), और फंक्शन का निष्पादन शुरू होता है।

हालाँकि, जब हम कॉल बाय रेफरेंस मैकेनिज्म का उपयोग करते हैं, तो औपचारिक तर्कों को पॉइंटर्स के रूप में घोषित किया जाता है। निष्पादन के समय, वास्तविक तर्कों के पते औपचारिक तर्कों में कॉपी किए जाते हैं और फंक्शन का निष्पादन शुरू होता है।

Listing 9.2

```
/*
   Program to illustrate pointers as function arguments
*/

#include<stdio.h>

/* function prototype */
void swap( int *x, int *y )
int main()
{
   int a = 10, b = 20;
   /* function prototype */
   void interchange( int *, int *);
   printf( "\nValue of a = %d and b = %d", a, b );
   printf( " before function call\n"  );
   /* function call  */
   swap ( &a, &b);
   printf( "\nValue of a = %d and b = %d", a, b );
   printf( " after function call\n"  );
   return 0;
}
/* function definition */
void swap( int *x, int *y )
{
  int temp;
  temp = *x;
  *x = *y;
  *y = temp;
}
```

Test Run

```
Value of a = 10 and b = 20 before function call
Value of a = 20 and b = 10 after function call
```

9.9 पॉइंटर्स और संरचनाएं

जैसा कि हम अन्य डेटा प्रकारों के साथ पॉइंटर्स का उपयोग कर सकते हैं, हम संरचना चर के लिए पॉइंटर्स का भी उपयोग कर सकते हैं। निम्नलिखित घोषणाओं पर विचार करें

```
typedef struct
{
   int code;
   char name[20];
   int  dept_code;
   float  salary;
} EMPLOYEE;

EMPLOYEE emp, *ptr;
```

ये घोषणाएँ उपयोगकर्ता-परिभाषित डेटा प्रकार बनाती हैं और इसे EMPLOYEE नाम देती हैं और *emp* को कर्मचारी प्रकार के चर के रूप में घोषित करती हैं और ptr को EMPLOYEE टाइप करने के लिए पॉइंटर चर के रूप में घोषित करती हैं।

निम्नलिखित कथन:

```
ptr = &emp;
```

चर emp के पते को पॉइंटर चर ptr को निर्दिष्ट करने के लिए उपयोग किया जा सकता है। अब हम पॉइंटर चर ptr का उपयोग करके संरचना चर emp के सदस्यों तक पहुँच सकते हैं।

संरचना के तत्वों को तीर ऑपरेटर '->' का उपयोग करके एक्सेस किया जाता है जो दो वर्णों, हाइफन '-' और '>' से है।

एरो ऑपरेटर का उपयोग करके संरचना के सदस्यों तक पहुँचने का सिंटैक्स है:

```
ptr->vname
```

जहां ptr एक संरचना की ओर इशारा करते हुए पॉइंटर चर है, और vname संरचना का एक तत्व है।

एरो ऑपरेटर का उपयोग करते हुए, पॉइंटर वेरिएबल *ptr* द्वारा इंगित कर्मचारी प्रकार की संरचना के तत्वों तक पहुँचा जा सकता है

```
ptr->code   ptr->name        ptr->dept_code         ptr->salary
```

9.9.1 स्व-संदर्भित संरचनाएं

एक स्व-संदर्भित संरचना एक संरचना है जिसमें कम से कम एक तत्व शामिल होता है जो अपने स्वयं के प्रकार का पॉइंटर होता है। ये संरचनाएं जटिल डेटा संरचना जैसे *linked lists, trees and graphs* के निर्माण में अपना उपयोग ढूंढती हैं।

निम्नलिखित स्व-संदर्भित संरचना का एक ऐसा अनुप्रयोग है।

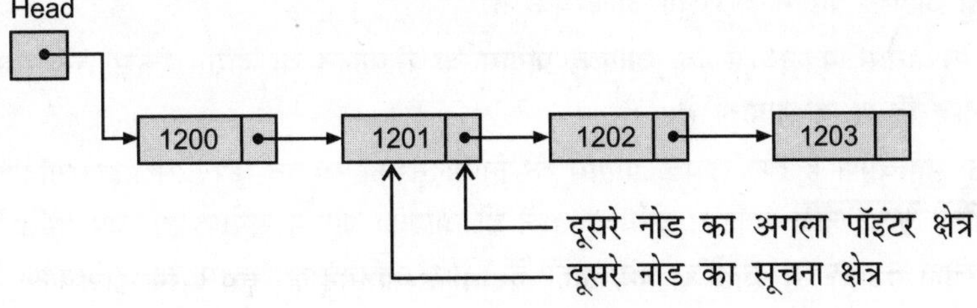

चित्र 9.4: नोड के साथ पूर्णांक मानों की रैखिक लिंक्ड सूची

मेमोरी में उपरोक्त रैखिक लिंक्ड सूची का प्रतिनिधित्व करने के लिए, हमें निम्नलिखित घोषणाओं की आवश्यकता है।

```
 struct NODE
 {
    int info;
    struct NODE *next;
 };
struct NODE *head;
```

9.10 गतिशील मेमोरी आवंटन

निर्देशों के लिए मेमोरी आवश्यकताएँ हमेशा निश्चित होती हैं। हालांकि, ऐसी स्थिति हो सकती है जब डेटा के लिए सटीक मेमोरी आवश्यकताओं को पहले से ज्ञात नहीं किया जा सकता है। डेटा आवश्यकताएं एक प्रोग्राम निष्पादन से दूसरे प्रोग्राम निष्पादन में भिन्न हो सकती हैं, यानी डेटा के लिए मेमोरी आवश्यकताएं गतिशील हैं।

ऐसे मामलों में जब किसी विशेष डेटा आइटम के लिए मेमोरी की मात्रा पहले से ज्ञात नहीं होती है, तो निष्पादन समय पर मेमोरी आवंटित करना हमेशा बेहतर होता है, यानी जब प्रोग्राम चल रहा हो। इस प्रकार, निष्पादन समय पर मेमोरी आवंटन को गतिशील मेमोरी आवंटन (*dynamic memory allocation*) के रूप में जाना जाता है।

प्रत्येक प्रोग्राम को असंबद्ध मेमोरी का एक पूल प्रदान किया जाता है जिसे वह निष्पादन के दौरान उपयोग कर सकता है। असंबद्ध मेमोरी के इस पूल को फ्री स्टोर के रूप में जाना जाता है। इसलिए जब भी प्रोग्राम द्वारा अपेक्षित आकार (राशि) की मेमोरी की आवश्यकता होती है, तो इसे मुफ्त स्टोर से लिया जाता है। जब पहले से आवंटित मेमोरी की और आवश्यकता नहीं होती है, तो इसे मुफ्त स्टोर पर वापस कर दिया जाता है।

सी भाषा लाइब्रेरी फंक्शंस प्रदान करती है, जिसे गतिशील मेमोरी प्रबंधन फंक्शन (*dynamic memory management functions*) कहा जाता है, निष्पादन समय पर मेमोरी आवंटित और डी-आवंटित करने के लिए, यानी गतिशील रूप से।

तालिका 9.1: मेमोरी प्रबंधन फंक्शन

Function का नाम	विवरण
Malloc	फ्री स्टोर से मेमोरी आवंटित करता है।
Free	पहले आवंटित मेमारी को हटा देता है।

आवंटन से हमारा मतलब है कि आपका प्रोग्राम आपके प्रोग्राम के निष्पादन के दौरान भी उतनी ही मेमोरी प्राप्त कर सकता है जितनी आपके प्रोग्राम के लिए आवश्यक है।

डी-एलोकेशन से हमारा मतलब है कि आपके प्रोग्राम के निष्पादन के दौरान किसी भी समय गतिशील रूप से प्राप्त मेमोरी को रिलीज किया जा सकता है।

यह ध्यान रखना महत्वपूर्ण है कि आपके प्रोग्राम के निष्पादन को समाप्त करने से पहले गतिशील रूप से आवंटित मेमोरी को डी-आवंटित किया जाना चाहिए। अन्यथा, भले ही आपका प्रोग्राम समाप्त हो जाए, गतिशील रूप से आवंटित मेमोरी कभी भी स्वचालित रूप से रिलीज नहीं होती है, और ऑपरेटिंग सिस्टम के दृष्टिकोण से मेमोरी अभी भी उपयोग में है।

इसलिए, यदि आप एक ही प्रोग्राम को कई बार चलाते हैं, तो कई उपयोगकर्ता एक साथ आपके प्रोग्राम का उपयोग कर रहे हैं, ऑपरेटिंग सिस्टम की मेमोरी खत्म हो सकती है।?

9.10.1 मेमोरी आवंटित करना

malloc() फंक्शन एक तर्क लेता है जो बाइट्स में ब्लॉक के आकार को निर्दिष्ट करता है। फंक्शन हीप से अपेक्षित आकार की मेमोरी आवंटित करता है और सफलता पर आवंटित मेमोरी के लिए एक पॉइंटर देता है या विफलता के मामले में एक NULL पॉइंटर (0) देता है। विफलता के मामले में, प्रोग्राम को सुरक्षित निकास बनाना चाहिए।

लौटाया गया पॉइंटर शून्य (*void*) प्रकार का होता है जिसे वांछित प्रकार के पॉइंटर में डालने की आवश्यकता होती है। आवंटित मेमोरी को अन-इनिशियलाइज्ड छोड़ दिया जाता है, यानी, सभी स्थानों को कचरा मूल्य (garbage value) मिलता है।

```
datatype *ptr
ptr = (datatype *) malloc( n * sizeof (datatype) );
```

जहां *n* तत्वों की संख्या है।

उदाहरण के लिए,

```
int *ptr
 ptr = (int *) malloc( 10 * sizeof(int) );
 if ( ptr == NULL )
 {
    printf("\nMemory allocation failed\n");
    return 1;
 }
```

चूंकि *int* का आकार 16-बिट C कंपाइलर के लिए 2-बाइट्स और 16-बिट C कंपाइलर के लिए 4-बाइट्स है, इसलिए, यह स्टेटमेंट मेमोरी के 20/40 बाइट्स के ब्लॉक को आवंटित करेगा। और, पॉइंटर ptr आवंटित मेमोरी में पहले बाइट का पता रखता है।

9.10.2 मेमोरी को डी-आवंटित करना

free() फंक्शन मेमोरी के गतिशील रूप से आवंटित ब्लॉक को डी-आवंटित करता है। free() फंक्शन के उपयोग के लिए सिंटैक्स है

```
free(ptr);
```

यह एक तर्क (argument) लेता है जो पॉइंटर को आवंटित ब्लॉक में निर्दिष्ट करता है। यह ध्यान रखना महत्वपूर्ण है कि केवल आवंटित ब्लॉक को डी-आवंटित किया जाता है, पॉइंटर चर को हटाया नहीं जाता है।

Listing 9.3

```
/*
   Program to illustrate the allocation of memory dynamically
   for one-dimensional array at execution time.

   Program takes an array of arbitrary size as input, find the
   Largest element of the array
*/

#include<stdio.h>
#include<stdlib.h>

int main()
{
   int  *a, n, i, max;
   printf( "\nEnter size of 1D array : "  );
   scanf( "%d", &n );

   /* dynamically allocate memory for array */
   a = (int *) malloc(n*sizeof(int));
   if ( a == NULL )
   {
       printf("\nMemory allocation failed.\n");
       return 1;
   }

   printf( "\nEnter %d elements of array\n", n );
   for ( i = 0 ; i < n ; i++ )
      scanf( "%d", &a[i] );

   max = a[0];
   for ( i = 1; i < n; i++ )
   {
      if ( a[i] > max )
          max = a[i];
   }
   printf( "\nLargest element of array = %d\n", max );
   /* de-allocate memory */
   free(a);
   return 0;
}
```

Test Run

```
Enter size of 1D array : 10
Enter 10 elements of array
10 35 12 9 45 11 50 20 44 32
Largest element of array = 5
```

निदर्शी उदाहरण

उदाहरण 9.1: *पॉइंटर्स का उपयोग करके सारणी (arrays) के तत्वों को प्रिंट करने के लिए एक प्रोग्राम लिखें।*

Listing 9.4

```
#include<stdio.h>
#include<stdlib.h>
int main()
{
   int  a[5] = { 1, 2, 3, 4, 5 };
   int i, *ptr;
   ptr = a;
   printf("\nElements of array\n\n");
   for ( i = 0; i < 5; i++ )
       printf("%d  ", *(ptr+i));
   printf("\n\n");
   return 0;
}
```

Test Run

```
Elements of array
1  2  3  4  5
```

उदाहरण 9.2: *पॉइंटर का उपयोग करके किसी फंक्शन में 1D सारणी (array) के पारित होने को प्रदर्शित करने के लिए एक प्रोग्राम लिखें।*

Listing 9.5

```
#include<stdio.h>
#include<stdlib.h>
void fun(int *, int);  /* function prototype  */
int main()
{
   int  a[10] = { 5, 2, 1, 7, 9, 10, 4, 6, 8, 3 };
   /*  call to function  */
   fun(a,10);
   return 0;
}
```

```
/* function definition  */
 void fun(int *p, int n)
 {
    int i;
    printf("\nElements of array\n\n");
    for ( i = 0; i < n; i++ )
        printf("%d  ", p[i]);
    printf("\n\n");
 }
```

Test Run

```
Elements of array
5 2 1 7 9 10 4 6 8 3
```

इकाई सारांश

अध्याय में हमने सीखा है कि

- पॉइंटर एक वेरिएबल है जो एक ऑपरेंड का पता रखता है।
- पॉइंटर्स कई फायदे प्रदान करते हैं जैसे किसी फंक्शन से एक से अधिक मान वापस करना, जटिल डेटा संरचनाओं का निर्माण, एच/डब्ल्यू के साथ संचार करना आदि।
- पॉइंटर्स पर एक addition ऑपरेशन की अनुमति है। सीमित अर्थों में एक घटाव संक्रिया की अनुमति है कि उसे सकारात्मक अंतर देना चाहिए। गुणा और भाग संचालन की अनुमति नहीं है।
- पॉइंटर्स का उपयोग पते द्वारा तर्क (arguments) पारित करने के लिए किया जाता है, तंत्र जिसे संदर्भ द्वारा कॉल (*call by reference*) के रूप में जाना जाता है।
- एक स्व-संदर्भित संरचना एक संरचना है जिसमें कम से कम एक तत्व शामिल होता है जो स्वयं के लिए एक पॉइंटर होता है।
- मेमोरी आवंटन दो तरह से किया जा सकता है - स्थिर और गतिशील रूप से।
- स्थिर मेमोरी आवंटन वह है जो कंपाइलेशन समय पर किया जाता है।
- गतिशील मेमोरी आवंटन वह है जो निष्पादन समय पर किया जाता है।
- प्रत्येक प्रोग्राम को असंबद्ध मेमोरी का एक पूल प्रदान किया जाता है जिसे वह निष्पादन के दौरान उपयोग कर सकता है। असंबद्ध मेमोरी के इस पूल को हीप या फ्री स्टोर (*heap* or *free store*) के रूप में जाना जाता है।
- निष्पादन समय पर मेमोरी के प्रबंधन की प्रक्रिया को गतिशील मेमोरी प्रबंधन (as *dynamic memory management*) के रूप में जाना जाता है।
- *malloc()* का उपयोग मेमोरी को गतिशील रूप से आवंटित करने के लिए किया जाता है।
- *free()* का उपयोग *malloc()* फंक्शन द्वारा पहले से आवंटित मेमोरी को डी-आवंटित करने के लिए किया जाता है।
- एक आरंभिक पॉइंटर को डैंगलिंग/वाइल्ड पॉइंटर (*dangling/wild pointer*) के रूप में संदर्भित किया जाता है, क्योंकि यह मेमोरी में कहीं भी इंगित कर सकता है।

- जब भी शून्य पते पर लिखने का प्रयास किया जाता है (जिसे *Null pointer* के रूप में भी जाना जाता है) या सिस्टम फ्लैग करेगा और प्रोग्राम की समाप्ति पर "*Null pointer assignment*" संदेश देगा।
- मेमोरी लीक एक प्रकार की स्थिति है जब मेमोरी को किसी कॉल किए गए फंक्शन में आवंटित किया जाता है लेकिन इसे उपयोग के बाद उस फंक्शन में डी आवंटित नहीं किया जाता है। नतीजतन, जब कॉल किया गया फंक्शन अपना निष्पादन पूरा करता है, तो पॉइंटर वैरिएबल नष्ट हो जाता है और उस आवंटित मेमोरी ब्लॉक तक पहुंचने का कोई साधन नहीं होता है।
- आबंटन विफलता एक ऐसी स्थिति है जब सिस्टम मुक्त मेमोरी के अपेक्षित ब्लॉक को खोजने में सक्षम नहीं होता है। सिस्टम इस स्थिति को NULL पॉइंटर लौटाकर इंगित करता है।

अभ्यास

विषयपरक प्रश्न

1. हम एक चर का पता केसे प्राप्त कर सकते हैं?
2. एक पॉइंटर चर क्या है?
3. पॉइंटर वेरिएबल केसे घोषित किया जाता है?
4. पॉइंटर वेरिएबल द्वारा बताए गए मानों को केसे एक्सेस किया जा सकता है?
5. विभिन्न प्रकार के पॉइंटर्स क्या हैं?
6. पॉइंटर्स पर कौन से ऑपरेशन की अनुमति है?
7. ऐसे कौन से ऑपरेशन हैं, जिनकी पॉइंटर्स पर अनुमति नहीं है?

बहु विकल्पीय प्रनोत्तर

1. एक चर का पता .... ऑपरेटर का उपयोग करके प्राप्त किया जा सकता है।

   (*a*) * (*b*) &
   (*c*) ? (*d*) ->

2. निम्नलिखित में से कौन सा ऑपरेटर **indirection (dereference)** ऑपरेटर के रूप में जाना जाता है?

   (*a*) & (*b*) <<
   (*c*) ^ (*d*) *

3. निम्नलिखित में से कौन सा ऑपरेटर ऑपरेटर के पते के रूप में जाना जाता है?

   (*a*) & (*b*) *
   (*c*) -> (*d*) **

4. पॉइंटर चर **ptr1, ptr2** की सही घोषणाओं को पहचानें।

   (*a*) int ptrl, *ptr2; (*b*) int *ptrl, ptr2;
   (*c*) int ptrl, ptr2; (*d*) int *ptrl, *ptr2;

5. पॉइंटर्स के साथ विशेष रूप से उपयोग किए जाने वाले ऑपरेटर हैं–

   (*a*) * and / (*b*) & and *
   (*c*) & and ^ (*d*) * and +

6. *adress of* ऑपरेटर का चर हो सकता है–

(*a*) स्थिरांक (*b*) सारणि

(*c*) व्यंजक (*d*) कोई नहीं

7. पॉइंटर चर असाइन किए जा सकते हैं–

(*a*) हेक्साडेसिमल संकेतन में दर्शाया गया पता मान

(*b*) ऑक्टल नोटेशन में दर्शाया गया पता मान

(*c*) दूसरे चर का पता

(*d*) बाइनरी नोटेशन में दर्शाया गया पता मान

8. अप्रत्यक्ष (**dereference**) ऑपरेटर का संचालन है–

(*a*) पॉइंटर चर (*b*) साधारण चर

(*c*) पूर्णांक स्थिरांक (*d*) कोई नहीं

9. उस ऑपरेटर की पहचान करें जो पॉइंटर्स के साथ प्रयोग नहीं किया जाता है–

(*a*) -> (*b*) &

(*c*) * (*d*) >>

10. जब एड्रेसऑफ (**&**) को एक वेरिएबल से पहले लगाया जाता है, तो यह प्राप्त होता है–

(*a*) चर का मान (*b*) चर डेटा प्रकार

(*c*) चर का पता (*d*) कोई नहीं

11. पॉइंटर्स पर निम्नलिखित में से किस ऑपरेशन की अनुमति नहीं है?

(*a*) एक सूचक चर बढ़ाना (*b*) एक सूचक चर में एक संख्या जोड़ना

(*c*) एक संख्या से एक सूचक चर का विभाजन (*d*) दो सूचक चर का अंतर

12. निम्नलिखित खंड को क्रियान्वित करने के बाद *x* का मान क्या है?

```
int x = 5, *p;
p = &x;
*p = 7;
```

(*a*) 5 (*b*) 7

(*c*) अपरिभाषित (*d*) कोई नहीं

13. निम्नलिखित खंड का आउटपुट क्या होगा?

```
int a[5] = {1,2,3,4};
int *p = a;
printf("%d",*(p+2));
```

(*a*) 4 (*b*) 0

(*c*) 3 (*d*) 2

14. निम्नलिखित प्रोग्रामखंड पर विचार करें:

```
int *p, a[] = { 1, 2, 3, 4, 5 };
p = &a[2];
printf("%d", p[-1]);
```

(*a*) कंपाइलर समय त्रुटि क्योंकि P एक सारणी नहीं है

(*b*) आउटपुट 2 होगा

(*c*) कंपाइलर समय त्रुटि क्योंकि सबस्क्रिप्ट नकारात्मक नहीं हो सकता

(*d*) उपरोक्त में से कोई नहीं

15. निम्नलिखित प्रोग्रामखंड पर विचार करें:

```
const int i = 5;
int *p;
i = 20;
p = &i;
printf("\n%d, %d\n", *p, i);
```

उपरोक्त प्रोग्राम सेगमेंट के बारे में निम्नलिखित में से कौन सा सही है?

(*a*) आउटपुट 20, 20

(*b*) आउटपुट 5, 20 होगा

(*c*) आउटपुट 20, 5 होगा

(*d*) समय त्रुटि संकलित करें क्योंकि . का मान परिवर्तनीय मैं बदला नहीं जा सकता

उत्तरमाला									
1.	(*b*)	**2.**	(*d*)	**3.**	(*a*)	**4.**	(*d*)	**5.**	(*b*)
6.	(*b*)	**7.**	(*c*)	**8.**	(*a*)	**9.**	(*d*)	**10.**	(*c*)
11.	(*c*)	**12.**	(*b*)	**13.**	(*c*)	**14.**	(*b*)	**15.**	(*d*)

प्रोग्रामिंग समस्याएं

1. पॉइंटर्स का उपयोग करके एक सारणी को दूसरे में कॉपी करने के लिए एक प्रोग्राम लिखें।
2. पॉइंटर्स का उपयोग करके किसी सारणी को उलटने के लिए एक प्रोग्राम लिखें।
3. पॉइंटर का उपयोग करके स्ट्रिंग की लंबाई ज्ञात करने के लिए एक प्रोग्राम लिखें।
4. पॉइंटर्स का उपयोग करके एक स्ट्रिंग का विपरीत खोजने के लिए एक प्रोग्राम लिखें।
5. पॉइंटर्स का उपयोग करके दो स्ट्रिंग्स की तुलना करने के लिए एक प्रोग्राम लिखें।
6. एक फंक्शन लिखें जो पॉइंटर्स का उपयोग करके किसी दिए गए सारणी के सबसे छोटे तत्व, सबसे बड़े तत्व और तत्वों का औसत लौटाता है। इस फंक्शन के उपयोग का प्रदर्शन करें।
7. एक फंक्शन लिखें जो फ्लोटिंग पॉइंट नंबर प्राप्त करता है और पॉइंटर्स का उपयोग करके इसके अभिन्न भाग और आंशिक भाग को वापस करता है। इस फंक्शन के उपयोग का प्रदर्शन करें।

8. पॉइंटर्स का उपयोग करके यह पता लगाने के लिए एक प्रोग्राम लिखें कि सारणी में डुप्लिकेट तत्व हैं या नहीं।
9. पॉइंटर्स का उपयोग करके एक सारणी से डुप्लिकेट तत्वों को हटाने के लिए एक प्रोग्राम लिखें।
10. एक पॉइंटर का उपयोग करके संरचना की हैंडलिंग को प्रदर्शित करने के लिए एक प्रोग्राम लिखें।
11. एक फंक्शन replace() लिखें जिसका प्रोटोटाइप इस प्रकार दिया गया है

```
int replace(char *str, char c1, char c2);
```

जो वर्ण c1 की प्रत्येक घटना को वर्ण c2 से प्रतिस्थापित करता है, और किए गए कुल प्रतिस्थापन को लौटाता है। उपरोक्त फंक्शन का परीक्षण करने के लिए एक प्रोग्राम लिखें।
12. निम्नलिखित संरचना परिभाषा पर विचार करें:

```
struct BOX
{
    char make[25];
    float length, breadth, height;
};
```

एक फंक्शन लिखें जो BOX संरचना का पता लेता है और इसकी मात्रा देता है।
13. निम्नलिखित घोषणा पर विचार करें:

```
struct EMPLOYEE
{
    int code;
    char name[31];
    float salary;
};
```

यह देखते हुए कि एक संगठन में $n(\leq 50)$ कर्मचारी हैं। एक कर्मचारी के डेटा तक पहुंचने के लिए पॉइंटर नोटेशन का उपयोग करके एक प्रोग्राम लिखें जो उच्चतम वेतन वाले कर्मचारी के विवरण को आउटपुट करता है।
14. निम्नलिखित घोषणा पर विचार करें:

```
char *names[]={ "Vimal","Amit","Anuj","Rohit","Abhijit" };
```

पॉइंटर्स का उपयोग करके निम्नलिखित आउटपुट उत्पन्न करने के लिए एक प्रोग्राम लिखें।

```
char *names[]={ "tijihbA","tihoR","junA","timA","lamiV" };
```

15. एक फंक्शन substr() लिखें जिसका प्रोटोटाइप इस प्रकार दिया गया है

```
char *substr(char *str1, char *str2);
```

जो दूसरी स्ट्रिंग की घटना के लिए पहली स्ट्रिंग को स्केन करता है, और पहली स्ट्रिंग में तत्व के लिए एक पॉइंटर देता है जहां दूसरी स्ट्रिंग शुरू होती है। हालाँकि, यदि पहली स्ट्रिंग में दूसरी स्ट्रिंग नहीं होती है, तो फंक्शन को NULL वापस करना चाहिए। उपरोक्त फंक्शन का परीक्षण करने के लिए एक प्रोग्राम लिखें।

प्रायोगिक कार्य

1. सीमित संख्या में संचालन के साथ रैखिक लिंक्ड सूचियों को लागू करने के लिए एक प्रोग्राम लिखें।

Listing 9.6

```
/*
   Program to demonstrate the use of pointers and structures
   by implementing a linear linked list, where the insertion and
   deletions operations are limited to beginning of the l
   inked list,for simplicity.

   Program used separate function to perform each operation.
*/

#include <stdio.h>
#include <stdlib.h>

typedef struct nodeType
{
int info;
    struct nodeType *next;
} NODE;

/*-------   function prototypes   -------*/
void traverse(NODE *);
void search(NODE *, int);
NODE *insert(NODE * int);
NODE *delete(NODE *);

int main()
{
    NODE *head = NULL;
    int choice, element, after;
    while ( 1 )
    {
         printf( "\n\n         Options available \n" );
        printf( "++++++++++++++++++++++++++++++++ \n\n" );
        printf( "  1.  Insert\n" );
        printf( "  2.  Delete\n" );
        printf( "  3.  Search\n" );
        printf( "  4.  Traverse\n" );
```

```
    printf( " 5. Exit\n\n" );
printf( "Enter your choice ( 1-5 ) : " );
        scanf( "%d", &choice );
        switch ( choice )
        {
           case 1 : printf( "\nEnter element : " );
                          scanf( "%d", &element );
                          head = insert( head, element );
                          break;
           case 2 : head = delete(head);
                    break;
           case 3 : printf( "\nEnter element to search : " );
                          scanf( "%d", &element );
                          search( element );
                          break;
case 4 : if ( head == NULL )
                            printf( "\nList is empty ... " );
                          else
                             traverse(head);
                         printf("\n\nPress any key to continue
... ");
                          getch();
                          break;
case 5 : printf("\nProgram terminated on success\n");
                    return 0;
        }
     }
 }  /****** end of main function ******/


 /*
    function to traverse and print elements of the linked list
 */
 void traverse(NODE *head)
 {
     NODE *ptr = head;
     printf("\n\nLinked list\n\n");
     printf("\thead" );
     while ( ptr != NULL )
     {
         printf( " -> %d", ptr->info );
         ptr = ptr->next;
     }
 }
 /*
```

```
function to search a given element in the linked list
*/
void search(NODE *head, int item)
{
    NODE *ptr = head;
    while ( ptr != NULL )
        {
        if ( item == ptr->info )
        {
            printf("\nElement %d found in linked list\n", item);
            return;
                }
        ptr = ptr->next;
        }
        printf("\nElement %d not found in linked list\n", item);
}
/*
    function to insert node in the beginning of the linked list
*/
NODE *insert(NODE *head, int item )
{
    NODE *ptr;
    ptr = ( NODE * ) malloc( sizeof( NODE ) );
    ptr->info = item;
    ptr->next =  head;
    head = ptr;
    return ptr;
}
/*
    function to delete node from the beginning of the linked list
*/
NODE *delete(NODE *head)
{
    NODE *ptr;
    if ( head == NULL ) {
        printf("\nList is empty ... ");
        return;
        }
    printf("\nElement %d deleted from list\n", head->info);
    ptr = head;
    head = head->next;
    free(ptr);
    return head;
}
```

Test Run

```
Options available
 +++++++++++++++++++++++++++++++++

   1.  Insert
   2.  Delete
   3.  Search
   4.  Traverse
   5.  Exit

 Enter your choice ( 1-5 ) : 1

 Enter element : 1
         Options available
 +++++++++++++++++++++++++++++++++

   1.  Insert
   2.  Delete
   3.  Search
   4.  Traverse
   5.  Exit
Enter your choice ( 1-5 ) : 1

 Enter element : 15

         Options available
 +++++++++++++++++++++++++++++++++

   1.  Insert
   2.  Delete
   3.  Search
   4.  Traverse
   5.  Exit

 Enter your choice ( 1-5 ) : 1

 Enter element : 10
Options available
 +++++++++++++++++++++++++++++++++

   1.  Insert
   2.  Delete
   3.  Search
   4.  Traverse
   5.  Exit
```

```
Enter your choice ( 1-5 ) : 1

 Enter element : 25

         Options available
 +++++++++++++++++++++++++++++++++

   1.  Insert
   2.  Delete
   3.  Search
   4.  Traverse
   5.  Exit

 Enter your choice ( 1-5 ) : 4


 Linked list
head -> 10 -> 15 -> 1

 Press any key to continue ...

         Options available
 +++++++++++++++++++++++++++++++++

   1.  Insert
   2.  Delete
   3.  Search
   4.  Traverse
   5.  Exit

 Enter your choice ( 1-5 ) : 5

 Program terminated on success\n");
```

अधिक जानिए

पॉइंटर्स C भाषा की सबसे विशिष्ट और रोमांचक विशेषताओं में से एक हैं। यह भाषा को शक्ति और लचीलापन प्रदान करता है। शुरुआत में, पॉइंटर्स का उपयोग थोड़ा भ्रमित और जटिल लग सकता है, लेकिन एक बार जब आप अवधारणा को समझ लेंगे, तो आप सी भाषा के साथ बहुत कुछ करने में सक्षम होंगे।

शिक्षक से अपेक्षा की जाती है कि वह पॉइंटर्स की अवधारणाओं और सी भाषा में पॉइंटर्स को संभालने से संबंधित विभिन्न पहलुओं को समझे।

शिक्षक को उचित उदाहरण लेकर पॉइंटर के उपयोग को भी प्रदर्शित करना चाहिए और छात्रों की भागीदारी से उन्हें हल करने के लिए सी प्रोग्राम बनाना चाहिए।

संदर्भ एवं अध्ययन हेतु सुझाव

1. R. S. Salaria, Problem Solving & programming in C, Khanna Book Publishing Co(P) Ltd., New Delhi.
2. E. Balagurusamy, Programming in ANSI C, Tata McGraw Hill, New Delhi.
3. Yashavant Kanetkar, Let Us C, BPB Publications, New Delhi.
4. Byron Gottfried, Programming with C, Schaum's Outlines.
5. https://onlinecourses.nptel.ac.in/noc21_cs01/preview
6. https://ocw.mit.edu/courses/intro-programming/
7. https://www.programiz.com/c-programming
8. https://www.javatpoint.com/c-programming-language-tutorial

10 फाइल रखरखाव

यूनिट विशिष्ट

यह यूनिट फाइलों से संबंधित विषयों पर चर्चा करती है। फाइलें डेटा के दीर्घकालिक भंडारण के लिए एक साधन प्रदान करती हैं। डेटा को फाइल से पढ़ा जा सकता है या कुछ कमांड का उपयोग करके फाइल में लिखा जा सकता है। यह यूनिट फाइलों के विभिन्न पहलुओं की व्याख्या करती है और उपयुक्त उदाहरणों के साथ उनके उपयोग को प्रदर्शित करती है।

भूमिका

वास्तविक जीवन की समस्याओं में, हमें निम्नलिखित में से किसी भी स्थिति से निपटना पड़ सकता है :

- इनपुट डेटा की मात्रा बहुत अधिक हो सकती है
- एक ही डेटा को कई बार प्रोसेस् करने की आवश्यकता हो सकती है
- एक प्रोग्राम के आउटपुट को दूसरे प्रोग्राम के लिए इनपुट के रूप में उपयोग करना पड़ सकता है
- डेटा मशीन से उत्पन्न हो सकता है, जो मानव-पढ़ने योग्य नहीं हो

इन सभी स्थितियों में, प्रोग्राम निष्पादन के दौरान कीबोर्ड से डेटा दर्ज करने और कंप्यूटर स्क्रीन पर परिणाम उत्पन्न करने का पारंपरिक तरीका लगभग अव्यावहारिक है।

बेहतर समाधान यह है कि इनपुट डेटा को एक फाइल में संग्रहीत किया जाए, जिसे डेटा फाइल कहा जाता है, और फिर प्रोग्राम को उस फाइल से डेटा पढ़ने के लिए निर्देशित किया जाए। इसी तरह, प्रोग्राम को, प्रोग्राम के आउटपुट को डेटा फाइल में लिखने के लिए भी निर्देशित किया जा सकता है।

फाइलों से निपटने वाले इन सभी कार्यों को फाइल हैंडलिंग के रूप में जाना जाता है।

यह इकाई छात्रों को फाइलों के विभिन्न पहलुओं को समझने और वास्तविक जीवन की समस्याओं को हल करने के लिए फाइलों का उपयोग करके प्रोग्राम विकसित करने में मदद करेगी।

पूर्व-अपेक्षित ज्ञान

- मानक इनपुट / आउटपुट
- अस्वरूपित और स्वरूपित इनपुट/आउटपुट
- पूर्वनिर्धारित फाइलें / स्ट्रीम

यूनिट आउटकम्स

इस इकाई के पूर्ण अध्यन करने के बाद, विद्यार्थी निम्न में सक्षम होंगे:

U10-O1: डेटा फाइल की अवधारणा और इसकी उपयोगिता की व्याख्या करने में

U10-O2: फाइलों को खोलना और बंद करने में

U10-O3: फाइलों पर पढ़ने और लिखने पर संचालन में

U10-O4: फाइल हैंडलिंग के लिए कुशल प्रोग्राम लिखने में

यूनिट-10 आउटकम्स	कोर्स आउटकम्स (COs) के साथ अपेक्षित संबंध *(1-कमजोर सहसंबंध; 2-मध्यम सहसंबंध; 3-मजबूत सहसंबंध)*							
	CO-1	**CO-2**	**CO-3**	**CO-4**	**CO-5**	**CO-6**	**CO-7**	**CO-8**
U10-O1	1	–	–	–	–	–	–	–
U10-O2	–	–	1	–	–	–	–	–
U10-O3	–	–	1	–	–	–	–	–
U10-O4	–	–	–	–	–	2	–	–

10.1 प्रस्तावना

एक फाइल संबंधित डेटा का एक संग्रह है। फाइल का प्राथमिक उद्देश्य डेटा का रिकॉर्ड रखना है। चूंकि कंप्यूटर मेमोरी अस्थिर है (यानी, कंप्यूटर बंद होने पर मेमोरी सामग्री खो जाती है), हमें बाद में उपयोग के लिए डेटा स्टोर करने की आवश्यकता होती है। इसके अलावा, डेटा की मात्रा एक निश्चित समय में पूरी तरह से मेमोरी में रहने के लिए विशाल हो सकती है। इसलिए, हमारे प्रोग्राम में डेटा के एक हिस्से को पढ़ने और लिखने की क्षमता होनी चाहिए, जबकि बाकी डेटा फाइल में रहता है।

प्रोग्राम द्वारा उपयोग की जाने वाली फाइलें आमतौर पर हार्ड डिस्क पर संग्रहीत की जाती हैं। जब प्रोग्राम पढ़ता है, तो डेटा फाइल से मेमोरी में ले जाया जाता है; जब यह लिखता है तो यह मेमोरी से फाइल में चला जाता है। यह स्थानांतरित डेटा एक विशेष कार्य क्षेत्र का उपयोग करता है जिसे बफर के रूप में जाना जाता है, अर्थात, एक बफर एक अस्थायी भंडारण क्षेत्र है जो मेमोरी में या मेमोरी से स्थानांतरित डेटा रखता है।

C भाषा में एक प्रोग्राम विभिन्न तरीकों से फाइलों को पढ़ और लिख सकता है। इनमें से प्रत्येक तरीके का इस इकाई में सीधा वर्णन किया गया है और अच्छी तरह से डिजाइन किए गए प्रोग्रामिंग उदाहरणों के साथ चित्रित किया गया है।

10.2 फाइलों के प्रकार

C भाषा में दो तरह की फाइलें होती हैं-टेक्स्ट फाइल और बाइनरी फाइल।

- **टेक्स्ट फाइल (Text file):** एक टेक्स्ट फाइल अपने ASCII मानों को संग्रहीत करके अक्षरों, अंकों और अन्य विशेष प्रतीकों में डेटा संग्रहीत करती है और मानव-पठनीय प्रारूप में होती है। जब आप इन फाइलों को खोलते हैं, तो आप फाइल की सभी सामग्री को सादे टेक्स्ट के रूप में देख सकते हैं। आप सामग्री को आसानी से संपादित या हटा सकते हैं। ये फाइलें खुद को बनाए रखने के लिए न्यूनतम प्रयास करती हैं, आसानी से पढ़ने योग्य होती हैं, कम से कम सुरक्षा प्रदान करती हैं, और अधिक संग्रहण स्थान लेती हैं।

- **बाइनरी फाइल (Binary file):** एक बाइनरी फाइल डेटा को बाइट्स के अनुक्रम के रूप में संग्रहीत करती है जो मानव-पठनीय प्रारूप में नहीं हैं। उन्हें केवल प्रोग्राम का उपयोग करके बनाया जा सकता है। वे बड़ी मात्रा में डेटा रख सकते हैं, आसानी से पढ़ने योग्य नहीं होते हैं, और टेक्स्ट फाइलों की तुलना में बेहतर सुरक्षा प्रदान करती हैं।

तालिका 10.1: टेक्स्ट फाइल बनाम बाइनरी फाइल

टेक्स्ट फाइल	बाइनरी फाइल
डेटा मानव-पठनीय वर्णों का उपयोग करके संग्रहीत किया जाता है।	डेटा को उसी प्रारूप में संग्रहीत किया जाता है जैसे वह मेमोरी में संग्रहीत होता है।
डेटा की प्रत्येक पंक्ति एक न्यूलाइन वर्ण के साथ समाप्त होती है।	कोई न्यूलाइन वर्ण नहीं है।
फाइल के अंत में एंड-फाइल (EOF) नामक एक अद्वितीय वर्ण होता है।	फाइल के अंत में एंड-ऑफ-फाइल मार्कर है।

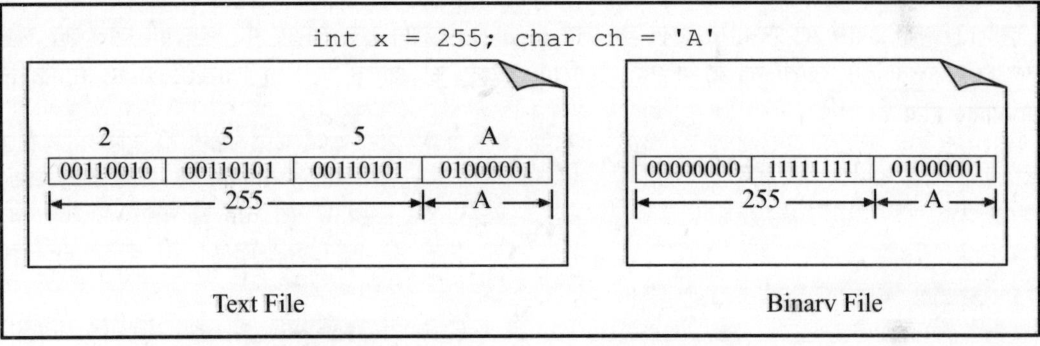

चित्र 10.1: फाइलों में डेटा के भंडारण का चित्रण

10.3 फाइल को प्रोसेसिंग करने के चरण

फाइल के प्रोसेसिंग में निम्नलिखित चरण शामिल हैं:

1. **फाइल खोलना :** फाइल प्रोसेसिंग में पहला कदम फाइल को उपयुक्त मोड में खोलना है। यदि आप अपने प्रोग्राम में किसी फाइल से पढ़ना चाहते हैं, तो फाइल को रीड/इनपुट मोड में खोला जाना चाहिए। इसी तरह, यदि आप किसी फाइल में अपने प्रोग्राम का आउटपुट लिखना चाहते हैं, तो फाइल को राइट/आउटपुट मोड में खोला जाना चाहिए। हालाँकि, जब आप उसी फाइल से पढ़ना और लिखना चाहते हैं; फिर, फाइल को रीड-राइट मोड में खोला जाना चाहिए।

2. **किसी फाइल से पढ़ना या उस पर लिखना :** एक बार फाइल के सफलतापूर्वक खुलने के बाद, डेटा को फाइल से पढ़ा जा सकता है या फाइल में विभिन्न तरीकों से लिखा जा सकता है।

3. **फाइल को बंद करना :** फाइल प्रोसेसिंग में यह अंतिम चरण है। एक बार जब हम फाइलों को पढ़ना और लिखना पूरा कर लेते हैं, तो प्रत्येक फाइल को बंद कर देना चाहिए।

10.3.1 फाइल खोलना

इससे पहले कि कोई प्रोग्राम किसी फाइल को लिख सके या किसी फाइल से पढ़ सके, प्रोग्राम को उसे खोलना चाहिए। फाइल खोलना प्रोग्राम और ऑपरेटिंग सिस्टम के बीच एक समझ स्थापित करता है। यह ऑपरेटिंग सिस्टम को फाइल के नाम और उस मोड के साथ प्रदान करता है जिसमें फाइल खोली जानी है, यानी, पढ़ने, लिखने या दोनों के लिए।

फाइल और प्रोग्राम के बीच संचार क्षेत्र स्थापित किए गए हैं। इन क्षेत्रों में से एक FILE प्रकार की संरचना (STRUCTURE) है, जिसे हेडर फाइल stdio.h में घोषित किया गया है जिसमें फाइल के बारे में जानकारी है।

हमें निम्नलिखित घोषणा का उपयोग करके प्रत्येक फाइल के लिए एक फाइल सूचक (POINTER) घोषित करने की आवश्यकता है:

```
FILE *fp;
```

इसके बाद, हम fopen () फंक्शन का उपयोग करके फाइल को खोल सकते हैं:

```
fp = fopen( "filename", "mode" );
```

fopen () फंक्शन ऑपरेटिंग सिस्टम को filename नाम की फाइल को दिये गये मोड में खोलने का अनुरोध करता है। यदि अनुरोध दिया जाता है तो यह FILE संरचना के लिए एक सूचक देता है: अन्यथा एक NULL सूचक देता है।

इसलिए, एक प्रोग्राम यह निर्धारित करने के लिए fopen() फंक्शन द्वारा लौटाए गए मान की जांच कर सकता है कि फाइल सफलतापूर्वक खोली गई है या नहीं। इसलिए, फाइल को खोलने के लिए जिम्मेदार प्रोग्राम सेगमेंट लिखना हमेशा बेहतर होता है।

```
fp = fopen ("filename", "mode" );
if ( fp == NULL )
{
   printf( "\nUnable to open file.\n" );
   return 1;
}
```

खोली गई प्रत्येक फाइल की अपनी संरचना होगी, जिसमें एक पॉइंटर होगा। कोई भी प्रोग्राम कितनी भी फाइलें खोल सकता है।

तालिका 10.2: फाइल खोलने का तरीका

मोड	विवरण
r	पढ़ने के लिए एक टेक्स्ट फाइल खोलें। फाइल पहले से मौजूद होनी चाहिए।
w	लिखने के लिए एक टेक्स्ट फाइल खोलें। यदि फाइल पहले से मौजूद है, तो इसकी सामग्री को अधिलेखित कर दिया जाता है। यदि यह अस्तित्व में नहीं है, तो इसे बनाया जाएगा।
a	परिशिष्ट के लिए एक टेक्स्ट फाइल खोलें। डेटा फाइल के अंत में जोड़ा जाएगा। यदि फाइल मौजूद नहीं है, तो इसे बनाया जाएगा।
r+	पढ़ने और लिखने दोनों के लिए एक टेक्स्ट फाइल खोलें। फाइल पहले से मौजूद होनी चाहिए।

मोड	विवरण
w+	पढ़ने और लिखने दोनों के लिए एक टेक्स्ट फाइल खोलें। यदि फाइल मौजूद है, तो इसकी सामग्री को अधिलेखित कर दिया जाता है। यदि यह अस्तित्व में नहीं है, तो इसे बनाया जाएगा।
a+	पढ़ने और जोड़ने दोनों के लिए एक टेक्स्ट फाइल खोलें। यदि फाइल मौजूद नहीं है, तो इसे बनाया जाएगा।
rb	पढ़ने के लिए एक बाइनरी फाइल खोलें। फाइल पहले से मौजूद होनी चाहिए।
wb	लिखने के लिए एक बाइनरी फाइल खोलें। यदि फाइल पहले से मौजूद है, तो इसकी सामग्री को अधिलेखित कर दिया जाता है। यदि यह अस्तित्व में नहीं है, तो इसे बनाया जाएगा।
ab	परिशिष्ट के लिए एक बाइनरी फाइल खोलें। डेटा फाइल के अंत में जोड़ा जाएगा। यदि फाइल मौजूद नहीं है, तो इसे बनाया जाएगा।
rb+	पढ़ने और लिखने दोनों के लिए एक बाइनरी फाइल खोलें। फाइल पहले से मौजूद होनी चाहिए।
wb+	पढ़ने और लिखने दोनों के लिए एक बाइनरी फाइल खोलें। यदि फाइल मौजूद है, तो इसकी सामग्री को अधि लेखित कर दिया जाता है। यदि यह अस्तित्व में नहीं है, तो इसे बनाया जाएगा।
ab+	पढ़ने और जोड़ने दोनों के लिए एक बाइनरी फाइल खोलें। यदि फाइल मौजूद नहीं है, तो इसे बनाया जाएगा।

10.3.2 फाइल को बंद करना

जब कोई प्रोग्राम किसी फाइल के पढ़ने/लिखने के साथ समाप्त हो जाता है, तो उसे बंद कर देना चाहिए। यह कार्य fclose() लाइब्रेरी फंक्शन का उपयोग करके किया जाता है, जिसका सिंटैक्स है।

```
FILE *fp;
```

जहां fp एक फाइल पॉइंटर है जो एक फाइल से जुड़ा है जिसे बंद किया जाता है।

किसी फाइल को बंद करने से स्पष्ट रूप से दो प्रभाव पड़ते हैं। ये

- बफर में बचा हुआ कोई भी डेटा फाइल में लिखा जाता है। यह ध्यान दिया जा सकता है कि उपयोग किया गया बफर प्रोग्रामर के लिए अदृश्य है।
- विशेष फाइल द्वारा उपयोग किए जाने वाले संचार क्षेत्रों को मुक्त करता है ताकि वे अन्य फाइलों के लिए उपलब्ध हों। इन क्षेत्रों में FILE संरचना और बफर शामिल हैं।

10.3.3 टेक्स्ट फाइलों को पढ़ना और लिखना

टेक्स्ट फाइल से डेटा पढ़ने और डेटा लिखने के कई तरीके हैं। ये हैं–

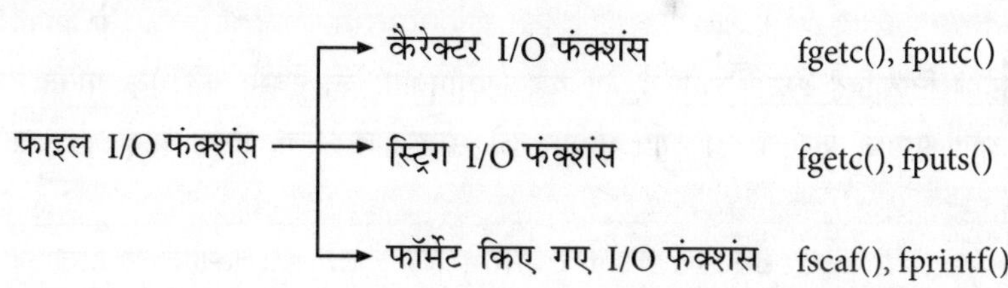

10.3.3.1 कैरेक्टर I/O फंक्शंस का उपयोग करके पढ़ना और लिखना

कैरेक्टर I/O फंक्शंस का इस्तेमाल करते हुए डेटा को एक बार में एक कैरेक्टर को पढ़ा या लिखा जा सकता है। यह फंक्शन putchar(), and getchar() स्क्रीन पर डेटा लिखने और कीबोर्ड से डेटा पढ़ने के तरीके के अनुरूप है।

फाइल में लिखना

एक बार प्रोग्राम ने किसी विशेष फाइल को खोलकर संचार की एक पंक्ति स्थापित कर ली है, तो वह उसे लिख सकता है। एक समय में एक वर्ण लिखने वाले फंक्शन का सिंटैक्स है।

```
fputc( ch, fp );
```

जहाँ *ch* एक चर्ण चर या स्थिरांक है, और *fp* एक फाइल सूचक है।

निम्नलिखित सूची एक प्रोग्राम का उदाहरण दिखाती है जो कुंजीपटल से पाठ की एक पंक्ति, एक समय में एक वर्ण को स्वीकार करता है, और *file1.dat* नामक डिस्क फाइल में लिखता है।

Listing 10.1

```
/*
   Program to demonstrate writing of one character at a time to file
*/
#include<stdio.h>
int main()
{
   FILE *fp;
   char ch;
   fp = fopen( "file1.dat", "w" );
   if ( fp == NULL ) {
      printf( "\nUnable to open file1.dat\n" );
      return 1;
   }
   printf( "\nType a line of text, when finished" );
   printf( ", when finished hit Enter key\n" );
   while ( ( ch = getche() ) != '\r' )
      fputc ( ch, fp );
   fclose( fp );
   return 0;
}
```

जब उपरोक्त प्रोग्राम निष्पादित किया जाता है, तो यह उपयोगकर्ता को टेक्स्ट की एक पंक्ति टाइप करने के लिए प्रेरित करता हैं। जब आप समाप्त कर लें, तो आप प्रोग्राम को समाप्त करने के लिए एंटर (σ) कुंजी दबाएं।

Test Run

```
C is a powerful procedural language. It provides both low-level as well
as high-level features.
```

फाइल से पढ़ना

कई व्यावहारिक स्थितियों में, हमें संरचनाओं की एक सारणी बनाने की आवश्यकता होती है। उदाहरण के तौर पर, हमें कक्षा में छात्रों के समूह के साथ काम करने के लिए छात्रों की एक सारणी बनाने की जरूरत है। छात्रों के डेटा को संरचनाओं की एक सारणी में रखकर, हम छात्र के डेटा को जल्दी और कुशलता से संसाधित कर सकते हैं।

छात्रों के डेटा को संग्रहीत करने के लिए संरचनाओं की एक सारणी निम्नानुसार घोषित की जाएगी

```
ch = fgetc( fp );
```

जहाँ *ch* एक कैरेक्टर वेरिएबल है, और *fp* एक फाइल पॉइंटर है।

fgetc() फंक्शन से पढ़े एक वर्ण या फाइल के अंत (EOF) वर्ण का लौटाता है यदि यह फाइल के अंत तक पहुँचा गया है।

निम्नलिखित सूची एक प्रोग्राम का उदाहरण दिखाती है जो एक फाइल से एक वर्ण को पढ़ता है और स्क्रीन पर लिखता है।

Listing 10.2

```
/*
    Program to demonstrate reading of character at a time from a file
 */
 #include<stdio.h>
 int main()
 {
    FILE *fp;
    char ch;
    fp = fopen( "file1.dat", "r" );
    if ( fp == NULL ) {
       printf( "\nUnable to open file1.dat\n" );
       return 1;
    }
    printf( "\nContens of file are:\n\n" );
    while ( ( ch = fgetc (fp) ) != EOF )
       putchar( ch );
    fclose( fp );
    return 0;
 }
```

जब उपरोक्त प्रोग्राम निष्पादित किया जाता है, तो यह फाइल *file1.dot* की सामग्री को एक समय में एक वर्ण पढ़ता है, और स्क्रीन पर तब तक लिखता है जब तक कि यह एंड-ऑफ-फाइल का (EOF) सामना नहीं करता।

Test Run

```
Contents of the file are:
C is a powerful procedural language. It provides both low-level as well
as high-level features.
```

10.3.3.2 स्ट्रिंग I/O फंक्शन का उपयोग करके पढ़ना और लिखना

स्ट्रिंग I/O फंक्शन का उपयोग करके, डेटा को वर्णों की एक स्ट्रिंग के रूप में पढ़ा या लिखा जा सकता है। वर्णों की एक स्ट्रिंग पढ़ना और लिखना व्यक्तिगत वर्णों की तरह आसान है।

फाइल में लिखना

एक बार में वर्णों की एक स्ट्रिंग लिखने वाले फंक्शन का सिंटैक्स है।

```
fputs( str, fp );
```

जहां *str* वर्णों की एक सारणी या एक स्ट्रिंग स्थिरांक है, और *fp* एक फाइल सूचक है।

निम्नलिखित सूची एक प्रोग्राम का उदाहरण दिखाती है जो कीबोर्ड से स्ट्रिंग्स की एक श्रृंखला को स्वीकार करता है और उन्हें डिस्क फाइल पर लिखता है।

Listing 10.3

```
/*
    Program to demonstrate writing of strings to a file
 */
 #include<stdio.h>
 #include<string.h>
 int main()
 {
    FILE *fp;
    char str[81];
    fptr = fopen( "file2.dat", "w" );
    if ( fp == NULL ) {
       printf( "\nUnable to open file2.dat\n" );
       return 1;
    }
    printf( "\nEnter a set of strings, press just" );
    printf( " Enter key to finish\n" );
    while ( strlen( gets( str ) ) > 0 )
    {
       fputs( str, fp );
       fputs( "\n", fp );
    }
    fclose( fp );
    return 0;
 }
```

Test Run

```
C is a powerful procedural language. ↵
It is a middle-level language. ↵
All Programs are tested using Turbo C Compiler. ↵
↵
```

जब उपरोक्त प्रोग्राम निष्पादित किया जाता है, तो यह एंटर कुंजी दबाकर समाप्त किए गए स्ट्रिंग्स के एक सेट को स्वीकार करता है। जब आप समाप्त कर लें, तो शुरू में कुछ भी दर्ज किए बिना एंटर कुंजी दबाएं, जिसे प्रोग्राम को समाप्त करने के लिए लंबाई 0, यानी नल स्ट्रिंग के रूप में लिया जाता है।

उपरोक्त कार्यक्रम में, हमने स्ट्रिंग को स्टोर करने के लिए वर्णों की एक सारणी स्थापित की है। *fputs()* फंक्शन तब सारणी की सामग्री को डिस्क पर लिखता है। चूंकि *puts()* फंक्शन स्वचालित रूप से स्ट्रिंग के अंत में एक न्यूलाइन वर्ण नहीं जोड़ता है, इसलिए हमें फाइल से स्ट्रिंग को वापस पढ़ना स्पष्ट रूप से आसान बनाना चाहिए।

फाइल से पढ़ना

किसी फाइल से स्ट्रिंग्स को पढ़ने वाले फंक्शन का सिंटैक्स है

```
fgets( str, n, fp );
```

जहाँ *str* वर्णों की एक सारणी है और उस पते को निर्दिष्ट करता है जहाँ स्ट्रिंग संग्रहीत है, *n* इनपुट स्ट्रिंग की अधिकतम लंबाई है, और *fp* एक फाइल सूचक है।

fgets() फंक्शन एक पूर्ण मान देता है जब यह फाइल के अंत में EOF पढ़ता है।

निम्नलिखित सूची एक प्रोग्राम का एक उदाहरण दिखाती है जो एक फाइल से एक समय में एक स्ट्रिंग को पढ़ता है और स्क्रीन पर लिखता है।

Listing 10.4

```
/*
    Program to demonstrate reading of strings from a file
 */
 #include<stdio.h>
 #include<string.h>
 int main()
 {
    FILE *fp;
    char str[81];
    fp = fopen( "file2.dat", "r" );
    if ( fp == NULL ) {
       printf( "\nUnable to open file2.dat\n" );
       return 1;
    }
    printf( "\nContens of file are:\n\n" );
    while ( fgets( str, 80, fp ) != NULL ) {
       puts( str );
    }
    fclose( fp );
    return 0;
 }
```

जब उपरोक्त प्रोग्राम निष्पदित किया जाता है, तो यह एक समय में *file3.dat* एक स्ट्रिंग की सामग्री को पढ़ता है और उन्हें स्क्रीन पर तब तक लिखता है जब तक यह EOF सामना नहीं करता।

Test Run

```
Contents of the file are:
C is a powerful procedural language.
It is a middle-level language.
All Programs are tested using Turbo C Compiler.
```

10.3.3.3 फॉर्मेट किए गए I/O फंक्शन का उपयोग करके पढ़ना और लिखना

अब तक, हमने अक्षर, स्ट्रिंग और पूर्णांक संख्याओं को पढ़ने और लिखने पर विचार किया है। वास्तविक संख्याओं के बारे में क्या? और मिश्रित प्रकार के डेटा के बारे में क्या? उदाहरण के लिए, मान लीजिए कि हम एक एजेंट के बारे में जानकारी संग्रहीत करना चाहते हैं जिसमें उसका नाम (एक स्ट्रिंग), कोड संख्या (एक पूर्णांक संख्या), और ऊंचाई (एक प्राकृतिक संख्या) शामिल है। हम एजेंटों की दी गई सूची के लिए एक डेटा फाइल बनाना चाहते हैं। यह प्रारूपित I/O फंक्शन का उपयोग करके किया जा सकता है।

फाइल में लिखना

किसी फाइल में प्रारूपित डेटा लिखने वाले फंक्शन का सिंटैक्स है

```
fprintf( fp, "format-string" , ditems );
```

जहां *fp* एक फाइल पॉइंटर है, और *ditems* एक फाइल में लिखे जाने वाले वेरिएबल्स की एक सूची है। *fprintf()* *printf()* फंक्शन के समान है; अंतर केवल इतना है कि *printf()* फंक्शन स्क्रीन पर प्रारूपित डेटा लिखता है।

Listing 10.5

```
/*
Program to demonstrate writing of formatted data to a file
*/
#include<stdio.h>
 int main()
 {
    FILE *fp;
    char yes_no;
    char name[41];
    int code;
    float height;
    fp = fopen( "file3.dat", "w" );
    if ( fp == NULL ) {
       printf( "\nUnable to open file3.dat\n" );
       return 1;
    }
    while(1)
    {
       printf( "\nEnter name, code number, height" );
```

```
        scanf( "%s,%d,%f", name, &code, &height );
        fprintf( fp,"%s,%d,%f", name, code, height );
        printf( "Any more input y/n?: " );
        yes_no = tolower( getche() );
        fflush ( stdin );
        if ( yes_no == 'n' )
           break;
    }
    fclose( fp );
return 0;
}
```

Test Run

```
Enter name, code number, height
Geetu, 10, 160.25
Any more input y/n?: y
Enter name, code number, height
Shivani, 11, 158.5
Any more input y/n?: y
Enter name, code number, height
Vijay, 12, 165.5
Any more input y/n?: y
Enter name, code number, height
Gurpreet, 13, 166.25
Any more input y/n?: n
```

उपरोक्त जानकारी अब *file3.dat* नाम की फाइल में है। यदि हम TYPE कमांड का उपयोग करके इसे देखने का प्रयास करते हैं, तो संपूर्ण आउटपुट एक ही लाइन पर होगा क्योंकि डेटा में कोई नई लाइन नहीं है। आउटपुट को अधिक आसानी से प्रारूपित करने के लिए, हम प्रारूपित इनपुट का उपयोग करके उपरोक्त फाइल को पढ़ने के लिए विशेष रूप से एक प्रोग्राम लिख सकते हैं।

फाइल से पढ़ना

किसी फाइल में स्वरूपित डेटा को पढ़ने वाले फंक्शन का सिंटैक्स है

```
fscanf( fp, "format-string" , ditems );
```

जहां *fptr* एक फाइल सूचक है, और *ditems* पतों की एक सूची है जहाँ फाइल से पढ़े गए मानों को संग्रहीत किया जाना है।

Listing 10.6

```
/*
   Program to demonstrate writing of formatted from a file
 */

#include<stdio.h>

int main()
{
   FILE *fp;
   char yes_no, char name[41];
   int code;
   float height;
   fp = fopen( "file3.dat", "r" );
   if ( fp == NULL ) {
      printf( "\nUnable to open file3.dat\n" );
      return 1;
   }
   printf( "\nContens of file are:\n\n" );
   while( fscanf(fp,"%s,%d,%f", name, &code, &height) != EOF ) {
      printf( "%s %d %f\n", name, code, height );
   }
   fclose( fp );
   return 0;
}
```

Test Run

```
Contents of file are:
Geetu 10 160.25
Shivani 11 158.5
Vijay 12 165.5
Gurpreet 13 166.25
```

10.3.4 बाइनरी फाइलों को पढ़ना और लिखना

C भाषा रिकॉर्ड *I/O* प्रदान करती है, जिसे कभी-कभी ब्लॉक *I/O* कहा जाता है, बाइनरी फाइलों को डेटा पढ़ने और लिखने के लिए कार्य करता है।

रिकॉर्ड *I/O* डिस्क फाइलों को बाइनरी प्रारूप में संख्या लिखता है ताकि पूर्णांक दो बाइट्स में संग्रहीत हो; लंबे पूर्णांक चार बाइट्स में संग्रहीत होते हैं, चार बाइट्स में एकल-सटीक फ्लोटिंग-पॉइंट नंबर, और आठ बाइट्स में डबल-सटीक फ्लोटिंग-पॉइंट नंबर–*स्मृति में संख्यात्मक डेटा संग्रहीत करने के लिए उपयोग किया जाने वाला एक ही प्रारूप।*

रिकॉर्ड *I/O* डेटा को एक साथ पढ़ने और लिखने की भी अनुमति देता है; प्रक्रिया एक वर्ण या स्ट्रिंग या कुछ मानों तक सीमित नहीं है। सारणियों (Arrays), संरचनाओं (Structures), संरचनाओं की सारणी (Array of structures) को एक इकाई के रूप में पढ़ा और लिखा जा सकता है।

फाइल में लिखना

एक बार में डेटा का एक ब्लॉक लिखने वाले फंक्शन का सिंटैक्स है

```
fwrite( ptr, m, n, fp );
```

जहाँ *ptr* किसी सारणी या संरचना का पता लिखा जाना है, *m* एक सारणी या संरचना का आकार है, *n* ऐसे सारणियों या संरचनाओं की संख्या है जिसे लिखा जाना है, और *fp* बाइनरी मोड में लिखने के लिए खोले गए फाइल का सूचक है ।

ब्लॉक लिखने के बाद, *fwrite()* फंक्शन वास्तव में लिखे गए डेटा आइटम की संख्या लौटाता है। यदि लिखे गए आइटमों की संख्या अनुरोध से कम है, तो इसका मतलब है कि कुछ त्रुटि हुई है।

लेखन सारणियाँ

मान लीजिए कि हम *file4.dat* नामक फाइल में 10 तत्वों वाले एक पूर्णांक सारणी को संग्रहीत करना चाहते हैं।

Listing 10.7

```
/*
    Program to demonstrate writing of an entire array to a file
 */

 # include <stdio.h>
 int main()
 {
    FILE *fp;
    int i, a[10];
    fp = fopen( "file4.dat", "wb" );
    if ( fp == NULL ) {
       printf( "\nUnable to open file4.dat\n" );
       return 1;
    }
    printf( "\nEnter ten values\n" );
    for ( i = 0; i <= 10; i++ )
        scanf( "%d", &a[i] );
    fwrite(a, sizeof(a), 1, fp); /* write entire array to file */
    fclose( fp );
    return 0;
 }
```

निष्पादित होने पर, यह प्रोग्राम उपयोगकर्ता को दस पूर्णांक मान दर्ज करने के लिए प्रेरित करेगा और फिर *file4.dat* नामक डिस्क फाइल में संपूर्ण सारणी लिखता है।

लेखन संरचनाएं

मान लीजिए कि हम *agent* नाम की एक संरचना लिखना चाहते हैं, जिसके तत्व - नाम (अधिकतम 40 वर्ण), कोड (अधिकतम 5 वर्ण), और ऊँचाई (एक वास्तविक संख्या) *file5.dat* नाम की डिस्क फाइल में हैं।

Listing 10.8

```
/*
   Program to demonstrate writing of an entire structure to a file
 */
#include<stdio.h>

struct
{
   char name[41];
   char code[6];
   float height;
} agent;

int main()
{
   FILE *fp;
   char yes_no, numstr[40];
   fp = fopen( "file5.dat", "wb" );
   if ( fp == NULL ) {
      printf( "\nUnable to open file5.dat\n" );
      return 1;
   }
   while ( 1 ) {
      printf( "\nEnter name : " );
      gets( agent.name );
      printf( "\nEnter code number : " );
      gets( agent.code );
      printf( "\nEnter height : " );
      gets( numstr );
      agent.height = atof ( numstr );
      fwrite( &agent, sizeof(agent), 1, fp );
      printf( "Any more input y/n?: " );
      yes_no = tolower( getche() );
      fflush( stdin );
      if ( yes_no == 'n' )
          break;
   }
   fclose( fp );
   return 0;
}
```

जब निष्पादित किया जाता है, तो यह प्रोग्राम उपयोगकर्ता को agent के विवरण दर्ज करने के लिए प्रेरित करेगा, उन्हें एक संरचना में संग्रहीत करेगा, और फिर इस संरचना को *file5.dat* नाम की डिस्क फाइल में एक ही बार में लिखता है।

एक संरचना चर के बजाय, agent एक *n* तत्वों के साथ संरचनाओं की एक सारणी है, और हम संपूर्ण सारणी को एक ही लेखन ऑपरेशन में लिखना चाहते हैं।

इस कार्य को *fwrite()* फंक्शन को इस प्रकार लिखकर पूरा किया जा सकता है

```
fwrite( agent, sizeof(agent[0]), n, fp );
```

उपरोक्त कार्यक्रम संख्यात्मक डेटा के इनपुट के प्रदर्शन का एक और तरीका प्रदर्शित करता है। संख्यात्मक डेटा को एक स्ट्रिंग के रूप में भी पढ़ा जा सकता है और बाद में उचित मान में परिवर्तित किया जा सकता है। लाइब्रेरी फंक्शन *atoi()* एक पूर्णांक स्ट्रिंग को एक पूर्णांक मान में परिवर्तित करता है, जबकि फंक्शन *atof()* एक वास्तविक स्ट्रिंग को एक वास्तविक संख्या में परिवर्तित करता है। उनके समकक्ष *itoa()* और *fcvt()* हैं, जो एक पूर्णांक मान और वास्तविक मान को उपयुक्त स्ट्रिंग में परिवर्तित करते हैं। इन कार्यों को हेडर फाइल *stdlib.h* में परिभाषित किया गया है। प्रश्न उठ सकता है इन रूपांतरणों की आवश्यकता क्यों है?

इसके दो कारण हैं।

- कभी-कभी हमें एक संख्यात्मक मान को एक स्ट्रिंग के साथ संयोजित करने की आवश्यकता हो सकती है, और यह तभी संभव होगा जब संख्यात्मक मान को एक स्ट्रिंग में परिवर्तित किया जाए।
- C प्रणाली *scanf()* फंक्शन के साथ वास्तविक संख्याओं के इनपुट के साथ बहुत असंगत है। कभी-कभी यह एक त्रुटि संदेश देता है– *floating point format not linked.*

उपरोक्त कार्यक्रम में प्रयुक्त एक अन्य फंक्शन *fflush()* फंक्शन है। इस फंक्शन का उपयोग अवांछित डेटा को फ्लश करने के लिए किया जाता है जो कि कीबोर्ड बफर में छोड़ा जा सकता है। आपने देखा होगा कि कभी-कभी सिस्टम किसी इनपुट फंक्शन के लिए कॉल के जवाब में किसी विशेष इनपुट के लिए रुकता नहीं है। ऐसा कुछ अवांछित डेटा के कारण होता है जो कि कीबोर्ड बफर में छोड़ दिया जाता है। इसलिए हम *fflush()* फंक्शन का उपयोग करके अगला इनपुट लेने से पहले इसे फ्लश कर सकते हैं।

फाइल से पढ़ना

किसी फाइल से किसी ब्लॉक को पढ़ने वाले फंक्शन का सिंटैक्स है

```
fread( ptr, m, n, fp );
```

जहाँ *ptr* एक सारणी या संरचना का पता है जहाँ पढ़ने के बाद ब्लॉक को संग्रहीत किया जाएगा, *m* पढ़ने के लिए एक सारणी या संरचना का आकार है, *n* पढ़ने के लिए ऐसे सारणियों या संरचनाओं की संख्या है, और *fp* है पढ़ने के लिए बाइनरी मोड में खोली गई फाइल का एक फाइल पॉइंटर।

fread() फंक्शन पढ़े गए वास्तविक डेटा आइटम की संख्या देता है। इस फंक्शन का उपयोग निम्नलिखित प्रोग्राम में दिखाया गया है।

Listing 10.9

```
/*
   Program to demonstrate reading of entire structure from a file
*/

#include<stdio.h>

struct
{
   char name[41];
   char code[6];
   float height;
} agent;

int main()
{
   FILE *fp;
   int record_no = 0;
   fp = fopen( "file5.dat", "rb" );
   if ( fp == NULL )
   {
      printf( "\nUnable to open file5.dat\n" );
      return 1;
   }

   while ( fread(&agent,sizeof(agent),1,fp) > 0 )
   {
      printf( "\nRecord #%d\n", record_no );
      printf( "\nName : %s", agent.name );
      printf( "\nCode number : %s", agent.code );
      printf( "\nHeight : %.2f", agent.height );
      record_no++;
      printf("\n\nPress any key to see next record..." );
      getch();
   }
   fclose( fp );
   return 0;
}
```

उपरोक्त प्रोग्राम प्रोग्राम लिस्टिंग 10.8 द्वारा बनाई गई डेटा फाइल को पढ़ता है। यह एक समय में एक संरचना को पढ़ता है और इसे स्क्रीन पर प्रदर्शित करता है। जब *fread()* फंक्शन मान 0 देता है, तो *while loop* समाप्त हो जाएगा, जिसका अर्थ है कि यह एक ब्लॉक को नहीं पढ़ सकता है। यह फाइल के अंत को इंगित करता है।

10.4 फाइल पोजीशनिंग कार्य

फाइल पोजीशनिंग को संभालने के लिए C भाषा निम्नलिखित फंक्शन प्रदान करती है:

- फाइल पॉइंटर को फाइल की शुरुआत में सेट करने के लिए *rewind()* फंक्शन ।
- फाइल में फाइल पॉइंटर की वर्तमान स्थिति जानने के लिए *ftell()* फंक्शन।
- फाइल में फाइल पॉइंटर की स्थिति बदलने के लिए *seek()* फंक्शन।

10.4.1 रिवाइंड फाइल: *rewind()* फंक्शन

फाइल पॉइंटर को फाइल की शुरुआत में रखने का एक तरीका फाइल को बंद करना और फिर उसे फिर से खोलना है। हालाँकि, हम फाइल को बंद किए बिना *rewind()* फंक्शन के उपयोग से कार्य को पूरा कर सकते हैं। यह फंक्शन फाइल पॉइंटर को फाइल की शुरुआत में रखता है। यह फंक्शन शुरू से ही केसेट को सुनने या देखने के लिए ऑडियो या वीडियो केसेट को रीवाइंड करने जैसा लगता है।

rewind() फंक्शन का सिंटैक्स है

```
rewind(fp);
```

जहां *fp* वर्तमान में खोली गई फाइल के लिए एक फाइल सूचक है।

10.4.2 वर्तमान स्थान: *ftell()* फंक्शन

कुछ स्थितियों में, फाइल के भीतर फाइल पॉइंटर के वर्तमान स्थान को खोजने की आवश्यकता हो सकती है। *ftell()* फंक्शन हमें फाइल पॉइंटर की वर्तमान स्थिति जानने देता है।

ftell() फंक्शन का सिंटैक्स है

```
long k = ftell(fp);
```

जहां *fp* वर्तमान में खोली गई फाइल के लिए एक फाइल सूचक है, ध्यान दें कि *ftell()* फंक्शन एक लंबा पूर्णांक (long integer) देता है। यह आवश्यक है क्योंकि कई फाइलों में 32767 बाइट्स से अधिक डेटा हो सकता है।

याद रखें कि C I/O सिस्टम फाइलों को डेटा के बाइट्स की धाराओं के रूप में मानता है। यह फाइल में स्थिति को शून्य के सापेक्ष बाइट्स की संख्या से मापता है, यानी फाइल की शुरुआत से। जब फाइल पॉइंटर फाइल की शुरुआत में होता है, तो *ftell()* फंक्शन 0 देता है। यदि फाइल पॉइंटर दूसरी बाइट पर है, तो *ftell()* फंक्शन मान 1 देता है।

10.4.3 स्थिति सेट: *fseek()* फंक्शन

किसी फाइल में कहीं से भी डेटा आइटम को पढ़ने के लिए, हमें फाइल पॉइंटर को उस डेटा आइटम की शुरुआत में ले जाना होगा। इस कार्य को पूरा करने के लिए, हम *fseek()* फंक्शन का उपयोग कर सकते हैं।

fseek() फंक्शन का सिंटैक्स है

```
fseek(fp, offset, wherefrom );
```

fseek() फंक्शन तीन तर्क लेता है, जहां पहला तर्क *fp* एक फाइल पॉइंटर है, दूसरा तर्क *offset* एक प्रकार का लंबा पूर्णांक (long integer) है जो बाइट्स की संख्या निर्दिष्ट करता है जिसके द्वारा फाइल पॉइंटर को स्थानांतरित करना है। तीसरा तर्क *wherefrom* यह निर्दिष्ट करता है कि *offset* को किस स्थिति से मापा जाना है।

wherefrom तर्क के लिए विभिन्न मान तालिका 10.3 में सूचीबद्ध हैं।

तालिका 10.3: *fseek()* फंक्शन के लिए *wherefrom* के विभिन्न मान

प्रणाली	ऑफसेट को से मापा जाता है
SEEK_BET	फाइल की शुरुआत
SEEK_CUR	फाइल की वर्तमान स्थिति
SEEK_END	फाइल का अंत

तालिका 10.4: *fseek()* फंक्शन के उपयोग को दर्शाने वाले कुछ उदाहरण

सीक कॉल	की गई कार्रवाई
`fseek(fp, 0, EEK_BET);`	फाइल पॉइंटर fptr को फाइल की शुरुआत में ले जाता है। यदि फाइल पॉइंटर वर्तमान में फाइल की शुरुआत में है, तो इसका परिणाम कोई कार्रवाई नहीं होता है।
`fseek(fp, n, SEEK_BET);`	फाइल पॉइंटर fptr को n बाइट्स से आगे ले जाता है, यानी, फाइल पॉइंटर को फाइल में बाइट्स (n + 1) में ले जाता है।
`fseek(fp, -n, SEEK_CUR);`	फाइल पॉइंटर fptr को वर्तमान स्थिति से n बाइट्स द्वारा पीछे की ओर ले जाता है।
`fseek(fp, 0, SEEK_END);`	फाइल पॉइंटर fptr को फाइल के अंत में ले जाता है। यदि फाइल पॉइंटर वर्तमान में फाइल के अंत में है, तो इसका परिणाम कोई कार्रवाई नहीं होता है।
`fseek(fp, 0, SEEK_END);`	फाइल पॉइंटर fptr को फाइल के अंत में ले जाता है। यदि फाइल पॉइंटर वर्तमान में फाइल के अंत में है, तो इसका परिणाम कोई कार्रवाई नहीं होता है।
`fseek(fp, n, SEEK_CUR);`	फाइल पॉइंटर fptr को वर्तमान स्थिति से n बाइट्स द्वारा आगे ले जाता है।
`fseek(fp, 1, SEEK_CUR);`	फाइल पॉइंटर fptr को अगले बाइट में ले जाता है।
`fseek(fp, -1, SEEK_CUR);`	फाइल पॉइंटर चिजत को पिछले बाइट में ले जाता है।
`fseek(fp, m, SEEK_END);`	फाइल पॉइंटर fptr को फाइल के अंत से उ बाइट्स द्वारा पीछे की ओर ले जाता है।

10.5 फाइल स्थिति (Status) फंक्शन

फाइल स्थिति (Status) प्रश्नों को संभालने के लिए C भाषा निम्नलिखित फंक्शन प्रदान करती है:

- फाइल के अंत का परीक्षण करने के लिए फंक्शन *feof()*
- फंक्शन *ferror()* एरर टेस्ट करने के लिए।
- त्रुटि को दूर करने के लिए फंक्शन *clearerr()*

10.5.1 फाइल का अंत परीक्षण: *feof()* फंक्शन

फाइल के अंत तक पहुँच गए है या नहीं यह जाँचने के लिए *feof()* फंक्शन का उपयोग किया जाता है। यदि फाइल पॉइंटर अंत में है, यानी, सभी डेटा पढ़ा गया है, तो फंक्शन 1 लौटाता है। यदि फाइल का अंत नहीं पहुंचा है, तो यह मान 0 देता है।

feof() का सिंटैक्स है

```
feof(fp);
```

जहां *fp* वर्तमान में खोली गई फाइल के लिए एक फाइल सूचक है।

10.5.2 परीक्षण त्रुटि: *ferror()* फंक्शन

फाइल की त्रुटि स्थिति का परीक्षण करने के लिए *ferror()* फंक्शन का उपयोग किया जाता है। जैसा कि पहले उल्लेख किया गया है, खराब मीडिया (डिस्क, सीडी, आदि) से लेकर अवैध संचालन जैसे कि राइट स्टेट में फाइल पढ़ने जैसे कई कारणों से त्रुटियां पैदा हो सकती हैं।

मान लीजिए कि *ferror()* फंक्शन 1 देता है यदि फाइल ऑपरेशन के बाद कोई त्रुटि हुई है। यदि कोई त्रुटि नहीं हुई है, तो फाइल *ferror()* मान 0 देता है।

ferror का सिंटैक्स है

```
ferror(fp);
```

जहां *fp* वर्तमान में खोली गई फाइल के लिए एक फाइल सूचक है।

यहां यह नोट करना महत्वपूर्ण है कि किसी त्रुटि के लिए परीक्षण त्रुटि स्थिति को रीसेट नहीं करता है। एक बार त्रुटि होने के बाद, यह अगले वर्णित *clearerr()* फंक्शन का उपयोग करके त्रुटि स्थिति को साफ करने के बाद ही मानक पढ़ने या लिखने की स्थिति में वापस आ सकता है।

10.5.3 त्रुटि साफ : *clearerr()* फंक्शन

जब कोई त्रुटि होती है, तो फाइल की त्रुटि स्थिति रीसेट होने तक *ferror()* फंक्शन पर बाद की कॉल 1 लौटाती है। इस उद्देश्य के लिए *clearerr()* फंक्शन का उपयोग किया जाता है।

clearerr() का सिंटैक्स है

```
clearerr(fp);
```

जहां *fp* वर्तमान में खोली गई फाइल के लिए एक फाइल सूचक है।

यहां यह नोट करना महत्वपूर्ण है कि हमने आवश्यक रूप से समस्या को ठीक नहीं किया है, भले ही हमने त्रुटि को दूर कर दिया हो। हम बाद में पढ़ने या लिखने के संचालन में त्रुटि स्थिति में वापस आ सकते हैं।

निदर्शी उदाहरण

उदाहरण 10.1: *किसी दी गई फाइल के आकार का पता लगाने के लिए प्रोग्राम, जहाँ उपयोगकर्ता फाइल का नाम प्रदान करता है।*

निर्दिष्ट फाइल के आकार को जानने के लिए, फाइल पॉइंटर को *fseek()* फंक्शन का उपयोग करके फाइल के अंत में रखें और फाइल पॉइंटर के मान को *ftell()* फंक्शन का उपयोग करके एक्सेस करें जो फाइल का आकार देता है।

Listing 10.10

```
/*
   Program to find the size of a given file
 */
#include <stdio.h>
int main()
{
   FILE *fptr;
   char fname[30];
   printf("\nEnter name of file : ");
   gets(fname);
   fptr = fopen(fname, "r");
   if (!fptr) {
      printf("\nFile %s does not exist\n", fname);
      return 1;
   }
   fseek(fptr, 0L, 2);
   printf("\nSize of file = %ld bytes.\n", ftell(fptr));
   fclose(fptr);
   return 0;
}
```

Test Run

```
Enter name of file : fsize.c
Size of file = 443 bytes.
```

उपरोक्त परीक्षण से पता चलता है कि लिस्टिंग 10.7 में बनाई गई प्रोग्राम फाइल (सोर्स कोड) का आकार 443 बाइट्स है।

उदाहरण 10.2: *एक प्रोग्राम लिखें जो कीबोर्ड से कुछ टेक्स्ट पढ़ता है और इसे टेक्स्ट फाइल में लिखता है। प्रोग्राम तब इस फाइल को पढ़ता है और स्क्रीन पर इसकी सामग्री प्रदर्शित करता है।*

Listing 10.11

```
/*
   A program that creates a file and then reads its contents
  and display them on the computer screen
 */
#include <stdio.h>
int main()
{
   char ch;
   FILE *fp1;
   fp1 = fopen("TEXT", "w");    /*  open file for writing  */
   if ( fp1 == NULL ) {
      printf("\nUnable to open file TEXT for writing\n");
      return 1;
   }
```

```
    printf("\nType some text and terminate");
    printf(" the input by Enter key\n\n");
    while ( ( ch = getche() ) != '\r' )
       fputc(ch, fp1);
    fclose(fp1);   /*  close file  */
    fp1 = fopen("TEXT", "r");    /*  open file for reading  */
    if ( fp1 == NULL ) {
       printf("\nUnable to open file TEXT for reading\n");
       return;
    }
    printf("\n\nContents of file TEXT are\n\n");
    while ( !feof(fp1) ) {
       ch = fgetc(fp1);
       putchar(ch);
    }
    fclose(fp1);
    return 0;
 }
```

Test Run

```
Type some text and terminate the input by Entering key
Don't do anything with others that you wish others should not
do with you. ↵
Contents of file TEXT are
Don't do anything with others that you wish others should not
do with you.
```

उदाहरण 10.3: *एक फाइल की सामग्री को दूसरी फाइल में बाइट-बाय-बाइट में कॉपी करने के लिए एक प्रोग्राम लिखें। उपयोगकर्ता फाइलों के नाम प्रदान करता है।*

Listing 10.12

```
/*
    Program to copy the contents of a given file to another file.
 */
 #include <stdio.h>
 int main()
 {
    char ch;
    FILE *fp1, *fp2;
    char file1[30], file2[30];

    printf("\nEnter name of source file : ");
    gets(file1);
    printf("\nEnter name of destination file : ");
    gets(file2);
    fp1 = fopen(file1, "r");
```

```
        if ( fp1 == NULL ) {
        printf("\nUnable to open file: %s for reading\n", file1);
        return 1;
    }
    fp2 = fopen(file2, "w");
    if ( fp2 == NULL ) {
        printf("\nUnable to open file: %s for writing\n", file2);
        return 1;
    }
    while ( !feof(fp1) ) {
        ch = fgetc(fp1);
        fputc(ch, fp2);
    }
    printf("\nFile copied successfully...\n");
    fclose(fp1);
    fclose(fp2);
    return 0;
}
```

Test Run

```
Enter the name of the source file: file_copy.c
Enter the name of destination file: temp
File copied successfully...
```

आप सत्यापित कर सकते हैं कि फाइल *temp* की सामग्री वही होगी जो *file_copy.c* की है।

इकाई सारांश

इस अध्याय में हमने सीखा है कि

- यदि इनपुट डेटा का वॉल्यूम बहुत बड़ा है, तो इसे डेटा फाइलों का उपयोग करके सबसे अच्छा नियंत्रित किया जा सकता है।
- यदि किसी उपकरण द्वारा उत्पन्न डेटा मशीन-पठनीय रूप (बाइनरी फॉर्म) में है, तो आपको इस डेटा को अपने प्रोग्राम में पास करने के लिए डेटा फाइल का उपयोग करना होगा।
- यदि आउटपुट वॉल्यूम बहुत अधिक है और स्क्रीन पर ठीक से नहीं देखा जा सकता है, तो आउटपुट को डेटा फाइल में लिखना बेहतर होता है जिसे आप अपने प्रोग्राम को फिर से निष्पादित किए बिना किसी भी समय संदर्भित कर सकते हैं।
- यदि एक प्रोग्राम द्वारा उत्पन्न आउटपुट को दूसरे प्रोग्राम के लिए इनपुट के रूप में उपयोग किया जाना है, तो फिर से डेटा फाइलों का उपयोग फायदेमंद होगा।
- एक डेटा फाइल एक टेक्स्ट फाइल या एक बाइनरी फाइल हो सकती है।

अभ्यास

विषयपरक प्रश्न

1. फाइल I/O को C में निष्पादित करने के लिए विभिन्न प्रणालियों के नाम बताइए।
2. क्या लिखने के लिए स्पष्ट रूप से खोली गई फाइल को बंद करना उचित है?
3. किसी फाइल को बंद करने के लिए फंक्शन को नाम दें।
4. फाइल को खोलने से कौन सी सूचना प्रणाली प्राप्त होती है?
5. फाइल पॉइंटर से आप क्या समझते हैं?
6. प्रोग्राम में *fopen()* फंक्शन के साथ खोली गई फाइल को केसे संदर्भित किया जाता है?
7. मान लीजिए कि कोई प्रोग्राम फाइल के प्रत्येक बाइट की जांच करना चाहता है; कौन सी विधा अधिक उपयुक्त होगी?
8. किसी फाइल के संदर्भ में ऑफसेट शब्द से आपका क्या तात्पर्य है?
9. *fseek()* फंक्शन द्वारा किया जाने वाला कार्य क्या है?
10. *stell()* फंक्शन द्वारा किया जाने वाला कार्य क्या है?
11. फाइल खोलने में कुछ त्रुटि होने पर *fopen()* द्वारा कौन सा मान वापस किया जाता है?
12. *w+* और *r+* मोड में क्या अंतर है?
13. *rewind()* फंक्शन क्या करता है?

बहु विकल्पीय प्रश्न

1. निम्न में से कौन एक डिफॉल्ट फाइल सूचक है?
   (*a*) stdin (*b*) stdout
   (*c*) stderr (*d*) उपरोक्त सभी
2. फंक्शन *fopen()* जब फाइल खोलने में विफल रहता है, तो यह मान लौटाता है
   (*a*) NULL (*b*) –1
   (*c*) Null (*d*) void
3. फंक्शन *fclose()* आमतौर पर. .... के लिए प्रयोग किया जाता है
   (*a*) एक फाइल हटाने (*b*) प्रोग्राम से फाइल डिस्कनेक्ट करने
   (*c*) फाइल से डेटा पढ़ने (*d*) फाइल में डेटा लिखने
4. निम्नलिखित में से कौन सा मान फंक्शन `seek(fptr,offset,from)` में से `from` का मान नहीं है?
   (*a*) 2 (*b*) 0
   (*c*) 1 (*d*) EOF
5. फंक्शन `fseek(fptr,0,0)` द्वारा निष्पादित कार्य है
   (*a*) fclose (fptr) (*b*) fteel (fptr)
   (*c*) search (fptr) (*d*) rewind (fptr)
6. निम्नलिखित में से कौन एक वैध फाइल खोलने का तरीका नहीं है?
   (*a*) r+ (*b*) +r
   (*c*) r (*d*) rb

7. अगर फाइल ओपनिंग मोड के साथ अक्षर *b* लगा हो, तो यह क्या बताता है?
   (*a*) फाइल केवल पढ़ने के लिए खोली जानी है
   (*b*) फाइल केवल लिखने के लिए खोली जानी है
   (*c*) फाइल को पढ़ने-लिखने दोनों के लिए खोला जाना है
   (*d*) फाइल एक बाइनरी फाइल है

8. निम्नलिखित कोड खंड पर विचार करें।

```
FILE *fp;
fp =  fopen("inventory.dat", "rb");
```

   "*rb*" में अक्षर *b* की क्या भूमिका है?
   (*a*) पढ़ने के लिए बाइनरी मोड में *inventory.dat* फाइल खोलें।
   (*b*) *inventory.dat* फाइल पढ़ने और लिखने खोलें।
   (*c*) लिखने के लिए एक नई फाइल *inventory.dat* बनाएं।
   (*d*) लिखने और पढ़ने के लिए बाइनरी मोड में *inventory.dat* फाइल खोलें।

9. निम्नलिखित कोड खंड पर विचार करें।

```
FILE *fp;
fp =  fopen("notes.txt", "r+");
```

   notes.txt फाइल पर निम्न में से कौनसा ऑपरेशन किया जा सकता है?
   (*a*) पढ़ना　　(*b*) लेखन
   (*c*) जोड़ना　　(*d*) उपरोक्त सभी

10. FILE _____ प्रकार की होती है।
   (*a*) *int* टाइप　　(*b*) *struct* टाइप
   (*c*) स्ट्रिंग प्रकार　　(*d*) संरचना प्रकार

11. अगर किसी फाइल को खोलते समय कोई त्रुटि होती है, तो *fopen()*_______ वापस आ जाएगा।

```
FILE *fp;
```

   (*a*) null　　(*b*) NULL
   (*c*) Null　　(*d*) EOF

12. एंड-ऑफ-फाइल का पता लगाने के लिए निम्नलिखित में से कौन सा लाइब्रेरी फंक्शन इस्तेमाल किया जा सकता है।
   (*a*) eof()　　(*b*) isend()
   (*c*) feof()　　(*d*) end()

13. एक मोड जो मौजूदा फाइल को पढ़ने और लिखने दोनों के लिए खोलने के लिए उपयोग किया जाता है _____ है।
   (*a*) +r　　(*b*) r+
   (*c*) w+　　(*d*) w

14. निम्नलिखित में से कौन सा फंक्शन बिना बंद और फिर से खोले किसी फाइल को फिर से पढ़ने के लिए इस्तेमाल किया जा सकता है?
   (*a*) fseek()　　(*b*) rewind()
   (*c*) clearerr()　　(*d*) feof()

15. निम्न में से कौन एक फाइल स्टेटस फंक्शन नहीं है?
   (*a*) feroor()　　(*b*) fteel()
   (*c*) clearerr()　　(*d*) feof()

उत्तरमाला									
1.	(*d*)	**2.**	(*a*)	**3.**	(*b*)	**4.**	(*d*)	**5.**	(*d*)
6.	(*b*)	**7.**	(*d*)	**8.**	(*d*)	**9.**	(*d*)	**10.**	(*b*)
11.	(*b*)	**12.**	(*c*)	**13.**	(*b*)	**14.**	(*d*)	**15.**	(*b*)

प्रोग्रामिंग समस्याएं

1. कुछ टेक्स्ट वाली टेक्स्ट फाइल को देखते हुए। एक प्रोग्राम लिखें जो उपयोगकर्ता को टेक्स्ट फाइल का नाम इनपुट करने के लिए प्रेरित करता है, इस फाइल को पढ़ता है, और टेक्स्ट में स्वरों की संख्या और शब्दों की संख्या को आउटपुट करता है।
2. कुछ टेक्स्ट वाली टेक्स्ट फाइल को देखते हुए। एक प्रोग्राम लिखें जो उपयोगकर्ता को टेक्स्ट फाइल का नाम इनपुट करने के लिए प्रेरित करता है, इस फाइल को पढ़ता है, और प्रत्येक वर्ण 'x' को अपरकेस 'X' से बदल देता है।
3. सी भाषा के एक शुरुआती ने पूरे कार्यक्रम को अपरकेस अक्षर में टाइप किया है; जैसा कि आप जानते हैं, सी भाषा में सामान्य परंपरा मैक्रो और परिभाषित स्थिरांक को छोड़कर केवल लोअरकेस अक्षरों का उपयोग करके स्रोत कोड टाइप करना है। एक प्रोग्राम लिखें जो सोर्स कोड को लोअरकेस लेटर में बदल देता है। टिप्पणियों को अपरिवर्तित छोड़ दिया जाना चाहिए।
4. फाइल से संख्याओं को पढ़ने के लिए प्रोग्राम लिखें और फाइल को अलग करने के लिए सम, विषम और अभाज्य संख्याएँ लिखें।
5. एक तीसरी फाइल में दो फाइलों को एंड-टू-एंड मर्ज करने के लिए एक प्रोग्राम लिखें।
6. स्क्रीन पर आउटपुट के रूप में स्वयं के स्रोत कोड को प्रिंट करने के लिए एक प्रोग्राम लिखें।
7. टेक्स्ट फाइल में वर्णों, शब्दों और पंक्तियों को गिनने के लिए एक प्रोग्राम लिखें

प्रायोगिक कार्य

1. एक प्रोग्राम लिखें जो कीबोर्ड से कुछ टेक्स्ट पढ़ता है और इसे *sample.txt* नाम की फाइल में लिखता है। प्रोग्राम तब इस फाइल को पढ़ता है और फाइल को बंद या फिर से खोले बिना स्क्रीन पर इसकी सामग्री प्रदर्शित करता है।

   फाइल "w+" मोड में खोली जाती है, और एक बार फाइल बन जाने के बाद, हम फाइल की शुरुआत में फाइल पॉइंटर को बदलने के लिए *rewind()* का उपयोग करके इसे रिवाइंड करते हैं।

Listing 10.13

```
/*
    The program that creates a file and then reads its contents
without
     closing and re-opening, and display them on the computer
screen
 */
 #include <stdio.h>
 int main()
 {
```

```
   char ch;
    FILE *fp;
    fp = fopen("sample.txt", "w+");
    if ( fp == NULL ) {
       printf("\nUnable to open file sample.txt\n");
       return 1;
    }
    printf("\nType some text...\n\n");
    while ( ( ch = getche() ) != '\r' )
       fputc(ch, fp);

    rewind(fp);
    printf("\n\n\nContents of file...\n\n");
    while ( !feof(fp) ) {
       ch = fgetc(fp);
       putchar(ch);
    }
    fclose(fp);
    return 0;
 }
```

Test Run

```
Type some text...
This is a sample file.
Contents of file...
This is a sample file.
```

2. किसी फाइल में पहले *n* वर्णों को उलटने के लिए C प्रोग्राम लिखें। उपयोगकर्ता फाइल नाम और *n* का मान प्रदान करता है।

Listing 10.14

```
/*
     Program to reverse the first n characters in a file
 */
 #include <stdio.h>
 int main()
 {
    char str[80], filename[30], ch;
    int i, n;
    FILE *fp;
    printf("\nEnter file name : ");
    gets(filename);
    printf("\nEnter value for n : ");
    scanf("%d", &n);
    fp = fopen(filename, "r+");
    if ( fp == NULL ) {
```

```
    printf("\nUnable to open file: %s for reading\n", filename);
    return 1;
     }
     i = 0;
     while ( ( !feof(fp) ) && ( i < n ) )
     {
        str[i] = fgetc(fp);
        i++;
     }
    rewind(fp);   /* reposition the file pointer to the beginning */
     i = n-1;
     while ( i >= 0 )
     {
        fputc( str[i], fp);
        i--;
     }
     fclose(fp);
     return 0;
 }
```

Test Run

```
Enter file name: testfile.txt
Enter the value for n: 10
Original contents of the file were
1234567890abcdefghijklmnopqrstuvwxyz
After the program execution, the contents of the file are
0987654321abcdefghijklmnopqrstuvwxyz
```

आप कमांड प्रॉम्प्ट पर टाइप कमांड का उपयोग करके प्रोग्राम के निष्पादन के बाद फाइल की सामग्री को सत्यापित कर सकते हैं।

उपरोक्त प्रोग्राम में सबसे पहले दी गई फाइल को रीडिंग/राइट मोड में खोला जाता है। इसके बाद, फाइल के पहले *n* बाइट्स को गतिशील रूप से आवंटित वर्ण सारणी में कॉपी किया जाता है। इसके बाद, हम दी गई फाइल को रिवाइंड करते हैं, यानी फाइल की शुरुआत में फाइल पॉइंटर को रिपोज करते हैं।

अंत में, हम फाइल पर वर्ण सारणी की सामग्री को उल्टे क्रम में लिखते हैं। इस प्रकार, हम वांछित कार्य को पूरा कर सकते हैं।

3. एक प्रोग्राम लिखें जो कीबोर्ड से *n* छात्रों के नाम और अंक पढ़ता है और उन्हें एक फाइल में संग्रहीत करता है। यदि फाइल पहले से मौजूद है, तो फाइल में जानकारी जोड़ें।

Listing 10.9

```
/*
     Program to reverse first n characters in a file
 */
 #include <stdio.h>
 int main()
 {
    FILE *fp;
```

```
    char name[50], filename[30];
    int i, n, marks;
    printf("Enter name of file : ");
    gets(filename);
    printf("Enter number of students to add : ");
    scanf("%d", &n);
    fp = fopen(filename, "a");
    if(fp == NULL) {
       printf("\nUnable to open file: %s for reading\n", filename);
            return 1;
    }
    for(i = 0; i < n; i++)
    {
       printf("\nEnter data for student %d\n", i+1);
       printf("\nEnter name : ");
       scanf("%s", name);
       printf("Enter marks: ");
       scanf("%d", &marks);
       fprintf(fp,"\nName: %s \nMarks=%d \n", name, marks);
    }
   fclose(fp);
   return 0;
}
```

अधिक जानिए

शिक्षक से अपेक्षा की जाती है कि वह सी भाषा में डेटा फाइलों की अवधारणाओं और फाइल प्रबंधन से संबंधित विभिन्न पहलुओं को समझे।

शिक्षक को उचित उदाहरण लेकर और छात्र भागीदारी के साथ फाइलों को संसाधित करने के लिए सी प्रोग्राम बनाकर फाइलों का प्रदर्शन करना चाहिए।

संदर्भ एवं अध्ययन हेतु सुझाव

1. R.S. Salaria, Problem Solving & programming in C, Khanna Book Publishing Co(P) Ltd., New Delhi.
2. E. Balagurusamy, Programming in ANSI C, Tata McGraw Hill, New Delhi.
3. Yashavant Kanetkar, Let Us C, BPB Publications, New Delhi.
4. Byron Gottfried, Programming with C, Schaum's Outlines.
5. https://onlinecourses.nptel.ac.in/noc21_cs01/preview
6. https://ocw.mit.edu/courses/intro-programming/
7. https://www.programiz.com/c-programming
8. https://www.javatpoint.com/c-programming-language-tutorial

आगामी अध्ययन हेतु संदर्भ

1. Brain W. Kernighan and Deniss M. Ritchie, The C Programming Language, 2nd Edition, Prentice Hell.
2. Herbert Schildt, C: The Complete Reference, 4th Edition, McGraw Hill.
3. R. S. Salaria, Test Your Skills in C, Khanna Book Publishing Co(P) Ltd.
4. R. S. Salaria, Cracking IT Interviews, Khanna Book Publishing Co(P) Ltd.
5. Stephen Prata, C Primer Plus, Addison-Wesley Professional.
6. David Griffiths and Dawn Griffiths, Head First C, Shroff Publishers & Distributors Pvt. Ltd.
7. Antti Laaksonen, Guide to Competitive Programming, 2nd Edition, Springer.
8. https://www.greatlearning.in/academy/learn-for-free/courses/c-programming
9. https://www.udemy.com/topic/c-programming/
10. https://www.edx.org/learn/c-programming
11. https://www.coursera.org/courses?query=c%20programming
12. https://www.learnconline.com/
13. https://www.codecademy.com/

CO और PO अटैनमेंट तालिका

पाठ्यक्रम पूर्ण होने के उपरांत कोर्स आउटकम्स (COs) को प्रोग्राम आउटकम्स (POs) के साथ मैप (परस्पर संबंध) किया जा सकता है तथा अन्तर का विश्लेषण करने के लिए POs प्राप्ति हेतु सहसंबंध स्थापित किया जा सकता है। POs प्राप्ति में अन्तर के उचित विश्लेषण पश्चात प्राप्त कमियों को दूर करने के लिए उचित उपाय भी किये जा सकते हैं।

CO और PO अटैनमेंट तालिका

कोर्स आउटकम्स (COs)	प्रोग्राम आउटकम्स (POs) के साथ अपेक्षित संबंध (1- कमजोर सहसंबंध; 2- मध्यम सहसंबंध; 3- मजबूत सहसंबंध)											
	PO-1	PO-2	PO-3	PO-4	PO-5	PO-6	PO-7	PO-8	PO-9	PO-10	PO-11	PO-12
CO-1												
CO-2												
CO-3												
CO-4												
CO-5												
CO-6												

उपरोक्त तालिका में उल्लेखित किये गए आंकड़ों का उपयोग, अन्तर के विश्लेषण करने में किया जा सकता है ।

अनुक्रमणिका

ट-न

प-म

य-व

स-ह

शब्दकोष

अस्वरूपित	Unformatted
ऑपरेटर	Operator
आयाम	Dimension
इकाई	Unit
उदाहरण	Example
एल्गोरिथम	Algorithm
कथन	Statement
कंपाइलर (कंपाइलेशन)	Compiler (compilation)
गतिशील	Dynamic
घोषणा	Declaration
चर	Variable
चयन सॉर्ट	Selection sort
छद्मकोड	Pseudo code
जटिलता विश्लेषण	Complexity analysis
तर्क	Argument
तत्व	Element
तालिका	Table
दुभाषिया	Interpreter
निष्पादन	Execution
परीक्षण चालन	Test Run
पॉइंटर	Pointer
पुनरावृत्त	Iterative
पूर्णांक	Integer
प्रारूप विनिर्देशक	Format specifiers
प्रारंभीकरण	Initialization

प्रोग्राम	Program
फ़ंक्शन	Function
मूल्य द्वारा कॉल	Call by value
मेमोरी	Memory
रिकर्सन	Recursion
रैखिक सर्च	Linear search
व्यंजक	Expression
वरीयता	Precedence
वैश्विक डेटा	Global data
समाकलन	Integration
समीकरण	Equation
सशर्त ब्रांचिंग	Conditional Branching
सहबद्धता	Associativity
संदर्भ द्वारा कॉल	Call by reference
संरचना	Structure
संपादक	Editor
सारणियाँ	Arrays
स्वरूपित	Formatted
स्थानीय डेटा	Local data
स्थिरांक	Constant
लाइब्रेरी	Library
लिस्टिंग	listing
लिटरल	Literal
त्रुटि	Error